SEMBLANÇAY

(?-1527)

LA BOURGEOISIE FINANCIÈRE AU DÉBUT DU XVIᵉ SIÈCLE

Thèse présentée à la Faculté des lettres de Paris

PAR

ALFRED SPONT

ANCIEN ÉLÈVE DE L'ÉCOLE DES CHARTES

PARIS

LIBRAIRIE HACHETTE & Cⁱᴱ

79, boulevard Saint-Germain, 79

1895

SEMBLANÇAY

(?-1527)

JEANNE RUZÉ

JACQUES DE BEAUNE-SEMBLANÇAY

SEMBLANÇAY

(?-1527)

LA BOURGEOISIE FINANCIÈRE AU DÉBUT DU XVIe SIÈCLE

Thèse présentée à la Faculté des lettres de Paris

PAR

ALFRED SPONT

ANCIEN ÉLÈVE DE L'ÉCOLE DES CHARTES

PARIS

LIBRAIRIE HACHETTE & Cie

79, boulevard Saint-Germain, 79

1895

BESANÇON. — IMPR. ET STÉRÉOT. DE PAUL JACQUIN.

A

M. A. DE BOISLISLE

MEMBRE DE L'INSTITUT

RESPECTUEUX HOMMAGE

A. S.

PRÉFACE

Les ordonnances qui réorganisèrent l'armée, la justice et les finances en 1445 [1], alors que l'on put croire terminée la lutte contre l'Angleterre, offrirent un aliment à l'activité des familles bourgeoises, qui vivaient dans les échoppes de Tours, d'Amboise, de Bourges, de Blois ou d'Issoire. Le rôle de la noblesse d'épée semblait fini. Jacques Cœur fut le premier et le plus glorieux représentant de l'aristocratie des petites gens qui allaient occuper la scène pendant trois quarts de siècle, pratiquer avec succès la politique matrimoniale et le népotisme, et remplir tous les postes vacants de la magistrature, de l'administration et du clergé, tandis que les barons usaient leurs forces dans les guerres civiles ou dans les équipées de Milan et de Naples. Ces parvenus furent, à la fin, si puissants, que la couronne en prit ombrage : Semblançay clôt la brillante époque de prospérité bourgeoise inaugurée par Jacques Cœur et

---

1. De Beaucourt, *Histoire de Charles VII*, IV, chap. xiv et xv.

continuée par Jean Bourré [1]. Les guerres de Charles-Quint donnaient de nouveau le pas aux grands seigneurs ; on marchait par degrés vers l'absolutisme et la centralisation à outrance, et le syndicat de financiers qui se partageaient le royaume avait annulé l'autorité du Conseil privé, presque celle du roi.

La grandeur et la décadence de cette bourgeoisie sont le sujet de ce livre.

Un autre sujet d'études sera la banque internationale, au début du xvi° siècle [2] ; mais il faudra de longues recherches en Espagne, en Italie, en Allemagne et en Flandre. Bien des points obscurs de la diplomatie et de la guerre se trouveront peut-être alors éclaircis.

Pour illustrer ce travail, le regretté Léon Palustre a bien voulu nous communiquer ses clichés, dont quelques-uns sont particulièrement précieux, car ils montrent l'hôtel de Beaune tel qu'il était il y a vingt ans, avant d'avoir été rajeuni et mutilé [3] ; notre ami Gustave Dennery nous a également prêté son gracieux concours.

Les documents publiés sur Jacques de Beaune se rapportent aux dix dernières années de sa vie (1517-1527), surtout à l'année 1521.

1° A. de Boislisle : *Annuaire-bulletin de la Soc. de l'hist. de France*, XVIII, 228 et suiv.

---

1. G. Bricard, *Jean Bourré*.
2. Page 165.
3. Page 107. — Les planches sortent des ateliers de phototypie Aron frères, 30, rue Le Brun.

2° Pierre Clément : *Trois drames historiques*, p. 158-9, 161, 171-3, 183, 192-3, 200-1, 207, 371 et suiv. : *a)* lettres de François Ier à Semblançay, 27 août, 24 sept., 13, 16 oct. 1521, 27 nov., 20 déc. 1522, 20, 23 février, 2, 5 août 1523, 9 mai 1524; — *b)* lettres de Louise de Savoie à Semblançay et à Robertet, 10 avril, 11 mai, 20, 25, 26, 28 sept., 1er, 2, 12, 16, 18, 23 oct. 1521; — *c)* lettre de Semblançay à François 1er, 15 oct. 1521; — *d)* lettre de Marguerite d'Angoulême à Semblançay, 21 oct. 1523, cf. p. 203 de ce volume, etc.

3° Paulin Pâris : *Études sur François Ier*, I, 203-233 : *a)* lettres de François Ier à Semblançay, 16 oct. 1521, 2, 5 août 1523, 9 mai 1524; — *b)* lettres de Louise de Savoie à Semblançay, 20 sept., 1er, 12, 16 oct., 1er nov. 1521, etc.

4° Carré de Busserolle : *Dictionnaire d'Indre-et-Loire*, VI, 39-40 (tome XXXII des *Mém. de la Soc. arch. de Touraine*), pièce du 14 nov. 1517, cf. p. 148-9 de ce volume.

Il convient de citer, en outre, les deux excellents travaux de B. de Mandrot (*Ymbert de Batarnay, s[r] du Bouchage*) et de G. Jacqueton (*Le Trésor de l'épargne sous François Ier*. Extr. de la *Revue historique*, 1894); la collection des *Mémoires de la Soc. archéologique de Touraine*, qui contiennent, entre autres, un travail de Jules Loiseleur sur Gilles Bertheiot (tome XI).

M. A. de Boislisle, dont l'étude a inspiré ce travail, et tous ceux qui y ont aidé, comme MM. Bournon,

Coyecque, Guérin, Jacqueton, Rott, Tuetey, ont droit à notre reconnaissance; M. le duc de la Trémoille nous a libéralement ouvert les trésors du Chartrier de Thouars. Nous ne saurions aussi trop remercier M. H. Lemonnier pour ses excellents conseils.

CHAPITRE PREMIER

PREMIÈRES ANNÉES

(?-1495)

Les origines des Beaune de Tours sont obscures. Le nom est répandu, mais il est impossible de trouver un lien de parenté entre ceux qui le portent. Des Beaune figurent dans un procès contre Saint-Bénigne de Dijon, le 27 janvier 1379; Pierre de Beaune est secrétaire de Charles V et de Charles VI; des Jean de Beaune sont garde du scel de la prévôté de Saint-Pierre-le-Moutier, jardinier du château de Montargis, garde des étangs de Châteauneuf-sur-Loire (1404-9); Colas de Beaune assiste à une montre d'hommes d'armes au début du règne de Charles VII....

Est-ce la ville de Beaune en Bourgogne qui a donné son nom aux Beaune de Tours? C'est la version d'une généalogie composée en 1617 : « Durant les guerres de Charles V, roy de France, un jeune gentilhomme, âgé de seize ans, de la famille des FOURNIER, noble maison et ancienne, proche de la ville de BEAUNE EN BOURGOGNE, pour estre sortie de la maison de Ratte du costé de sa grand'mère, se trouva en telle nécessité de moiens et de maladie et sans aucune cognoissance proche de la ville de Tours, qu'il fut contrainct s'y retirer et y chercher parti. Et n'en trouvant que de se mettre à servir, il estima plus honneste de se contraindre à cela que de mandier sa vie. Il estoit beau et de bonne grâce, cadet de sa maison, bien cogneue et renommée au pays. Il se nommoit Jean, et parce qu'à l'entrée de la maison où il fut bénignement reçu, comme on lui demandoit son nom et d'où il estoit, il dit qu'il avoit nom Jean et qu'il estoit proche de la ville de Beaune, ilz le surnommèrent donc Jean de Beaune : nom qui luy demeura, et depuis et ensuite à tous les siens. »

Le seul document contemporain qui fasse de Beaune un sobriquet est la chronique d'Alain Bouchart : « En cest an 1526, dit-il, comme Jaques de Beaulne, d'aucuns dit FOURNIER, vulgairement appelé le sieur de Semblançay, eust eu par long temps et espace l'administration des deniers et aultres plusieurs grans affaires du royaulme [1].... » Ce témoignage unique est insuffisant. Des autres annalistes, Nicolas Versoris, Jean Bouchet, le Bourgeois de Paris, aucun ne le confirme, non plus qu'aucun document. Par contre il y a près de Nanteuil et de Montrichart une ferme, dite MAISON DE BEAUNE, mouvante du fief de la Kaérie et propriété des Beaune de Tours.

I.

JEAN DE BEAUNE.

C'est en 1454 que paraît Jean de Beaune, fournisseur de la maison d'Angoulême [2].

---

1. *Chron. de Bretagne*, fol. 294, col. 1 ; cf. 296 v°, col. 1 et 2.
2. B. N., Clair. 1052, fol. 165. Il n'a jamais été argentier de Louis XI, non plus que receveur général de Languedoc, comme Guy Bretonneau (le généalogiste des Briçonnet), le P. Anselme, et d'autres à leur suite, l'ont imprimé. On trouve bien un ou deux Jean de Beaune

Dix ans plus tard, c'est un des plus gros négociants du royaume [1], et son nom est intimement mêlé à la politique économique de Louis XI, qui veut réparer les désastres de la guerre anglaise et lutter contre la concurrence italienne ou flamande.

Dans le Midi, les galères de Venise font chaque année le voyage d'Aigues-Mortes, inondent le Languedoc de leurs épices et drainent le numéraire, pendant que les soieries de Florence et de Lucques accaparent le marché lyonnais.

Louis XI reprend l'idée de Charles VII, qui a encouragé Jacques Cœur de ses conseils et de son argent et profité de la trêve anglaise, en 1444, pour entrer en relation avec les Échelles du Levant. Mais des quatre galéasses du défunt argentier, une, la *Magdeleine*, a été achetée par Bernard de Vaux, de Montpellier, et les trois autres, le *Saint-Michel*, le *Saint-Jacques* et le *Saint-Denis* [2]

dans le Midi, mais sans qu'il soit permis de les confondre avec celui de Tours : receveur en la sénéchaussée de Beaucaire d'une aide de 250,000 l. (1426), général des monnaies (1427-1430), envoyé en Catalogne pour l'abolition des marques et représailles (1453), juge des crimes de la sénéchaussée de Beaucaire (1463), accusé d'avoir séduit une servante dont il aurait empoisonné le maître, mêlé à un procès contre un Guill. Nicolas (1468), juge ordinaire, puis un des 14 prud'hommes de Montpellier (1470-1474). B. N., Pièces orig. 248, dos. 5446 ; Portef. Fontanieu 135 ; fr. 25711, 41, 52 ; Clair. 12 ; Clair. 39, 112. Arch. nat., JJ 184, fol. 213-4 ; X¹ᵃ 1480, fol. 74. Arch. Montpellier, série B (non coté). Ménard, *Hist. de Nîmes*, III, 313, 2. Vaesen, *Lettres de Louis XI*, III, 151-2. Dom Morice, *Hist. de Bretagne*, preuves, II, 961.

1. Sur ses rapports avec la cour, les d'Angoulême et les d'Orléans, cf. Arch. nat., KK 60 ; KK 65, fol. 152, 195, 209 à 221. B. N., Pièces orig. 248, dos. 5444, passim ; fr. 26084, 7093 ; fr. 26085, 7095, 7278 ; fr. 26088, 22, 137, 156, 161 ; fr. 26089, 361, 385, 403, 410, etc.... ; lat. 17059, fol. 180.

2. Acte du 25 juin 1444 (Arch. Camer. de Turin, vol. 95, fol. 165). Le dauphin Louis nomme Jean de Villages « capitaine général des galéasses de France » (Valence, 8 janv. 1454). Ruffi, *Hist. de Marseille*, II, 346. Charles VII fait construire deux nouvelles galéasses en 1457 (Arch. Turin, reg. di Corte, fol. 267).

sont désemparées. Le roi les remplace, en 1464, par le *Saint-Martin*, le *Saint-Nicolas*, le *Saint-Loys* et la *Sainte-Marie* ¹. Chaque année, ces galéasses quitteront Aigues-Mortes et iront de conserve jusqu'à Rhodes, en passant par Marseille, Nice, Savone, Pise, Gaëte, Naples, Palerme, Messine et Chio. De Rhodes, elles rallieront Alexandrie, directement ou en touchant à Jaffa et à Beyrouth ; puis elles reviendront ensemble à leur port d'attache. Le but apparent du voyage est le transport des pèlerins à « Jhérusalem et Saincte Katherine du Mont Sion » ; le but réel est le monopole du transport des marchandises qui seront concentrées : à Montpellier, chez Geoffroy le Cyvrier ; à Lyon, chez Jean de Cambrai ; à Paris, chez Nic. Arnoul ; à Bruges, chez Jean Plat ; à Tours, chez Jean de Beaune ².

Expulsés du Languedoc, les Vénitiens se retournent vers Lyon, la rivale d'Aigues-Mortes. Le Languedoc leur fait aussitôt rendre le droit de commercer dans ses ports, pendant qu'il vote 27,000 l. pour curer Aigues-Mortes (1467) ³.

Battu de ce côté, Louis XI veut enlever aux Florentins, Lucquois et Siennois la fabrication exclusive des draps de soie, et il fait venir à Lyon une escouade d'ouvriers d'outre-monts. Mais, une seconde fois, il échoue, et la corporation des négociants italiens obtient le transfert de ces intrus à Tours. C'est Jean de Beaune qui, « par le commandement du roy », fournit les premières soies crues à ces étrangers, en 1470 ⁴.

1. B. N., fr. 6142, fol. 43 v°. Le *Saint-Martin* est attaché au service de Valence et des Baléares en 1465.
2. De nouvelles galéasses sont construites, vers 1478, par Michel Gaillard ; leurs voyages annuels durent jusqu'à ce que Charles VIII leur enlève le monopole du commerce languedocien, en 1484.
3. Dom Vaissete, *Hist. de Languedoc*, XI, 62.
4. Vital de Valous, *Étienne Turquet et les origines de la soie à Lyon;*

Dans le Nord, Louis XI n'est pas plus heureux que dans le Midi. Il veut reconquérir le marché anglais, perdu depuis le milieu du xiv° siècle, y écouler les vins, les huiles, les draps et les toiles de France contre la laine et le cuir. Les deux nations ne communiquent plus que par l'intermédiaire des Flamands, à Bruges et à Anvers. Louis XI désire protéger les manufactures du royaume contre celles de Malines et de Gand et, en même temps, se passer d'un courtage onéreux. L'occasion de réaliser ce second article de son programme semble se présenter en 1470. L'Angleterre est divisée en deux camps : York et Lancastre. Edouard IV, chef des York, penchant pour la Flandre, Louis XI soutient son compétiteur, Henri VI, que le comte de Warwick restaure avec l'or français (46,700 l.). Le roi profite des circonstances. A sa prière, Jean de Beaune et son gendre, Jean Briçonnet, expédient à Londres pour 25,000 écus d'épices, de draps d'or et de soie, avec sa garantie en cas d'accident. Mais Warwick saisit les trois quarts des ballots, sous un vain prétexte. Puis le retour inopiné d'Édouard IV, réfugié en Zélande, force le fils de Jean de Beaune, qui escorte le convoi, à se rembarquer de nuit ; mais il est capturé et rançonné par l'ennemi (mars 1471). Louis XI doit payer une indemnité de 27,000 l. au père du prisonnier (26 juillet) [1].

Dans sa haine du Flamand, il traite sévèrement ceux qu'il soupçonne de sympathie pour Charles le Téméraire, comme le cardinal Balue et Philippe de Commynes.

cf. *Mém. de la Soc. arch. de Touraine*, XX, 271. Les premières 13 pièces de soie sont vendues 785 l. 15 s. 10 d. (1474).

1. B. N., fr. 25714, 155-6 (pub. par M. de Maulde); fr. 26094, 1275, 1277 ; lat. 18347, fol. 10 v°; Pièces orig. 248, dos. 5444, 21 ; dos. 513, 12. C'est Jean de Beaune qui paie « les bulles du mariage du feu prince et princesse de Galles. » (*Ibid.*, fr. 20685, 553.)

Balue a été autorisé à lever une décime sur les biens du clergé, et c'est Jean de Beaune qui en recouvre une partie. Il fait parvenir à Francesco Capponi, clerc du banquier Guillaume Pacy, 28,000 l. (11 janvier-27 avril 1469). Puis, quand Louis XI se décide à sévir contre Balue et Guillaume de Haraucourt, évêque de Verdun, c'est encore Jean de Beaune qui est « commis à tenir le compte de certains deniers qui furent et appartindrent au cardinal d'Angiers, et aussi d'aucuns deniers venus et yssus du décime levé sur les gens d'église de certains diocèses...., et pareillement de certaine vesselle d'argent ouvré, servant tant en buffet que en cuisine, qui fut et appartint à l'évesque de Verdun [1] » (8 mai 1469). De même le roi saisit chez Jean de Beaune, où il est déposé, l'argent de la pension qu'il vient d'accorder à Commynes (août 1472-juillet 1473) [2].

Les préoccupations économiques, qui dirigent la diplomatie de Louis XI, n'ont pas été étrangères à l'acquisition du Roussillon. Il songe à remplacer le port ensablé d'Aigues-Mortes par celui de Collioure, en attendant que

---

1. B. N., fr. 18442, fol. 153 v°; fr. 4487; fr. 20490, fol. 13; fr. 20491, fol. 36. Cf. Dupuy 762, fol. 289-299; fr. 6975, fol. 368; fr. 6976, fol. 101; fr. 20497, fol. 7. « S'ensuit ce qu'on a trouvé par les livres des banques de Médiciz et de Pacy, à Lyon, avoir par eulx esté receu et délivré de la décime du royaume à Nostre Saint Père à Romme : *Primo*, ledit Médici a receu et délivré, par cédule du 11° jour de janvier 1468, 16,000 ducaz, vallans 2,400 l. t. — *Item*, plus, du 28° jour d'avril 1469, 10,000 francs, pour cecy : 10,000 l. Somme : 34,000 l. — *Item*, que ledit de Pacy en avoit receu et délivré, par cédule dudit 11° jour de janvier 1468, la somme de 14,000 ducaz vallans 21,000 l. t. — *Item*, plus, du 27° jour d'avril derrenier passé 1469, 8,000 francs, pour cecy : 8,000 l. t. Somme : 29,000 l. t. SOMME TOUTE : 63,000 frans. »

2. Commynes-Dupont, III, 8 à 11. — Le roi a engagé lui-même une coupe d'or au banquier pour 1,000 écus (1470). B. N., fr. 6977, fol. 21-27.

— 7 —

le sort lui donne Marseille. Ici encore, Jean de Beaune vient à son aide, en lui prêtant 30,000 l., toujours de moitié avec son gendre Briçonnet, pour recouvrer Perpignan sur le roi d'Aragon (1473) 1.

Malgré ces prêts d'argent, Jean de Beaune et son gendre vont souffrir à leur tour de la logique commerciale du roi. Ils sont en relations suivies avec la Bretagne, qui favorise les Flamands. Louis XI rêve de faire du duché une province française, et il est en conflit chronique avec François II. Les traités de Senlis et d'Arras (1475-1477) ne peuvent qu'assoupir l'inimitié, qui se traduit alors par des méfiances et des tracasseries réciproques. Par contre-coup Jean Briçonnet et Raoulet Toustain, associés pour la ferme du péage des Ponts-de-Cé, sont « pour auculnes causes » relégués à Montpellier 2. Plus tard, tandis que Letonnelier est accusé de vendre à François II des bonnets empoisonnés 3, Guillaume de Beaune doit jurer sur la croix de Saint-Laud d'Angers de cesser tout rapport avec le trésorier de Bretagne, Pierre Landois (mai-décembre 1481) 4. Entre temps Jean de Beaune, son père, a fait à François II un malencontreux présent 5.

---

1. B. N., fr. 20490, fol. 86 ; fr. 20685, fol. 563, 579, 584, 587 ; fr. 6980, fol. 140 ; Clair. 1066, fol. 116 ; Pièces orig., dos. 5444, 8 ; Cab. des titres 685, fol. 308, 333. Arch. nat., KK 648, 171, pièce 2. G. Bricard, *Jean Bourré*, p. 139. — En 1467, Jean de Beaune a prêté de l'argent au roi pour le siège de Villandraut (G. Bricard, *op. cit.*, p. 199).

2. Ch. Fierville, *Doc. inédits sur Philippe de Commynes* (1879), p. 6.

3. Ant. Dupuy, *Hist. de la réunion de la Bretagne à la France*, II, 396-404.

4. *Bull. Soc. arch. de Touraine*, II, 283-4.

5. « Ayant plusieurs correspondants, chacun taschoit de luy envoyer des raretés de leur pays. Un desquels luy envoya une mulle des plus belles et plus accomplies qu'on eust peu désirer. Ce que sachant le Roy, il la voulut voir, et l'ayant montée, il la trouva ainsy qu'on disoit. Les enfans dudit Jean avoient charge de suplier le roy, s'il la

Faut-il attribuer à cela la démission de Jean, qui occupait, depuis le 19 novembre 1470, la sinécure d'argentier du dauphin Charles (31 mars 1479) [1]? C'est plutôt l'effet de l'âge. Le 12 février précédent, il a encore touché 1,400 livres « à cause de certaines chambres de tappicerie de sarges d'Arraz blanc et rouge, toutes brodées, litz de Caen et autre amesnaigement pour les maisons et chambres du Plessis. »

Sa situation à Tours, où il a eu les honneurs de la mairie récemment créée (18 octobre 1471) [2], doit d'ailleurs le

trouvoit à son gré, de l'accepter, mais il fit responsse que, si elle estoit à luy, qu'il la donneroit à son compère, en ayant grand besoin à cause de sa vieillesse, et ainsy la renvoya. Quelque temps après, le duc de Bretagne, ayant seu que ledit Jean avoit une mulle si belle, obligea les facteurs dudit de Beaune ausquels il avoit témoigné la passion qu'il avoit de l'avoir, il les pria luy en escrire, leur promettant sa faveur : ce qu'ils exécutèrent, en luy représentant le besoin qu'ils avoient dudit duc pour les affaires qu'ils avoient en ladite province. Ledit Jean de Beaune, estant d'un naturel très bon et enclin à faire plaisir, envoya aussytost ladite mulle audit duc. Ce que sut le roy par le moyen de quelques flatteurs, envieux dudit Jean, lesquels exagérèrent l'affaire, en disant au roy qu'il avoit intelligence avec les ennemis de la couronne (car pour lors roy et duc estoient en guerre) » (B. N., Cab. des titres, Dossiers bleus 1701). — Voici un fait analogue : en janvier 1483, le roy manda « que on allast toute nuyt par tous les chemins et sur la rivière de Loire au davant de plusieurs oyseaulx de Turequie qu'on portoit en Bretaigne, pour les prandre et les luy apporter. Pour laquelle chose faire fut nécessité avoir 4 torches, de chacune 2 livres de cire, pour aller tant sur les rivières de Cher et Loire que par plusieurs chemins. Deux jours après, les oiseaulx dessusdits furent trouvés à 8 heures de nuyt. » (Bibl. de Cheltenham, ms. 24407.)

1. Six services : chambre aux deniers (dépenses de bouche), argenterie, écurie, vénerie, trésorerie générale, officiers de l'hôtel. Cf. sur ce dernier chapitre : B. N., fr. 7855, fol. 769 et suiv. La dépense totale atteint 20,029 l. en 1479 (puis 20,913 l., 21,943 l., 27,386 l. de 1481 à 1483). G. Bricard, *op. cit.*, chap. VI. — Cf. l'état dressé par Charles VIII pour les officiers de l'hôtel de son fils, 24 janvier 1495 (Godefroy, *Hist. de Charles VIII*, p. 703-4).

2. Arch. Tours, XIIe reg. des délib., fol. 119 à 132 (1er nov. 1471-1472).

consoler. Il y est à la tête de la bourgeoisie industrieuse.

Le nom de sa femme est inconnu, on sait seulement qu'elle s'appelait Jeanne. Il a eu trois fils et six filles. L'un de ses fils est religieux; les deux autres s'appellent Guillaume et Jacques, tous deux drapiers comme lui. Ses gendres sont également drapiers ou pourvus de charges financières. Marie a épousé Jean Quétier (14 janvier 1460); Raoulette et Catherine, les frères Guillaume et Jean Briçonnet; Colette, Jean Bernard; Guillonne, Charles Becdelièvre; Jeanne, Pierre Morin. Ces deux derniers habitent, l'un Amboise, l'autre Loudun.

Jean de Beaune demeure à Tours, au coin de la rue Traversaine et de la Grande-Rue, sur le « carroy aux Herbes », devenu le « carroy de Beaune », et en la paroisse de Saint-Saturnin, « au fief des religieulx, abbé et couvent de Saint-Jullien. » Il a pour voisins Denis Troupeau, dit Gastellier, et Jean Geslain, et possède des étables et un jardin, près de l'église Saint-Julien, le tout est estimé 5,500 l. [1].

Jean préside les séances des 6 déc. 1471, 11, 20, 25 fév., 3 mars, 4, 17, 21 juin 1472. Il se rend à Angers, vers le roi, pour un procès de la ville contre Saint-Martin, et la municipalité achète la maison de « la Truie qui file, » pour s'y installer (9 janv. 1472). — Le reg. de comptes correspondant est le XIIe, fol. 117 à 121. — C'est le 21 nov. 1457 que Jean est inscrit pour la première fois sur les registres de Tours. Dès lors, il figure aux séances suivantes : 1458, 5 fév., 14 sept., 15, 20, 21 déc.; 1459, 14 nov., 5, 16, 28 déc.; 1460, 20 juin; 1461, 27 nov., 1er, 8 déc.; 1462, 1er mars, 8 oct.; 1463, 8 mars, 22 mai, 22 juillet, 7, 12 oct., 14 nov.; 1464, 13, 20 janvier, 22, 26 août, 17, 29 oct., 4 nov.; 1465, 17 mai, 2, 14, 18, 29 juillet, 6, 8 août, 12, 24 sept., 18 oct.; 1466, 7 avril; 1467, 19 oct.; 1468, 5 février, 25 mars; 1469, 5 mars; 1470, 13 mars, 20 juin, 20 juillet, 3 août; 1471, 3, 14 mars. Il est chargé de missions vers le roi, le 17 déc. 1467 et le 13 mars 1470. Il représente la ville, avec Jean Galocheau, à l'assemblée de marchands convoquée par Louis XI pour supprimer la concurrence des foires de Flandre (Reg. XII, fol. 107 v°, 22 oct. 1470).

1. La maison de Gastellier sépare l'hôtel Jean de Beaune des jardins de Dunois. Le 26 mai 1468, celui-ci baille à rente à Jean Bonermine,

Que reste-t-il aujourd'hui de cette maison? De deux corps de bâtiment que relie une tourelle soulignée du grossier cordon de Saint-François, le premier, orienté est-ouest, conserve : à l'extérieur, une porte et une petite fenêtre ; à l'intérieur, une galerie voûtée courant sous une chapelle, où l'écusson de la famille se devine sur une lourde ogive, et où se voit encore une niche creusée dans le mur. Le second pavillon, orienté nord-sud, a une seule ouverture à l'est, mais une série de belles fenêtres à l'ouest, encadrées d'animaux symboliques ou de personnages bouffons.

Outre sa maison de Tours, Jean de Beaune a des biens-fonds dans les environs de Château-Renaud et de Montrichart : 1° en Vendômois, les métairies de Bertault, de Longuetouche, du Plessis-Bertholommer, de la Roche-Bourgogne et de Targé, qui relèvent des seigneurs de Villeromain et du Bouchet, avec un grenier à blé à Château-Renaud. 2° La maison de Beaune, près Chissé, « avec les cuvées et boisseaulx estans audit lieu » et une dizaine d'arpents de vigne ; les deux métairies de Fouasse et de la Guérinière, avec onze arpents et vingt-trois quartiers et demi de pré.

Il faut joindre à tout cela 26 l. 10 s. de rentes et le quart et demi d'une maison sise à Loudun. Par contre, Jean de Beaune a constitué des rentes sur ses propres biens (4 l. 10 s. sur ses étables, une pipe de vin sur les vignes de Chissé) pour entretenir à Saint-Saturnin une chapellenie

Pierre Berthelot, Jean Bernier et Jean Roques une façade de 17 toises 2/3, entre les hôtels de feu Jean Hardoin (trésorier de France sous Charles VII) et de Jean de Beaune, à condition de bâtir quatre maisons et de ménager une allée de 1 toise 2/3, qui longera le mur de Jean Hardoin (17 toises 2/3) jusqu'au coin de la propriété Gastellier. Ces quatre maisons auront quatre toises de large chacune. (Arch. Indre-et-Loire, D 4.) — La maison de Jean de Beaune reste intacte jusqu'en 1763.

HOTEL DE JEAN DE BEAUNE
(p. 10).

sous le vocable de Notre-Dame de Pitié (nov. 1476, 22 avril, 14 oct. 1479) 1.

Il est aussi entré dans la confrérie de Saint-Gatien, avec sa femme et son gendre Jean Briçonnet, dès 1474 2. C'est dans le dîner annuel de cette confrérie qu'il paraît pour la dernière fois (3 mai 1480). Il meurt quelques mois après et, selon son désir, il est inhumé dans sa chapelle, où le service divin est célébré par Noël Guillon. Une simple dalle de pierre le recouvre avec cette inscription mutilée : « .... trespassa le XX.... »

II.

GUILLAUME ET JACQUES DE BEAUNE

Jeanne de Beaune suit de près son mari (début de janvier 1486) 3.

Ses deux fils, Guillaume et Jacques 4, s'attribuent par avance certains meubles. Le second n'en prend que pour 62 l. Mais le premier prend « six tasses, deux poiz, deux sallières et deux cuilliers, le tout d'argent », et autre vaisselle, le tout apprécié 350 l. t. Il paraît d'ailleurs être dans une situation embarrassée : il baille « six hanaps au soleil » à Maurice Briand pour Arnoul Ruzé (207 l.) ; son frère Jacques lui donne « des deniers de la deffuncte leur mère » 340 l. ; celle-ci lui avait déjà « presté en deniers comptans » 3,700 l. : soit au total 4,654 l., que Guillaume a reçues par anticipation.

1. Arch. Indre-et-Loire, G 1024, fol. 109 à 127.
2. Bib. de Tours, ms. 1306, fol. 61, 68 v°, 71, 72 v°.
3. Elle dote la chapellenie le 31 oct. 1482, et fait son testament le 31 décembre 1485.
4. Il y a un Antoine de Beaune, secrétaire de Louis XI, qui n'a pu être rattaché à Jean de Beaune, quoiqu'il soit de Tours ; en 1487, il est chargé de la recette des terres confisquées sur le duc d'Orléans.

Guillaume et Jacques doivent naturellement « rapporter » tout ou partie de ces choses, quand il faut procéder au partage des biens de leur père (7 janvier 1487).

Catherine, Guillonne et Colette de Beaune sont mortes; Guillaume « est absent et a des affaires. » Quant au religieux, il n'en sera pas question.

Voici comme se répartit l'héritage, qui vaut 22,586 l., une fois les parts égalisées par les restitutions réciproques : 1° Guillaume Briçonnet, les biens-fonds de Vendômois, soit 4,800 livres *net*; 2° Jacques de Beaune, la maison de Tours avec les étables et le jardin, 3,112 l.; 3° Jean Briçonnet, la maison de Beaune près Chissé, deux arpents de vigne près Grantmont et deux petites rentes, 2,392 l.; 4° Jean Quétier, la métairie de Fouasse et de menues rentes, 2,396 l.; 5° Jean Bernard, la métairie de la Guérinière, 2,481 l.; 6° Charles Becdelièvre, 2,125 l.; 7° Pierre Morin, 2,168 l.; 8° Guillaume de Beaune, 3,112 l. [1].

Guillaume Briçonnet, qui a le plus beau lot, est général des finances de Dauphiné et de Provence depuis juin 1480; il y a joint le Languedoc et le Roussillon à l'avènement de Charles VIII. Il est mêlé à cette heure aux affaires de Saluce et de Gênes [2]. Son frère Jean est receveur général de Languedoïl depuis 1484 [3].

---

1. B. N., fr. 20254, fol. 139-143 (extr. du chartrier de la Carte). — Bertault (Loir-et-Cher, arrondissement de Vendôme, canton de Saint-Amand). Cf. Arch. nat., P 618, xxxvii : aveu de Jean du Plessis, pour son « hostel » de Bertault et ses pièces de bois attenantes à la maison de feu Jean de Beaune (9 déc. 1485). Cette maison n'est pas encore citée dans les aveux des prédécesseurs de Jean du Plessis, des 12 sept. 1443 et 11 sept. 1452 (*Ibid.*, P 625, lxv, lxix). — La métairie de Longuetouche est voisine de l'hôtel de Bertault.

2. B. de Mandrot, *Ymbert de Batarnay, sieur du Bouchage*, p. 143 et suivantes.

3. Il succède à Denis de Bidant. Son oncle, Jean Briçonnet l'aîné, qui

Les héritiers de Jean de Beaune sont donc en pleine faveur : M{mo} de Beaujeu, régente, n'a pas dédaigné de tenir sur les fonts baptismaux une fille de Jean Quétier, le 28 septembre 1483 [1].

Guillaume de Beaune est particulièrement favorisé : ses cohéritiers lui rabattent 2,000 l. sur les 4,454 l. qu'il devrait rapporter ; en outre, « ils luy laissent de leur partaige la somme de 50 l., qui sont 350 l., laquelle somme demourra ès mains » de Jacques ; enfin, ils le déchargent « de la huictiesme partie de 383 l. qui estoient deubz, tant pour le service du bout de l'an de leur feue mère, en parachèvement de l'exécution de son testament, don faict au religieulx leur frère, que aultres despences et debtes qui restoient à payer. »

Ces concessions semblent le remettre sur pied : il rentre à Tours et ratifie le partage en octobre 1487. Puis il entre à la Chambre des Monnaies de Paris, le 2 octobre 1488 [2],

---

a occupé cette charge de 1467 à 1475, est receveur des aides et tailles de Touraine, de 1483 à 1493.

1. Jean Quétier a tenu un livre d'or de sa famille. Du 14 janvier 1460 au 6 février 1487, il a eu dix-huit enfants. Parmi les parrains et marraines figurent Jean Bernard et Jean Briçonnet (13 octobre 1464); Jeanne de Beaune, belle-mère de Quétier (16 juin 1467) ; Alex. Sextre, argentier du roi ; Martin le Roy, de Bourges, et Charlotte de Bar, sœur du général des finances de Languedoc, Guillaume de Varye (20 décembre 1468) ; Guillaume Briçonnet et la femme de Jean de Neufbourg, argentier du duc de Guyenne (16 avril 1469) ; Jean de Beaune (20 janvier 1472) ; Guillaume de Beaune et Jeanne Morin (10 septembre 1473) ; Jean de la Loère, secrétaire du roi (13 août 1475) ; le maréchal de Gyé et Guillaume de Beaune (30 juillet 1476) ; Charles Becdelièvre (16 octobre 1477) ; Guillaume de Nève, receveur général de Languedoc, et Guillaume de la Croix, trésorier des guerres (31 décembre 1478) ; Catherine de Beaune (17 mars 1480). B. N., Pièces orig. 2414, dos. 24137, 14-15, d'après un livre d'heures, aujourd'hui perdu, qui figurait sous le n° 21 dans le cabinet de Gaignières.

2. Arch. nat., Z^{1b} 5, fol. 174 v° (La Flèche, 2 oct. 1488). Saulcy, *Rec. de doc. relat. à l'hist. des monnaies*, III, 332. — En 1491, il émarge sur

et remplit, en cette qualité, trois petites missions au cours de l'année suivante [1]. Il est à Paris, le 16 avril 1489, pour constater que « Pierre le Roy, garde de la monnoye, de son auctorité privée, et sans ordonnance de mesdits sieurs des Monnoyes, avoit fait faire une grande lucarne sur une loge à ouvrier estant au jeu de paulme. » Du 20 avril au 10 août, deuxième voyage, cette fois en Provence. Il repart encore le 18 août pour le Poitou, la Saintonge et la Guyenne « pour aller faire publier l'ordonnance faicte touchant le poix de l'or » ; il reçoit 28 l. 12 s. 6 d. avant de se mettre en route. Mais il rencontre des difficultés et s'adresse au Grand Conseil « pour raison des rébellions et désobéissances et autres tors et griefz qui luy avoient esté faiz en mectant à exécucion certaines lectres royaulx en la ville de Nyort. » L'affaire est renvoyée en Parlement, où elle traîne trois ans [2].

la somme de 2,400 livres répartie entre les sept généraux des monnaies : Germain de Marle, Nicolas Potier, Denis Anjorrant, Jean Clerbourg, Charles le Coq, Germain le Maçon et lui (B. N., fr. 20685, fol. 768).

1. « Ledit 19º jour de février oudit an, sire Guillaume de Beaune, général maistre des monnoyes, partist de ceste ville de Paris pour aller à Tours...., pour faire batre et forger en ladite monnoye des petiz deniers noirs jusques au nombre de 200 marcs pour le plus. »

2. « Le 27º jour de juing dudit an 1493, sire Guillaume de Beaune, naguèrez général maistre des monnoyes, vint en la Chambre des Monnoyes et promist que toutes et quantes foys que les officiers et habitans de Nyort seront condempnez envers luy...., paier, rendre et restituer pour le roy son voyage. » L'épilogue est tardif, car il n'est plus général depuis le mois de juillet 1491. Son successeur ne s'empressa point de payer son droit de joyeux avénement : « Jusques à ce que ledit (Simon) de Bucy (décida la Chambre) eust paié et contenté MM. desdites Monnoyes et le greffier de leurs droiz qui leurs estoient deubz par ledit de Bucy à cause de sa réception, c'est assavoir à chacun d'eulx la somme de dix escuz d'or, que icelluy de Bucy ne recevroit aucuns droiz et proffits en ladite Chambre. » Arch. nat., Z^{1b} 5, fol. 180, 193 vº, 198 vº; Z^{1b} 6, fol. 88, 100 vº, 108, 122 vº; V^5 1041 (à la date du 27 sept. 1490).

Son cadet Jacques a une trentaine d'années au moment du partage de 1487 [1].

C'est le 17 juin 1482 [2] que l'on a rencontré son nom pour la première fois. Sa femme, Jeanne Ruzé, est inscrite sur le livre d'or des Quétier dès le 25 avril 1481 [3]; elle semble avoir deux ans de plus que lui.

Les Ruzé sont, avec les Beaune, les Briçonnet et les Berthelot, l'élite de la bourgeoisie tourangelle. Ils s'unissaient par de si fréquents mariages, que l'on a grand'peine aujourd'hui à en débrouiller l'écheveau. Il serait toutefois intéressant de tenter la chose pour montrer la force de cohésion de cette aristocratie parlementaire et financière au début du XVIe siècle; il a suffi de dresser trois tableaux sommaires [4], en soulignant les noms de ceux qui ont peuplé l'administration.

Jacques de Beaune a hérité de son beau-père, Jean Ruzé, le fief de la Tour d'Argy, à Montrichart [5], et des rentes, tant sur les moulins et une maison de Montrichart que sur la seigneurie d'Aunay, appartenant à Eustache de Montberon [6]. Il ratifie un codicille du testament de

---

1. Ses petits-enfants, dans un placet présenté à Henri III pour la réhabilitation de sa mémoire, disent qu'il avait soixante-dix ans en 1527, ce qui reporte sa naissance à 1458. Les contemporains lui donnent soixante-quinze ans à cette date de 1527.
2. *Mém. Soc. arch. de Touraine*, XX, 283-4 : il fournit une robe au maire de Tours pour assister aux fiançailles du Dauphin avec Marguerite d'Autriche, à Amboise.
3. Arch. Loir-et-Cher, E 274 *bis*, fol. 112 v°; elle a soixante-douze ans en 1527.
4. Voir à l'APPENDICE.
5. Jean Ruzé a fait aveu, le 20 juin 1470; Jacques de Beaune acquitte le devoir d'hommage le 24 oct. 1488, et d'aveu le 12 fév. 1491 (Arch. Indre-et-Loire, E 46, fol. 333; Arch. nat., P 353³, IIII[e] XLV). Cf. une transaction du 27 sept. 1489 (Arch. Indre-et-Loire, E 46, fol. 365).
6 Arch. Indre-et-Loire, E 43; E 45, fol. 431; Arch. nat., P 1407², VII[c]X.

son beau-père qui lègue une rente de cent sous au chapitre de Candé (15 oct. 1487) [1].

Il fournit les maisons d'Orléans [2], d'Angoulême [3], de la Trémoïlle [4], et associé avec François Briçonnet, il vend pour 41,127 l. 17 s. 6 d. de draps et de linge à l'argenterie de Charles VIII, d'octobre 1490 à janvier 1492 [5].

---

1. « Estoient aussi présens honnorables hommes Guillaume et Jacques de Beaune, bourgoys marchans de Tours, et honneste femme Jehanne Ruzée, veufve de feu maistre Pierre Aude.... » (leur belle-sœur). Pierre Aude est notaire et secrétaire du roi depuis le 3 juin 1449; il vit encore en 1471.

2. B. N., Pièces orig. 248, dos. 5444, 22 ; British Museum, Additionnal Charters 3263.

3. Arch. nat., K 530⁵. — Il envoie « ung sacre et ung lanyer de Naples » à M. d'Angoulême (mai 1484).

4. Chartrier de Thouars (comptes de 1490 à 1492) : le duc ordonne à son trésorier Jean Motais de payer « à Jacques de Beaune la somme de 336 l. t. pour draps de soye et de layne qu'il avoit fait prendre de luy en sa boutique de l'argenterie du roy ès années 88 et 89 » (8 mars 1490).

5. Arch. nat., KK 72-73, passim. Ses successeurs sont moins heureux que lui. Regnault Briçonnet, Macé Binet, Martin Fame et Jean de Poncher forment une compagnie au capital de 90,000 l. (1492-1498). Mais Briçonnet la quitte pour devenir argentier du roi (déc. 1493); puis la guerre de Naples suspend les paiements du trésor royal ; le pillage du train de Charles VIII à Fornoue achève la déroute de la société. Jean de Poncher persévère, mais en vain. Charles VIII mort, il faut apurer les comptes ; un inventaire général est dressé à Paris, chez Regnault Briçonnet (12 avril 1499). Le passif est considérable, mais les marchands ont 207,127 l. 2 s. 9 d. de créances (y compris l'aménagement du château d'Amboise) sur le trésor royal, d'après un relevé certifié par les gens des finances (1ᵉʳ juin 1499). L'affaire ne sera jamais réglée. D'un côté, les anciens associés se querellent. Ils s'accusent mutuellement de vol ou de recel : Poncher aurait caché une partie de 30,593 l. 7 s. 6 d. t. de recette sur un total de décharges fournies par Regnault, argentier du roi, montant à 165,047 l. 5 s. 3 d., et vingt écus sur le produit de la vente des chevaux et chars de la compagnie, pris indûment 6,595 l. 5 d. et inscrit en place sur les registres de la communauté de mauvaises créances personnelles, versé à tort 1,088 l. 3 s. 6 d. à Pierre Morin pour les tapisseries d'Amboise, etc. Regnault Bri-

— 17 —

Comme son père, il fait un peu de banque. En 1487, il avance 350 l. à Victor Blondelet pour l'aider à racheter une rente de 62 l. due à Jeanne de Mocy, veuve de Pierre Landois, pour sa maison sise devant Saint-Saturnin de Tours [1], et il est remboursé partiellement d'une créance par Marguerite de Culant, dame de Belleville [2]. Le 25 avril 1489, il paie au bâtard de Bresse [3] la pension annuelle que doit lui servir son père. En 1491 enfin, il se rend utile au roi en hâtant la délivrance de Nantes par Alain d'Albret, qui y a contracté 33,444 l. 7 s. 5 d. t. de dettes (11-14 avril) [4].

çonnet, de son côté, aurait oublié d'inscrire sur ses papiers 360 l. ordonnées chaque année par le roi pour l'entretien du chariot de l'argenterie.... Jacques de Beaune est mis en cause pour 2,078 l. 7 s. et la reine Anne pour 6,653 l. 7 s. 3 d. D'autre part, au bout de dix ans, Louis XII ne consent à payer que 93,063 l. 11 s. 4 d. Arch. nat., X^{1a} 8326, fol. 234 v° (22 mars 1499); B. N., Clair. 765, fol. 258 (9 avril), fol. 266 (8 mai); X^{1a} 1504 (14 août); X^{1a} 1505, fol. 46 (22 janv. 1500); Clair. 765, fol. 368 (7 juillet); X^{1a} 1506, fol. 144 (29 mai 1501), fol. 185 (2 août); X^{1a} 1505, fol. 27 (13 janv. 1500); Clair. 765, fol. 346-350 (8 avril); X^{1a} 1505, fol. 116 v° (13 avril); Clair. 765, fol. 354-5 (30 avril, 8 mai); X^{1a} 8327, fol. 339 v° (11 mai); X^{1a} 1505, fol. 126 v° (14 mai), fol. 142 v° (22 mai); X^{1a} 1506, fol. 160 v° (3 juillet 1501); X^{1a} 1507, fol. 43 (26 janvier 1502); X^{1a} 8330, fol. 84 (6 février 1503); X^{1a} 4845, fol. 330 v° (11 juillet 1504); X^{1a} 1510, fol. 88 (18 mars 1505). B. N., fr. 20616, fol. 51.

1. Arch. Indre-et-Loire, E 44, 4.
2. « En attendant que le roy ait pourveu à la récompense de Montagu en Poyctou (écrit à ce sujet Jean Bourré, le trésorier de France), ainsi que par raison faire se devra, ledit sieur (roy) est content de donner à Mme de Belleville, cependant et pour manière de provision, la somme de 500 l. de pension par chacun an, au plus près de Monmorillon que faire se pourra, et la faire acquicter de 3611 escuz envers (Victor) Gaudin et de Beaune, en deux années à venir, et en fera traicter avec eulx par les gens de ses finances. » B. N., Pièces orig. 953, dos. 20936, 38; fr. 20492, fol. 119; Arch. nat., J. 180^a, fol. 155-160.
3. Le futur BATARD DE SAVOIE, grand maître de France sous François 1er.
4. Arch. B^{ses}-Pyrénées, E. 88 (cité par A. Luchaire, *Alain le Grand*,

III.

LA MAISON D'ANNE DE BRETAGNE

Jacques de Beaune, chef de la plus importante maison de commerce de Tours, depuis longtemps en rapports d'affaires avec la Bretagne, vient de se signaler à la faveur du roi.

Tout d'abord, Guillaume en profite. Le 17 octobre 1491, il est désigné pour représenter la couronne aux États de Vannes avec l'archevêque de Reims, MM. de Rohan et de Rieux, le président de la Chambre des Aides, Jean du Verger, et les gens des finances [1].

Lui-même est nommé trésorier général de la duchesse

---

p. 63). Jacques de Beaune conservera d'excellentes relations avec Alain. Le 27 juillet 1504, Alain loge chez lui à Montrichart et y reçoit les commissaires chargés de l'interroger dans le procès de Gyé. Un peu plus tard, Alain, condamné à payer 2,917 l. 15 s. 11 d. t. à Jean Parajan (23 janvier 1510), sollicite les bons offices de son ami : « J'ay parlé au général de Beaune touchant Pérageau, mande la Romagière (Paris, 28 mars), m'a dit que parlasse à Estienne Barbier, son clerc. Il ne dist chose qui vaille. Ledit général a escript des lettres à des MM. des Contes de Bretaigne, affin que, quant y envoyés, qu'ilz vous fassent quelque servisse. » (Arch. nat. X^{3a}, 19; Arch. B^{ses}-Pyrénées, E 105). Sur ce procès, voir Luchaire, *op. cit.* p. 107-8. Charles de la Romagière est le solliciteur en cour d'Alain, de 1504 à 1511 ; il ne subsiste que ses lettres, d'ailleurs curieuses, de 1509 et 1510 (Arch. B^{ses}-Pyrénées, E 94, 97, 104 à 106). — En dépit de ces relations cordiales, on voit le fils de Jacques de Beaune, Guillaume, refuser de l'argent, en 1516, à Catherine de Navarre (Luchaire, *op. cit.*, p. 63).

1. Lobineau, *Histoire de Bretagne*, III, col. 1534; Morice, preuves, III, 705-6. Plus tard, il entre à la Chambre des Comptes de Bretagne (3 août 1492). La Gibonnais, *Recueil d'édits et d'ordonnances concernant la Chambre des Comptes de Bretagne* (1721) ; de Fourmont, *Histoire de la Cour des Comptes de Bretagne* (1854). Bib. de Nantes, ms. 1215, fol. 233, et ms. 1216.

Anne après son mariage avec Charles VIII (Montilz-lez-Tours, 16 décembre 1491) [1], pendant que Thomas de Riou, Nicolas de Marchy, sont maintenus dans leurs offices de comptables de l'écurie et de la chambre aux deniers et que Victor Gaudin remplace Michel le Doux à l'argenterie [2].

Il y a donc au début quatre services : trésorerie générale (comprenant les officiers de l'hôtel), écurie, chambre aux deniers, argenterie. Puis, le 16 septembre 1492, l'hôtel devient un service distinct de la trésorerie générale, qui comprend alors : les menus plaisirs, offrandes et aumônes, dons, voyages, dépenses extraordinaires. Mais de Beaune se réserve cette charge nouvelle, qui correspond à une augmentation de gages [3].

Le 18 mars 1493, les règles de comptabilité sont ainsi fixées. Le trésorier général paie les commis à la chambre aux deniers, à l'argenterie et à l'écurie, sur les mandements de la reine, qui lui fait un état annuel pour les officiers de l'hôtel et des états mensuels pour les menus plaisirs.

L' « ordinaire » est de 100,000 l., mais un supplément de 50,000 l. est alloué la première année (janv.-sept. 1492), puis de 40,000 l. (oct. 1492-sept. 1493), et de 20,000 l. (1494 et 1495).

Jacques de Beaune reçoit des receveurs généraux du

1. Arch. nat., K 530[22] : il prête serment entre les mains de son beau-frère Guillaume Briçonnet, le 27 déc. suivant.
2. Sur Michel le Doux, cf. Ant. Dupuy, *op. cit.*, I, 396. D'oct. à déc. 1491, les dépenses de l'écurie montent à 33,647 l. 3 s. 4 d. De plus, 121,911 l. 10 s. sont alloués, en nov., « pour conduire partie des affaires de ladite dame. » Une somme de 10,000 l. inscrite pour le « renvoy » de Marguerite d'Autriche, l'épouse répudiée par Charles VIII, est affectée au service d'Anne (B. N., fr. 26102, 710).
3. 2,400 l. l'an pour la trésorerie générale (Orléans, 16 sept. 1492); 2,000 l. l'an pour l'hôtel (Lyon, 8 juin 1494). Il prête serment à Denis de Bidant, général de Languedoïl, le 20 sept. 1492.

royaume [1], non point de l'argent comptant, mais des décharges ou assignations sur les receveurs particuliers, qui sont avisés, chacun séparément, par une « lettre d'état » du général des finances. De Beaune se fait payer comme il peut, mais il a des mécomptes comme avec le grènetier de Bourges, Jean Tau (3 déc. 1492) [2].

Il verse lui-même aux comptables placés sous ses ordres leurs assignations, partie en argent comptant, partie en papier (décharges et contre-lettres).

Les sommes inscrites au « budget » ne suffisent pas, du moins au début. De janvier à septembre 1492, la dépense totale est de 277,750 l., 3 s. 11 d. t. [3]. D'octobre 1492 à septembre 1493, elle est de 201,199 l. 6 s. 4 d. [4].

---

1. De 1492 à 1498, la Bretagne est administrée directement par le roi, et de Beaune relève de la Chambre des Comptes de Paris. B. N., fr. 6200, fol. 421 ; fr. 26103, 804 ; fr. 20498, fol. 111-3 ; Pièces orig. 248, dos. 5444, 26-27 ; dos. 513, 51. Arch. nat., K 2378, 57. Arch. du Gard, C 1206, fol. 288. Le supplément de 50,000 l. est assigné en mai 1492 ; les 100,000 l. de 1492-1493 le sont du 31 déc. 1492 au 24 mars suivant, et les 40,000 l., du 20 avril au 20 juin ; les 100,000 l. de 1493-1494, en déc. 1493.

2. Pour recouvrer 1,420 l., « ledit trésorier a mis toute peine et diligence et l'a fait constituer prisonnier et entrer ès prisons de Tours ; mais pour ce que, après les plainctes faictes tant par les geolliers que par les autres prisonniers, il est apparu au lieutenant du bailly de Thouraine et autres officiers du roy à Tours que icelluy Johan Tau estoit actaint de maladie de lespre, et pour obvier aux inconvéniens qui en eussent peu ensuivir ausdits autres prisonniers, ilz, nonobstant ladite debte, le firent mectre hors desdictes prisons. »

3. Y compris les dépenses d'oct. 1492, mais pour la trésorerie générale et la « gésine » de la reine seulement. L'hôtel atteint 43,848 l. (avec une prévision de 35,000 l.). Le déficit se répartit comme suit : chambre aux deniers, 7,560 l. 1 s. 9 d. ; écurie, 5,182 l. 10 s. 10 d. ; argenterie, 30,401 l. 2 s. 6 d. ; trésorerie générale, 75,758 l. 8 s. 10 d. ; hôtel, 8,848 l. Les avances faites par les comptables de la chambre aux deniers, de l'écurie et de l'argenterie leur sont remboursées en vertu de mandements des 25 et 28 juin 1493 (Savigny, Paris).

4. Le mois d'oct. 1492 est imputé sur l'exercice précédent, pour la trésorerie générale seulement. Assignations de 140,000 l. : chambre aux

L'année suivante, elle descend à 150 ou 155,000 l. [1], sans compter les frais des entrées à Bourges, Moulins et Lyon (février-mars 1494), qui atteignent 14,000 l. Celle de 1494-1495 [2] n'est pas connue, mais elle paraît se solder par un léger boni [3].

On est loin des 55 à 60,000 l. de la maison Marie d'Anjou et de la reine Charlotte [4]. Anne gaspille : dès le début, il faut « rogner. » Madame de Sainte-Mesme « estoit couchée en l'estat de sa maison, et depuis, pour la grant multitude d'officiers, dames et damoyselles qui estoit en icelle maison, pour éviter la grant et excessive charge et despence, a esté mise hors d'icelluy estat [5]. » Elle écoute aussi son

---

deniers, 42,000 l. ; argenterie, 28,000 l. ; l'écurie, 25,000 l. (mandements, Savigny, 15 mars 1493 ; Senlis, 22 mai ; Paris, 14 juin ; Courcelles, 5 août ; Plessis-lez-Tours, 15 sept). Dépense réelle : 45,700 l. 10 s. 8 d. (ch. aux den.); 37,071 l. 7 s. (arg). L'hôtel a un déficit de 6,918 l. 2 s. 6 d., avec une prévision de 45,000 l. Les avances des comptables sont remboursées par mandements des 8 et 9 juin 1494 (Lyon).

1. L'écurie n'a plus de comptable spécial ; le service est absorbé par la trésorerie générale. L'hôtel monte à 48,000 l.

2. Les comptes de 1492, 1493 et 1494, qui subsistent, sont conservés aux Arch. nat. (K 530⁶ et 530²², KK 82 à 84). Il y a aussi les comptes de 1496 et de 1498 (Ibid., KK, 8, et Bib. Nantes, ms. 1174).

3. Jacques de Beaune garde en réserve un reliquat de 4,244 l. 14 s. 6 d., et le verse en 1507 ou 1508 à Mathurin de Baugé pour l'armement de la nef la « Cordelière » (B. N., fr. 25720, 62).

4. Arch. nat., KK 55 et 530³ : la chambre aux deniers et les gages des officiers de l'hôtel montent à 31,682 l. 4 s. 7 d. pour l'exercice 1458-1459 ; l'argenterie, à 27,026 l. 9 s. 4 d. pour 1454-1455. — Ibid., KK 68 : 32,024 l. 19 s. 8 d. (1469-1470); 58,000 liv. environ en 1471 (B. N., fr., 11196, fol. 24). — M. Le Roux de Lincy donne tous les détails nécessaires, dans sa *Vie d'Anne de Bretagne*, sur les goûts de la reine, et il suffit de remarquer, une fois de plus, « l'heureuse confusion établie entre l'art et l'industrie » (de Laborde, *la Renaissance*, I, 737-8), qui permet de retrouver tant de précieux renseignements dans les comptes.

5. Le souper qu'elle fait à son entrée à Paris coûte 2,363 l. 13 s. 2 d. (1492).

instinct de largesse et se repent après coup : elle reprend ainsi pour 562 l. 10 s. une nef d'argent, pesant 46 marcs, « laquelle nef les manans et habitans de la ville de Tours lui avoient donnée à sa première et nouvelle entrée en ladite ville, et icelle avoit donnée à [Georges] Tiercelin : laquelle a été racheptée et remise en sa panneterie pour son service. » De même elle dépense 186 l. 13 s. 3 d. pour rentrer en possession d'aiguières et de tasses, qui, après lui avoir servi le jour de ses épousailles, sont restées aux mains de deux sommeliers d'échansonnerie (9-3 janvier 1492).

Toutefois elle entend ses intérêts : Jean Robineau, secrétaire du roi, reçoit 25 l. pour avoir expédié le don de la seigneurie de Mehun-sur-Yèvre ; du 24 novembre au 24 décembre 1493, plusieurs courriers partent d'Amboise pour Montfort-l'Amaury, qui lui appartient ; du 12 au 20 décembre, d'autres vont de Tours à Paris pour faire vérifier par les Comptes le don de Châtillon-sur-Indre, où d'importants travaux vont être exécutés sous la surveillance de Guillaume de Beaune [1]. En avril et mai 1494, elle entame un procès contre le vicomte de Rohan, qui lui dispute la Bretagne.

Ses déplacements sont fréquents et coûteux, avec un train considérable de chariots chargés des coffres de sa chambre et de ceux de ses demoiselles d'honneur : il est vrai qu'elle se débarrasse de ceux-ci, quand elle le peut, à Vienne, en août 1494, pour escorter Charles VIII à Grenoble, et à Moulins, en octobre 1495, pour le rejoindre à Lyon. Il faut des guides, des pionniers, des bateliers pour franchir les rivières....

Son trésorier général l'accompagne [2], et, dès qu'il est

---

1. B. N., Pièces orig. 248, dos. 5444, 10.
2. Melun, Paris, Compiègne, Creil, Senlis, Paris, Melun, Courcelles,

absent, elle s'empresse de le rappeler : le 20 février et le 15 septembre 1494, étant à Moulins, elle lui mande de lui apporter de Tours « l'estat de sa maison. » L'année suivante (sept. 1495), elle l'envoie en Asti pour souhaiter la bienvenue à son mari. Le 1er octobre 1495, elle le prie de l'attendre à Lyon, et de Beaune lui annonce, de cette dernière ville, que le roi va bientôt quitter Verceil (24 oct.). Quatre jours après, Anne arrive à Lyon.

Jacques de Beaune approche donc constamment la reine et jouit de sa confiance [1].

Il doit faire des avances de fonds, surtout pendant la guerre de Naples (1494-1495) : le désordre est partout et la cour, réfugiée à Moulins, cherche tous les moyens de créer des ressources. Par exemple, les vivres sont hors de prix après le passage des gens d'armes, en Lyonnais et Dauphiné : le 16 décembre 1495, la reine alloue 1,800 l. aux pourvoyeurs de l'hôtel (boulangers du commun, fournisseurs de vin, bouchers, poulletiers, poissonniers) et 354 l. aux pourvoyeurs des chevaux de l'écurie, qui ont dû « quitter leur marché et habandonner le service d'icelle dame parce qu'ilz n'avoyent plus de quoy y fournir. » — De Beaune vient aussi en aide à sa maîtresse pour dégager un bijou déposé chez un banquier de Lyon (4,488 l. 2 s. 6 d.), payer la mission du prince d'Orange en Asti (4,000 liv.) ou doter les demoiselles d'honneur [2].

Le Plessis-lez-Tours (janv. 1493). Le Plessis et Amboise (oct. 1493-janv. 1494), Bourges (14-16 fév.), Moulins (20 fév.), Lyon (mars-28 juillet), Vienne, Grenoble (août), Moulins (sept.-déc.), etc...

1. Le 13 nov. 1492, il assiste à une déclaration que la reine fait devant un notaire apostolique, à Tours, après la naissance du Dauphin (Morice, III, preuves, 721). De nov. 1494 à mai 1495, il figure sur les comptes de Tours pour plusieurs présents de vin; de mai à octobre 1495, il n'y figure plus, parce qu'il est avec la cour à Moulins et à Lyon.

2. Ces prêts s'élèvent à 22,679 l. 1 s. 11 d. (cédule d'Anne du 3 sept.

Aussi accorde-t-elle à son trésorier une gratification de 3,500 l. avant son départ pour Asti (Moulins, 6 sept. 1495), en le recommandant à la bienveillance de Charles VIII. Peu après le retour du roi à Lyon (nov.), Jacques de Beaune laisse le service de la maison de la reine à son fils, Jacques, sous la tutelle de son beau-frère, Pierre Morin, et assume la charge de la généralité de Languedoc.

1496) : Le Roux de Lincy, *op. cit.*, IV, 17 à 20. Le 14 nov. 1495, aussitôt après le retour de Charles VIII à Lyon, Anne écrit au général Michel Gaillard et au trésorier d'Orgemont pour recouvrer 4,500 écus, et « désengaiger aucunes des plus riches bagues que le roi avoit mises ès mains des Genevois » (les Sauli). Pierre Champaignac, clerc des offices de la reine, court vainement de Paris à Bourges et de Bourges à Paris ; il rejoint la cour à Lyon, le 5 ou 6 janvier 1496 (Arch. nat., KK 85, fol. 58). Quant aux filles d'honneur, c'est un des soucis de la reine : le 20 mai 1496, elle insiste auprès des gens des finances « pour le mariaige d'aucunes de ses damoiselles. »

CHAPITRE II

ADMINISTRATION FINANCIÈRE

(1496-1515)

Jacques de Beaune quitte la trésorerie de la reine pour succéder en Languedoc à son parent Pierre Briçonnet, qui passe en Languedoïl, où il remplace Denis de Bidaut [1], élevé à la présidence de la Chambre des Comptes. Le nouveau général de Languedoc donne sa première signature le 18 décembre 1495 [2], et il écrit sa première lettre connue quinze jours plus tard [3]. Le 31 janvier 1496, il est désigné

---

1. Bidaut revenait d'Italie, et il se trouvait à Tours en oct. 1495.
2. B. N., fr. 22405, fol. 26. Pierre Briçonnet signe encore le 24 nov. (Arch. Gard, C 1206, fol. 180).
3. Elle est adressée « à mes très honnorez seigneurs, frères et bons amys, MM. les consuls de la ville de Montpellier. — Très honnorez seigneurs, frères et bons amys, je me recommande à vous, tant comme je puys. J'ay receu voz lettres par M. *le général*, présent porteur, et luy et moy avons veue la requeste de ce que demandez pour avoir rabbaiz. Laquelle avons présentée au roy, qui l'a faict mectre en Conseil, et (a) advisé ledit seigneur remectre le tout aux prochains Estatz, et m'a donné charge de me informer plus amplement du contenu en icelle, pour sur ce luy en faire le rapport. Pour le présent, n'en avons peu avoir autre chose, combien que en avons fait plusieurs poursuites. Toutesfois en parleray encore audit seigneur et ferons envers luy, s'il m'est possible, que lesdits Estatz seront tenuz en vostre ville, à ce que ceste matière se vuyde. Et en ce et autres voz afféres me em-

pour représenter la couronne aux États de Montpellier (convoqués pour le 25 février) et, le 3 mars, il lit dans la salle haute de la Grande Loge, devant le portail de Notre-Dame des Tables, les lettres royales (datées du 8 février) qui demandent aux délégués de la province de ratifier le traité conclu en nov. 1492 avec l'Angleterre [1].

I.

IMPORTANCE DE LA CHARGE DE GÉNÉRAL DES FINANCES

Il entre dans une corporation de huit hauts dignitaires, qui administrent les finances du royaume.

Les finances sont ordinaires et extraordinaires [2]. Ordinaires, c'est le *domaine*, ensemble des droits fonciers du roi, propriétaire ou suzerain [3]. Extraordinaires, ce sont : la *taille*, les *aides*, la *gabelle;* la *taille*, impôt direct et de répartition, devenu régulier à partir de Charles VII sous le nom de « paiement des gens d'armes », qu'il a conservé de 1445 à 1483; les *aides*, impôts indirects et de consomma-

---

ployeray en tout ce que me sera possible, et comme celui qui tousjours a désiré et désire le bien de vous tous. Priant Dieu, MM., que vous donne ce que désirez. Escript à Lyon, le dernier jour de décembre. Vostre frère et parfait amy, JACQUES DE BEAUNE. (Au dos :) *Recepta* VIII *januarii 1495.* » M. *le général* désigne Pierre Briçonnet. Montpellier offre à de Beaune des confitures et des épices, en reconnaissance du rabais de taille qu'il lui a obtenu, de 2,000 l. t. l'an, pendant dix ans (Arch. Montpellier, BB, année 1496).

1. B. N., lat. 9179, fol. 235 v°.
2. G. Jacqueton, *Documents relatifs à l'administration financière en France, de Charles VII à François I*er (1891), VI-XXIII. Cf. le manuel, dit « vestige des finances » : 1° domaine, p. 206-225 ; 2° greniers à sel, p. 225-235 ; 3° aides, p. 235-237 ; 4° taille, p. 237-240.
3. Il y a le domaine immuable (censives et rentes perpétuelles) et le domaine muable (greffes, sceaux, tabellionages, droits de mutation, forfaitures et confiscations, ventes de bois et grains, etc....).

tion, sur la vente des denrées [1] ; la *gabelle*, impôt sur le sel.

Les ressources ordinaires sont régies par les *trésoriers de France;* les extraordinaires, par les *généraux des finances.* Ils se partagent entre quatre trésoreries ou généralités, Languedoïl-Guyenne, Normandie, Outreseine-Picardie, Languedoc, subdivisées en élections [2] ou en bailliages, sénéchaussées et vicomtés. Purs ordonnateurs, jamais comptables [3], ils gèrent le revenu public, dont ils entérinent tous les actes, et surveillent les officiers inférieurs. — Le général communique constamment avec ses subordonnés, l'élu et le grènetier, qui lui envoient chaque année l'assiette de la taille, le bail des aides [4] et le débit du sel, et en échange il leur adresse le relevé de toutes les sommes qu'ils auront à payer au cours de l'exercice, avec

---

1. On doit rattacher aux aides les droits du quart et du quint du prix de la première vente (levés à chaque revente postérieure) sur le sel de Poitou (Guyenne, Saintonge, Angoumois, Poitou, Marche, Limousin, Auvergne).

2. L'élection doit son nom aux deux élus chargés d'administrer la taille et les aides, et de juger en premier ressort; ils sont assistés d'un greffier et d'un procureur. Le grènetier a des attributions judiciaires comme l'élu.

3. La perception, très simple pour le domaine (qui a peu d'importance, après avoir suffi aux besoins de saint Louis), est plus compliquée pour les ressources extraordinaires, dont la régularité ne justifie plus le nom. Le domaine a un receveur particulier par bailliage, sénéchaussée et vicomté, mais un seul receveur général, dit « changeur du trésor », assisté de clercs ou contrôleurs. Les aides et la taille ont un receveur particulier par élection ou diocèse; la gabelle a des grènetiers; mais il y a quatre receveurs généraux au lieu d'un, résidant à Tours, Rouen, Paris et Montpellier, et assistés de quatre contrôleurs généraux. En Languedoc, ce sont tour à tour : Antoine Bayart, Henri Bohier (avril 1502-avril 1504), Jean Roussellet (1504-1505), Jean Lallemant le jeune.

4. Le bail est envoyé à trois reprises, à la première adjudication et aux surenchères, dites tierçoiement et doublement.

le nom du destinataire et l'échéance. Il a un traitement de 2,940 livres; dans les processions et cérémonies, il marche derrière le président de la Chambre des Aides, en robe de velours noir [1].

Les huit généraux [2] et trésoriers forment le « conseil des finances », qui dresse « un état général [3] » annuel suivi de huit états particuliers [4] : ils calculent les dépenses ordinaires, le rendement des aides et de la gabelle, et arrêtent le chiffre de la taille.

L'état général dressé, comment s'ordonnancent les paiements? Les dépenses *prévues* dans l'état sont immédiate-

---

1. La distinction des généraux-administrateurs (généraux des finances) et des généraux-juges (généraux de la justice des aides) ne s'est faite qu'à la fin du xive siècle. Mais les généraux des finances ont gardé le droit de siéger dans l'auditoire des Aides de Paris. Cf. *Délibérations de l'Hôtel de Ville de Paris*, 1, 95 : entrée de la reine Anne (20 nov. 1504). — *Ibid.*, 101, 20 fév. 1505, entrée du corps du feu duc d'Orléans (le transport du corps de Blois à Paris a coûté 2,961 l., B. N., nouv. acq. lat. 184, fol. 152). — Arch. nat., Z1a 644 (2 sept. 1514).

2. Les généraux sont toujours nommés par rang d'ancienneté (Cf. B. N., ms. fr. 25718, 99, 22 sept. 1504).

3. « Pour entendre ce qu'est de matière de finance, il est premièrement assavoir que le roy et MM. de ses finances font chacun an ung *estat général* de toutes les finances, tant ordinaires que extraordinaires. Auquel estat est fait recepte de la valleur de tout le dommaine du roy en ce royaulme et pays adjacents, et aussi y est fait recepte de la valleur de tous les greniers, aydes et équivallent, imposicion foraine, quart ou quint de sel, tailles, creues et autres subsides. Et en despense sont couchées les parties ordonnées par le roy, tant aux trésoriers des guerres, commis à l'extraordinaire desdites guerres, etc.... Et après que ledit estat général est fait, signé et arresté, le département en est fait par MM. des finances, en divers estatz généraulx, c'est assavoir quatre estatz du dommaine pour les charges des quatre trésoriers de France, et à chacun des receveurs généraulx de Languedoïl, Languedoc, Normandie, Outreseyne-Picardie et Bourgongne, chacun son estat. » (G. Jacqueton, *op. cit.*, p. 243-4.)

4. *Ibid.*, p. 258-9. Cf. quatre états particuliers de Languedoc (B. N., fr. 26109, 676) : Blois, 4 mars 1506; Montrichart, 4 fév. 1507; Chantelle, 8 avril 1508 ; Blois, 5 fév. 1509.

ment exigibles par l'intéressé (pensionnaire, donataire, ou comptable) [1], auquel suffit une *décharge*, sorte de mandat tiré sur un receveur particulier ou un grènetier et signé d'un général (ou trésorier), d'un receveur général (ou du changeur du trésor), et d'un contrôleur général (ou clerc du trésor). On évite ainsi le transport de numéraire [2] : c'est une lettre de change. En la délivrant, le contrôleur garde un écrou *(escroe)*, signé du seul receveur général [3]. — Quant aux dépenses *imprévues* [4], il faut un *acquit* ou lettre patente adressée par le roi à l'un des trésoriers ou généraux [5], contresigné par un *secrétaire des finances* et entériné par le général ou trésorier visé.

Rien ne peut donc se payer sans l'approbation du général ou du trésorier : les grands seigneurs dépendent de lui pour l'expédition de leurs brevets; les cours souveraines, pour le règlement de leurs gages et épices; les villes, pour le renouvellement ou l'extension de leurs prérogatives. On ne lui ménage ni cadeaux ni festins. Il est tout-puissant.

La charge de ces administrateurs est lourde, le crédit public n'existant pas encore. Le « budget » est peu élas-

1. Voir une liste des comptables dans G. Jacqueton, *op. cit.*, p. xviii-xix.
2. « Ung receveur général ne doit payer aucunes parties en deniers contans, s'il n'y a mandement exprès du roy pour ce faire, mais il doibt payer les parties assignez sur luy en *descharges* qui en sont levez sur les grèneliers et receveurs d'aydes et tailles de la charge, desquelz lesdites parties doivent faire le recouvrement à leurs despens, pour obvier aux fraitz qui seroient, s'il en estoit fait par le receveur général, et que lesdites parties fussent payées en deniers contans par luy. » (*Ibid.*, p. 240.)
3. « Auquel contreroleur général est baillée une *escroue* signée dudit receveur général, qui demeure par devers luy, en signant ladite descharge, pour sur ce faire dresser son contrerolle. » (*Ibid.*, p. 231.)
4. *Ibid.*, p. 260-1.
5. Quoiqu'elle semble s'adresser à tous les généraux ou trésoriers indistinctement. (*Ibid.*, p. ix.)

tique, les ressources régulières varient peu, comme les remèdes au déficit: francs-fiefs et nouveaux acquêts, levés sur la noblesse; amortissement et décime, sur le clergé; aliénations de domaine, d'aides et de gabelle, vente des offices, recul d'assignations, emprunts.

La guerre de Naples a épuisé les revenus normaux. Le roi est endetté (de 100,000 l., par exemple, envers le duc d'Orléans [1]), et il anticipe sur la taille: d'un quart sur 1496 (Chieri, 28 juillet 1495), d'un tiers sur 1497 (Lyon, 5 février 1496), d'une moitié, puis de la totalité sur 1498 (Lyon, 21 déc. 1496; Amboise, 19 déc. 1497) [2]. Le revenu *net* [3] des impôts (toutes charges ordinaires acquittées sur place au préalable, gages d'officiers, fiefs et aumônes, réparations, etc.) est, en 1497, de 3,461,619 l. 5 s. 6 d. tournois [4].

---

1. B. N., fr. 8310, fol. 68, 149 v°; fr. 20381, 10, 13; Pièces orig. 2165, 981. Le 3 avril 1498, le duc reçoit encore 5,000 l. « sur nostre debte de ce que luy prestasmes à Verceil. » Il a engagé des bijoux aux banquiers lyonnais et a personnellement emprunté 40,000 l. au comte d'Angoulême pendant le siège de Novare (*Ibid.*, fr. 20381, 9-10). — Emprunts de 1496 en Languedoc (*Ibid.*, fr. 22405, 30; fr. 25717, 185, 190); commission à Jacques de Beaune et à Ant. Bayard (Lyon, 24 mai 1496). En janvier 1497, 100,000 l. sont empruntées dans les quatre généralités.

2. 2,203,828 l. 18 s. 6 d. (déc. 1496); 2,114,157 l. 18 s. 6 d. (déc. 1497). « Il a esté forcé, pour la conduicte de ses affaires, anticiper d'un an sur les deniers de ses finances, tellement que, en ladite année passée (1496), a fallu que toutes celles de ceste année présente (1497), oultre et par dessus les vendicions et engaigemens de son domaine et aides, restriction de son estat ordinaire et pensionnaires, empruntez et autres provisions de deniers, aient esté à peu près employez. » (B. N., fr. 26105, 1193, 1268.)

3. Il faut ajouter les deux tiers pour le rendement *brut* des impôts. Par exemple, en 1394-1395, le domaine rapporte brut 409,000 l., net 133,000 l.

4. Domaine, 177,204 l. 2 s. 1 d. Ressources extraordinaires: Outreseine, 524,520 l. 16 s. 9 d.; Normandie, 712,827 l. 3 s. 9 d. obole; Languedoïl-Guyenne, 1,519,442 l. 4 s. 2 d.; Languedoc, 407,713 l. 17 s.

Jacques de Beaune se trouve à Amboise (31 mars 1498), au moment de la mort de Charles VIII, et Louis XII le confirme dans son office de général de Languedoc, le 29 juin [1]. Il examine, avec le Conseil, le « budget », qui est en bien mauvaise condition : « Oultre la valleur des finances de ceste présente année, une grant partie de celles de l'année advenir ont esté et sont ja despendues et assignez » (14 mai). Il y a beaucoup de créances en souffrance pour l'argenterie et l'écurie du feu roi [2]. De plus, la Bretagne cesse d'être administrée par le roi, qui réassigne sur les recettes générales de France 96,255 l. imputées sur le duché. Il faut entretenir les pensionnaires et officiers de Charles VIII jusqu'à la fin de l'année, la maison de sa veuve jusqu'au 30 septembre, etc., sans compter les obsèques du défunt roi (53,332 l. 7 s. 2 d.) [3], le sacre à Reims et l'entrée à Paris (17,064 l.), les réceptions et envois d'ambassadeurs, etc.

obole; Picardie (1497 et 1498), 115,436 l. 17 s. 6 d.; Dauphiné, 62,202 l. 2 s. 11 d. Ne sont point comprises dans ce total : la Provence, la Bourgogne et la Bretagne (B. N., Dupuy 958, fol. 43 v°). Cf. *Ann. bull. Soc. Hist. de France*, 1866, 185-192. — La Normandie rapportera 521,616 l. 5 s. en 1499, 575,220 l. 4 s. 3 d. en 1500 ; l'Outrescine, 568,142 l. 15 s. 2 d. en 1500, 455,783 l. 5 s. en 1503 ; le Languedoc, 337,980 l. 7 s. en 1503, 314,005 l. 17 s. en 1506, 334,465 l. 5 s. 10 d. en 1509, 285,413 l. 15 s. 10 d. en 1510 ; la Picardie, 76,081 l. 9 s. 6 d. en 1503 ; le domaine, 137,304 l. 1 s. 2 d. en 1503, 136,774 l. 1 s. 8 d. en 1504.

1. *Corresp. Hist.*, 1894, 369-72 ; Pièces orig. 248, dos. 5444, 30.
2. Cf. *supra*, p. 16, note 5. Les menus plaisirs sont en déficit de 54,787 l. 13 s. 4 d. en 1496 (Lyon, 16 mai 1497, B. N., fr. 8310, fol. 149 v°) ; la chambre aux deniers, de 4,884 l. 3 s. 5 d. ; l'écurie, de 14,843 l. 1 s. 4 d. en 1497. Charles VIII doit au receveur de l'écurie 97,039 l. 8 s. 2 d., pour défaut d'assignation et « passes » de 1493-5, « compris l'abillement des paiges et tournoys de Lyon et Moulins », et il alloue cette somme moitié sur 1497, moitié sur 1498.
3. Une partie est assignée sur 1499 (27,410 l. 15 s. 8. d.), le 30 juillet 1498. Les funérailles de Charles VII n'avaient coûté que 18,295 l. 6 s. 10 d.

Une ère d'économie s'annonce. Les gens de guerre, irrégulièrement payés, rançonnent le paysan : désormais ils recevront leur solde à la fin de chaque trimestre, et le royaume sera purgé de tous « vaccabons pillars, qui seront sans adveu », et dont il sera fait « telle exécution de justice que ce soit exemple à tous autres [1]. » Le roi renonce au don de joyeux avènement exigé par ses prédécesseurs (300,000 l.) et il maintient le rabais de 2 sous par livre sur le dernier quartier de la taille, projeté par Charles VIII. Il remet l'ordre dans l'administration (finances, justice, monnaies, etc.), et il passe pour « couper un ducat en deux », selon l'expression d'un Vénitien [2].

Cependant il va connaître les prodigalités militaires, et dès les premiers mois de son gouvernement [3]. Maximilien menace la Champagne et la Bourgogne, et il faut lui opposer deux bandes de gens de pied (Suisses et aventuriers français) [4], soit 5 ou 600,000 l. pendant deux mois. Aussi, malgré le licenciement des fantassins et la conclusion d'une trêve, une crue de taille est-elle indispensable (Blois, 8 nov.). L'exercice se clôt par un déficit de 1,100,000 l.

En 1499, Louis XII reconquiert le Milanais, et il se contente, soit d'emprunter aux particuliers et aux « bonnes villes » (exemptes de taille), soit d'imposer des amendes de guerre aux Italiens, soit d'anticiper de 300,000 l. sur

1. Cf. Seyssel, *Histoire de Louis XII* (éd. 1558), fol. 5.
2. « Quello che hora puol far con 1/2 ducato, non lo fara con un ducato » (Blois, 16 janvier 1503), Sanuto, *Diarii*, IV, 700. Ses courtisans l'appellent « tacquin, » pour être « plus retenu en ses dons. » (Et. Pasquier, éd. 1723, II, 344.)
3. Le 25 août 1498, il assoit la taille de l'année à venir (1,939,321 l. 8 s.).
4. Les francs-archers sont encore mentionnés en 1500 (Arch. nat., JJ 232, fol. 8); puis ils disparaissent jusqu'en 1522.

la taille [1]. L'*extraordinaire de la guerre* [2] atteint 649,518 l. 5 s.; il montera, l'année suivante, à 792,913 l. 15 s. 10 d. [3], quoiqu'il n'y ait qu'une inscription régulière de 200,000 l. sur les états pour les « cas inopinés ». D'où deux différences, de 450 et de 600,000 l. Ludovic Sforza, expulsé l'année précédente, rentre en scène (Lyon, 6 avril 1500) [4], et les Suisses appelés contre lui doivent toucher quatre mois de solde le 15 mai, tandis que Maximilien menace toujours la frontière de l'est.

Après Milan, c'est Naples (1501); mais l'on peut espérer que la guerre nourrira la guerre, le pays est riche. Naples est taxée à 60,000 ducats. Louis XII évite de nouveaux emprunts en se dispensant de rembourser les précédents (Lyon, 14, 28 août 1501 [5]) et en anticipant encore sur la taille [6]. Naples amène la guerre avec Ferdinand le Catholique; la paix est signée avec Maximilien (décembre 1501), et la frontière de l'est, dégarnie, au profit de la Guyenne et du Languedoc [7].

1. Lyon, 2 sept. 1499 : 1,932,704 l. pour 1500. Cf. pour les réunions du conseil des finances : Arch. nat., P 2303, 639; K 78, 12²; B. N., fr. 3925, fol. 37; Sanuto, *op. cit.*, II, 206-7, III, 627, 1255, IV, 648, 658, 761, etc.

2. L'*ordinaire* de la guerre est la solde des gens d'armes; l'*extraordinaire*, le paiement des fantassins et des vivres.

3. B. N., fr. 4523, fol. 49-50. La campagne de 1499 est estimée 400,000 écus par le roi (Milan, 3 nov. 1499).

4. Pour les emprunts d'Outrescine en 1500, cf. B. N., fr. 11092, fol. 147-8. Louis XII renvoie à M. de la Trémoille Jean Hervoet, trésorier du Milanais, de Romorantin, le 24 fév. 1500 (Chartrier de Thouars, *Lettres de rois*, fol. 21). — Anticipation de 200,000 l. sur la taille (Melun, 2 sept. 1500).

5. Lettres à Reims et Amiens; il a écrit à Reims, dès le 18 janvier 1501, et il n'écrit à Poitiers que le 10 déc. suivant.

6. Les États de Languedoc, convoqués au Puy, le 22 sept. 1501, réclament le paiement par quartier (janvier, avril, juillet, octobre); de même, le 24 octobre 1502.

7. Asti, 7 sept. 1502.

1503 est une année de deuil. Partout la guerre, à Naples, à Perpignan, à Bayonne, sur les côtes de Calabre et de Catalogne. Louis XII « met sus » une crue de 288,105 l. 15 s. (Lyon, 18 juin) ; « l'état » ne peut fournir que 200,000 l. et l'on prévoit un débours de 1,650,000 l., qui se trouvera encore au-dessous de la vérité [1]. La reine prête 50,000 l. ; Jacques de Beaune, 23,255 l. 7 s. 6 d. [2] ; son beau-frère, Guillaume Briçonnet, le duc de Nemours, le maréchal de Gyé, chacun 20,000 l. ; les receveurs du domaine, 16,550 l., etc. Le cardinal d'Amboise se dessaisit des 307,876 l. 11 s. 1 d. qu'ont rapportés la décime et le jubilé de l'année 1501 [3]. Les consignations sont enlevées des greffes des cours souveraines [4]…. Mais tout cela peut à peine suffire aux 180,000 écus mensuels de dépenses [5]. Il manque 700,000 l., en dépit d'une crue de 477,909 l., destinée à rembourser les prêts. L'apologiste officiel du roi, Claude de Seyssel, avoue une dépense de trois millions, en moins de huit mois [6].

Il est vrai que Seyssel trace un riant tableau du royaume, cinq ans plus tard, au moment de la signature de la ligue de Cambrai, qui réunit contre Venise la France, Maximilien, Ferdinand le Catholique et le pape (déc. 1508) [7]. D'a-

1. 1,800,000 l. (Mâcon, 16 oct. 1503).
2. Le 10 mai 1499, il s'est porté caution d'un quart de la dot de Charlotte d'Albret, femme de César Borgia. — Il est question d'une « rescription » (ou décharge) de lui, en août 1503 (Arch. nat., Z^{1a} 33, fol. 54).
3. Mâcon, 18 août 1503. La décime, à elle seule, a produit 273,342 l. 14 s. 6 d. Le remboursement n'est pas terminé avant 1506 (B. N., fr. 20888, 29).
4. Lyon, 3 nov. 1503 (Arch. nat., X^{1a} 1509, fol. 3 v°).
5. Les conseils de finance se multiplient à Mâcon et à Lyon, 12, 20, 30 oct., 16, 28 nov., 18 déc. (Sanuto, *op. cit.*, V, 202, 239, 259, 390, 517).
6. Édit de 1558, fol. 63.
7. *Ibid.*, fol. 52. Le cardinal d'Amboise a toujours détesté Venise. Cf. Sanuto, *op. cit.*, IV, 338-9, 366, 369, 375, 439.

près lui « l'Italie est maintenant en repos, sans aucun bruict de guerre », mais il parle de Florence, Mantoue, Montferrat, sans nommer Venise. Le roi ramène presque l'équilibre [1] : s'il anticipe encore, en déc. 1504, le premier trimestre de la taille échoit le 1ᵉʳ janvier, en 1506, le 1ᵉʳ février, en 1507, pendant que le taux descend à 1,500,000 l. Mais la paix est chèrement achetée, la diplomatie vacille, incohérente : qui l'emportera, de l'Autriche ou de l'Espagne ? faut-il, ou non, soutenir le duc de Gueldre ? plaire, ou non, au roi d'Angleterre ? Louis XII est constamment malade, dominé par sa femme ; le cardinal d'Amboise tire d'un côté, ses adversaires, de l'autre. De plus, une petite guerre coupe ces cinq années (1507) [2],

---

1. Il constitue aussi une épargne de 400,000 l. entre les mains de Florimond Robertet, 21 juin 1506, avec l'amende de Jean du Bois (voir le chap. suivant). Dates des commissions de taille : 22 sept. 1504, 9 oct. 1505, 22 déc. 1506.

2. Rôle de 124,258 l. 19 s. 10 d. versés au contingent suisse, le 12 mai 1507, à Alexandrie (Arch. Zurich, d'après M. Rott). — Le roi fait de grands apprêts maritimes. De Beaune écrit de Brignoles à Robertet (26 avril) : « Mgr, je vous ay escript dernièrement, moy estant à Fréjuz, par ung chevaulcheur que j'ay envoié en court, et depuis vous ay fait savoir de mes nouvelles par la poste de Lion. Et pour ce que n'en ay eu aucune response et que je cognois l'affaire de par delà approcher, j'ai fait noliger les navires qui estoient à Marceille, et sur icelles je feiz charger environ la tierce partie de ce que j'ay fait tenir prest en ce quartier, pour le tout envoier à Savonne, où j'espère que le tout sera dedans le vɪɪɪᵉ de may, pour le plus tard, et après lesdits navires pourront revenir à ung véaige ou deux pour ce qu'il restera par deçà. — Mgr, j'escriptz à MM. les généraulx comme, oultre la somme de 25,000 lt. ordonnée au trésorier de Prouvence pour convertir ou fait de l'extraordinaire de ce quartier, y a et aura bien pour le moins 40,000 l., affin que, sur les 100,000 l. qui doivent venir de Bloys, ilz me facent laisser à Lion 20,000 l. pour y aider, et que de ladicte somme ils facent lever acquict sur le trésorier Groslier ou autre qu'ilz verront par delà, pour prendre ladite somme par vertu de la quictance dudit trésorier de Provence. Vous advisant que de par deçà, et en Languedoc, l'on ne sauroit avoir aide d'argent ne d'autre chose, à

mais Gênes en paie les frais, et le roi prélève 182,177 l. 10 s. sur les deniers de 1501 (3 août 1507) [1] ; une crue d'un demi-million de francs est imposée, le 19 nov. 1507, une seconde, le 4 déc. 1508. La paix de Cambrai paraît rapprocher les ennemis d'hier, mais le bénéfice de cinq années d'économie n'est-il pas compromis ?

Dans ce qui précède, le rôle des généraux des finances est, pour ainsi dire, occulte. En réalité, ils sont l'âme du Conseil, invisibles, mais présents.

II.

LA GÉNÉRALITÉ DE LANGUEDOC-LYONNAIS-DAUPHINÉ-PROVENCE

Membre du « conseil des finances », Jacques de Beaune

---

cause de la grande mortalité qui y a cours, dont bien me trouve estonné » (B. N., Dupuy 261, fol. 174). Cf. une lettre de Louis de Villeneuve-Trans, 24 juin 1507 (*Ibid.*, fol. 146). — 16,666 florins sont dépensés en Provence pour construire des galères, 1508-1509 (Arch. B.-du-Rhône, C 603, fol. 40). En janvier 1508, le général demande pourquoi « MM. des Estatz [réunis à Narbonne] ne voloient consentir et octroier au roy les 20,000 l. pour les galères desquelles est faicte mention aux lettres de sa comission. Que luy sembloit estre une rigueur, actendu que toutes les aultres communaultez de France luy avoient donné et octroié semblables galères pour son armée de mer, et que c'estoit pour la tuicion et deffence du pays. » De Beaune veut parler des quatre nefs de Dieppe, de Rouen, de Bordeaux et d'Orléans. Cf. Dumont, *Hist. de Harfleur*, p. 44 ; Bonnardot, *Registres du bureau de la ville*, 1, 144-150 ; *Jurades de Bergerac*, II, 166-8, 181, 186 ; *Mém. Soc. Antiquaires de Normandie* (1851), p. 592. Arch. Harfleur et Pont-Audemer (lettres du cardinal d'Amboise, 30 déc. 1507, et du roi, 26 mars, 4 déc. 1508). M. de la Trémoille fait construire à Taillebourg une nef qui coûte 48.082 l. 8 s. 8 d. (1509-10, *les la Trémoille pendant cinq siècles*, II, 59-61), pendant que la reine fait adouber la *Cordelière*, 29 mars 1508 (Arch. Loire-Inf^{re}, *Chancellerie*, XVII, fol. 32 ; cf. *supra*, p. 21, note 3).

1. Mandat de remboursement, 8 déc. 1508 (B. N., fr. 26110, 52).

1. — Sceau de Jacques de Beaune-Semblançay.
2. — Jeton de Jacques de Beaune, général de Dauphiné.
3. — Sceau de Jacques II de Beaune, évêque de Vannes.
4. — Jeton de Guillaume de Beaune, maître des Comptes de Bretagne.

(Ce dernier jeton, d'après M. DE LA NICOLLIÈRE-TEIJEIRO, le Livre doré de l'Hôtel de Ville de Nantes, I, planche Ii, p. 24)

a une part de responsabilité collective ; mais quelle est sa responsabilité particulière?

Sa circonscription est vaste, car au Languedoc [1] et au Lyonnais-Forez-Beaujolais [2] (décembre 1495) sont venus s'ajouter le Dauphiné et la Provence (1498) [3]. Ces pays ont des régimes économiques qui se contrarient mutuellement, et ils ont une liberté administrative plus ou moins grande, qui gêne souvent la libre action de la royauté.

La Provence produit le blé nécessaire à sa consommation

---

1. Trois sénéchaussées, Toulouse, Beaucaire-Nîmes et Carcassonne, découpées en vingt-trois diocèses : Toulouse, Lavaur, Saint-Papoul, Montauban, Carcassonne, Aleth-Limoux, Mirepoix, Albi, Castres, Saint-Pons, Narbonne, Béziers, Agde, Lodève, Maguelone, Nîmes, Uzès, Viviers, Le Puy, Mende, Auch-Lombez, Rieux-Couserans, Comminges. — Dix-sept greniers à sel : Figeac, Périac, Narbonne, Capestang, Béziers, Marseillan, Mèze, Mirevaux, Villeneuve, Sommières, Lunel, Pézenas, Marsillargues, Nîmes, Beaucaire, Pont-Saint-Esprit, Frontignan.

2. Ces trois pays sont, depuis 1476, unis au Languedoc par un lien purement personnel ; ils relevaient auparavant de la Languedoïl. — En 1508, Augustin Blainville porte aux élus de ces trois recettes les commissions de la taille et de la ferme des aides de 1509 (B. N., fr. 26110, 871). Cf. fr. 26103, 772 (8 mars 1492). Lyon perçoit une partie des aides de Lyonnais.

3. C'est entre le 21 juillet et le 1er août 1498 qu'il y remplace Jean Briçonnet (Arch. B.-du-Rhône, B 23, fol. 78 et 81 v°). Le Dauphiné a un général spécial jusqu'à l'annexion de la Provence (1481) ; Guillaume Briçonnet est alors nommé général de Dauphiné et de Provence. Plus tard, il y joint le Languedoc et le Roussillon. Ce dernier pays est rendu à l'Espagne en 1493. — Le Dauphiné se divise en jugeries (Graisivaudan, Viennois-la-Tour, Viennois-Valentinois, Valentinois-Diois, Briançonnais, Embrunois, Gapençais, Baronnies), subdivisées en châtellenies, qui comprennent 17,382 1/2 feux. Cf. Nic. Chorier, *Estat politique du Dauphiné*, IV, 653-662 ; *Statuta Delphinalia* (éd. 1619), fol. 106 v° ; Guy Allard, *Dict. du Dauphiné*, I, 432-3. La Provence se divise en claveries : Marseille, Arles, Tarascon, les Baux, Saint-Remy, le Pertuis, Forcalquier, Digne, Castellane, Guillaume, Draguignan, Moustier, Saint-Paul-de-Vence, Toulon, Hyères, Brignoles, Lorgues, Grasse, Apt, Fréjus, Saint-Maximin. Cf. Bouche, *Hist. de Provence* ; Ruffi, *Hist. de Marseille*.

et peut même en exporter au besoin [1]; Marseille continue ses rapports avec l'Espagne, les pays barbaresques, les Baléares, l'Italie et l'Égypte, sans concurrence à craindre.

Quant au Dauphiné, montagneux et stérile, le Graisivaudan ne suffit pas à le nourrir, et il faut s'adresser parfois à ses voisins (en 1504, par exemple).

Lyon et le Languedoc sont en compétition commerciale constante. Les foires de Lyon importunent le Languedoc, qui en obtient la suppression en 1484 [2]; mais Lyon les recouvre en contribuant à l'entretien de la flotte du duc d'Orléans (juin 1494) [3]. Cependant la ville est inquiète à l'avènement de Louis XII : à Étampes, comme on parlait d'une requête des Orléanais, le gouverneur de Paris, M. de Clérieu, s'écria qu'il eût répondu aux solliciteurs : « Allez, villains, salles et ordes ingratz que vous estes, vous n'en aurez point et n'avez-vous pas honte de demander le bien d'autruy? » Le roi sourit, et Lyon fut sauvé (2 mai 1498) [4].

---

1. Lettre du général aux États de Provence, en faveur de Gênes (Tours, 20 juillet 1505): « MM., depuis peu de jours, MM. de la ville de Gennes ont demandé une traite de blés en Provence au roy de 30,000 charges, laquelle demande a esté modérée à 12,000 charges, qui s'adrece à M. le gouverneur et à MM. de la court, pourveu que vous y soyez appellés à la despêche, et aussi que le païs n'en demeure point despourveu. MM., si vous avés bonne quantité de blés, je trouve bon que en fassiés despêcher aux subjets du roy, pour avoir de l'argent, vous y prendrés quelque bon ordre et conclusion bonne à l'utilité et proffit dudit païs, pour ce qu'il a esté fait par dessa quelque ouverture de faire traicte générale pour d'icy à la fin d'aost et que les povres gens sistent leur proffit de leursdits blés, et que n'eussent à passer par les mains des gros marchans. »

2. « Le général de Languedoc a pourté parole grandement à nostre désadvantage en la présence du roy et du Conseil. » Paris, 27 juin 1485 (Arch. Lyon, AA 83, n° 1). — Cf. Arch. nat., X^{ia} 1496, fol. 182; 1497, fol. 364-6, etc.

3. Arch. Lyon, BB 12, fol. 9, 13.

4. Autre alerte, le 30 octobre 1500 : « L'on a parlé en maulvaise

Lyon est le centre du commerce des épices du Levant, depuis qu'Aigues-Mortes et Narbonne sont réduites à l'impuissance par les sables. C'est en vain que le Languedoc se lamente (septembre 1495) [1]. Deux ordonnances royales ne peuvent accorder les parties (3 juillet 1497, 14 juillet 1498) [2], mais la découverte de la route des Indes par le cap de Bonne-Espérance les rapproche, car le commerce de Venise, de l'Asie Mineure et de l'Égypte en reçoit un coup mortel. Il faut « abolir et faire cesser le voyage de l'espicerie de Collecut [3]. » Les États, réunis à Tournon, délibèrent à ce sujet [4], et, « ouy le procureur du pays, maistre Jehan de Vaulx, qui avoit communiqué touchant

---

façon pour nous de nos foyres. » De même, en 1506, Bourges et Troyes espèrent toujours dépouiller Lyon (10 juin, 8 déc., *ibid.*, AA 104, AA 27, fol. 18, BB 27, fol. 12, 63 v°).

1. « Par terre, venant de Venise et d'ailleurs, l'on fait entrer à Lyon et distribuer au royaume de France les denrées venant des parties du Levant, encores que ne soyent abordées et descendues aux portz et avres de ce royaume... Aucuns ayans intelligence avec les Véniciens font venir l'espicerie et autres denrées venant desdites parties du Levant à Franquefort, en Alamaigne, où se tient une grande foire, et après font conduire lesdits denrées au royaume. » Arch. Hérault, *Doléances*, I, fol. 252-267. — Aux États de Cordes (24 oct. 1499), Mathieu de Plantier est accusé d'avoir introduit indûment deux charges de poivre en Languedoc (art. XXI des doléances). Arch. du Gard, C 1206, fol. 312-4).

2. B. N., lat. 9179, fol. 241-5.

3. Arch. Lyon, BB 27, fol. 66.

4. « Depuys que le passage de Portugal et de l'isle de Calicu, dont vient l'espicerie, a esté ouvert, le pays et les marchans de tout le royaume de France y ont eu très grand dommage et intérest, pour ce que le roy de Portugal ne permect point que les marchans de France facent le traffique, et que ceulx de Portugal, après qu'ils ont aporté ladite espicerie et sont abordés aux ports et havres maritimes de ce royaume, ne veuillent prendre aucune marchandise pour leurdite espicerie, si ce n'est argent comptant et escuz au soleil Dont, par ce moien, l'or et l'argent de ce royaume sont évacuez, et les marchandises du pays demeurent sans aucune vuydange. »

ladite espicerie aux marchans de France [1] », demandent que les étrangers soient au moins tenus de prendre des marchandises du royaume et de les « commuter avec ladite espicerie » (23 décembre 1506) [2].

La politique profite du marasme du commerce [3], mais le plus souvent celui-ci traverse la diplomatie. Comment maintenir la paix avec l'Espagne, quand les draps roussillonnais font concurrence à ceux du Languedoc [4]? Le 16 décembre 1496, les premiers sont exclus du Languedoc, de Provence, du Dauphiné et du Lyonnais ; les fabriques de Narbonne, de Carcassonne, de Montpellier, de

---

1. Sans doute aux États généraux réunis à Tours, en mai 1506, pour les fiançailles du dauphin François et de Madame Claude.

2. Nouvelles doléances en 1513 : « L'entrée de l'espicerie de Calicut, laquelle vient par le moyen du roi de Portugal, est le total apovrissement des povres subgectz et habitans dudit pays de Languedoc, car par ce moyen le traficque et navigaige d'Alexandrie et entrecours de la marchandise est totalement discontinué. » Le sujet qui est effleuré ici a été approfondi dans la préface du *Voyage de Jean Thénaud*, par M. Schefer. L'étonnement de Vincenzo Quirini, en voyant arriver à Anvers le premier convoi de gingembre portugais (1505), les efforts désespérés de Venise pour retarder sa ruine, la mission d'André le Roy au Caire (1512), rendue inutile par la chute de l'Égypte sous la domination ottomane, il y aurait là un attachant tableau à tracer. Cf. *Revue de l'Orient latin*, 1, 445-51 (La France et l'Égypte au début du XVIe s.).

3. « Le roi de Portugal (écrit le cardinal de Narbonne à Louis XII) n'est point pour se déclarer contre vous apertement, car son cas gist principalement en marchandise d'espisserie et traffic qu'il fait à Calicut » (B. N., Dupuy 262, fol. 13).

4. « Puis aucun temps en ça (déclare Charles VIII, le 13 déc. 1495) le roy d'Espaigne et d'Arragon, tendant endommaiger et apovrir noz subgectz, qui avoient et ont accoustumé trafficquer et exercer fait de marchandise avec les siens, a fait mectre sus certaines grandes nouvelles charges et impositions sur les marchandises qui seroient portées pour vendre ès principaultez de Cathelongne et contez de Roussillon et de Sardaigne.... Jassoit ce que de par nous lesdits supplians aient fait sommer et requérir ledit roy d'Arragon de oster lesdites nouvelles charges et impositions, toutesfois il n'y a voulu obtempérer. »

Toulouse et de Béziers exploiteront leurs produits ; Rouen et Bourges auront un débouché dans le Midi, au détriment de l'Espagne : ce sera un bénéfice annuel de 200,000 francs. Le 27 avril 1497, nouvelle défense, à la requête de Gabriel de Laye, procureur des États de Languedoc [1]. La prohibition continue après la mort de Charles VIII et le rétablissement de la paix franco-espagnole (24 décembre 1498). Les États d'octobre 1500 accusent les Toulousains de contrevenir aux ordonnances, et ils adjurent Ferdinand le Catholique de suspendre les droits de représaille qu'il lève en Roussillon : Pierre Louis de Valtan est chargé de lui porter cette requête, mais il échoue (9 octobre 1501). Le roi d'Aragon finit par céder (Barcelone, 19 août 1506) [2], et Jacques de Beaune représente que « le roy a octroié et donné permission que les draps de Perpignan entrent au royaume et remonstre que l'entrée desdits draps en France n'estoit pas tant dommageable que seroit la prohibition, veu la paix qui est entre le roy de France et le roy d'Espaigne. » Les États sont de cet avis, « pourveu qu'il y ait liberté d'ung cartier et d'autre [3] ». Mais la soumission de Ferdinand n'est pas sincère [4], et de

---

1. L'édit est lu à Lyon, en l'auditoire du présidial de la sénéchaussée de Beaucaire, sur la place au change de Montpellier, sur le pont d'Avignon, près de la chapelle du bienheureux Nicolas (2 mai, 29 nov.).

2. Arch. nat., J 915, n° 25.

3. Pendant les trois ou quatre années précédentes, les plaintes ont été continuelles à cet égard. Bernard Roquette profitait de la présence d'un parent au Parlement de Toulouse pour couvrir sa contrebande, d'où un procès qui défraya plusieurs séances des États (24 oct. 1502, 14 nov. 1503, 18 déc. 1504). Guillaume Chambon et Pierre de Saint-Loup se virent aussi flétris.

4. « Touchant les draps de Perpignan, il sera supplié au Roy nostre sire son bon plaisir soit ne permectre que lesdits draps entrent dedens le royaume, que premièrement et avant toute œuvre, les marques, contremarques, imposition de dix solz pour livre et autres surcharges nouvellement mises, qui se lièvent au pays de Catheloigne, Ci-

nouveau on réclame la protection royale (9 janvier 1508) [1].

Le Languedoc est à la fois manufacturier et agricole. Il a un long débat avec Bordeaux pour le passage de ses vins [2]. Mais c'est surtout la question des blés qui occupe les esprits. De 1495 à 1509, l'exportation ou « traite » n'en est autorisée que deux fois : du 24 avril 1503 au 27 août 1504, et du 5 mai 1506 au 22 septembre 1507 [3]. Toutefois le roi prodigue les licences « contre la teneur des privilèges et libertez » du pays, à qui seul appartient le droit de régler

cille et autres seigneuries du roi d'Espaigne ne soient abolies, cassées et supprimées, en ensuyvant l'appointement sur ce donné par MM. du Grant Conseil et les conclusions cy devant prises par lesdits Estatz. » Bientôt le roi d'Espagne est dénoncé pour avoir mis un nouvel impôt sur les garances et les graisses (15 janvier, 12 décembre 1509).

1. Le Languedoc s'est trouvé une fois en compétition commerciale avec la Provence. Louis XII « veult que le duché de Milan et le pays des Génevoys se fournissent des selz de son pays, car il n'y en a point, et les vont querre en Cathalongne et en Espaigne. » Dès le mois de juillet 1499 ou 1500, Barthélemy Cappel, fermier des greniers de Provence, envoie son gendre en cour pour solliciter la commande, mais François Mayault le supplante. En 1502, le Languedoc veut remplacer celui-ci, en ajoutant Naples ; mais, le 13 novembre 1503, son procureur déclare que « touchant la requeste et poursuyte qu'il avoit charge de faire envers le roy, que ceulx de Mylan, Geynes et Naples se fournissent de sel du pays de Languedoc, puysque estions tous à ung prince, il a esté interrompu par la guerre qui est survenue, et n'y a rien besoigné. » Cependant de Beaune dit à l'agent génois, Stephano Vivaldi (Crémone, 23 juin 1509), que Gênes ne doit, à aucun prix, se fournir à Iviça. (Arch. B.-du-Rhône, B 21, fol. 36,422, B 22, fol. 58, B 1449, fol. 357. Arch. nat., P 1380, 3175. Arch. de Saint-Georges à Gênes). Le général afferme pour dix ans les étangs de la Vaudruch au marquis de Saluces (Tarascon, 16 nov. 1500).

2. Fr. Michel, *Histoire du commerce de Bordeaux*, I, 295 ; B. N., fr. 5501, fol. 283-4.

3. Défenses : 28 déc. 1495, 3 nov. 1496, 3 juillet 1497, 24 déc. 1498. — Saisie de 6,000 setiers à Narbonne, Sérignan, Agde, et de 3,000 à Aigues-Mortes, en partance pour Gênes et l'Espagne, 18 août 1497. Cf. pour la Provence, Arch. B.-du-Rhône (à Aix), reg. 1460-1505, fol. 113, 134 ; (à Marseille) B 49, fol. 373-5, B 23, fol. 261-2 ; Arch. nat., H 748[10] (26 déc. 1506).

le commerce des grains. Tour à tour Gênes, le pape, Florence, Germaine de Foix, reine d'Espagne, sont éconduits [1].

Les rapports des divers pays administrés par de Beaune avec la royauté sont marqués par la tendance centralisatrice de Louis XII, la résistance des États particuliers et des Cours souveraines.

Les États sont l'organe des provinces, le porte-voix de leurs revendications. Le général fait une tournée annuelle et préside ces assemblées, à Montpellier [2], à Aix [3] et à Grenoble [4]. Il est parfois retenu en cour. Le 28 nov. 1498, il prie le receveur général de Languedoc, Antoine Bayart, de le remplacer à Montpellier : les préparatifs du mariage du roi et d'Anne de Bretagne en sont la cause. En septembre 1501, les événements d'Italie l'éloignent du Puy. En déc. 1504, il escorte la reine, qui fait son entrée à Paris. Le 31 décembre 1506, un exprès l'arrête sur la route de Grenoble, car le roi vient de décider la campagne

---

1. 23-26 déc. 1504, 13 déc. 1505, 19 janvier 1508. Le 21 mars 1500, le roi exempte Gênes des prohibitions de la traite; et cependant la ville est obligée chaque année de solliciter un sauf-conduit. « En tant que touche le fait des blez, dit un jour Louis XII, nous avons ordonné au général de Languedoc y pourveoir » (26 nov. 1508). Gênes écrit encore le 23 fév. 1509; son agent, Vivaldi, répond que de Beaune vient d'intercéder à Montpellier en sa faveur (13 avril 1509).

2. 3 mars 1496, Montpellier; 8 juin 1497, Nîmes; 25 janv., 12 déc. 1498, Montpellier; 24 oct. 1499, Cordes; 10 oct. 1500, Montpellier; 15 sept. 1501, 26 oct. 1502, le Puy; 22 juillet 1503, Montpellier; 13 nov. 1503, Tournon; 17 déc. 1504, Montpellier; 12 déc. 1505, Nîmes; 22 déc. 1506, Tournon; 4 janv. 1508, Narbonne; 13 janv. 1509, le Puy.

3. 5 mars 1499, 8 avril, 1er déc. 1500, 2 nov. 1501, 15 mars 1502, 5 déc. 1503, 8 janv. 1505, 3 janv. 1506, 6 janv. 1507, 21 janv. 1508, janv. 1509, 8 janv. 1510, toujours à Aix, sauf en 1507 (Tarascon).

4. Mai 1503, janvier 1506, février 1507, mai 1508, mars 1509, toujours à Grenoble. Cf. deux lettres de commission des 9 oct. 1505 et 16 juillet 1506 (Arch. Isère, B 3185).

contre Gênes [1]. En 1509, il est en Italie (juin-août) [2].

La Provence, récemment annexée, garde ses franchises : elle a son Parlement, sa Chambre des Comptes, son général des monnaies, sa chancellerie [3]. A moitié indépen-

1. Arch. Isère, B 2906, fol. 482 : lettre de Beaune aux gens des Comptes du Dauphiné.
2. *1496* : 8 fév., Lyon ; 23 fév., 3 mars, Montpellier ; 30 mars, Lyon ; 15 avril, Tours ; 17 juin, Lyon ; 22 sept., Tours ; 19, 28 nov., 9, 31 déc., Lyon. *1497* : 8, 28 janvier, Nîmes ; 2, 8 mai, 5 juin, Lyon ; 3, 10 juillet, Moulins ; 31 août, La Carte ; sept., Amboise ; nov., déc., Tours et La Carte. *1498* : 6 janv., Amboise ; 25 janv., 1er mars, Montpellier ; 31 mars, Amboise ; 4 avril, Tours ; 3 mai, Étampes ; 14 mai, Vincennes ; 26, 27 juin, Saint-Germain-en-Laye ; juillet-août, Paris ; sept., Tours ; nov., Blois ; 8 déc., Tours ; 26 déc., Loudun. *1499* : 7, 15 janv., Nantes ; 15 fév., Angers ; 24 fév., Château-Renaud ; 3, 10 mai, Blois ; 28 juill., 2 sept., Lyon ; 14, 25 oct., Cordes ; 19 déc., Orléans. *1500* : janv.-fév., Blois ; 18 mars, Tours ; 5-23 mai, Lyon ; 2 sept., Melun ; 23-25 sept., Tours, Montrichart ; 4 oct., Lyon ; 10-26 oct., Montpellier ; 29 oct., Lyon ; 16 nov., Tarascon ; 18 nov., Beaucaire ; 28-29 nov., Lyon ; 21-22 déc., Blois. *1501* : 11-17 janv., Blois ; 23 mars, Tours ; juin-oct., Lyon ; 10 nov., Tours *1502* : 28 fév., Paris ; mars, Tours ; sept., Lyon ; 13-19 oct., Tain ; 21-28 oct., Le Puy. *1503* : janv., Montrichart et Blois ; 27 fév., 11 avril, Lyon ; 13 mai, Grenoble ; 18 juin, Lyon ; 26 juill., 21-26 sept., Mâcon ; 2 nov., 4 déc., Lyon. *1504* : janv.-fév., Lyon ; 31 mars, 14 juin, Blois ; 17 août, Mâcon ; 22 sept., Blois ; 15-23 oct., Orléans ; nov.-déc., Paris. *1505* : 25 janv., Paris ; mai, oct., Tours, Blois, Montrichart ; déc., Tournon. *1506* : janv., Aix et Avignon ; 4 mars, Blois ; 8 juin, Berre ; 20 juin, Lyon ; juill., Tours ; 9 déc., Lyon ; 22 déc., Tournon. *1507* : 2 janv., Saint-Vallier ; 4-8 janv., Lyon ; 20-29 janv., Tours ; 3 fév., Montrichart ; 8 mars, Lyon ; 27-28 mars, Aix ; 25 avril, Brignoles ; 19 mai, Grenoble ; 28 juillet, 7 août, Lyon ; 23 oct., Tours ; nov., Blois. *1508* : 7-9 janv., Narbonne ; 21 janv., Aix ; 8 avril, Chantelle ; 22 mai, Lyon ; 21-25 juin, 20 juill., Lyon ; sept., Blois ; 23 nov., Tours. *1509* : 4 janv., 5 fév., Blois ; 10 fév., Tours ; 20 mars, Lyon ; 28 mars, 15 avril, Grenoble ; 23 juin, Crémone ; 16 juil., Milan ; 8 août, Gênes ; oct., Blois et Tours ; 23-28 nov., Tours ; 16 déc., Amboise. *1510* : 3 janv., fév., Blois ; 1er juill., Tours. *1511* : 1er mars, 3 nov., Amboise, etc.
3. Le receveur général perçoit les droits domaniaux, la gabelle (Hyères, Toulon, Fréjus, Grasse, Grimault, Tarascon, le Lampourdier), et le don gratuit annuel voté par les États. Cf. Arch. B.-du-

dante, elle n'a pas à souffrir de l'ingérence royale, et les lettres du général aux Comptes d'Aix sont courtoises : elles traitent de questions domaniales [1]; il adjuge des fermes d'impôts [2] à Aix ou à Marseille, et il intervient deux fois : d'abord dans l'affaire des annexes que le Parlement ajoute aux bulles pontificales pour leur donner force exécutoire [3], puis pour une réclamation de Madame de Bourbon relative au grenier de Berre [4] (Avignon, 27 janvier, Berre, 8 juin 1506).

Le Dauphiné dépend beaucoup plus du pouvoir central que la Provence. Il a bien son Parlement, sa Chambre des Comptes et son général des monnaies; mais il relève de Paris, ses États se réunissent pour la forme, comme ceux de Normandie, et votent sans mot dire ce qui leur est demandé [5]. Cette sujétion pèse à la province, et ses réticences sont fréquentes.

Les papiers des comptables sont souvent en retard, soit

Rhône, B 1529, pour les années 1513 et suivantes. La Provence a des litiges de frontière avec le Languedoc, sur le Rhône, et avec le Comtat Venaissin, sur la Durance (ce second litige est réglé par de Beaune, le 27 janvier 1506, en Avignon).

1. Arch. B.-du-Rhône, B 1449, fol. 13 (31 mars 1504, sur le receveur des amendes d'Aix); B 1450, fol. 17 (12 déc. 1506, 7 août 1507, sur le vicomté de Martigue). Cf. sur Martigue : B. N., Pièces orig. 248, dos. 5444, 64 (24 sept. 1506); Arch. nat., J 889, n° 3 (10 sept. 1508).
2. Arch. B.-du-Rhône, B 1236, fol. 29, 30, 59; B 1450, fol. 1 v° : 11 fév. 1505, 12 déc. 1506, 19 mai 1507.
3. Bouche, *op. cit.*, I, 516 ; Pithon, *Histoire d'Aix*, p. 525.
4. Arch. Nat., P 1380¹, 317. Le grènetier de Berre, Barth. Cappel, a l'imprudence de cautionner Thomas Olivier, qui a pris à ferme de de Beaune les greniers de Provence (Aix, 27 janv. 1506). Olivier, « qui n'entendoit point l'art du sel », perdit tant qu'il « s'enfouyt », et force fut à Cappel de continuer la ferme, sur laquelle de Beaune décida de prélever les gages des officiers de gabelle (Aix, 16 mai 1507). Arch. B.-du-Rhône, B 1326, fol. 21 v°, 83, 180.
5. Le receveur général perçoit les droits domaniaux et le don gratuit annuel de 30,000 florins.

— 46 —

ceux du trésorier général, soit ceux des receveurs domaniaux ou châtelains, bien que, selon de Beaune, « il soit meilleur que le roy s'ayde de ses deniers plustost que les laisser ès mains de ces chastellains, qui ne demandent qu'à en faire leur proffit singulier [1] ». On raie 2,086 l. 12 s. 1 d. pour une crue de gages du Parlement et 300 l. pour l'infirmerie du couvent de Sainte-Claire. Le roi fait sentir son déplaisir, et le général ne sait « quel mandement vous povez demander, après ce que je vous ay escript [2].... »

Le Dauphiné prétend légiférer, et de Beaune le morigène : « MM., j'ay esté adverty que MM. de la Court ont fait une ordonnance sur la manière de recouvrer les deniers de la taille : qui est entièrement aller contre l'ordre général de tout le royaume. Et quand le roy en seroit adverty, il n'en seroit content. Et me semble, actendu que c'est matière de finances, qu'ilz en devroient advertir ledit sieur ou ceulx qui ont la charge [3] » (14 janvier 1509).

1. Lettres des gens des Comptes de Paris (15 fév. 1504), et du général (26 sept. 1503, 27 janv. 1507, 14 janv. 1509). Arch. Isère, *primus liber actestamur*, fol. 172, 210, 212, 246 ; B 2185 ; B 2906, fol. 482.

2. *Ibid.*, B 2840, fol. 40-41 ; B 2906, fol. 396, 611 v° (Lyon, 22 mai 1503, Orléans, 17 oct. 1504). Le général est présent aux Comptes de Grenoble, les 3 et 26 mai 1503. Ceux-ci lui disputent la connaissance de la gabelle du sel, mais les fermiers du tirage du Rhône lui écrivent : « La cognoyssance pour la conservacion du fait du sel vous aparlient » (B 2907, fol. 735-6).

3. Le roi viole ses ordonnances en cas de nécessité. A la suite de son édit du 8 nov. 1498, il déclare renoncer dans l'avenir à toute aliénation du domaine. C'est en ce sens que le général écrit aux gens de Grenoble (Blois, 3 mai 1499), après une démarche de la veuve de l'amiral de Bourbon, qui réclame les châtellenies de Vizille, Crémieu et Cornillon (B. N., Dupuy 85, fol. 38-41 ; Arch. Isère, B 2906, fol. 155 ; Arch. Grenoble, CC 584, fol. 170 v°). Mais la guerre de Naples oblige Louis XII à vendre la Côte-Saint-André à M. de Crussol (1503). En même temps, il prend les consignations au greffe du Parlement de

Jacques de Beaune interprète l'autorité royale, mais il défend, avant tout, ses propres prérogatives; son attitude dans la question des monnaies [1] le prouve.

Le régime des monnaies a deux organes essentiels : les ateliers monétaires [2] et la Chambre, qui siège à Paris. Les maîtres des mines portent l'argent ou le plomb argentifère aux ateliers, où un dixième est perçu au profit du domaine royal. Le personnel de l'atelier est invariable : un maître, deux gardes, un contre-garde, un essayeur, un graveur et tailleur de fers. Le maître, qui afferme l'atelier pour trois années ou davantage, fixe dans son bail le nombre de marcs d'or et de marcs d'œuvre (argent ou billon) qu'il doit faire par an. Sous lui, les ouvriers préparent les *flans*, qui, une fois étalonnés, sont remis en petites quantités (*brèves*) aux monnayeurs, pour être poinçonnés avec les coins de fer (*piles* et *trousseaux*), qui sont confiés aux soins du garde. Quand une brève est finie, un certain nombre de pièces sont mises en une tirelire ou *boîte*, scellée des sceaux du maître et du garde, et quelques autres sont confiées par le garde à l'essayeur, qui les analyse. Le garde fait alors *délivrance* de la brève au maître. L'office du contre-garde est de contrôler les achats de métaux. Le maître paie les officiers sur ses bénéfices [3]. Les boîtes sont envoyées à la Chambre

---

Grenoble (1,756 l.), et il ordonne d'affermer tout le domaine et les greniers de Provence (Lyon, 11 oct. 1503). Arch. Isère, B 2906, fol. 382; Arch. B.-du-Rhône, B 1449, fol. 18 v°.

1. Valeur des monnaies (de 1488 à 1515) : ÉCU SOLEIL, 36 s. 3 d. tournois; ÉCU COURONNE, 35 s.; FLORIN DE PROVENCE, 15 s.; FLORIN DE DAUPHINÉ, 37 s. 6 d.; DUCAT D'ITALIE (Florence, Venise et Gênes), 37 s. 6 d.
2. Ateliers du Dauphiné : Grenoble, Crémieu, Romans, Montélimar.
3. De Saulcy, *Recueil de documents relatifs à l'histoire des monnaies*, 1 (introd. XII-XIII). Cf. *Bibliotheca Dumbensis*, pub. par G. Guigue, 1, 382-4: atelier de Trévoux, 8 août 1485-août 1487; *Revue du Lyonnais*, XXX

des Monnaies de Paris [1], qui en fait le *jugement*, après l'expertise de l'essayeur général. Il y a huit « généraux maistres des monnoyes » [2], dont les uns chevauchent en province pour inspecter les ateliers, pendant que les autres résident à Paris. A côté d'eux [3], il y a un greffier et un huissier [4]. Après la pesée des deniers des boîtes, à laquelle assiste généralement un procureur du maître particulier [5], les généraux arrêtent l'état de la fabrication de celui-ci (état qui est vérifié à la Chambre des Comptes, en présence de deux généraux). Les généraux subsidiaires de province datent de 1350.

La Chambre des Monnaies a des conflits avec les ateliers pour le jugement des boîtes [6], ou avec les généraux subsidiaires. En 1498 elle se plaint de la mauvaise fabrication de l'atelier de Montélimar (21 août) [7], et Jacques de Beaune reçoit un député dauphinois, M. de la Baulme, qui apporte les doléances du pays : il répond qu'il ne pourra y satisfaire qu'à la prochaine assemblée des États (Blois, 14 nov.) [8]. Bientôt le roi nomme Antoine Vidal général particulier de Dauphiné et de Provence (Lyon, 28 juillet 1499) [9]; la

---

(1865), 389-394 : mines du Lyonnais, 1524-7. P. Clément, *Jacques Cœur et Charles VII*, 1, 291-8.

1. A. Ebel a écrit une thèse sur « *les origines, l'organisation et les attributions administratives de la Chambre des Monnaies.* » Cf. les *Positions des thèses soutenues par les élèves de la promotion de 1888, pour obtenir le diplôme d'archiviste-paléographe* (Épinal, Frœreisen).
2. Sur les variations du nombre des généraux, cf. Saulcy, *op. cit.*, I, 9.
3. Le président date de 1523.
4. Le tailleur général date de 1547 : jusque-là la Chambre désigne, au début de toute fabrication nouvelle, un tailleur spécial.
5. Il doit y assister en personne, à partir de 1550.
6. Elle en eut un avec la Bretagne, de 1492 à 1498.
7. Arch. nat., Z^{1b} 7, fol. 30, 70.
8. Arch. Isère, B 2840, fol. 26.
9. *Ibid.*, B 2847. Cf. une lettre d'Antoine Vidal aux Comptes de Dauphiné, 3 juillet 1500 (Saulcy, IV, 28).

— 49 —

Chambre des monnaies proteste, comme elle a déjà protesté contre la nomination de Claude Robin en Languedoc [1]. Elle n'a cependant qu'à s'en prendre à elle-même, car elle a négligé le premier de ses devoirs, celui des chevauchées, comme le Parlement le lui rappellera un jour [2].

Le 22 déc. 1503, elle écrit à Vidal que depuis quatre ans elle a « par chacun an escript et envoyé homme exprès » pour le jugement des boîtes [3]. Mais Jacques de Beaune prend parti pour Vidal (Lyon, 14, 21 févr. 1504) : « Le privilège du pays est transgressé en tant qu'il est dit que nul natif du Dauphiné n'est tenu de respondre devant aucun juge estrangier.... En Provence et en Bourgogne les jugements des boystes d'iceulx pays se font en la Chambre des Comptes.... Gardés de ne les envoyer jusques à ce que aye sceu sur ce le vouloir du roy. » Deux mois plus tard, il est en cour et combat les prétentions des Parisiens (Blois, 21 avril) [4]. Ceux-ci l'emportent d'abord : le roi supprime l'office de Vidal (Madon, 17 août), en ordonnant l'apport de toutes les boîtes à Paris [5]. Mais de Beaune est « par plusieurs foiz devant MM. du conseil, présent M. le chancelier, pour garder les privilèges du pays.... » (Paris, 26 nov.) Le 2 déc., en effet, un huissier du Grand Conseil signifie aux intéressés que c'est le trésorier du Dauphiné qui doit faire recette des boîtes du pays [6]. Puis le Dauphiné recouvre son général particulier, et l'arrêt

---

1. Arch. nat., Z^{1b} 7, fol. 16 v° (21 nov. 1494).
2. (15 janv. 1507). *Ibid.*, fol. 161.
3. Arch. Isère, B 2838, fol. 224-5.
4. *Ibid.*, fol. 225-8.
5. *Ibid.*, fol. 239. Arch. B.-du-Rhône, B 22, fol. 148 v°. Cf. les lettres missives du roi, du 31 août (Arch. B.-du-Rhône, à Aix, reg. coté 1460-1505, fol. 132).
6. Arch. Isère, B 2838, fol. 138, 140, 255 v°. Saulcy, *op. cit.*, IV, 58.

4

du Grand Conseil est observé, malgré l'opposition de la Chambre [1].

Le Dauphiné dépend, pour le sel, du Languedoc et de la Provence, qui ont formé, depuis le début du XVe siècle, une association appelée *tirage du Rhône* [2]. Ce tirage comprend deux fermes distinctes : la *part de l'empire* (rive gauche), et la *part du royaume* (rive droite). Jusqu'en 1484, elles s'adjugent séparément; de 1484 à 1499, elles sont réunies. Louis XII baille l' « empire » au Dauphiné et le « royaume » à Lyon (6 sept. 1499) [3], à partir du 1er septembre 1502, date de l'expiration de la ferme de F. Mayaud et Jean de Combes; mais des démêlés entre Lyon et Grenoble font rapporter cette décision, et, le 16 juillet 1501, de Beaune adjuge le bail commun des deux rives du Rhône à P. Renouart et P. Lemaistre [4]. A peine née, l'association menace ruine. Le grènetier de Pont-Saint-Esprit proteste

---

1. 14 avril 1508, 23 déc. 1509. (Arch. nat., Z[1b] 7, fol. 182, 207.) Le 4 nov. 1507, les travaux des monnaies sont suspendus ; Grenoble reprend bien le 6 juillet 1508, mais Crémieu, Romans et Montélimar chôment jusqu'en 1516 (Arch. Isère, B 2838, fol. 347). — Le Languedoc a échappé aux poursuites des Parisiens. Un général va y faire une tournée (18 juillet-30 novembre 1504), mais il ne peut se faire obéir à Montpellier (Arch. nat., Z[1b] 7, fol. 129 v° ; X[1a] 4846).

2. Le tirage du Rhône approvisionne (outre le Dauphiné) le Lyonnais, le Forez, le Beaujolais, le Mâconnais et les terres étrangères : Comtat Venaissin, Genevois, Bresse et Saluces. Le sel vient de Peccais, la Vernède et Notre-Dame de la Mer.

3. Lettre à de Beaune, 18 juillet 1499 : « Pour ce que la ferme entière du tirage a esté disjoincte et baillée celle de l'empire au pays de Daulphiné, nous a semblé qu'il seroit chose juridique et raisonnable que celle de la part du royaume feust baillée à ceste ville. » (Arch. Lyon, AA 136, CC 240-253.)

4. Arch. B.-du-Rhône, B 1276. 1,950 muids seront « tirés » par an, ils seront chargés à Tarascon et Beaucaire, et paieront au fisc 31 l. 10 s. (royaume) ou 27 l. (empire). Les fermiers assurent un bénéfice de 8,000 l., et ils ont 100 muids en franchise, outre le 20e du sel « tiré. » Le 3 juillet 1511, la ferme monte à 2,100 muids.

contre l'innovation consentie par le général, et soutient que c'est chez lui, et non pas à Lyon, qu'il faut acquitter le droit de gabelle. D'autre part, le Dauphiné prétend que les mesures des salins ne correspondent pas du tout à celles de Valence, de Vienne et de Tain [1], et ne peut s'entendre avec les fermiers sur le prix du quintal de sel. Le général convoque ceux-ci à Grenoble (2 mai 1503), où il dicte son tarif, qui est approuvé par le roi (Lyon, 2 juin). La discussion se prolonge : de Beaune écrit qu'il sera certainement à Tournon le 18 nov., mais les mauvaises nouvelles de Naples lui font déléguer ses pouvoirs à Henri Bohier (Lyon, 8 nov.). Celui-ci confère avec les commissaires dauphinois, sans terminer l'affaire ; ils se rendent auprès du général, qui rappelle au Parlement son arrêt du mois de mai (Lyon, 7 déc. 1503, 1er février 1504). Le Parlement ergote et il faut une troisième dépêche pour le persuader (Blois, 2 sept. 1504) [2].

La chute d'une arche du grand pont de Lyon met cette ville aux prises avec le Dauphiné. Lyon demande une surtaxe de 10 d. par quintal de sel méditerranéen. Jacques de Beaune, consulté, objecte qu'une telle surtaxe grèverait les contribuables de Languedoc et de Provence, et propose une augmentation des droits d'entrée sur la soie ou sur les épices (23-25 sept. 1500). Toutefois, les solliciteurs sont écoutés, grâce à l'appui de Robertet,

---

1. Jacques de Beaune se rend dans cette dernière ville (13-19 oct. 1502), « en l'hostellerie de l'Ange. » Arch. B.-du-Rhône, C 1276 ; Arch. Isère, B 2906, fol. 273-353.

2. Deux ans après, c'est autre chose : les fermiers réclament une indemnité de 500 l. en Dauphiné, pour la perte que leur a fait subir la nouvelle ordonnance du roi sur les monnaies. Lettres du général, 6-7 juillet 1506, 4 janv. 1507. (Arch. Isère, B 2838, fol. 316-326 ; B 2906, fol. 297, 322, 440-441, 452 ; B 2907, fol. 736-743.)

plus puissant que Beaune [1], et du chancelier [2]; il leur est accordé un droit de 5 d. par quintal de sel (3 oct. 1500). Mais les prévisions du général sont justes : le Parlement de Dauphiné s'agite, les États de Languedoc se joignent à lui, les fermiers du tirage refusent de s'exécuter [3]. Ceux-ci sont condamnés à verser 2,000 l. par an à Lyon, mais il y a de nouvelles difficultés avec le Languedoc (déc. 1506), et un procès s'engage au Grand Conseil [4]. En attendant, Lyon s'adresse à ses banquiers florentins (18 mai 1507), et le roi accorde 10,000 l. sur le tirage du Rhône (21 juin 1508) [5].

Le Languedoc a plus de liberté administrative que le Dauphiné, mais moins que la Provence. Les impo-

---

1. Lyon lui donne des pots-de-vin; Ant. du Pont, député de la ville à Paris, écrit, le 14 fév. 1500 : » Je vous ay sur ce escript que si lesdites lettres ne pouvoient être expédiées premièrement et avant que le roy feust à Lyon, que vous tirassiez devers maistre Florimond Robertet pour les luy faire expédier, et *le contentassiez de la somme accordée* » (Arch. Lyon, AA 27).

2. Le chancelier ne veut rien pour le sceau de cet octroi (*Ibid.*, BB 24, fol. 282 v°, 351).

3. Parlement de Dauphiné, 19 déc. 1500, 2 avril 1501; fermiers, 30 déc. 1500 (Arch. Lyon, BB 24, fol. 289 v°, 291, 312-8); États du Puy, 21 sept. 1501 (Arch. nat., J 748^{10}).

4. Arch. Lyon, BB 24, fol. 64-66, 71 v°, 78.

5. *Ibid.*, BB 27, fol. 109. Louis XII avait autorisé une augmentation des droits sur les marchandises, le 13 juillet 1503 (*Ibid.*, CC 356). L'attache du général est du 25 juillet (*Ibid.*, BB 28, fol. 34, BB 27, fol. 225 v°, 227 v°). — Au début du règne de Louis XII, Lyon a dû recourir aux bons offices du général. Ses délégués écrivent (Étampes, 3 mai 1498) : « Envoyez-nous le bail des fermes que le roy Charles nous fit pour dix ans, car Mgr le général de Languedoc m'a promys de le faire conferrer, le roy estant à Paris de retour de son sacre » (*Ibid.*, AA 104; BB 24, fol. 214, 220 v°, 225 v° : 28 août, 30 oct., 23 déc. 1499). Autre lettre de délégués de Lyon (Blois, 11 janv. 1501) : « J'é parlé à M le général de Languedoc, lequel par résolussion actend son clerc, maistre François, pour nous coucher nostre fait en la meilleure forme que faire se pourra » (*Ibid.*, AA 98).

sitions y sont moins lourdes que dans la Languedoïl. — La taille [1] est *réelle* dans le Midi, *personnelle* dans le Nord. Dans le premier cas, elle est attachée à la terre et due par tout possesseur, noble ou non noble. Dans le second, elle est attachée à la personne, en sorte que le fonds noble détenu par un roturier paie, tandis que le fonds roturier détenu par un noble est exempt. Comme elle a deux aspects, la taille a aussi deux modes de répartition : à un degré dans le Nord (Languedoïl et Outreseine); à deux degrés en Normandie et en Languedoc, parce que dans ces deux circonscriptions les États provinciaux, qui ont survécu à la centralisation excessive de Charles VII, sont l'intermédiaire obligé entre le Conseil royal qui émet le mandement (source commune de la taille), et les élus (Normandie) ou assemblées diocésaines [2] (Languedoc). L'unité de répartition est, dans chaque paroisse, le feu. Le feu est réel dans le Nord, unité tangible, ménage imposable, et fictif dans le Midi, unité fiscale, coefficient d'imposition [3]. — Les aides sont affermées par

---

1. Deux lettres de Beaune, conservées aux arch. de Montpellier, sont relatives à des exemptions de taille (Tours, 22 sept. 1496; Lyon, 12 avril 1503). Sur les impositions en Languedoc, cf. *Annales du Midi*, 1890, p. 364-84, 478-513, 1891, 340-65, 482-94 (Taille); 1891, 427-82 (Gabelle); 232-282 (Aides).

2. Les assemblées diocésaines tendent à se substituer aux élus, en Languedoc, dès les vingt dernières années du xiv⁰ siècle, et ceux-ci disparaissent définitivement de 1440 à 1445, lors de la régularisation de la taille. Ces années mémorables ont vu la chute des États généraux et provinciaux de Languedoïl (ceux d'Auvergne et de Guyenne subsistent, mais ils ne font qu'enregistrer la volonté royale), et l'apogée des États « primaires » du Languedoc, sorte de miniature des États généraux annuels de la province. Le Midi gagne, en autonomie, ce que perd le Nord. Les États de Normandie ne discutent guère plus l'ordre royal que ceux d'Auvergne et de Guyenne.

3. Cf. un excellent article de M. Portal dans la *Bibliothèque de l'École des Chartes*, LV, 133-8 : « La part d'une localité est proportionnelle

les élus, dans le Nord, sauf une portion infime d'anciens droits immobilisés sous le nom d'équivalent, somme fixe qui est un simple supplément de taille et se répartit avec elle par mandement du Conseil. En Languedoc, elles sont converties en un équivalent, qui n'a de commun que le nom avec le droit précédent : la province en est maîtresse et l'adjuge, en bloc ou en détail, à son gré [1]; chaque diocèse a sa quote-part, établie d'après un tarif analogue à celui de la taille. — Dans le Nord [2], l'usage du sel est taxé ; le grenier est un entrepôt, une boutique de vente, qui a son ressort déterminé. Le sel y est déposé par le marchand, jaugé par le mesureur-juré, enregistré par le contrôleur. Il est mis en vente, après trois ans de séchage, « à tour de papier ». Les dépôts sont épuisés l'un après l'autre ; le moment venu, le marchand présente une requête au général des finances, qui fixe un prix, après avoir calculé les frais d'achat et de transport, du salin au magasin [3]. Le droit du roi est fixe (30 francs par muid). — Dans le Midi, l'usage du sel est « libéral »; les greniers [4], échelonnés en rang serré le long de la côte méditerranéenne, de Peyriac à Maguelone, sont des bureaux d'octroi, d'où le sel pénètre dans l'intérieur, en franchise, après avoir acquitté les droits du roi (10 s. 7 d. par quintal) et du marchand (2 s. 6 d.). Le sel a une administration

au nombre de ces feux, unités imposables, dont il n'est plus tenu compte dans la cotisation des habitants, chacun étant taxé selon ses ressources. »

1. 88,167 l. 10 s. en 1499; 90,092 l. 10 s. en 1502 ; 97,378 l. 10 s. en 1505 ; 101,790 l. en 1508; 104,225 l. en 1511, etc.... Cf. trois lettres de Beaune à un fermier de l'équivalent du diocèse d'Uzès, Lyon, 9 déc. 1496; Paris, 3, 5 juillet 1498 (Arch. Gard, C 1206, fol. 288 v°, 290, 296 v°).

2. Le sel noir de Bretagne (Guérande) fournit les vallées de la Loire (jusqu'à la hauteur du Bourbonnais), de la Seine et de la Somme.

3. Jacqueton, *op. cit.*, p. 226-7.

4. Le Rouergue consomme du sel méditerranéen.

spéciale, un visiteur général [1], et des lieutenants, au lieu que les généraux des finances ont la haute main sur la gabelle dans le Nord.

Le Languedoc n'a pas encore ses Comptes, mais il a ses Aides et son Parlement (qui se détestent d'ailleurs cordialement), son général des monnaies, et ses États, qui ont leur franc parler, et défendent leurs privilèges avec ténacité. Il y a un trésor des chartes à Montpellier [2], qui est un arsenal précieux pour lutter contre la centralisation à outrance [3]. Les délibérations des États sont régulièrement enregistrées à partir de 1501 [4] : on y examine de près les mandements royaux [5] ; on remarque que « les termes du paiement sont cumulez », et que le roi fait su-

---

1. Dès 1380, Pons Biordon est ordonné « visiteur sur le fait de la gabelle du sel » (Arch. nat., X¹ª 1472, fol. 507 v°); une ordonnance de 1411 fixe les devoirs de ce fonctionnaire.

2. « Pour ce qu'il y a plusieurs pièces, comme lettres des privilèges dudit pays, confirmacions, coustumes, actes et ordonnances, et autres servans audit pays, qui se perdent de jour en jour à faulte de les enregistrer, dont s'en pourroit ensuyvir ung grand inconvénient et dommage à la chose publique dudit pays, ont ordonné que en chacune séneschaussée dudit pays se fera ung livre ouquel seront enregistrées les pièces, privilèges et documents dudit pays » (18 sept. 1501). Cf. une autre délibération du 27 oct. 1502.

3. « Il sera fait extraict des privilèges du pays par manière d'ung répertoire par le procureur du pays, et se lisra ledit extraict tous les ans à l'entrée des Estats, après la messe du Saint-Esprit » (17 décembre 1505).

4. « Touchant les parolles excessives contenues en la commission, a dict et respondu M. le général, qu'il est content de les rayer » (23 janvier 1497). — « MM. les commissaires du roy ont envoyé à MM. des Estats la comission touchant l'équivalent. De laquelle a esté faicte lecture, et pour ce que les ont trouvées estre contre la teneur des privilèges dudit pays, de tant que elles sont adressées à MM. les comissaires du roy miement et à en faire et disposer à leur plaisir, sans aucunement y expresser et nommer les gens desdits Estats, à qui touche... » On relève une erreur de 236 l. (21 déc. 1504, 13 déc. 1505).

5. Arch. nat., H 748¹⁰ et suivants.

bir au pays entier les suites d'une folle enchère mise sur l'équivalent aux aides (1504-6). On pousse l'audace jusqu'à demander la suppression du gouverneur (13 nov. 1503); et Louis XII ne remplace Pierre de Bourbon (mort le 15 octobre 1503) qu'en 1512.

Le roi froisse cet esprit d'indépendance. Tout d'abord, il défend aux villes de rien imposer pour leurs affaires particulières, outre la taille, sans un mandement dûment expédié par les commissaires aux États (Blois, 8 nov. 1498). Le Languedoc gémit sur cette violation d'une tolérance séculaire (Cordes, 24 oct. 1499) : « Et quant de eulx mesmes ne pourroient mectre ou asseoir les sommes de deniers qui leur seroient requises et nécessaires, ce seroit un perpétuel servage [1]. » — Une seconde fois, Louis XII contrarie l'orgueil de clocher en 1503. Tandis que Charles VIII, pendant la guerre de 1496 en Roussillon, laisse aux États le soin de répartir les vivres parmi les diocèses [2], cette fois les vivres sont assis sans consulter les intéressés, qui en appellent aux commissaires royaux (22 juillet) [3] : « Ledit pays a privilège que le roy ne peult mectre aucune chose sur eulx sans leur sceu et consentement ». Toutefois les commissaires refusent d'exhiber leur pouvoir [4].... La guerre finie, on se plaint des pilleries des gens d'armes (déc. 1503), et on menace d'attendre satisfaction, « avant

---

1. Arch. du Gard, C 1206, fol. 260, 312-4.
2. Lettres de M. de la Roche-Aymon, 20 déc. 1495, 29 janv. 1496; lettres du roi, 28 déc. 1495, 4 avril 1496; réunions de Narbonne, 10 janv., 27 mai (*Ibid.*, fol. 159-160, 183-8). Jacques de Beaune avança 6,042 l., qui lui furent remboursées sur sa demande (23 janvier 1497).
3. Étienne de Nève, s^r de Botonet, Rigaud d'Aurcilhe, Michel Bayard, élu d'Auvergne.
4. « Il n'est point nécessaire bailler ladite commission ne communiquer aux Estats, car ilz ne sont point mandez pour cestuy affaire se assembler, et aussi qu'il y auroit une grande criërie qui pourroit retarder l'affaire. »

que faire aucun octroy ». Le roi promet d'allouer 10,000 l. aux pays qui ont le plus souffert (19 déc. 1504). Mais on veut savoir « en quoy ont été employées », et on interroge le général. Cette défiance est injustifiée, car 5,000 l. sont accordées pendant quatre années consécutives (1506-9) [1].

Le Languedoc s'est trouvé d'accord avec le pouvoir central pour détruire l'autorité d'un fonctionnaire trop puissant, qui portait ombrage à la fois à la royauté et aux libertés locales : le visiteur des gabelles.

En 1496, la gabelle est dans la confusion. Le visiteur général, Guillaume d'Ancézune, ne remplit aucun de ses devoirs. Résidant à Caderousse, dans le Comtat-Venaissin, c'est-à-dire en terre étrangère, il échappe à la justice royale : il ne visite pas une seule fois les greniers en cinq ou six ans ; ses quinze lieutenants exploitent les consommateurs et encaissent les amendes infligées aux délinquants. En outre, les mesures varient d'un diocèse à l'autre, malgré la fabrication de trois étalons de cuivre, dits « patron léal » (d'un quintal, d'un demi et d'un quart de quintal). Le principal trafiquant, Antoine de Joyes, est condamné, le 4 octobre 1487, à une amende de 262 l. pour 500 setiers de sel non gabellé. — Guillaume Briçonnet, prédécesseur de Beaune, ne lutte point sérieusement : il ordonne bien une information en 1486 et avertit d'Ancézune des abus qui se commettent aux salins de Peccais

---

1. B. N., fr. 23268, fol. 3-12, 28-36, 37-44. Il est dépensé 913 l. 17 s. 9 d., en mai 1504, pour réparer les forteresses endommagées (*Ibid.*, fr. 26108, 523). — En Dauphiné, le général veille aussi à l'entretien des fortifications (lettres du 4 octobre 1500 et du 14 janvier 1509, Arch. Isère, B 2906, fol. 155, 655, 664). Le 28 mars 1509, il assiste aux États de Grenoble, où le duc de Nemours fait une ordonnance pour le passage de l'armée royale. Mais ces troupes font du dégât, et le pays réclame 9,900 l. d'intérêts (lettre de Jean de Chapponay, procureur des États, à de Beaune, 23 août) ; le général modère la demande à 6,600 l.

(avril 1493); mais, soit manque d'énergie ou d'aptitude financière, soit désir d'épargner un coupable puissant, il ne sévit pas. — De Beaune est moins disposé à négliger ses prérogatives. Les deux fonctions sont mal délimitées, il y a des cas douteux, qui rappellent les débats des Aides de Montpellier et du Parlement de Toulouse pour les procès de finance.

Ce sont les États de Languedoc qui ont provoqué [1] le débat, mais de Beaune en fait rapidement sa chose propre. Il procède doucement, tant que vit Charles VIII, protecteur de d'Ancézune. Il se contente de convoquer le visiteur, deux ou trois généraux des Aides de Montpellier et quelques propriétaires salinants de Narbonne : « tout le sel fut mis et descendu par compte ès greniers, pour assavoir au vray l'entrée et issue d'iceluy. » Sur rapport, le Conseil renouvelle, le 6 janvier 1498 [2], une ordonnance de 1453, qui vise la récolte et l' « emboutiquement » du sel, sans allusion aux abus du visiteur général. On remarque une clause qui est, sans doute, une précaution du général pour s'assurer des amitiés, le cas échéant : le droit des propriétaires est augmenté d'un denier par quintal.

Charles VIII mort, une seconde ordonnance attaque ouvertement d'Ancézune, dont le crédit a baissé [3]. Le

---

1. Ils le reconnaîtront eux-mêmes, en octobre 1502 : « Requérans que lesdites ordonnances fussent observées, sachant et cognoissant que *à leur requeste* et instance elles furent advisées, faictes et poursuyvies en justice, tant par feu [Gabriel] de Laye, maistre Jehan Pasquet, procureurs et syndics du pays, que autres à qui ils en avoient donné charge. » Le général n'a donc point « fait bailler de l'argent du pays à maistre Gabriel de Laye, pour le gaigner et luy faire faire instance ou nom du pays ou faict des ordonnances », comme d'Ancézune l'a prétendu.

2. *Ordonnances des rois de France*, XXI, 9-16.

3. « Si l'on n'y avoit plustost pourveu (dira plus tard Louis XII), ç'avoit esté la faveur que nostre visiteur avoit eue par le moïen de

8 nov. 1498 [1], les pouvoirs du général sont augmentés. Il dressera chaque année la liste des exempts de la gabelle et « cognoistra des abus, ainsi et par la manière que font et ont accoustumé faire les autres généraux de nos finances en leurs généralitez [2]. » — Le 7 avril 1499 [3], le nombre des lieutenants du visiteur est réduit de douze à quatre, et il lui est enjoint de « chevaucher par le pays, au moins deux fois l'an. » Le 9 déc. suivant [4], les lieutenants ont des gages fixes, ils sont nommés par le roi sur la présentation du général, et ne sont qu'institués par le visiteur; il leur est interdit de « composer », etc.... C'est aussi le général qui délivrera désormais les congés d'exportation du sel.

Ces innovations irritent d'Ancézune, car (dit-il) « l'avoient toujours souffert les autres noz généraux de Languedoc auparavant ledit de Beaune audit visiteur et à ses prédécesseurs, sinon depuis qu'il avoit esté nostre général audit pays : qui ne le faisoit, sinon pour *usurper sur icelluy visiteur prééminence* [5]. » Il balance les succès de

ses parens, estans lors en authorité avec nostre feu seigneur et cousin, qui l'avoit empesché. »
1. « Le désordre qui estoit au fait des gabelles venoit la pluspart à cause qu'un nombre de lieutenans et greffiers commis par le visiteur n'ayant serment à nous, qui n'avoient aucuns gages, permettoient légèrement lever ledit sel.... Fut trouvé grand faute et désaveu fait de la visite desdits greniers, car, combien que les deust visiter deux fois par le moins par chacun an, néantmoins il s'en rapportoit à sesdits lieutenans, qui n'en faisoient aucunement leur devoir.... Quand il faisoit quelques compositions ou amendes, il les appliquoit à luy et à ses assistans et serviteurs, et quelque portion à nous. »
2. *Ordonnances*, XXI, 131-7 (art. 35).
3. *Ibid.*, 208-210.
4. A la suite des plaintes des États de Cordes (24 oct. 1499), où le général fut commissaire (Arch. Albi, CC 113).
5. Ce qui est contesté par les officiers de la couronne. » Les généraux de noz finances qui avoient esté par cy devant en nostre pays de

son adversaire en détachant de sa cause les saliniers d'Agde et de Narbonne (janvier 1500), et il s'adresse au Grand Conseil pour faire accepter une enquête partiale de Bernard Nicolas, lieutenant du sénéchal de Beaucaire [1].

De Beaune regagne les dissidents (Montpellier, 29 oct. 1500) [2] et fait désigner deux autres commissaires, Aymé de Laubespin et Léonard Baronnat. Le visiteur les récuse : « Laubespin avoit espousé une de ses cousines et parente du général [Thomas] Boyer, qui avoit espousé la nièce dudit de Beaune; et au regard dudit Baronnat, il estoit familier et grand amy dudit de Beaune. » Il recourt à des procédés de polémique déloyaux (17 juin 1501) [3] et insinue

---

Languedoc, c'est assavoir nos amez et féaulx Jacques Cœur, l'évesque de Laon, l'évesque de Carcassonne, Guillaume de Varye, maistre Jehan Herbert, Pierre du Refuge, Michel Gaillard, François de Génas, l'archevesque et duc de Reims et Jacques de Beaune, à présent nostre général, avoient fait plusieurs actes et exploicts, corrigé plusieurs abus, par condemnation d'amendes, privations d'offices et autres procédures, donnant ordre au fait de noz gabelles présens les visiteurs et leurs lieutenans, qui pour lors n'estoient contredisans. »

1. Arch. nat., V⁵ 1042.
2. *Ordonnances*, XXI, 226.
3. Le procureur général du roi au Grand Conseil dit que le visiteur « avoit obtenu ung monitoire de l'auditeur ou vice-gérant du pape en Advignon contre ceulx qui avoient depposé au procès et enqueste dudit procureur, touchans les principaulx articles des escriptures dudit procureur du roy, et contre tous aultres qui s'estoient entremis et avoient besongné et donné confort, conseil et ayde en ladite matière, en excommuniant tous les dessusdits et autres en général, s'ilz ne faisoient à l'intencion mauvoise dudit visiteur contenue audit monitoire, et en cas d'opposition les faisant citer et adjourner en Advignon, et tirant par ce moïen les subjects du roi en première instance hors du royaume. » — « Et, qui pis est, combien que ledit visiteur eust été condamné par arrest des généraulx sur le fait de la justice des aydes à Montpellier à apporter devers eux une mesure de cuivre de sel de gabelle, qui est le patron et exemple permanent, qu'il avoit transporté en sa maison à Caderousse, hors dudit royaume, et lequel patron lesdits généraulx vouloient et veulent avoir pour confronter avec une

que « de Beaune a *suborné* et *corrompu* les tesmoings et procédures.... » On lui répond que « ledit de Beaune n'est point auteur et partie en ceste matière, mais seulement insistant pour l'utilité du Roy et entretenement des ordonnances ; les dites subornacions et corruptions de tesmoings ne sont choses véritables, mais choses faulces et controuvées par ledit visiteur, en *hayne* et *vengeance* de ce que de Beaune et Courtin (son mandataire) se sont entremis de la conduite de cestedite matière au prouffit et utilité dudit seigneur, répréhension et correction des maléfices d'icelluy visiteur et des siens, et qu'ilz sont *personnes bien renommées, de crédit et d'autorité.* » Courtin intervient alors et requiert « lesdites parolles et charges estre enregistrées pour luy en estre fait et donné acte et a prins des conclusions contre ledit visiteur comme *d'injure dicte en court.* »

Le visiteur se rétracte (16 août) [1], mais la querelle n'est qu'assoupie. Un mois seulement après cet accord, les États du Puy s'occupent des concussions d'André Poitevin, lieutenant de d'Ancézune (15 sept. 1501) [2]. De Beaune, resté en cour, s'empresse de faire signer une ordonnance, le 9 octobre. Il a dès lors deux ennemis, d'Ancézune et Poitevin ; mais leur acharnement lui vaut une justification

---

mesure estant à Gignac, qui avoit esté falsifiée, icelluy visiteur ne l'a voulu rendre. »

1. « Au regart de luy, il n'avoit jamais fait dire ni profférer lesdites parolles en intention d'injurier lesdits de Beaune et Courtin, mais seulement pour autant qu'il servist à sa matière, et a voulu et consenty ledit d'Ancézune que lesdites parolles fussent ostées desdits registres. Et semblablement a ledit de Beaune consenty que tout ce qui a esté dit et baillé par luy à l'encontre dudit d'Ancézune soit mis au néant. »

2 Le procureur de la sénéchaussée de Carcassonne, Jean Lamée, « a faict lecture des articles préjudiciables audit pays et contraires aux privillèges et libertez d'icelluy, lesquelz il a devers soy, aussi de certaines lettres missives de M. d'Alby, de M. le général de Languedoc,

éclatante au Puy (26 oct. 1502), quand les États se proclament « bien eureux et tenuz à Dieu et au Roy d'avoir un tel général [1]. » Cependant de nouveaux réformateurs, Nicolas de Saint-Pierre, président au Parlement de Toulouse, [2] Jean Carlier, greffier criminel dudit Parlement, et Philippe des Essarts, membre du Grand Conseil, ont conclu contre le visiteur (18 juillet 1502), et le débat est renvoyé aux Aides de Paris (Loches, 30 nov. 1502) [3], qui s'efforcent de tenir la balance égale entre les deux ennemis (11 oct. 1503) [4]. Le visiteur [5] recouvre le droit de déli-

certaine réquisition par luy faicte audit maistre André Poitevin de supercéder; duquel il s'est porté appellant à dénégatoire réquisition, relevé de la court du Parlement au nom dudit pays, et faict inhiber audit Poitevin, qui, après les inhibitions, a présumé actempter et tirer avant. Et a eu deffault pour ledit pays contre ledit visiteur en Parlement, lequel n'a volu lever sans le sçavoir et consentement desdits Estatz. »

1. *Revue des langues romanes*, déc. 1894.
2. Arch. Haute-Garonne, B 11, fol. 542 (11 févr. 1502). — Le 28 sept. le chancelier enjoint au visiteur « qu'il n'eust à sortir de ceste ville de Lyon, laquelle lui a esté baillée pour arrest et prison, jusques à ce qu'il eust baillé et mis au greffe du Conseil les papiers et cayers touchant le fait du sel du pays de Languedoc, que autresfois maistre Macé Toutin, lors procureur général oudit Conseil, luy avoit enjoinct de bailler. » L'arrêt n'est levé que le 17 octobre, sur la promesse formelle de produire dans les trois mois le monitoire d'Avignon précédemment incriminé.
3. Le visiteur y renouvelle ses attaques contre de Beaune. « Jacques de Beaune, pour vouloir totalement énerver et supprimer les droits appartenans audit office de visiteur, augmenter et croistre les droits dudit office de général et le prouffit et authorité, souz son faux donné à entendre et au moyen du port et auctorité qu'il avoit à cause de sondit office et de ses alliez, avoit trouvé façon, pour mieulx parvenir à ses fins, de faire faire certaines ordonnances nouvelles, sans ouyr ni appeller ledit visiteur, ni les gens des Estatz dudit païs, lesquelles estoient énervatives et destructives des droits et autorités dudit visiteur, et au préjudice et dommage de la chose publique dudit pays de Languedoc » (19 mars 1503).
4. *Recueil de Corbin*, éd. 1623, p. 188.
5. Ses gages sont fixés à 100 l, plus 500 l. « pour chevauchées qu'il

vrer les congés d'exportation du sel, mais il lui est enjoint de quitter sa résidence de Caderousse.

III.

LA GÉNÉRALITÉ DE LANGUEDOÏL-GUYENNE

Ce long procès a fourni au Grand Conseil et aux Etats de Languedoc l'occasion de faire l'éloge de Jacques de Beaune. En outre, il a reçu, au cours de son administration, des dons en nature [1] ou en espèces [2], et Louis XII reconnaît, en 1509, « les bons services qu'il lui a faiz » par une gratuité de 1,812 l. 10 s., qui s'ajoute à ses 1,200 l. de pension et à ses 2,940 l. de gages [3].

Ce qui est plus précieux que ces récompenses matérielles, c'est sa nomination de chevalier [4], et sa promotion

---

fera, et dont le trésorier [de Languedoc] sera tenu rapporter certifficat des génératulx de la justice dudit pays ». Ses gages de 1503 et de 1504 ne sont payés que sur un ordre exprès du roi (Blois, 19 avril 1504), « par ce que ledit visiteur n'a fourny la certifficacion des chevauchées des généraulx de la justice de nos aydes audit Languedoc.... » — Guillaume d'Ancézune aura, d'ailleurs, d'autres démêlés avec le Grand Conseil (30 juin 1508, 23 juill., 11 déc. 1509, 20 nov., 3, 16 déc. 1511, 22 juin, 6, 20 sept. 1512), et le 14 avril 1513, trois conseillers des Aides de Montpellier et un de Paris reçoivent 105 l. 12 s. 6 d. pour avoir vaqué deux mois entiers à informer sur ses abus. — Arch. nat., K 78, n° 2 ; B. N., fr. 2927, fol. 48-59 ; fr. 25718, 93 ; fr. 25719, 195.

1. A Nîmes, des lamproies (1496-1498) ; à Lyon, du poisson, du vin et des perdrix (27 nov. 1500), un second lot de poisson (9 mars 1507), du fromage et des saucisses de Milan (20 juillet 1508) ; à Brignoles, du vin (avril 1507) ; à Gênes, une pièce de velours noir (8 août 1509), etc....

2. A Lyon, 636 écus (2 oct. 1498) ; en Provence, 200 écus (1502), 500 (1505), 570 (1507), 1,500 florins (1506).

3. B. N., fr. 23268, fol. 28-36.

4. Il est encore appelé « conseiller du roy » et « maistre », le 12 décembre 1509 (Arch. B.-du-Rhône, B 22, fol. 232) ; le 3 janvier 1510, il est qualifié

du « généralat » de Languedoc à celui de Languedoïl. Pierre Briçonnet, titulaire de cette dernière charge depuis décembre 1495, meurt à Lyon, sur la route d'Italie, entre le 3 et le 17 avril 1509 [1]. Jacques de Beaune est chargé,

« chevalier » et « messire » (Arch. Amboise, AA 14, 15). C'est probablement le jour d'Agnadel que Beaune a été créé chevalier, comme son neveu, Thomas Bohier, l'avait été deux ans plus tôt, en vue de Gênes, et comme Jacques Hurault venait de l'être devant Treviglio, avril 1509 (Brit. Museum, add. mss. 21382, fol. 23). Au moment du procès criminel de Beaune (1527), « ayant ledit Duprat sceu ce qui se passoit audit procès par chacun jour et par chacune vacation, et estant adverty que ledit de Samblançay, qui voyant qu'il avoit affaire audit Duprat, qui avoit juré sa mort, ne sçavoit bonnement que faire ne que dire pour se deffendre et justiffier, avoit allégué son privillaige de cléricature, icelluy Duprat, craignant que lesdits juges et commissaires n'y eussent esgard, il auroit, par une grande caption, surprise et malicieuse subtilité, fait intéroger ledit sieur de Samblançay s'y s'estoit trouvé un jour de bataille près la personne de mondit sieur ayeul, et s'il ne l'avoit pas fait chevallier. A quoy ledit sieur de Samblançay, usant de toute simplicité de bonne foy, auroit respondu que, voyant que nostredit sieur ayeul, son bon seigneur et maistre, alloit en sa propre personne donner une bataille, craignant qu'il advînt quelque inconvénient de sa personne, ne voullant icelluy sieur de Samblançay plus vivre au monde après sondit sieur et maistre, et estimant à grand bien et honneur mourir en sa compaignie, il l'auroit veritablement, le jour de la bataille, suyvy, encore qu'il ne voulloit permettre, en luy commandant plusieurs fois de s'en retourner. Ce que voyant, nostredit sieur ayeul, de son propre mouvement, l'auroit honnoré de tiltre et quallité de chevallerie. » Ce document étant de l'époque de Henri III, il semble s'agir de François Ier ; mais de Beaune n'a point assisté à d'autre bataille qu'à celle d'Agnadel, et le rédacteur du placet aura mal désigné Louis XII (Bib. Ch. des députés, col. Lenain, IIe XLIII, 308-315).

1. Il arrive le 21 mars à Lyon avec de Beaune, et le 3 avril, la municipalité offre un banquet au chancelier et aux gens de finance. Puis il meurt subitement chez le trésorier de Milan : « Ledit jour (17 avril), le matin, a esté faicte l'obsèque de trespas de feu M. le général Briçonnet, qui trespassa à Lion ou lougis de M. le trésorier Grollier, et MM. les conseillers y ont envoyé et baillé une douzaine de torches. » (Arch. Lyon, BB 27, fol. 305 v°). Le général Briçonnet est enterré à Orléans, où son tombeau sera détruit par les protestants (au cours des guerres de religion).

par intérim [1], de sa succession. Les soucis de la campagne d'Agnadel ne permettant pas de régulariser la situation, il administre les deux tiers du royaume, jusqu'à ce qu'il soit suppléé, en Languedoc-Dauphiné-Provence, par Henri Bohier (25 février 1510) [2].

La Languedoïl comprend un grand nombre d'élections ou recettes d'aides et de tailles [3], et de greniers à sel [4]. La Guyenne [5] lui est unie par un lien personnel : elle conserve des États locaux, mais sans aucune importance; elle ni n'a élus ni grènetiers.

---

1. Jacques de Beaune a déjà eu l'occasion, se trouvant à Lyon, de le suppléer une fois, pendant que Briçonnet était en Italie, sept. 1501 (Arch. Nevers, CC 79, fol. 13).

2. B. N., fr. 5500, fol. 25 ; Pièces orig. 381, dossier BOHIER, p. 69. Cf. fr. 5501, fol. 204 v°, un règlement de comptes de feu François Briçonnet, receveur général de Languedoïl, du 31 octobre 1492 au 20 avril 1504.

3. Blois, Châteaudun, Vendôme, Orléans, Nevers, Château-Chinon, Poitou, Châtellerault, Saintonge, Angoumois, Tours, Angers, Chinon, Loches, Loudun, Saumur, le Maine, Laval, Berry, Beaumont, Bourbonnais, Auvergne, Limousin, Marche, Combraille, Franc-Alleu.

4. Tours, Chinon, Loches, Montrichart, Vendôme, Angers, Saumur, Loudun, Le Mans, Mayenne, Château-Gontier, La Ferté-Bernard, La Flèche, Laval, Bourges, Issoudun, Buzançais, Selles, Vierzon, Romorantin, Moulins, Montluçon, Château-Chinon, Châteaudun, Janville, Orléans, Blois, Nevers, Saint-Pierre-le-Moutier, Moulins-lez-Engilbert, Decize, Saint-Saulge, Sully, Sancerre, La Charité, Cosne.

5. Rouergue, Périgord, Quercy, Agenais, Bazadais, Condomois, Armagnac, Comminges, Bigorre, Landes, Rivière-Verdun. — C'est à l'établissement de l'apanage de Charles, frère de Louis XI, que l'on peut faire remonter la généralité de Guyenne : le duc a son général, son receveur général, un trésorier pour le domaine, un autre pour la guerre, son secrétaire des finances, ses Comptes (B. N., fr. 7853, fol. 222 v°). A sa mort, le Rouergue remplace la Saintonge; la Gascogne est divisée en quatre recettes particulières (Agenais, Condomois, Armagnac et Comminges); la jugerie de Rivière-Verdun, détachée du Languedoc en 1469, pour donner le cours de la Garonne comme limite à l'apanage ducal, reste rattachée à la Guyenne. La nouvelle généralité est administrée par Nicole Tilhart et a Denis de Bidaut pour re-

Jacques de Beaune est devenu le « doyen » du collège des généraux, car *la Languedoïl est la « grand charge »*, par une tradition qui remonte au temps de Charles V. A cette époque, en effet, il n'y avait qu'un seul receveur général des aides, qui avait la haute main sur la Languedoïl, la Normandie et le Languedoc [1]. En 1443, Jean de Xaincoins est encore « nostre receveur général » : le Languedoc et l'Outreseine lui doivent obéissance ; leurs receveurs, Étienne Petit et Étienne Bonney, ne peuvent lever aucune somme sans une décharge de lui [2]. Cette *prééminence réelle* du receveur général de Languedoïl cesse en 1450, quand la conquête de la Normandie et de la Guyenne permet de diviser le royaume en quatre grandes circonscriptions, mais *elle persiste en théorie.* Toutes les recettes du royaume continuent à figurer sur les registres de Languedoïl, avec la mention : « Néant, pour ce que est de Outreseine ou de Languedoc [3]. » De plus, le receveur général de Languedoïl a le monopole de certaines dépenses, que son général a seul droit d'ordonnancer : dons, voyages et ambassades, postes et chevaucheurs d'écurie, chantres de la chapelle du roi, chevauchées des maîtres des requêtes de l'hôtel, menus plaisirs du roi, menues affaires de la chambre [4]. Les généralités d'Outreseine, de Normandie et

ceveur général ; elle rapporte 129,400 l. en 1479. Vers 1480, le général de Guyenne disparaît, puis le receveur général en 1483, et la généralité est rattachée à la Languedoïl, en gardant une demi-indépendance. Elle sera rétablie, en 1523, par François Ier.

1. L'Outreseine est constituée en 1436, après la capitulation de Paris, aux dépens de la Languedoïl.
2. Saumur, 25 sept., 25 nov. 1443 ; Nancy, 10 fév. 1445 (G. Jacqueton, *op. cit*, p. 11-14, 23).
3. Arch. nat , KK 289 (Languedoïl, 1518). G. Jacqueton, *op. cit.*, p. XXI, 273.
4. *Ibid.*, p. XVIII, 268-9 : 2,000 l. l'an pour les huit maîtres des requêtes de l'hôtel ; 10,000 l. pour les menus plaisirs de Louis XII,

de Languedoc ont donc été démembrées de la Languedoïl, et le titulaire de cette dernière charge est privilégié. C'est toujours un homme d'expérience qui a mûri dans des postes antérieurs : un Denis de Bidaut, formé par la gestion de la Guyenne; un Jean Herbert, un Pierre Briçonnet [1], un Jacques de Beaune, formés par celle du Languedoc [2].

Le nouveau général de Languedoïl, s'il a un rôle éminent, agit moins qu'en Languedoc : il n'a plus à voyager une partie de l'année, il ne se heurte plus à des difficultés qui le mettent en relief [3], car l'œuvre de centralisation et de restriction des libertés provinciales, qui a marqué son passage dans le Midi, est interrompue en 1510 par les exigences militaires, qui absorbent l'attention [4].

4.000 l. pour ceux de sa chambre. Cf. B. N., fr. 5501, fol. 209-10. — Jean Brachet est receveur général du 2? de Octobre 13 avril ?; Jean Prunier lui succède et meurt en ???. 1515.

1. Cf. la très instructive consultation donnée à la Chambre des Aides par Pierre Briçonnet, en présence de Nicole Chevalier, procureur général du roi (G. Jacqueton, *op. cit.*, 102-112).

2. Dates des commissions de taille, de 1510 à 1514 : 17 déc. 1510; 15 janv., 10 févr., 15 juin, 20 sept. 1512; 13 juill., 5 oct. 1513; 9 août 1514.

3. Lettres de Jacques de Beaune : Blois, 11 nov. 1512 (Arch. Angers); 10 juin 1511, 8 juin 1512, 15 juillet 1513, 19 avril 1514 (Arch. Clermont-Ferrand), 6 oct. 1512, 27 juin 1513 (*Arch. Hist. du Poitou*, I, 195-201). Cf. B. N., fr. 5501, fol. 378 (7 oct. 1513), et Arch. nat., Z1a 52, fol. 278 (mention relative au grènetier de Vendôme). — Romorantin et Tours s'adressent à lui pour la confirmation de leurs privilèges (Arch. Romorantin, CC 7, fol. 58, CC 39, d'après l'invent. de F. Bournon). Cf. Arch. Orléans, CC 567, fol. 167 v°. Il reçoit des présents, comme à Amboise, 16 déc. 1509, 1er mars, 3 nov. 1511 (Arch. Amboise, CC 125, fol. 27-28, 30). — Parmi les actes de son administration, on peut citer la réparation des levées de la Loire (B. N., fr. 26112, 1084, 1094 ; Pièces orig. 248, dos. 5444, 65-67, Bibl. de Tours, ms. 1238, fol. 46-9), qui avaient été réparées en 1497 (Arch. Tours, comptes L, fol. 216 v°), et le transfert du mesurage du sel de Bretagne, des Ponts-de-Cé à Ingrande, en oct. 1512 (B. N., fr. 5501, fol. 188-260). Cf. un fragment de comptes d'Ingrande, avril 1517 (*Ibid.*, fr. 26100, fol. 72).

4. Elle n'est reprise qu'après la campagne de Marignan.

— 68 —

Le royaume a, en effet, l'Europe contre lui, après cinq années de tranquillité relative. La ligue de Cambrai n'a pas porté les fruits espérés. Louis XII a bénévolement rompu avec Venise, sans qu'aucun de ses confédérés lui ait prêté l'assistance promise. La bataille d'Agnadel (mai 1509), loin de rien terminer, inaugure une série de malheurs, que ne peut faire oublier la remise d'un terme de la crue de 500,000 l., imposée le 18 janvier précédent (Lyon, 26 août) [1]. Une seconde crue de la même somme (Cléry, 21 oct. 1509) [2] ne représente pas la moitié de l'arriéré de la campagne d'Italie [3], malgré l'aide pécuniaire de Milan et de Florence [4], malgré une troisième mainmise sur les deniers du clergé, qui sont toujours entre les mains du cardinal d'Amboise [5], malgré la rente de 50,000 ducats versée depuis quatre ans par Ferdinand le Catholique, pour le rachat des prétentions françaises sur Naples [6].

La ligue, après avoir été inactive, se dissout, pour se reformer contre la France : la première défection est celle

1. Mention d'une lettre missive de Beaune à Pierre Potier, receveur du diocèse de Toulouse (Arch. Haute-Garonne, C 748).
2. De Beaune est désigné comme commissaire aux États de Languedoc, assignés à Tournon pour le 5 déc. (B. N., fr. 22405, 34).
3. Il convient d'ajouter aux frais de cette campagne les sommes payées au besogneux Maximilien pour l'investiture du Milanais ou pour l'entretien de son armée (150-910).
4. Florence doit payer 100,000 écus (Arch. nat., K 78, n° 12²). Cf. un contrat passé avec Lucques, le 27 févr. 1511, à la signature duquel de Beaune assiste (Ibid., J 990, n° 10).
5. Blois, 23 janv. 1509. Étienne Grolier, trésorier du Milanais, reçoit 271,380 l. 6 d., du 6 mars au 26 juill. 1509. — Cf. le compte d'un clerc de Morelet de Museau, trésorier de l'extraordinaire, 4 mai-30 août 1510 (B. N., ital. 2012, fol. 1-59).
6. Le quatrième terme échoit le 19 oct. 1509. — Cette rente est payée par Panchati, banquier de Lyon (lettre de l'év. de Rieux, Madrid, 15 janvier 1511, B. N., Dupuy 261, fol. 194).

du pape (1510), puis viennent celles des Suisses, de l'Espagne, de l'Angleterre et de Maximilien.

La mort du cardinal d'Amboise (25 mai 1510) [1], rival de Jules II, ne calme pas l'ardeur de ce dernier, elle hâte, au contraire, la rupture. Louis XII jure de « faire un pape à son gré » [2], convoque l'église gallicane à Tours (sept.), et prend à sa solde des lansquenets de Wurtemberg et de Gueldre, pour suppléer les Suisses, avec lesquels il s'est brouillé. Les deniers de l'année 1501 ont été dissipés, sans espoir de recouvrement [3], et néanmoins le roi dépense moitié plus qu'il ne l'avait prévu : il doit emprunter les 500,000 l. qui font défaut, et notifie à son peuple qu'il ira en personne combattre le pape (Blois, 17 oct. 1510). Sa santé chancelante l'empêche de tenir parole et de dépasser Valence. Les prélats gallicans, qui ont transporté leurs assises à Lyon, votent 80,000 l. pour les frais du concile général assigné à Pise, et le roi tient à Blois, le 8 nov. 1511, un conseil, où les gens de finance prennent l'engagement de pourvoir à toutes les dépenses inopinées [4].

La déclaration de guerre de Henri VIII et de Ferdinand le Catholique rend cet engagement illusoire ; la Picardie et la Guyenne sont menacées (1512). En février, les officiers de la couronne sont lourdement taxés : la part de Jacques

1. Sur les sentiments de la reine, cf. Sanuto, *op. cit.*, X, 586.
2. Expression de Machiavel, qui décrit, le 3 août 1510, les préparatifs du roi (éd. 1805, VII, 236) : « Ha ordinato a suoi generali nuovi modi di danari per supplire alla futura guerra, senza toccare i suoi cofani. » — La taille de 1511 est répartie ainsi qu'il suit : Outreseine, 243,260 l. 3 s. 8 d.; Languedoïl, 669,999 l 7 s. 3 d. ; Languedoc, 149,581 l. 5 s. 5 d.; Normandie, 366,420 l 1 s. 4 d. ; Picardie, 28,896 l. 11 s. 9 d. TOTAL : 1,499,889 l. 5 s. 10 d. ; « reste court de » 100 l. 14 s 2 d.
3. B. N., fr. 26111, 957 (quittance du trésorier de l'extraordinaire des guerres, 4 mars 1510).
4. Lettre d'André de Burgo, ambassadeur flamand.

de Beaune est de 25,000 l. [1]. Coup sur coup, le 10 février et le 15 juin, deux crues de 300,000 l. sont imposées pour payer 1,200 lances supplémentaires (ce qui en porte le total à 3,550), les lansquenets, les aventuriers français et la flotte de Prégent de Bidoux, amiral du Levant, appelée dans la Manche, pendant que les arsenaux du littoral normand travaillent à se mettre en défense. Puis le clergé est imposé à 320,000 l. (juillet) [2], et les bonnes villes sont sollicitées (sept.); les restes des comptes sont réclamés à la Chambre (Blois, 8 juillet), et une levée de francs-fiefs est annoncée [3]. Tout est insuffisant, car l'extraordinaire atteint 250,000 l. par mois depuis Pâques [4]. La perte du Milanais, en juillet 1512, aggrave la situation, puisque les 600 lances qui jusqu'alors étaient entretenues par le duché tombent à la charge du royaume. Le 20 sept. il y a 1,727,000 l. à trouver : 550,000 l. de déficit, 677,700 l. pour le prochain trimestre des 1,200 lances supplémentaires et des 600 lances d'Italie, 500,000 l. pour remboursement d'emprunts.

L'extraordinaire [5] s'est haussé à des chiffres encore inconnus : 1,104,453 l. 11 s. 7 d. pour le royaume (1er mars-31 déc. 1512), et 1,482,919 l. 15 s. pour l'Italie (1er juillet 1511-31 juillet 1512); l'artillerie, 189,657 l. 5 s. 10 d. en 1512. Soit 2,700,000 l. en dix-huit mois.

Une trêve est conclue avec l'Espagne; Jules II meurt et Venise rentre en grâce (début de 1513); mais Maximilien se joint à Henri VIII pour envahir la Picardie, pendant

1. B. N., fr. 5501, fol. 368.
2. *Ibid.*, lat. 1559, fol. 46-50.
3. *Ibid.*, fr. 5501, fol. 369-372.
4. *Ibid.*, fr. 26112, 1055.
5. Du 24 nov. 1509 au 30 juin 1511, il n'est encore que de 668,936 l. 11 s. pour le royaume. L'extraordinaire de l'artillerie est de 133,772 l. 6 s. 2 d. pour 1510 et 1511.

qu'une vaine tentative est faite pour reconquérir le Milanais, que Gênes se soulève et que les Suisses assiègent Dijon. Depuis la guerre anglaise, le royaume ne s'est jamais trouvé en tel désarroi. De mai à novembre, l'extraordinaire atteint 350 à 400,000 l. par mois [1] ; il faut lever 22,000 hommes de pied français (Blois, 6 mai), dont la solde sera de 92,400 l. pour l'année, entretenir 18,470 lansquenets [2], et les navires d'Écosse qui ont rallié Prégent de Bidoux en Bretagne [3].

C'est alors, avec une crue de 400,000 l. (Vincennes, 13 juillet), l'emprunt sous ses formes les plus variées. Le clergé paie 300,000 l. [4]. Les financiers sont taxés, comme l'année précédente, en espèces ou en nature. Jacques de Beaune contribue aux fortifications de Guyenne, « pour ce que l'argent du domaine n'y eust sceu fournir » (Paris, 22 juin) [5], et Henri Bohier donne 200 marcs de vaisselle d'argent (18 août). De plus le domaine est aliéné jusqu'à 100,000 l. ; l'amiral [6] achète Melun, Corbeil et Dour-

---

1. B. N., fr. 25719, 209 : c'est le chiffre indiqué par les Vénitiens, avec leur exactitude habituelle (Sanuto, *op. cit.*, XVII, 27).

2. 22,000 soldes, avec les doubles payes ; la solde est de 6 l. par mois, comme celle des Suisses (B. N., Pièces orig. 159, dos. 3289, 22). Le roi n'a encore que 10.000 lansquenets en févr. 1513 (Brewer, *Calendar of state papers, Henry VIII*, I, n° 3752).

3. Le 17 sept. 1513, Louis XII ordonne d'appareiller les trois nefs de la reine : « Le général de Beaulne, ajoute-t-il, à qui j'ay donné charge de cest affaire, donnera ordre à vous faire fournir argent pour la soulde et les fraiz qu'il y conviendra faire » (B. N., fr. 5501, fol. 374 v°). Au mois de déc. 1513, l'amiral de Guyenne, M. de La Trémoille, presse de Beaune de lui faire payer 918 l. pour l'entretien de sa nef (Chartrier de Thouars, compte de 1513).

4. Lettres du roi, Paris, 30 mai, Vincennes, 25 juin 1513 (B. N., lat. 1559, fol. 52, 84).

5. Arch. Bayonne, BB 5, fol. 156 v° (Lettre du trésorier Louis Poncher).

6. Il a prêté 30,000 l. le 18 mai.

dan; le sieur de Gié, Baugé et Moliherne ; et Jacques de Beaune se rend au Parlement pour faire ratifier ces deux contrats (Paris, 8-10 juin). Les greffes des cours souveraines sont également vidés (21,900 l. 1 s. 3 d.), sous la caution des quatre généraux des finances (Amiens, 19 août) [1]. Le roi s'aide, enfin, d'une partie des sommes assignées aux divers comptables pour le 3e trimestre de 1513 (Amiens, 7 oct.) [2]. Mais tout cela ne peut suffire aux 1,952,665 l. 15 s. de l'extraordinaire [3] (janvier-sept. 1513), et la taille de l'année à venir est fixée à 3,300,000 l. (Amiens, 5 oct.) [4].

Cette fin de campagne est triste : le duc de Longueville est prisonnier des Anglais; Thérouanne et Tournay sont en leurs mains; le royaume est infesté de pillards, mercenaires débandés, insoumis ou maraudeurs de profession, et il faut renforcer la maréchaussée de deux cents archers [5]. On se croirait revenu aux grandes compagnies. Louis XII est abattu et ne compte plus que sur un miracle; aussi l'ambassadeur vénitien désespère-t-il de voir reprendre les projets sur le Milanais cette année [6].

Les bruits de guerre persistent néanmoins. Le 7 nov. 1513, Jacques de Beaune conclut un marché de munitions avec le banquier florentin Robert Albisse [7], et le roi continue

1. Arch. nat., X¹ᵃ 1515, fol. 256 v°, 312 v°.
2. B. N., fr. 5501, fol. 378-9.
3. Assignations du trésorier Morelet de Museau, de janvier à mai 1513 : 485,044 l. (B. N., fr. 26190, 10).
4. Ibid., fr. 25719, 209.
5. Ibid., fr. 5501, fol. 356; fr. 20620, 33; Pièces orig. 248, dos. 5444, 68.
6. « Se vedeno redutti in tanta difficulta, ch' el dubità s' el signor Dio non li mette la mano in loro adjuto, non saperano che fare questo anno » (Blois, 15 déc. 1513). Le cardinal de Luxembourg blâme la « dejection et bassessa de anemo » du roi (B. N , ital. 1997, fol. 125).
7. Ibid., fr. 25719, 213; fr. 26113, 1330-1.

à faire argent de tout : il ordonne l'aliénation de 600,000 l. de domaine, aides et gabelle (février 1514) [1] et la conversion de la vaisselle prêtée par les particuliers en « testons de 5 et 10 solz » (Paris, 12 mai) [2].

Mais Henri VIII est séduit par la perspective de toucher à nouveau les pensions que la France payait à l'Angleterre depuis 1475, sans compter la rançon de Longueville et le rachat éventuel de Tournay. Thomas Bohier fait miroiter l'or à ses yeux, et le traité de Londres est signé en août. Aussitôt Louis XII, qui vient de casser 530 lances [3], renvoie 9,000 lansquenets [4] et assoit la taille de 1515 (Saint-Germain-en-Laye, 9 août) [5], puis il se rend en Picardie pour y attendre la sœur de Henri VIII, Marie Tudor, qui doit le consoler de la perte d'Anne, morte au mois de janvier. Jacques de Beaune est chargé avec Bohier, le négociateur, d'inventorier le trousseau de la princesse (Abbeville, 10-12 oct.).

Les fêtes passées, le roi reprend le projet du Milanais ; mais d'après l'agent vénitien, le duc de Bourbon, Thomas Bohier et Florimond Robertet sont à peu près seuls à favoriser l'entreprise [6]. L'inclination de Bohier se comprend : il a fait de fréquents séjours en Italie; en 1507, il a gagné la chevalerie devant Gênes; l'année suivante, il a inspecté,

---

1. Jacques de Beaune se rend au Parlement à ce sujet, le 21 février.
2. Le 18 mai, « furent baillez à M. le général de Beaulne deux piles garnies chacune de trois trousseaulx à monnoyer pour icelles envoyer à Tours » (Saulcy. *op. cit.*, IV, 138).
3. B. N., fr. 25719, 261 : 3,580 lances (juill. 1513 à juin 1514) ; 3,020 en juill. 1514.
4. Lettres de Dandolo, Poissy, 25 juillet (*Ibid.*, ital. 1997, fol. 251). Il faut leur payer 400,000 l. le 15 sept.
5. *Ibid.*, fr. 25719, 259.
6. *Ibid.*, ital. 1997, fol. 290.—4,111 l. 18 s. t. sont payés en 1514, par l'ordonnance de Beaune, pour secourir le château de Godefa, à Gênes (*Ibid.*, fr. 5118, fol. 65 6).

en compagnie de Jacques Hurault, les comptables d'outremonts [1]; en 1509, il suit le camp royal avec ses collègues; il repart encore de Paris en mars 1510, et il se voit confier, en avril 1511, la « totale superintendance » des finances italiennes, en remplacement de Sébastien Ferrier, disgracié. Quant à Jacques de Beaune, il n'a fait qu'un voyage en Italie, celui d'Agnadel, et il n'a ni l'expérience ni l'enthousiasme de son neveu; peut-être aussi garde-t-il le souvenir de l'aversion de sa maîtresse, la défunte reine, pour les équipées lointaines [2]. — Quoi qu'il en soit, le roi semble décidé à marcher de l'avant : les généraux s'occupent déjà du ravitaillement et de l'artillerie (Paris, 18 nov.), et les capitaines sont convoqués (24 déc.) pour fixer l'époque et l'ordre du départ. Louis XII parle d'être à Lyon vers la Chandeleur [3], mais la maladie qui le minait depuis longtemps l'emporte au jour de l'an.

L'extraordinaire de la guerre [4] monte à 2,265,784 l. 16 s., du 13 sept. 1513 au 31 déc. 1514. Le trésor touche 4,865,617 l. 9 s. 9 d. en 1514 [5], contre 3 millions et demi en 1497; les anticipations atteignent 499,023 l. 6 s. [6]; il y a 84,014 l. 10 s. 9 d. de restes, et 243,821 l. 12 s. d'emprunts en souffrance. Le « père du peuple » laisse un déficit de 1,400,000 l.

---

1. Le roi annonce leur départ à Gênes (La Héronnière, 10 mai 1508).
2. Anne appelait Naples « la sepoltora de' Francesi » (Sanuto, *op. cit.*, II, 768).
3. B. N., ital. 1997, fol. 358, 371.
4. Philibert Babou succède à Morelet de Museau, comme trésorier.
5. Domaine, 204,638 l. 18 s. 9 d. (196,580 l., en 1512); Outreseine, 1,039.350 l. 1 s. 8 d.; Normandie, 1,016,571 l. 11 s. 5 d.; Languedoïl, 1,904,140 l. 5 s. 8 d. obole (1,896,001 l. 7 s. 6 d., en 1512); Languedoc, 607.637 l. 7 s. 1 d. obole (584,736 l. en 1515); Picardie, 59,325 l. 5 s. 6 d.; Dauphiné, 36,847 l. 19 s. 6 d.
6. 8,947 l. 1 s. pour les aides. Le reste pour la taille : Outreseine, 88,995 l.; Normandie, 99,200 l.; Languedoïl, 299,881 l. 5 s.; Languedoc, 2,000 l.

CHAPITRE III

ANNE DE BRETAGNE ET LOUISE DE SAVOIE — VIE PRIVÉE

(1496-1515)

Sans négliger le service de Charles VIII et de Louis XII, Jacques de Beaune continue à se rendre utile à la reine Anne, qui a commencé sa fortune politique, et il développe en même temps sa fortune privée. Agent officieux de la souveraine, il se trouve en rapports avec Louise de Savoie, qui apprend à le connaître.

I.

LE DOUAIRE D'ANNE DE BRETAGNE

Il conserve la haute main sur la maison de la reine, qui est gérée par son fils Jacques, sous le contrôle de Pierre Morin [1], et Anne lui écrit souvent, pour des intérêts tempo-

---

[1]. L'assignation est toujours de 120,000 l. (100,000 l. d'ordinaire). En 1495-6, l'argenterie monte à 22,209 l. 1 s. 2 d.; la chambre aux deniers, à 38,656 l. 17 s. 3 d. En 1496, la « passe » de ces deux services, avec la trésorerie générale et la « gésine » de la reine (inscrite pour 10,800 l. en l'« état » dressé à Moulins, le 31 août 1497) est de 34,307 l. 13 s. 4 d. (alloués le 7 mars 1499). Les derniers comptes se soldent par un

rels ou spirituels : le 27 avril 1496 (de Saint-Symphorien), pour « apprester et reffaire plusieurs chambres et autres choses au Plessis pour le logeis »; le 24 sept. 1498, pour envoyer « à Lyon les lettres qu'elle escripvoit au pape touchant la vacacion de l'abbaye de N., laquelle elle avoit donnée à maistre Pierre Blanchet, son aumosnier [1]. »

Charles VIII mort [2], Jacques II de Beaune est d'âge compétent pour exercer en son nom personnel, et Pierre Morin ne peut plus cumuler l'office de trésorier de France en Languedoïl-Guyenne (où il a remplacé Charles Bourré) avec la surveillance de la maison de la reine, car désormais les comptes ne vont plus se rendre à Paris, mais à Nantes.

Anne n'a, en effet, consenti à épouser Louis XII [3] qu'en séparant la Bretagne du royaume. Les temps sont changés : elle n'est plus butin de guerre, mineure passive, obligée de souscrire à des conditions impérieuses; grandie, maîtresse d'elle-même, elle dicte, avant de signer. Le duché recouvre donc son autonomie financière; mais sept années de centralisation ont faussé les habitudes des agents, et il faut un ordre formel du roi pour leur rapprendre le chemin de Nantes (Lyon, 7 août 1501). C'est Jacques de Beaune qui notifie la volonté royale aux Comptes de Paris (28 février 1502) [4].

---

excédent de 2,641 l. 2 d. (B. N., fr. 15540, fol. 57-58 ; Pièces orig. 2053, dos. 46771, 15-16; fr. 25718, 22; Bibl. Nantes, ms. 1174). L'hôtel, qui est outre les 120,000 l., monte à 58,891 l.

1. Elle le fait venir à Amboise (déc. 1497), puis à Laval et à Vitré « pour aucuns ses affaires. »

2. Guillaume de Beaune, confirmé maître des comptes de Bretagne le 17 avril 1498, reçoit 4 aunes 3/4 de velours noir (B. N., fr. 10376).

3. Jacques de Beaune assiste au contrat, Nantes, 7 janvier 1499 (dom Morice, *op. cit.*, II, 228, III, 827). Le 15 janvier, il siège aux États de Bretagne, réunis pour ratifier le traité récent avec l'Angleterre (Rymer, *Fœdera*, XII, 706).

4. « Aujourd'uy sont venuz au bureau M. de Clérieu, gouverneur de

La reine loge en son hôtel de Tours (déc. 1497, 24 nov. 1500) 1, et y dépose ses tapisseries ou ses bijoux 2 ; elle le charge de préparer la venue de sa fille Claude en cette ville (1502) 3. D'autre part, il avance 4,000 l. en 1498, pour le ravitaillement du château de Nantes 4, et 8,337 l. pour le procès de M. de Rohan, qui prétend à l'héritage de François II (11 sept. 1501) 5.

Son fils vient d'abandonner la trésorerie générale de la

Paris, et sire Jacques de Beaune, général de Languedoc, lesquelz ont dit et exposé à MM., de la part du Roy, que le vouloir dudit sieur estoit que MM. ne prènent aucune cognoissance de oyr ne examiner aucuns comptes des receveurs qui ont eu entière assignation de leurs receptes des deniers du duché de Bretaigne, ains veult ledit sieur que, quant aucuns des receveurs dessusditz viendroient cy après présenter céans leurs comptes, MM. les renvoyent à la Chambre des Comptes dudit duché de Bretaigne, pour illec estre oyz et examinez. Ce que MM. ont conclud et délibéré de faire. » Arch. Loire-Inférieure, *Mandements royaux*, XLIII, fol. 20; *Turnus Brutus*, fol. 7; B. N., Clair. 973, page 7; La Gibonnais, *op. cit.*, I, 191-3.

1. L'entrée d'Anne coûte 2,854 l. 9 s. 5 d. (Arch. Tours, Comptes LIII, fol. 47-65). Cf. *Mémoires Soc. Arch. Touraine*, XI, 335.
2. Le Roux de Lincy, *op. cit.*, passim, d'après le ms. fr. 22335 de la B. N.
3. Lettre de la reine à la municipalité (Lyon, 18 août 1502) : « Nous escripvons à la dame de Tournon, ayant la garde de nostre fille, qu'elle la meyne au Plessis-lez-Tours. Et pour ce que, comme savez, il y a danger de peste en plusieurs lieux et ès environs dudit Tours, et affin que aucun inconvénient n'en puisse avenir, et que Monsieur et nous entendons de nous y retirer cest yver, à ceste cause vous prions que vous donnez ordre de bien faire garder ladite ville, à ce que nulles personnes de lieux dangereux n'y entrent, ainsi que nous avons donné charge au *général de Languedoc* vous en escripre plus à plain » — Le 14 août, Mme de Tournon avait déjà écrit, de Chaumont, pour avoir des nouvelles sur l'état sanitaire du Plessis (Arch. Tours, Délib. XIII). Les médecins avaient fait une enquête en juillet (*Ibid.*, Comptes LIV, fol. 79 v°). Guillaume de Beaune est maire, en cette année 1502.
4. Chartrier de Thouars.
5. Dom Lobineau, *op. cit.*, II, 1590-1.

reine [1] (qui est provisoirement confiée à Martin Péguineau, le maître de la chambre aux deniers), pour entrer dans les ordres. Protonotaire apostolique, il essaie en vain de siéger au chapitre de Saint-Gatien de Tours (20 oct. 1501); mais il trouve une stalle vacante à Saint-Martin (25 mai 1502), où il échange avec son oncle, le cardinal Guillaume Briçonnet, la prévôté de Varennes contre la chapellenie de Notre-Dame de Pitié [2]. Puis il se retourne vers Saint-Gatien, où il n'entre que sur la volonté expresse de l'archevêque (9 août 1503); mais il arrive avec peine au décanat, les chanoines trouvant que « les lettres et bulles du Saint-Siège apostolique estoient contre le saint décret et Pragmatique Xanction [3]. » — Ces difficultés se

---

1. Arch. Loire-Inférieure, E 19. Résumé des comptes de la trésorerie générale (appointée sur le douaire de la reine) : 1498-9, 93,796 l. 1] s. 9 d.; 1499-1500, 78,036 l. 10 s.; 1500-1, 70,565 l. 4 s. 8 d. Les menus plaisirs figurent pour 21,000 l. l'an. Le paiement des officiers de l'hôtel monte à 66,036 l. la première année (rôle dressé à Nantes, le 12 déc. 1498, ibid., E 210). Quant à l'argenterie, à l'écurie et à la chambre aux deniers, elles sont appointées sur les finances de Bretagne, et les comptes du receveur général, Jean de Lespinay, sont perdus.

2. Son frère Guillaume semble avoir eu cette prévôté avant lui (minutes de M*e* Foussedouaire, Tours, 3 févr. 1502; B. N., Moreau 1051, fol. 25-27; Baluze 77, fol. 405-8). Jacques est prébendé à Saint-Martin, le 3 juillet 1506, et siège à droite du chœur. Il est aussi aumônier de la reine (dom Lobineau, op. cit., II, 1594). — Notons ici que son père est exécuteur testamentaire de Jean de la Blandinière (6 nov. 1504). Cf. sur deux de ses aumônes de 1501 et 1507 : Guigue, La fondation du monastère des Célestins de Lyon, p. 35-42, et Arch. Brignoles, BB 12, fol. 252, CC 6, fol. 70, 74. — Jeanne Ruzé entre dans la confrérie de Saint-Gatien en 1505.

3. Assigné au collège de Navarre, Jacques constitue procureur (31 déc. 1503, 28 août 1504), et le Parlement déboute le chapitre, le 19 févr. 1505 (B. N., Pièces orig. 2414, dos. Quétier, et 248, dos. 5444, 63). Il est aussi confrère de Saint-Gatien en 1507 (Bibl. Tours, ms. 1306, fol. 81) et prieur commendataire du Bois-Rayer, de l'ordre de Grantmont, en 1504 (Arch. nat., X^{1a} 1509, fol. 123 v°).

reproduisent pour le siège épiscopal de Vannes [1], dont la reine veut le pourvoir, contre le désir du pape, qui en a disposé en faveur du cardinal d'Albret [2], « néantmoins que nul ne peut avoir ne obtenir éveschez en nostre pays, sans le consentement de Monsieur et de nous » (Lyon, 2 janvier 1504). Albret capitule, le 11 sept. suivant [3]. Le protégé de la reine, avec l'assentiment pontifical (14 oct.), prête serment à Paris, le 30 nov., et entre en possession le lendemain [4].

L'évêque de Vannes a été remplacé, le 12 sept. 1502, auprès de la reine par Raoul Hurault [5], qui a épousé sa sœur Marie [6].

1. Vacant par la mort du cardinal Laurent Cibo (27 déc. 1502). Jacques de Beaune, qui est déjà archidiacre de Porhoët et trésorier de la cathédrale, est choisi par le chapitre (convoqué le 11 janvier 1503), dont il accepte secrètement le vote, le 1er février (*Gallia christiana*, XIV, 933). Cf. *ibid.*, 132, 150; Joan. Maan, *Sancta et Metropolitana Ecclesia Turonensis* (1667), p. 184 ; Arch. Morbihan. G 303.
2. Dom Morice, *op. cit.*, III, 862-6; dom Lobineau, *op. cit.*, II, xxxv.
3. B. N., fr. 2707, fol. 332. En 1520, ayant un procès à Toulouse au sujet de l'abbaye de la Selve, il reclame sa renonciation au père de l'évêque (Arch. Haute-Garonne, B 18, fol. 432 ; B. N., Pièces orig. 799, 274).
4. Arch. Loire-Inférieure, E 58, E 77. L'évêque de Vannes, qui a été vicaire général de Charles del Carreto, archevêque de Tours (25 juillet 1509), meurt l'année suivante, et son frère, Martin, lui succède à Bois-Rayer, le 20 déc. 1510 (J. Levesque, *Annales ordinis Grandimontis*, Troyes, 1662, p. 367). Une transaction est passée, le 24 mars 1511, chez Me Foussedouaire, au sujet des fruits des bénéfices du défunt. Le général de Languedoïl revendique les meubles de son fils, mais le chapitre de Vannes les lui refuse. Le portrait de l'évêque est « à la vitre de Saint-Guenael » (B. N., fr. 22359, fol. 70; Moreau 1051, fol. 45).
5. Jacques Hurault, père de Raoul, est trésorier des guerres en 1478, receveur général du duc d'Orléans (1483-98), trésorier de France (1498-1501), puis général d'Outreseine au lieu de Michel Gaillart (1501), et acquiert Cheverny le 12 avril 1504 (A. Storelli, *les Châteaux du Moulin et de Cheverny*, p. 11-12). — Raoul Hurault, tonsuré à Saint-Solenne de Blois, le 24 sept. 1483, figure parmi les notaires et secrétaires du roi, 6 mai 1496-6 juin 1504 (Ab. Tessereau, *Histoire de la Chancellerie*, I, 78).
6. « Comme bientost après nostre venue en ce royaulme, nous,

Le douaire, assigné le 20 sept. 1498 [1], en exécution du contrat de mariage du feu roi, pourvoit aux besoins de la trésorerie générale. C'est, à peu de chose près, celui de Marie d'Anjou et de Charlotte de Savoie [2]. La perception en est laborieuse : en Poitou et en Saintonge [3],

acertenée des bons, grans et très recommandables services que nostre amé et féal conseiller, Jacques de Beaune, et les siens avoient faiz à feu nostre très cher seigneur et père le duc (que Dieu absouille) et aussi à nous, et désirans à ceste cause, mesmes pour le bon vouloir qu'il continuoit envers nous, le aproucher et atirer en nostre service, luy eussions dès lors donné l'office de nostre trésorier et receveur général de noz finances. Auquel office il nous servit bien et loyaument, jusques à ce que feu le roy Charles, nostre espoux, pourveut le dit Jacques de Beaune de l'office de général (de Languedoc). Pourquoy nous eussions, à sa requeste, fait don dudit office de nostredit trésorier et receveur général à nostre très cher et bien amé Jacques de Beaune, son fils, o povoir et faculté de le faire exercer par personne qui y seroit mise par ledit Jacques de Beaune, son père, durant le temps de sa minorité et bas aage.... Et soit ainsi que ledit Jacques de Beaune filz ait naguère esté promeu à bénéfices et à l'estat d'église, et à ceste cause nostredit conseiller, Jacques de Beaune, désirant avancer nostre bien aimé Raoul Hurault *qui, ces jours passez, a espousé sa fille,* et qu'il soit pourveu dudit office de trésorier.... » (B. N., Pièces orig. 248, dos. 5444, 62 ; Pièces orig., 1351).

1. Les Comptes font quelques observations, mais ils obéissent à une lettre impérative datée de Melun, 29 sept. (Arch. nat., K 77, n° 5).

2. 58,000 l. en 1499, 65,000 en 1500 et 1501. Estimation de 1499 : Domaine de Saintonge (net), 3,000 l., traite des vins de la Rochelle, 12,200 l., quart du sel de Poitou, 25,000 l., domaine de Chinon, 500 l., grenier de Chinon, 1,060 l., domaine de Loudun, 200 l., grenier de Loudun, 1,200 l. Soit 13,160 l. en Languedoïl. Plus 16,688 l. 3 s. 8 d. en Languedoc (pour neuf mois seulement) : claveries de Roquemaure et Villeneuve-Saint-André, petit scel de Montpellier, domaine de Pézenas, rève de Beaucaire, denier Saint-André, greniers de Montpellier, Pézenas, Frontignan et Narbonne, surtaxe de 10 d. par quintal sur tous les greniers. Cf. le douaire de Marie d'Anjou, 45,500 l. (B. N., fr. 20492, fol. 129) et de Charlotte de Savoie (Arch. nat., KK 69).

3. Démêlés avec les fermiers du quart de sel, avec la Rochelle et Saint-Jean-d'Angély, avec Cognac, qui relève de Louise de Savoie. Anne doit composer avec ses adversaires. Il y a un déficit de 9,800 l.

— 81 —

pour le quart de sel, ou en Languedoc, à Pézenas [1], et pour la « double » (surtaxe sur le sel) [2].

Dès 1499, « requièrent les gens des Estatz que toutes les charges et impositions qui ont esté faictes et mises sur le sel oultre et par dessus la vraye et ancienne gabelle, soient abolies et totalement anichillées, si lesdits Estatz n'y ont consenti. » La réponse des commissaires royaux est dilatoire ; mais les États s'obstinent et envoient à Paris « pour asçavoir la fondation de l'imposition. » Leur procureur rapporte que « ce n'est point de l'ancien dommaine » (23 septembre 1501). Pendant trois ans, la reine est représentée aux États par son contrôleur Jean Bernard, neveu du général (15 sept. 1501, 26 oct. 1502 [3],

en 1499. De Beaune écrit, le 15 août 1505 : « Madame, vos fermes de la Rochelle et du quart de sel de Poictou sont à bailler, l'une en ce mois de septembre, et l'autre en octobre. J'ay ici retenu vostre trésorier pour y aller en la compaignie de ceux de par delà que vous plaira y ordonner » (Arch. nat., V⁵ 1042, 20-30 août 1499 ; Z¹ᵃ 33, fol. 161, 174 v° ; Z¹ᵃ 34, fol. 180 v°, 192, 228 [1505-6] ; Arch. Loire-Inférieure, E 19). Cf. Amos-Barbot, *Histoire de la Rochelle*, I, 460-2, 467, 469-70 (1499-1506).

1. « Certaine plaincte fut faicte et ordonnée estre mise ès articles des doléances contre le procureur de la royne establi en la ville de Pézenas et certains commissaires de Montpellier, qui molestoient les habitans dudit pays touchant les francs allouez, et depuys remonstré à maistre Jehan Bernard, controreleur de la royne. »

2. La double, d'une valeur moyenne de 3,400 l., se lève sans interruption, du 4 avril 1433 au 10 mai 1488, quoique sa destination ait parfois changé : en 1450-1, elle est appliquée aux réparations du canal d'Aigues-Mortes ; de 1464 à 1488, elle est levée au nom du roi ; la reine Charlotte n'en jouit que deux mois, à l'avènement de Charles VIII (B. N., Pièces orig. 2130, dos. 48389, 7).

3. « A esté conclud et délibéré par lesdites gens des Estatz que maistre Jehan de Vaulx, juge d'Uzès, procureur et scindic dudit pays, poursuivroit l'abbatement des dix deniers que la royne prend sur chacun muy de sel qui se vend audit pays de Languedoc.... devers le roy nostre sire, à Paris, et là où il sera besoing, aux gaiges acoustumez de II livres par jour. Et s'il porte aux Estatz prochains ledit abbatement desdits dix deniers, le pays aura regard, oultre lesdites

13 nov. 1503), et elle finit par obtenir une pension viagère de 4,000 l. (Mâcon, 21 sept. 1503) [1].

Jacques de Beaune assiste à la signature de l'édit, et il soutient encore les prétentions de la reine [2], quand elle

II l., à ses peines et travaulx, tellement qu'il sera bien content. Et si ledit de Vaulx, pour avoir ledit abbatement, emploie aucun argent, mais qu'il en face apparoir, ou que ce soit par l'advis et mandement de Mgr le général ou de Mgr d'Alby, ledit pays le remborcera. » — « Maistre Jehan de Vaulx a baillé et présenté ausdites gens des Estatz certaines lettres missives de Mgr du Puy et de Mgr le général, touchant les poursuytes que ledit de Vaulx avoit faict touchant l'abbatement de la blanque.... »

1. « Le roy, pour payer ces 4,000 l. à la royne, a donné au pays chacun an le droit de 8,000 quintaulx de sel à prendre dans ses greniers du Languedoc mieux saulvables. » Les États désigneront un ou plusieurs mandataires, qui « pourront prendre et recevoir des grèneliers, sur lesquelz sera faicte par Mgr le général de Languedoc l'assignation desdits 8,000 quintaulx de sel pour et ou nom dudit pays, pour les vendre et distribuer à leur volonté, selon la forme du mandement et estache dudit Mgr le général, pour eux remborser du payement qu'ilz auront à faire à ladite dame. » La double se lève jusqu'au 31 août 1504, et le général certifie « coment tout l'argent de ladite double jusques audit jour derrenier d'aoust avoit esté employé par son advis aux affaires du pays. »

2. Il demande à la reine d'accorder la survivance de la maîtrise des Comptes de Bretagne à son neveu Guillaume (août 1505) : « Je vous envoie mon nepveu, présent porteur exprès (écrit-il à une personne de l'entourage d'Anne). Il y en a qui pourront doubter qu'il y a aultre chose que n'y a, quant on verra ledit porteur, il sera bruit que j'escrips à la reyne pour luy en sa faveur pour avoir le congié de résigner l'office de maistre des comptes de son père, qui est mon frère, *lequel est mallade;* j'en escripray à M. de Nantes et à M. de Grignaulx pour en parler. Si vous plaist, vous en advertirez ladite dame, si on lui en demande le congié, qu'elle entende que c'est à dire...., qu'elle tiégne bon visaige, mais qu'elle en parle à moy et qu'elle remecte le tout par dessa, à son retour » (14-28 août). — Guill. de Beaune, s[r] de la Charmoye, est tuteur de ses neveux, Louis, Ant. et Jean Fumée (oct. 1501), il a des procès en 1503-4 (Arch. nat., X[1a] 4845, fol. 150; X[3a] 14, 3 mai 1503; X[3a] 15 10 nov. 1503, 21 mai 1504); l'un d'eux est repris par son fils René, le 27 févr. 1510 (X[3a] 19). A cette date il est mort, mais il vivait encore le 6 sept. 1508. Son fils Guillaume hérite

— 83 —

imagine, en déc. 1506, de réclamer un ancien droit, l' « imposition foraine », qui avait été concédé à Marie d'Anjou, le 25 octobre 1441 [1], mais aboli depuis 1463. Le messager d'Anne [2] adjure les États de « faire que ladite dame ait cause de soy contenter et cognoistre l'amour que elle a toujours eu et encores a envers ledit pays : autrement ladite dame y pourvoyra, comme à elle appartient. » Le général, « déclairant le bon voloir de la royne, dit qu'elle ne vouloit point estre de pire condition que les autres

---

de la Charmoye, épouse Catherine Brocet, fille du comptable de Bordeaux (receveur de la sénéchaussée de Guyenne), et il est receveur des aides et tailles en Poitou (1509-1520) et en Touraine (1511-1516) (cf. un jeton publ. par M. de la Nicollière-Teijeiro dans le *Livre doré de l'Hôtel de ville de Nantes*, I, pl. II, p. 24). — René de Beaune entre à la Chambre des Aides (26 nov. 1507), puis au Parlement (2 sept. 1508), et devient lieutenant civil au Châtelet de Paris (4 avril 1512). B. N., Clair. 789, fol. 63; Cab. des titres 315, fol. 228-243 ; Arch. nat., Y 6⁴, fol. 45 v°. Cf. Sauval, *Hist. de Paris*, III, 557. — En 1505, Jacques de Beaune prie aussi la reine de s'interposer entre son beau-frère Guill. Briçonnet et Artus de Lespervier, sʳ de la Bouvardière, qui ont un différend au sujet de l'évêché de Saint-Malo.

1. B. N., fr. 20367, 78.
2. « Est venu Hanibail de Poictiers, escuyer de la royne, qui a présenté à MM. des Estatz une lectre missive de ladite dame, escripte en papier. Ledit escuyer a dit que la royne demande à MM. des Estatz que, en ensuyvant l'assignal de son douayre à elle baillé par le roy nostre sire, ceulx desdits Estatz dudit pays la facent jouyr et user de la ferme de l'imposition foraine dudit pays, en la forme et manière que la feue royne Marie a joy par le temps et espasse qu'elle a joy de son douaire : ouquel temps ladite feue royne, tant par accord faict avec les sieurs desdits Estatz dudit pays de Languedoc que par son trésorier, qui bailloit à main ferme icelle imposition foraine, elle en a eu et avoit pour chacun an de 3,500 l. à 4,000 l., ainsi que disoit apparoir par l'extraict de la Chambre des Comptes. De laquelle somme ladite dame faict demande auxdits des Estatz pour d'icelle ferme joyr et user ainsi que a faict ladicte feue royne Marie, et à commencer du temps que ledit douair luy a esté baillé par ledit seigneur. » Anne exige donc huit années d'arrérages, soit 32,000 l. environ.

roynes, et puysqu'il se trouvoit que les autres avoient levé l'imposition foraine, que elle entendoit la lever »; toutefois « il la sentoit tant bénigne envers le pays que elle le traictera doulcement et ne prendra pas les choses à la rigueur », et de son côté « il s'y emploiera à son pouvoir. » — On lutte cinq ans, mais le dernier mot reste à la reine [1], et le litige n'est clos que par l'abolition simulta-

---

1. Une délégation se rend auprès d'elle, à Grenoble, mais « ladite dame les avoit remis au retour du roy, qui estoit à Geynes » (avril 1507). Ils reviennent à Lyon en sept., et la reine répond « qu'elle ne voloit point ladite imposition, si ne luy estoit deue ; mais si luy estoit deue, que ne voloit point estre de pire condition que les autres roynes. » — Bernard Nicolas se rend à Paris, mais il ne peut trouver ce qu'il cherche, les papiers des Comptes ayant été brûlés en partie un demi-siècle auparavant. Et Anne réclame derechef, par la bouche de Charles de Bornes (15 janvier 1508), pendant que Jacques de Beaune « prie les gens des Estatz, touchant les 3,000 l. de la royne, qu'ilz fassent en façon que ladite dame soit contente et trouvent quelque bon et honneste moyen. » On offre 15, puis 20,000 l., et on se transporte à Grenoble, en mai 1509, pour supplier la reine d'accepter ; mais elle refuse. Quant au général, il dit que que, « ce jour ou l'endemain, estoit contrainct de partir après le roy, avec les autres généraulx, pour aller dela les mons, aussy que la royne estoit troublée et grandement marrie du departement du roy ; pourquoy ne véoit bien de y pouvoir entendre pour lors; mais au retour dudit seigneur, qu'ils se trovassent en court, et lors s'y emploieroit. » Les députés du Languedoc n'ont garde de manquer à l'appel, et en oct., ils sont à Blois. Mais de Beaune leur avoue que les officiers de la reine « l'avoient suspect, pour ce qu'il portoit le pays », et il se contente de leur procurer une audience. La reine est inexorable : « Elle avoit bien monstré que elle ne voloit point surcharger le pays...., et en tous les affaires dudit pays avoit porté la parolle et tasché de leur sologement envers le roy, autant que pour ses propres subjectz de Bretaigne. » Cependant « elle avoit entendu que le pays voloit plaidoier contre elle (où ne véoit nulle occasion), et elle envoieroit de ses gens avec les pièces à Paris, pour faire apparoir de son droit. » Le général, mis au courant, dit alors « qu'il n'y avoit aultre remède que de paier à la royne ce qu'elle demandoit », et qu' « il ne falloit pas s'y moquer. » La Chambre des Comptes déboute les défendeurs par arrêt du 21 février 1510.

née de la « double » et de « l'imposition foraine », moyennant 30,000 l. comptant et 6,000 l. l'an [1].

Raoul Hurault est encore trésorier général de la reine à cette époque; mais, depuis le 5 déc. 1508 [2], il a cédé la maison de Claude [3] à son beau-frère Guillaume, fils cadet du général, qui est secrétaire du roi depuis 1504 [4]. En 1510, Guillaume joint la maison de Renée [5], seconde fille de la reine, à celle de Claude, et, trois ans plus tard, la trésorerie de la reine [6].

II.

ANNE DE BRETAGNE ET LOUISE DE SAVOIE

Jacques de Beaune ne s'est pas contenté de gérer les intérêts matériels de la reine, il lui a été dévoué au point de paraître souffrir pour elle.

1. Lettre d'Anne aux États, Blois, 17 déc. 1510. — Cf. *Revue des langues romanes*, déc. 1894; cf. Arch. Albi, CC 113.
2. Il succède à Étienne Petit, comme audiencier de la chancellerie. Jacques de Beaune prête 3,532 l. 2 s. 9 d. au maître de la chambre aux deniers de la reine, 5 mai 1507, 13 déc. 1513, 15 janv. 1514 (Arch. Loir-et-Cher, E 274 *bis*. fol. 197).
3. 12,000 l. en 1504, 16,000 l. en 1506, 18,000 l. en 1509 (B. N., fr. 5501, fol. 226; Cab. des Titres 953, fol. 517-9).
4. Tessereau, *op. cit.*, I, 78-85. Cf. une signature du 12 oct. 1509 (B. N. fr. 25718, 124). — Guillaume épouse, le 2 oct. 1512, Bonne, fille de Jean Cottereau, qui est trésorier de France en Languedoc depuis le 5 oct. 1506, et dotée de 10,000 l.
5. B. N., fr. 11197; fr. 25719, 145; Clair. 224, 72. Le compte de la « gésine » est tenu par Philibert Babou. Le service des deux princesses atteint 10,904 l. 14 s. 2 d. en 1512 (*Ibid.*, fr. 5501, fol. 352). Cf. Cab. des titres 953, fol. 519-540.
6. En juin 1510, Raoul Hurault est autorisé à fortifier sa maison du Pressoir; puis Claude de France lui donne droit de justice en avril 1514. Son château a été détruit en 1634 par son petit-fils (A. Storelli, *op. cit.*, p. 11-12). Il aura sept enfants.

Au début de l'été 1505, Anne a perdu momentanément son empire sur son faible mari. Elle voit échouer le projet de mariage autrichien, formé depuis quatre ans, pour sa fille, avec l'aide du seul cardinal d'Amboise [1], contre la France entière [2]. Louis XII, après y avoir prêté les mains, tout en protestant secrètement [3], s'est ressaisi au cours d'une maladie qui a failli l'emporter [4]. Il fait son testament et s'efforce de réconcilier Anne et sa rivale, Louise de Savoie (Blois, 31 mai) [5]; il protège Gyé, l'organe des aspira-

---

1. D'après les Vénitiens, il est impopulaire : « Per la poca grazia che si dice aver il cardinal Roano in Franza » (Rome, 17 avril 1505). « Il re.... è in inimicitia col cardinal Roano » (Paris, 1er mars 1505). La France entière, écrit-on de Flandre, est opposée au mariage, « excepto la regina e il cardinal Roano » (Bruxelles, 29 août 1505). Cf. ce jugement sur les traités conclus avec Maximilien (Rome, 16 avril) : « S' el re de Romani avesse avuto i Franzesi in preson, non averia posuto far più a su modo. » — Quant à la reine, elle est bien abusée (d'après Gyé) « de ce qu'elle cuyde estre aimée de beaucoup de gens en ce royaume, et les cuyde gaigner, mais quant il viendra à l'affaire, elle ne les trouvera pas.... »

2. Dates des traités ou pourparlers relatifs au mariage de Charles de Luxembourg, le futur CHARLES-QUINT : Bruxelles, 27 juin 1501; Lyon, 10 août 1501; Trente et Blois, 13 déc. 1501; Lyon, 5 avril 1503; Lyon, fév. 1504; Blois, sept. 1504; Haguenau, 7 avril 1505. — Cf. Maulde, *Procédures politiques de Louis XII; id., la diplomatie au temps de Machiavel* (3 vol.); le Glay, *Négociations de la France et de l'Autriche*, I; Ulmann, *Kaiser Maximilian I*, II, 98-177; C. von Höfler, *Sitzungsberichte der phil. hist. Classe der k. Akad. der Wissensch.*, CVIII, 411-502; id., *Archiv für österr. Geschichte*, LXVI (dépêches du Vénitien Quirini); P. Schweiger, *Forschungen zur deutsch. Gesch.*, XIX, 1-30; P. Villari, *Dispacci di Anton Giustiniani*, II et III, etc.... Arch. nat., J 951.

3. En avril 1500 et févr. 1504.

4. Lettre du roi à Reims (Blois, 20 avril 1505) : « Puis huit ou dix jours, nous avons esté malade d'une fiebvre, laquelle nous a.... fort tormenté. » Seconde lettre (Blois, 2 mai) : « La fiebvre tierce nous a reprins...., mais à présent.... en sommes hors. » Cf. Sanuto, *op. cit.*, VI, 167 (Blois, 10 avril, 3 mai). Le bruit de sa mort arrive à Bruxelles, le 26 avril. — Frais de médecine : 694 l. 14 s. 3 d., d'oct. 1503 à mars 1504, 662 l. 4 s. de juillet à sept. 1504 (B. N., fr. 2926, fol. 30 et 77).

5. Arch. nat., J 951, n°s 5, 7, 8. — La situation sera clairement

tions nationales, contre la haine de sa femme [1]. Au dehors, il se rapproche de Ferdinand le Catholique (qui dispute à son gendre, Philippe le Beau, la succession de Castille, ouverte par la mort d'Isabelle, nov. 1504, et qui a besoin d'appui), malgré la répugnance avouée de la reine, qui n'a jamais varié sur ses préférences autrichiennes, dût-elle

exposée en 1506, à Henri VII Tudor : « Le Roy Très Chrestien fut, l'année passée [1505], en si très grant dangier de sa vie, par une terrible maladie, que la voix fut incontinent semée quasi par tout le monde qu'il estoit trespassé.... Icelle voix et renommée prosterna et abattit tellement le cueur de tous les François...., comme si ung chacun d'eulx eust perdu son propre père, car autant pour l'amour qu'il porte à ses subjectz et mesmement au populaire, l'appellent-ilz communément Loys, Père du peuple, et d'autant ilz avoient plus grant regrect et plus grant craincte. Car combien qu'ilz sceussent que Mgr le duc de Valoys, filz de son feu cousin germain, le feu comte d'Angoulesme, deust indubitablement estre son successeur au royaulme, toutefois ils véoient d'autre costé qu'il laissoit une fille (à) laquelle, par droit de succession, devoient appartenir les duchez de Bretaigne et de Millan, les comtés d'Astz et de Blois, et les seigneuries de Gennes et de Coussy, ensemble aultres qui ne sont point de l'appanaige de France. Lesquelles duchez, comtés et seigneuries, si elles sortoient par mariaige hors de la couronne, ainsi que l'en avoit peu avant esté traicté, ilz cognoissoient que ce seroit au grand préjudice et péril dudit royaulme. Desquelles choses estoient en si grant doubte et perplexité que dans toutes les citez, villes et chasteaux audit royaulme, on ne parloit entre gens de tous estatz, par les maisons, marchez et églises, d'aultre matière. Et sembloit à trestous que ce seroit le plus grant mal et le greigneur inconvénient qui peut advenir audit royaulme, *si la seule fille du roy, avec les droitz de si grandes terres et seigneuries, estoit mariée à ung prince estrangier.* » (*La proposition et harangue.... par messire Claude de Seyssel.* B. N., Lg⁶ 10-11, Réserve.)

1. Interrogatoire du maréchal, dont la chute remonte à mars 1504 (Amboise, 22 nov.) : « A tousjours tenu pour le mariage de Mᵐᵉ Glaude et de Mgr d'Angolesme avant le pourparlé du mariage de Flandres. » Gyé représentait la « raison d'État », il le faisait durement sentir à sa quasi prisonnière, Louise de Savoie, qui aimait peu la princesse Claude, disgraciée comme Jeanne, la fille de Louis XI : « Je suis la personne de ce royaume qui vous peut mieulx servir ou nuyre, et faire maulvays tour. » Louise eût préféré pour son fils la moindre bergère mieux avantagée. Cf. Maulde, *op. cit.*, p. 85, 147.

démembrer le royaume : qu'importe, si la Bretagne reste indépendante ?

Démoralisée, Anne prétexte une dévotion, et part pour son duché (12 juin 1505) [1]. Pendant quatre mois, elle va être tenue au courant des intrigues de la cour par les lettres que Jacques de Beaune adresse à Michelle de Saubonne, sa première demoiselle d'honneur [2].

La scène est remplie par l'amiral de Graville, rentré en grâce après un effacement de sept années [3] : « L'amiral, écrit de Beaune, est icy, qui est au lever, et à toute heure ne bouge de l'oreille du roy, et a beau loisir de parler. Il n'y a personne qui luy donne empeschement [4]. »

Il ne cesse de « solliciter le roy pour le mareschal [de Gyé] [5], et à ce dernier voyage d'Amboise, a esté trouvé à Amboise parlant avecques Lespinace plus d'une heure, et incontinent le fist entrer en la garderobbe du roy, et là le fist parler longtemps audit seigneur. » La procédure

---

1. Visite des reliques de saint Martin, à Tours (B. N., Baluze 77, fol. 406).

2. Cette correspondance est conservée à la Bibl. de Nantes (ms. 680). Dès le 1er déc. 1834, M. de Monmerqué la signale à l'attention de la Soc. de l'H. de France; plus tard, M. de la Pilorgerie en annonce la publication. Cf. des lettres du cardinal d'Amboise et de Phil. de Commynes tirées de ce ms. 680 (Le Roux de Lincy, *op. cit.*, III, 155-161; Kervyn de Lettenhove, *Lettres et nég. de Phil. de Commynes*, II, 267). — Mlle de Saubonne épouse, en 1506, Jean Larcevesque, sr de Soubise.

3. « L'amiral, dit Jean d'Auton, par l'avis du roy, fut envoyé quérir pour assister au Conseil, comme celuy qui estoit ancien, sage et clairvoyant, et qui moult sçavoit. »

4. « L'amiral est soir et matin en l'oreille du roy, et vouldroit desguiser beaucoup de choses » (24 juillet). « L'amiral fait du piz qui peult » (10 août).

5. « L'amiral et toute sa bande, dont le mareschal en est le principal.... »

contre Gyé n'avance pas, depuis son renvoi au Parlement de Toulouse, et « le mareschal n'a riens perdu de tous ses pensions et aultres gaiges par l'estat du roy » (11 juillet) [1].

Gyé ayant été accusé d'avoir touché 100,000 ducats en Italie [2], Graville, après la liquidation de Naples [3], ima-

---

[1]. La reine expédie courrier sur courrier à Paris et à Toulouse : G. Aude, son argentier, neveu de Beaune, tient le compte de ces frais, qui, en neuf mois, atteignent 35,815 l. 8 s. 10 d. — Un autre neveu du général, René de Beaune, est solliciteur de la reine. Il touche 12 écus, le 22 nov. 1504. Le 10 sept. 1505, son oncle l'envoie « dire ce qu'il a fait à Tholose », en ajoutant qu'« il est bien seur pour servir saigement et loyaument; il est.... de ma nourriture. » Le 19 oct., René est assigné au logis de son oncle, à Blois, mais il est parti la veille pour Tours. — Quant au général lui-même, il correspond avec la reine (Orléans, 15-23 oct., 1504), et le 7 sept. 1505, elle lui envoie, de Lannion, un dossier pour le transmettre à Paris. Il écrit, le 16 juillet : « De lettres qu'elle a demandé pour envoyer à Tholose, l'on les fait faire à des segrétaires vollans, tant que les a failli renvoier par dessa pour les reffaire. Aultant qu'on estime les serviteurs, les affaires bien souvent se monstrent. Il est impossible que les nouveaulx, à qui l'affaire ne touche point, le facent de ceste sorte comme ceux qui sont de longtemps. »

[2]. Maulde, *op. cit.*, p. 284. — Sur les relations de la reine et de Gyé, cf. *ibid.*, p. 31 note, 33, 85, 161-5. Anne aurait dit : « Je ne sçaurois jamais entreprendre quelque chose que je ne treuve contraire à ma volonté le mareschal. » Elle refuse d'intervenir dans son mariage avec Madame de Nemours (24 mai 1503), et Gyé a « ymaginacion que la royne l'avoit à contre-cueur. »

[3]. De mars à nov. 1504, les comptables, qui, « selon le cry public, furent.... moyen de la perte du royaume de Naples » (J. d'Auton), pour avoir détourné 1,200,000 l., sont cités au Grand Conseil et privés de leurs emplois. Parmi eux : Jean Hervoët, ancien contrôleur général d'Outreseine, ancien trésorier de Milan, trésorier de France (arrêt du 25 mai 1504) ; François Doulcet, remplacé à la chambre aux deniers du roi par G. Compaing, le 16 juillet 1504 (arrêts des 22 avril, 29 mai, 13 juin, 9 juillet 1504); Jean du Plessis, dit Courcou, contrôleur général des guerres, qui a pour commissaires du Bouchage et Claude de Seyssel (arrêt du 25 mai). En déc. 1504, M. d'Aubigny et Ant. de Bessey, bailli de Dijon, sont aux arrêts (Sanuto, *op. cit.*, VI, 119). — Cf. J. d'Auton,

gine de mettre en cause les généraux des finances. Il s'attaque d'abord au trésorier des menus plaisirs du feu roi, Jean du Bois, beau-frère de Thomas Bohier, général de Normandie [1] : Jean Nicolas est commis à examiner ses comptes (3 mars 1505) [2]. Du Bois est privé de la recette générale d'Outreseine, le 26 avril, et condamné, le 5 juillet, à une amende de 400,000 l. [3]. Le collège des généraux est atteint, comme le remarque Pandolfini, l'ambassadeur de Florence [4]. Bien que « les généraulx ne se

éd. Maulde, II, 376; Guichardin, éd. de Milan, 1803, III, 201 et 210; B. N., fr. 2933, fol. 30-32. — Au mois d'août 1504, Louis XII s'exprime ainsi dans ses instructions à M. de Champdenier, qu'il envoie vers Henri VII Tudor : « Ledit sieur s'est trouvé grandement desceu et trompé par aucuns cappitaines, commissaires et clercs, qui avoient la charge de payer lesdites gens de pié, car l'argent et finance nécessaire pour faire lesdites payes leur a esté par luy fourny pour autant de mois que la guerre a duré. Mais en lieu de le bien employer au payement desdites gens de pié, lesdits cappitaines, trésoriers et commissaires ont pris, dérobé et pillé la pluspart desdits deniers, et en lieu desdits douze mille hommes (tant de Suisses que d'autres gens de pié) n'en avoient que six, comme dit est. Pourquoi, quant s'est venu combatre ou à faire quelque bon exploit, l'armée s'est trouvée petite et très foible par la mauvaitié et meschanceté des dessusdits. Et à ceste cause le roy, désirant sçavoir au vray le fons et la vérité des choses dessusdites, a fait prendre et saisir au corps la pluspart de ceux qui ont eu maniement de sesdites finances durant ladite guerre. Et desjà par la justice ont esté actaints et convaincus des cas dessusdits, tellement qu'il espère en faire faire telle et si griefve et rigoureuse punition que à jamais les autres y prendront exemple » (B. N., fr. 15870, fol. 202-5).

1. Depuis le 5 oct. 1493.
2. Maulde, *op. cit.*, p. 330.
3. B. N., Cab. des titres 438, fol. 62 v°; Joly de Fleury 2504, fol. 46 v°-54. Du Bois mourra le 9 août 1539, à quatre-vingt-sept ans (*Mém. Soc. arch. Touraine*, X, 249).
4. « Dello esamine del sopradetto è nato che sono stati citati a comparire in persona da detto Parlamento il generale Brissonnet, fratello de Saint-Malo, e il generale de Normandia, suo genere, e si dice costoro avere in falta cinque cento in secento mila franchi. Pare che i sopradetti per niente non voglino andar a Paris, dubitando non

meslent point de manier argent » et ne soient point comptables, Graville « est réformateur de tous les gens des finances de France ; il veult faire ung monde tout nouveau et chasser tous les bons serviteurs : ce n'est pas sans nous espargner, entre nous, généraulx. J'espère que le bon droit sera pour nous, et pour luy, que sera trouvé meschant » (lettre de Beaune, 14 août) [1].

Le 20 août, de Beaune apprend que l'amiral a « fait dresser quelques articles pour le vouloir faire interroger [2]. » Il se sent « recommandé plus que nul autre », mais ses collègues sont visés en même temps que lui. Bien plus, Charles VIII est indirectement mis en cause pour avoir dépêché des acquits déguisés sous forme de « de-

essere arrestati, e qui sono assai favoriti, e massime da *Rouen* (le cardinal d'Amboise). Pure s' entende il re volere vadino a Paris. Nondimanco ciascuno si persuade che la cosa s' acconciera qui, e che loro medesimi se lasseranno e resteranno quelli medisimi senza alcuno dubio » (26 juillet 1505). Desjardins, *Négoc. de la France et de la Toscane*, II, 111.

1. Lettre du 17 juillet : « L'amiral.... est tousjours après toutes réformations, à faire, se il peult, ung monde nouveau. Mgr le légat le tient de près, mieulx que ne fist jamais. »

2. *Bibl. Ec. des Chartes*, 1895 (Arch. Loire-Inf., E 185). « Le procureur du roy nostre sire en la Chambre des Comptes à Paris requiert par devant vous, MM. de la chambre du conseil lez lad. Chambre des Comptes, que maistre Jacques de Beaune, conseiller et général des finances du roy nostre sire, soit par vous, MM., interrogué sur ce qui s'ensuyt. » 1° Depuis quand est-il général et quels dons a-t-il reçus du feu roi et de la reine, outre ses gages (2 par.) ? ; 2° acquits déguisés (3 par.) ; 3° emprunts de 1495 et 6 (5 par.) ; 4° les receveurs généraux n'ont « esté receveurs que de papiers et de bien peu d'argent », et « il n'y a eu général.... qui n'ayt levé tous les deniers, ou la pluspart, de sa charge » ; 5° commissions extraordinaires (4 par.) ; 6° qui a reçu l'argent des compositions de Florence, Pise et Naples en 1495 (2 par.) ? ; 7° qui a reçu les emprunts des villes, particuliers et officiers de la couronne ? 8° les généraux ne se sont-ils point attribué une partie des sommes inscrites sous la rubrique de « menuz fraiz » ?

— 92 —

niers baillez complans au roy », ce qui est « contre les ordonnances royaux et tout ordre de finance [1] », et pour ne pas avoir surveillé le recouvrement des compositions des villes italiennes ou des emprunts levés sur les bonnes villes et les particuliers. Les généraux sont accusés d'avoir « baillé à intérest (ou leurs parens, serviteurs et affins) » de l'argent au roi, d'avoir même « eu de prouffit en argent qui ayt esté baillé à Paule Soli, citoyen de Gennes, et aultres bancquiers, tant pour les intérests que pour forme de don », enfin d'avoir inventé des « commissions extraordinaires pour pourvoir leurs parens, affins et serviteurs », bien qu'ils « sçavent qu'il est prohibé et deffendu par les ordonnances royaulx. » *Usure* et *népotisme*, tels sont les deux griefs des réformateurs.

Le général de Languedoc ne s'émeut guère : « N'y a chouse dont nous ayons soulcy, mais que plaise au roy nous volloir oyr en justice. » Graville et Gyé veulent « nous desfaire tous pour demeurer entre eulx et faire ce que vouldront [2]. » Mais « il n'y a celuy de nous qui ne soit bien délibéré de luy donner à cognoistre que nous avons fait du service de noz personnes et de noz biens, *à l'eure qu'il est allé faire la cane en sa maison* [3]. » D'ailleurs la

---

1. Le factum ajoute, il est vrai, « qu'il se trouve, *par la déposition de du Boys* et autres secrétaires des finances, que ledit feu roy Charles ne commanda jamais despescher lesdits acquicts, sinon qu'il eust premièrement esté délibéré et advisé par les généraulx qu'il se devoit ainsi faire. » L'ordonnance de nov. 1498 s'élève contre cet abus.

2. Les généraux des finances se solidarisent donc avec le cardinal d'Amboise, jaloux de l'ambition du maréchal, qui l'a supplanté pendant son voyage à Rome, après la mort d'Alexandre VI (sept.-déc. 1503). Les instructions du Florentin Pandolfini (nov. 1503) disent que le cardinal et Gyé sont les deux premiers personnages du royaume.

3. Allusion à l'antipathie de l'amiral pour les expéditions d'outremont. — Guill. Briçonnet, tombé en discrédit depuis l'avènement de

reine le tranquillise, et il lui fait profession d'entier dévouement : « Tout ce que j'ay, je le tiens de vous [1]. » Il ajoute, le 16 sept. : « Je ne trouve guères de demandeurs, Dieu mercy. *Il n'y en a que deux* qui font leurs entreprises bien couvertement.... *Ousté les deux*, je croy que je n'ay guère d'ennemiz [2]. »

Il en arrive à donner des conseils à sa maîtresse, dont l'éloignement prolongé et le silence indisposent le roi [3] : « Dictes à la royne qu'elle escripve audit seigneur en la plus grande humylité et doulceur qu'il sera possible. Autrement, je ne voy que pis » (2 juillet). Quand le roi insiste, de Beaune s'ingénie à donner le change : « Il m'a demandé quant arrive la royne à Rennes et compte les jours. Je me suis advisé de luy dire que ladite dame avait ung peu de rume qui lui estoit tombé sur les dens...., afin que ne se ébaïsse.... » (17 juillet). — Cet excès de zèle

---

Louis XII, prend parti contre l'amiral et le maréchal. « Monsieur le cardinal de Reims partira dedans deux jours pour aller devers la royne. Dites luy que je ne vy jamais homme plus délibéré de la servir et de luy dire chouse du mareschal (M. de Gié), et dont elle sera bien aise de le savoir.... Je vous ay escript comment M. le cardinal de Reims s'en va devers la royne à Rennes, et la délibéracion en quoy il est de servir ladite dame par delà et partout où il luy plaira, et principallement contre le mareschal et l'amiral (Graville), jusques à se faire partie. Et ne vistes oncques homme si vertueusement parler au roy des deux personnaiges qu'il a fait et qu'il est délibéré de poursuyvre. » (Lettres de Beaune, 10, 29 août 1505. Cf. Sanuto, *op. cit.*, VI, 223.)

1. Lettre de Beaune à la reine, 20 août 1505 (P. Clément, *Trois drames historiques*, p. 154-5). Lettre du même jour à Mlle de Saubonne : « .... Que j'entende son plaisir que je doye respondre, et après l'en fera articles sur ledit amiral et autres de sa bande. »

2. Il rend à l'amiral ses mauvais procédés : « L'amiral s'en est allé à Paris prendre la possession de son gouvernement.... Le roy dit à aulcuns de la Court [Parlement] que [Graville] lui avoit conseillé d'en désappointer la moitié et d'en mectre d'autres en son lieu...., et la court est bien délibérée de le bien recevoir.... (28 août). »

3. « Il craint la plume et le papier » (8 juillet).

— 94 —

déplaît à la reine [1], mais de Beaune ne s'amende point [2].

Le cardinal d'Amboise [3] et l'évêque de Bayeux conjurent aussi la reine d'accourir et de ne pas afficher sa partialité pour Philippe le Beau [4]. Un jour, raconte l'évêque, « le roy coloriqua terriblement.... Si les choses ne se chan-

1. « J'ay escript à la royne de son retour, et prendre de Vennes son chemin à Nostre Dame de Bonnes Nouvelles pour faire son voyage plus brief. Monsieur de Nantes m'a fait savoir qu'*elle n'y a point prins de plaisir* à ce que je luy en escrips, et que je ne luy en mandasse plus. Vous luy direz, s'il vous plaist, que je ne l'ay fait de moy, et que ç'a esté par adviz d'aultres, et qu'elle peult bien entendre que son retour est trop long à beaucoup de gens, et je ne l'ay point fait de moy. Je ne suis pas si légier d'escripre encores. Ce que je vous en ay escript a esté en grande crainte, non pas pour faulte de bonne seurté et fiance de vous, il y en a ce qu'il s'en peult avoir, mais par crainte que lettres se voyent et aussi qu'on dist que je me voulsisse mesler de trop de chouses. Je cognois bien que ne le saurois guières bien faire, l'on le me monstre bien. » (16 juillet).

2. « Faites souvent escripre audit sieur. Il se contente fort de la demeure, mais que vous ne passez point le terme de Nostre Dame de septembre. »

3. Le Roux de Lincy, *op. cit.*, III, 156-161. Graville cherche à brouiller le légat avec la reine : « A ung matin, écrit Beaune (14 août), ledit amiral vint à Mgr le légat et luy dist telles parolles : « Vous ne savez pas, que direz-vous d'ung propos que la royne tenoit l'autre jour en pleine table, comment elle n'eust empiesse pansé que M. le légat eust esté tel, et qu'elle le pansoit son serviteur autrement que n'est? Et pansez si pour ung jour il fut en fantézie. Il ne demandoit que de le brouiller avecques la royne. Toutefois, Mgr le légat congnoit bien le marchant, et s'en est apaisé. » Et plus tard : « Il y en a en ceste court qui s'avancent bien fort d'entrer et disent que gouvernent bien la royne. »

4. Lettre de Beaune : « Ladite dame a escript au roy et à M. le légat pour envoier devers le roy de Castille à cause des marques quelque bon personnage. Qu'il a merveilleusement mal prins.... Et sans cause ne vous ay pas advertie du costé de Flandres, que le roy prend merveilleusement aigrement. » Par contre il annonce « qu'il se mayne quelque chose avec le roy d'Espaigne, dont l'on pourroit venir à quelque mariage ou bon appoinctement. » Quirini écrit, de Bruxelles, dès le 8 juin : « Sospetano molto ch' el Catholico Re non se acorda con la C^{ma} M^{ta} per via de matrimonio. »

gent, le roy est délibéré de faire la guerre. » Graville y pousse, parce que d'après Commynes, « s'il y avoit brouillis...., son amiraulté en vaudroit 20,000 francs davantaige [1]. » Mais le roi la désire lui-même, « pour rompre les promesses de mariage autrichien » [2].

Cependant, Louise de Savoie ne quitte pas le roi [3], qui « a grand amour à M. d'Angolesme [4], et beaucoup plus que ne souloyt. » Elle prend soin de Claude [5], et de Beaune fait son éloge, en exhortant la reine à lui écrire [6]. Anne

---

1. De même, sous Louis XI, l'amiral de Bourbon reçoit, outre ses 4,000 l. de gages ordinaires, une indemnité annuelle de 6,000 l., « pour ce que son office estoit de nulle valeur à cause de la paix avec les Anglois. »

2. Lettre de l'évêque de Bayeux (26 août).

3. « Le roy s'en retourne à Blois et mène, quant et luy, Madame vostre fille, et croy qu'il mènera Mme d'Angolesme jusques là pour s'en revenir par Amboyse » (Lettre du légat, 17 sept.). Il est en excellente santé : « Le roy fait, Dieu mercy, la meilleure chière que je luy vy faire depuis trois ans, et se porte de mieulx en mieulx. Il se trouve très bien au Plessy, et se trouvant le lieu fort beau, il a mandé Mme d'Angolesme et M. venir audit lieu, et n'est nouvelle d'en bouger » (16 juillet).

4. « E sta molto honorato. » (Blois, 20 mai 1505). Sanuto, *op. cit.*, VI, 179.

5. « Le roy fait, Dieu mercy, bonne chière, il doit estre ce soir ou demain à Madon. Je m'y trouvé hier pour veoir comment Madame se portoit, parce que l'autre jour j'avoye lessée Mme de Tornon malade au lit. *Le roy a lessé Mme d'Angolesme pour s'en prendre garde, qui en fait bien son devoir*. Elle prent grant plaisir de le voir à la grant récréation qu'elle donne à elle et à toute sa compaignie, et prendriez plaisir de veoir comment elle entretient, et de la chière qu'elle fait à son cousin M. d'Angolesme. Vous ne croiriez empiesse ce qu'elle a pris depuis le partement, de la santé et bonne contenance qu'elle a, c'est une chose singullière. » — Le roi se plaint un jour que « de ses gens ont dérobé à Madame [Claude] sa petite chienne rouge et le merle blanc » (11 juillet).

6. « Il y en a quy luy ont fait grosse crainte, disant que ladite dame n'en seroit contente, et vous promectz qu'il y a eu beaucop de propox que se dient entre la royne et elle, et casi l'on la vouldroit mectre en

suit le conseil du général, et Louise répond, aussi cordialement que possible, le 10 août : « Vous asseure que c'est le plus grant désir que je sauroye avoir, en attendant vostre venue, de laquelle je pense estre la personne vyvante, combien qu'il y en ait beaucoup qui la souhaitent, qui plus la désyre. » Elle flatte les tendances politiques de la reine [1] et déplore la marche du procès de Gyé [2].

Ces condoléances ne peuvent consoler la reine de sa défaite. Anne rentre de Bretagne pour voir signer le contrat de mariage de sa nièce Germaine de Foix avec Ferdinand le Catholique (oct. 1505), et les capitaines des gardes française, écossaise et suisse jurer de défendre Claude contre

grosse desfiance, et y a de maulvaises gens en beaucoup de lieux. Pour la résolution, je ne viz jamais enfant tant porter d'onneur à père ou à mère qu'elle fait à la royne, et jusques à hier qu'elle a eu lettre de la royne, n'a jamais esté à son aise et qu'elle a veu que la royne prenoit plaisir de sa demeures avecques Madame sa fille. Aussi a esté bien aise de veoir ce que luy en avez escript, comme ce matin m'a fait savoir. *J'escrips à la royne qu'elle feroit bien de lui escripre plus souvent.* Il n'est jour, quant je suis en court, qu'elle ne demande de la bonne santé de la royne, d'ung si bon cueur que n'est possible meilleur » (18 sept.). — Louise de Savoie se plaint du silence de Mlle de Saubonne : « Elle m'a bien sceu dire que ne luy avez point escript. Vous avez tort, escripvez luy » (27 juillet). Et le 29 : « Vous n'avez point escript à Mme d'Angolesme, je ne sçay que vous y pansez, vous le devez faire. »

1. « M. de Gueldres a appointé avec le roy de Castille.... Je vouldroye, Madame, que pour ceste cause et plusyeurs aultres, l'on eust ensuyvy vostre opinion qu'il vous pleut me dyre, que ce seroyt beaucoup la meilleure que l'on contentast ledit roy de Castille et qu'y vous sembloyt que cela se ferroyt byen, pour le doubte que j'ay que quelque aygreur ne s'en ensuyve. »

2. « J'ay esté merveilleusement esbaye quant j'ay sceu l'élargissement du mareschal, et povés bien congnoistre qu'ils suyvent tout le train qui a esté tenu au Grant Conseil. Je ne sçay à quoy il peut tenir, ou aux juges, ou à ceux à qui vous avez donné la charge de le poursuyvre. » Louise écrit une seconde fois, le 9 sept., et la réponse d'Anne, partie de Robiain le 13, arrive le 17, au soir, à Montrichart (cette seconde lettre est perdue).

toute tentative d'enlèvement (17 sept.-8 nov.). La rupture du mariage autrichien est consommée [1], et Jean de Courteville écrit encore à Philippe le Beau, en février 1506, que « la royne estoit moult desplaisante de ce qui se faisoit. » En même temps, le promoteur du mariage d'Angoulême sort à son honneur du procès qui lui a été intenté [2].

Anne s'efforce de faire bon visage et de tenir le serment que son mari lui arracha, le 31 mai, de rester « en bonne, vraye et loyalle amytié » avec Louise de Savoie [3]. Sa fille

---

1. Maximilien n'a jamais pris l'alliance française au sérieux, sentant l'opposition du sentiment national. Pedro de Ayala se rend de nuit à son palais de Haguenau, le 4 avril 1505, après une longue conférence que le légat vient d'avoir avec le roi des Romains : « Havendosi, per nome del re suo [Ferdinand le Catholique], mavaregliato et doglinto de questa pace et investitura [de Milan], Cesarea M^ta [Maximilien] li haveva risposto non poter far altramente *pluribus de causis*, ma ch'el credeva per le experientie passate che questa amicitia potria durar tanto che una riga principiata a scriver si scingasse. »

2. Quant à l'amiral, les financiers en tirent vengeance : « L'ammiraglio da molti mesi in qua ha al continuo perseguitato questi generali e Saint Malo, dicendo avere rubato assai al tempo del re Carlo e dovere rendere conti alla Camera de Conti a Paris : che era cosa che questa Maesta non udiva punto con dispiacere. E sopradetti se sono ajutati nella causa loro, e ritrovato certa cosa per conto dell'ammiraglio, e fatto lo intendere a questa Maesta. Laquale, a questa mattina, parlandogliele lo ammiraglio, si altero in modo secco, che lo caccio di camera, soggiugnendo che andassi a Paris a rendere conti. Nondimanco la cosa pare sia di poi quasi posata, e credo che non andra piu avanti, e lui per l'avvenire dovra lasciare stare i generali » (Lettre de Pandolfini, Bourges, 8 février 1506). Graville fut sommé par les Comptes de Bretagne de justifier l'emploi de 9,900 l. à lui confiées dès 1492 (6 mai 1510) : Arch. Loire-Inférieure, *Turnus Brutus*, fol. 8. Cf. *Lettres de Louis XII* (1712), I, 64. — Jean Ruzé, neveu de Jacques de Beaune, est promu receveur général d'Outreseine le 6 oct. 1505 (Jacques le Roy avait remplacé par intérim Jean du Bois depuis le 26 avril).

3. Roland de Ploret, lieutenant de Gyé à Amboise, a dit à un de ses amis, en juillet 1504, que « si la royne se fioit en Mme d'Angolesme, elle lui en pourroit autant faire comme elle a fait faire audit mares-

est fiancée à François de Valois, le 21 mai 1506, en présence des délégués de la France et d'une telle foule de « dames et damoiselles qu'il sembloit que le royaulme des femmes y fut arrivé. » Elle « fait la meilleure chère qu'elle peut à Mme d'Angolesme [1]. » Comment pourrait-elle agir autrement? Le dauphin, dit Seyssel, « est si acomply de beauté, de bonté, de sens et de noble cueur, selon son age, qu'ilz ne scauroient souhaiter autres conditions en un filz, si Dieu le leur donnoit, et à peine le pourroyent plus aymer qu'ils ayment cestuy cy [2]. »

La paix semble donc faite. Anne a retrouvé son influence sur son mari, et pendant une rechute qu'il a en juillet 1506, « elle gouverne le roy très fort [3]. » Elle « garde tousjours la chambre où il est, et a donné le bout au général de Beaune [4]. » — Et celui-ci trouve l'occasion d'être agréable à Louise de Savoie, en favorisant ses vues sur les seigneuries d'Aunay, de Matha et de Maulevrier, en Saintonge [5].

chal », et Gyé « savoit bien que la royne ne taichoit que d'affoyblir Mme d'Angolesme et se fortifier contre elle »

1. *Lettres de Louis XII*, I, 65. Elle accorde à Mme d'Angoulême le droit de tirer 1,200 tonnes de blé de Saintonge, franches de tout droit, en 1506 (B. N., fr. 26113, 1254). La comtesse passe également du vin en Anjou sans payer le « trespas de Loire » (*Ibid.*, Pièces orig. 794, dos. 18040, 29).

2. Éd. 1558, fol. 58 v°.

3. *Lettres de Louis XII*, I, 64. « Ses médecins n'en espèrent la plus grant longueur de sa vie que vers le mois de janvier au plus fort aller. » L'ambassadeur vénitien lui donne aussi peu de temps à vivre (Blois, 19-29 déc. 1505). « Si pol reputar dabbi ad aver curta vita. »

4. Lettre du général à Mlle de Saubonne (Bourges, 18 févr. 1506) : « Incontinent que je porré avoir fait icy, je m'en yré par devers elle luy faire la révérance, et pour me commander ce que luy plaira. »

5. Les vues de la maison d'Angoulême sur ces seigneuries remontent à 1471, date de la mort de François de Montberon, le propriétaire, qui laisse 720 l. d'hypothèques. Son fils aîné, Eustache, s'endette encore, et il emprunte au chapitre de Saintes et à Martin Ruzé, oncle de Beaune, qui acquiert 879 l. 10 s. de rentes (23 mars 1482, 6 mars

Mais, en 1510, la naissance de Renée réveille les espérances séparatistes d'Anne et son animosité contre Madame d'Angoulême. Elle fait attribuer le Milanais à sa fille (2 déc. 1512) [1], puis elle veut assurer l'indépendance de la Bretagne en recherchant la main du prince de Castille, Charles, ou de son frère cadet Fernand (févr. 1513) [2]. Aussitôt la trève signée avec l'Espagne (1er avril),

1484). Il ne peut sortir d'embarras et plaide contre tout le monde : avec Martin Ruzé et ses ayants droit, puis avec sa sœur Jeanne, qui dépense 10,000 l., quand les trois fiefs réunis n'en valent pas 1,000 l'an, enfin, avec son propre fils Adrien. Il meurt en 1502, et ses héritiers ont affaire à forte partie : Louise de Savoie acquiert les droits de leur tante Jeanne (402 l. de rente) pour 12,000 l., et de plusieurs créanciers secondaires, Louis de Montberon, sire de Fontaines (19 mai 1502), Michel Dauron (11 avril 1506), le chapitre de Saintes (17 août). Élie de Cumont (30 janvier 1507), pendant Jacques de Beaune réunit en ses mains toutes les rentes de la famille Ruzé (29 octobre 1501, 23 juin 1506). Il s'entend alors avec Louise et lui cède ses hypothèques pour 16,000 l. (1er déc. 1506) Celle-ci se fait enfin adjuger les seigneuries pour 19,003 l. 3 s. 8 d. (6 sept. 1508). Un mois après, Artus Gouffier, son procureur, rend hommage pour elle au roi, et de Beaune, qui vient encore d'acquérir les droits de son beau-frère Adam Fumée (12 août 1508), ratifie l'acquisition de la comtesse, le 13 fév. 1509. — Arch. nat., X1a 1499, fol. 19 v° (19 déc. 1491); X1a 1504, fol. 172 (30 août 1498); X1a 8326, fol. 225 v° (19 mars 1499); X1a 1506, fol. 62 (25 févr. 1501); X1a 1508, fol. 131 v° (1er juin 1503); X1a 1509, fol. 219 (18 juillet 1504); X1a 4848, fol. 225 v° (30 janv. 1507); X1a 1510 bis (14 août); X1a 4849, fol. 112-6 (18 déc.); X1a 8331, fol. 25-30 (22 janv. 1508); X1a 1511, fol. 102-5 (29 mars); X1a 8331, fol. 90 (13 mai), fol. 195-7 (13 juillet); X1a 4849, fol. 707 v° (31 juillet), fol. 723 (14 août), fol. 766 (10 sept.); X1a 4850, fol. 147 v°; X1a 1511, fol. 202 (31 juillet), fol. 238 (6 sept.); X1a 8333, fol. 136 (9 avril 1510); X1a 1516, fol. 153 (6 mai 1514). — *Ibid.*, P 1407¹, vi°iiii^{xx}, vi°iiii^{xx} *bis*, vi°iiii^{xx}xvii et xviii. B. N., nouv. acq. fr. 1233, fol. 11-13. P. Anselme, VI, 421, 427, VII, 23. Maulde, *Louise de Savoie et François Ier*, p. 246. — Les Montberon revivent dans le récit d'une attaque à main armée dirigée par Adrien contre son père Eustache en nov. 1501 (Arch. nat., X1a 245, 7 juillet 1514).

1. B. N., Dupuy 452, fol. 208-210.
2. La reine, d'après un espion flamand, « scet bien que, si les aliances ne se font du vivant du roy, que par après M. d'Angolesme

— 100 —

elle envoie plusieurs agents à sa nièce Germaine de Foix, et en dernier lieu Charles de Bornes (oct. 1513), qui porte des propositions fermes. En même temps elle prend des précautions pour quitter la cour en cas de mort subite du roi, « car il y aura grand danger pour elle que on ne la layroit partir. » On raconte qu'elle « fait grosse garde » en Bretagne, où il y a 300 hommes d'armes et 30,000 hommes de pied, et qu'elle « a fait retirer la pluspart de ses bagues et sa vaisselle d'or au chasteau de Nantes, lequel elle fait nouvellement fortiffier. » Elle a fait venir d'Italie, par l'entremise de Beaune, des halcrets (corselets pour les fantassins), dès le mois de mars [1]. Sa mort interrompt ces préparatifs [2], mais jusqu'au dernier moment, Anne est restée « grande ennemie » du dauphin François [3].

ne permettroit que elle [Renée] fût délivrée, par la crainte qu'il ne perde la duchié de Bretaigne. » (Record office, cf. Brewer, op. cit., I, n° 3752). Cf. le Glay, op. cit., I, cxv; Desjardins, op. cit., II, 591-4. B. N., Dupuy 569, fol. 6 (lettre de Louis XII, Blois, 27 déc. 1513). Arch. nat., K 1482, K 1638-9, etc. Diego de Castro, Castillan, exhorte la reine à faire conclure la paix avec Maximilien : « Je sais que vous aimez nostre maison d'Autriche. » Et la reine répond : « Dieu sait ce que j'ay enduré pour qu'il en fût ainsi.... »

1. Lettre de M. de Confignon au duc de Savoie (Blois, 16 mars 1513), aux Arch. de Turin.

2. Le compte de ses obsèques (9 janvier-16 février 1514) est tenu par son trésorier général, Guillaume de Beaune, le fils du général (Arch. Loire-Inférieure, E. 108 : 14,518 l. 5 s. 8 d.). Le chapitre de Saint-Denis se voit disputer les ornements funéraires par les hérauts d'armes du roi, qui ne se désistent que « pour ce qu'ilz estoient satisfaiz de tout leur droit d'office par les généraux de Beaune et de Bretaigne » (18 fév.-11 mars 1514, Arch. nat., K 79, n° 16³). Cf. un conflit semblable entre le chapitre de Saint-Denis et M. d'Urfé, l'ordonnateur des obsèques de Charles VIII (Ibid., X1a 1504, fol. 87 v°-93, 152 v°). — Cf. La Nicollière-Teijeiro, le Cœur de la reine Anne de Bretagne (Nantes, 1881). — Guillaume de Beaune paie les officiers d'Anne jusqu'en avril 1514 (B. N., fr. 5501, fol. 326).

3. Expression de Fleuranges.

III.

VIE PRIVÉE

La protection de la reine Anne et l'amitié de Madame d'Angoulême expliquent la fortune politique de Jacques de Beaune, qui s'est tracé cette règle de conduite : « Je ne suis point incompatible, et je feray tousjours par le conseil de mes amys. »

Sa fortune privée s'est développée parallèlement. Il a, en effet, une véritable maison de banque, où se négocient les décharges, qui sont de simples billets à ordre tirés sur les receveurs particuliers. Il les paie comptant aux porteurs, dont il fournit les quittances aux receveurs généraux, et il les recouvre à ses risques. Son bénéfice est le tant pour cent consenti par le porteur du papier, qui évite la peine de déplacements, plus coûteux encore que ce léger sacrifice. Le maître clerc de Beaune est, à partir de 1510 ou 1512, Michel Chevalier : il centralise les deniers recueillis sur place par les divers clercs provinciaux. — De Beaune encaisse aussi l'argent des particuliers et leur prête à intérêt. Il est en compte courant avec M. du Bouchage, qui, jusqu'en 1493, s'est servi de la banque des Médicis de Lyon [1] ; il est aussi en rapports avec M. de la Trémoïlle [2] et Jacqueline de Milan, vicomtesse de la Guierche [3].

---

1. En 1512 le crédit du client est de 12,039 l. (capitainerie du Mont-Saint-Michel, terres de Dauphiné, pension, etc....). B. de Mandrot, *op. cit.*, p. 367 et suiv.

2. En oct. 1509, les cautions du receveur de Poitou, Michel Denis, sur lequel le duc est assigné, et qui sont insolvables, se retirent en franchise aux Augustins de Tours (Chartrier de Thouars).

3. *Mém. Soc. Arch. de Touraine*, XIII, 108-9.

Mais les opérations de banque ont leurs risques [1]. — Frédéric, roi de Naples, a promis 20,000 écus de dot à sa fille, la princesse de Tarente, quand elle épouse le comte de Laval (Lyon, 22 juillet 1500), et il paie la somme convenue au Florentin Alexandre Capponi, qui ne remet aux intéressés que 12,500 écus, en élisant domicile à Bourges pour le versement du reliquat (27 janvier 1501). Capponi ne s'exécute pas et se voit assigner en Parlement par le comte (21 sept. 1501). Puis ce dernier est désintéressé par Jacques de Beaune, qui prend la suite de son instance contre Capponi, et fait opposition sur 6,000 l. [2] dues au défendeur par le bâtard d'Armagnac (30 déc.) [3]. Capponi prétend avoir transporté cette somme à son neveu Julien, qui habite Bourg en Bresse; mais de Beaune, expert en la matière, explique que les banquiers, « saichans qu'ilz sont debteurs de plusieurs personnes, aussi leur pourroient estre deues plusieurs sommes, font entre eulx obligacions simulées pour frauder *futuros creditores..* » La Cour lui donne raison et déclare ce transport « simulé, frauduleux et abusif » (23 févr. 1502) [4].

Tours s'est souvent adressé au général. Dès son entrée en fonctions, le 4 mai 1496, il prête 500 l. à ses concitoyens [5]; le 21 sept. suivant, dix cautions s'obligent à lui

---

1. Jean Cerises et René d'Anglure ont des procès avec de Beaune pour 1,592 l. et 1,274 écus (Arch. nat., X¹ᵃ 1504 [non folioté], et 1505, fol. 55; X³ᵃ 14 [non folioté]).

2. Reste d'un prêt de 8,425 l. consenti au duc de Nemours. Sur les procès de Capponi, cf. Arch. nat., X¹ᵃ 8320, fol. 475 v°, 486; X¹ᵃ 8329, fol. 507, 528; X¹ᵃ 1516, fol. 82; X³ᵃ 15 (25 oct. 1503); X³ᵃ 16 (13 févr. 1506).

3. *Ibid.*, X¹ᵃ 4843, fol. 38-9.

4. L'affaire traîne encore quelque temps, soit entre le bâtard d'Armagnac et de Beaune (*Ibid.*, X¹ᵃ 4844, fol. 277; X¹ᵃ 1510, fol. 64, 78 v°; X¹ᶜ 233, liasse de juin 1503), soit entre Capponi et Laval (X¹ᵃ 1513, fol. 39 v°; X¹ᵃ 1516, fol. 175-6).

5. Thomas Bohier prête autant. Il s'agit d'un emprunt de 3,000 l. re-

rendre 750 l. avant le 1er janvier 1497 [1]. En 1514, il avance encore 315 l. [2].

Élu maire le 28 oct. 1498, il ne peut prendre possession de son office, et doit commettre Étienne Binet, le 8 déc., pour instituer, en son absence, Jean Penigault, receveur des deniers communs. Mais il reste un des premiers échevins, et son avis fait autorité : sur les questions de salubrité publique, par exemple [3].

Un édit royal, publié le 9 déc. 1508 par les carrefours de la ville, prescrit de « regecter, mectre arrière et esloigner toutes choses et exercices dont sourdent et pevent procedder fétositez et immondicitez et choses ordes et puantes, et les mectre en lieux propres et convenables, hors la commune conversacion du peuple [4]. » Tours est une des résidences favorites du roi, qui ordonne d'y assurer une abondante distribution d'eau. Cela le préoccupe à au point que, sur le rapport de Henri Bohier, maire de la ville, il écrit de Milan, le 8 juin 1507 : « Nous avons en-

quis par Charles VIII, le 7 mars précédent (un des commissaires du royaume est Guillaume de Beaune, le frère du général). Les 500 l. sont remboursées le 28 juin 1497.

1. Bohier prête aussi 750 l.; le mandat de paiement du maire est du 12 février 1497.

2. Il s'offre à supporter une partie des dettes de la ville (24 déc. 1511), et appuie une demande d'argent du roi (8 juin 1513).

3. Le 29 juillet 1507, il désire que l'on permette aux Jacobins « croistre le pertuys qui est en la muraille de ladite ville, en façon que leurs immondicitez se puissent esvacuer, et ainsi que les maistres des œuvres adviseront, et qu'il soit de six ou sept piedz, en terre, et de terre par dessus, en moyen qu'il n'en puisse arriver inconvénient à ladite ville. »

4. « Aussi oster et desmolir toutes choses superflues qui obfusquent et empeschent les rues qu'elles ne soient bien aérées et spacieuses pour l'aisance dudit peuple, ainsi qu'il est de bonne et de louable coustume, et qu'en plusieurs de nos bonnes villes (Paris, Rouen, Lyon) a esté faict et acomply par nostre vouloir, commandement et ordonnance. » (B. N., fr. 5501, fol. 200 v°).

tendu que vous faictes besoigner à faire venir la fontaine en nostre ville, *en ensuivant ce que piéça en avons ordonné :* de quoy sommes bien aises [1]. » D'importants travaux de canalisation sont alors exécutés, de 1507 à 1510 [2]. Jacques de Beaune les patronne et offre à la ville du marbre blanc de Gênes (où il fait une visite en août 1509) pour ériger une fontaine devant son hôtel [2]. Elle est, dit un contempo-

---

[1]. Il recommande ensuite de soigner les faisans qu'il a fait mettre, l'an passé, autour de la ville, « car nous sommes délibérez d'aller souvent faire séjour en nostredite ville. » Henri Bohier est absent de Tours, du 24 février au 4 août 1507, et il est suppléé par Jean Bernard, contrôleur de l'argenterie de la reine.

[2]. Jacques de Beaune est présent à ce sujet, à l'hôtel de la ville, les 20, 27 janv. 1507 et 7 mars 1511. « Les ouvrages furent dirigés par Pierre de Valence, dont la biographie est encore imparfaitement connue, mais qui paraît avoir été l'un des plus grands artistes du commencement du XVIe siècle. Il travailla au fameux château de Gaillon.... Ces travaux durèrent plus de quatre ans. Les années 1507 et 1508 sont employées à capter les sources et à construire des réservoirs qui subsistent encore et sont d'une grande beauté ; en 1509, on pose les tuyaux dans la varenne et sous le lit du Cher, et on les conduit jusqu'à la porte de Saint-Étienne, où fut établi le réservoir général. Dans les deux années suivantes, on établit divers embranchements destinés à l'alimentation des fontaines de Beaune, de la Foire-le-Roi et de Saint-Hilaire, placées dans les principaux quartiers. » (Ch. Grandmaison, *Mém. Soc. Arch. de Touraine*, XX, 144, 199-208 ; id., *Tours Archéol.*, p. 216-8.) — « La pyramide, haute de 4m20, offre au milieu de sculptures et d'arabesques d'un goût exquis, les armoiries de Louis XII, d'Anne de Bretagne, de la ville de Tours et de Jacques de Beaune. Elle était terminée par une terrasse ornée de fleurs au naturel ; au centre de la terrasse se trouvait une couronne émaillée, surmontée elle-même d'un crucifiement, où la Vierge et la Madeleine se tenaien debout au pied de la croix. Toute cette fine et délicate décoration er métal, que les protestants détruisirent en 1562, avait été fondue pa Ferry Hutel, canonnier du roi, repassée au ciseau par Jean Guérin orfèvre, dorée par Michel Pelu et Jean Guérin, et brunie par Jacque Lambert, orfèvre et brunisseur ; le peintre des armoiries était Jean d l'Eschallier, dit le Miste. Quant aux sculptures de la pyramide, long temps attribuées aux frères Juste, elles sont l'œuvre de Martin et d Bastien François, neveux de notre célèbre Michel Colombe » (*Ibid.*)

GARDE-ROBE ET CHAPELLE DE 1508
(p. 106)

rain, « d'un marbre blanc comme neige, tout bien faicte en ouvrage appellé antique, en laquelle sont pourtraicts plusieurs écussons du roy, de la royne, du dauphin et autres princes ; ladite fontaine toute azurée et dorée de fin or ; au dessus de ladite fontaine est un crucifiement de la mort et passion de Jésus-Christ, pareillement doré, et de ladite fontaine sort grande eau par quatre tuyaux, qui tombent en dedans d'un beau tombre fait de marbre noir qui est à l'entour, pareillement garni de beaux ouvrages [1]. » — Cette grande œuvre dure cinq ans et coûte 17,295 l. 16 s.

Mais il y a d'autres préoccupations que la voirie. Tantôt ce sont les commissaires pour la réformation des coutumes qu'il faut recevoir dignement (23 oct. 1507) [2]. Tantôt c'est la reine (24 mars 1511), et de Beaune « est d'oppinion, pour ce qu'elle descend à quelque part au dessus des ponts, qu'on doit aller au devant d'elle au port, en grant nombre, le mieulx que faire se pourra [3]. » — Puis la rupture avec l'Angleterre et l'Espagne exige des travaux de défense [4], et il offre douze hacquebutes, avec les halcrets, hallebardes et piques indispensables (mai 1512). La ville le remercie de ses « gratuitez et services. »

---

1. Thibault le Pleigney, *la Décoration du pays de Touraine*. Cf. Giraudet, *les Artistes tourangeaux* (*Mém. Soc. Arch. Touraine*, XXXIII), p. 11, 381.

2. Cf. Arch. Amboise, CC 122, fol. 46. Les délégués d'Amboise, convoqués le 26 juillet 1507 aux Augustins de Tours, dînent à l'hôtel du Cerf. L'œuvre de réformation est reprise le 25 oct. 1509, sur l'ordre réitéré du roi (Grenoble, 2 avril, Pontlevoy, 5 oct.), et le général est présent (*Mém. Soc. Arch. Touraine*, X, 229).

3. « Et davantaige, qu'on doit envoyer au devant d'elle ung nombre de gens, le plus et mieulx qu'on pourra, dedans ung basteau pour ayder à tirer sa barcque, et dedans le basteau y envoyer deux personnaiges pour lui faire la révérance ; davantaige faire nectoyer le port où elle descendra. »

4. « On doit regarder par toute la ville, dit de Beaune, quelles armes il y a et quelles gens l'on y pourra trouver et armer pour estre tout

Jacques de Beaune a conservé l'hôtel paternel [1], mais il en accroît notablement l'importance en achetant les maisons de Guillaume Giroust et Martine Maréchal, de Jean Maréchal et Jeanne Gallant (21 avril 1506). Ces maisons sont séparées de l'hôtel de Beaune par un jardin qui joint aux étables de Dunois et répond en la Grand-Rue par une allée commune, construite en 1468, et elles donnent par derrière sur une cour qui mène du jardin en la rue Traversaine. Les 11 et 17 sept. suivants, Beaune achète les maisons de Jean Maréchal et Guy Morderet, attenantes aux précédentes, et le 17 oct., celle d'Étiennette Duval, donnant sur la rue Traversaine (elle avait appartenu à Jean Roques). Au début de 1507, Guillaume Besnouard (maître des œuvres de maçonnerie de Tours depuis le 1er juillet précédent) s'engage à bâtir un premier pavillon nord-sud ; puis, à la fin de la même année, il passe un second marché pour construire, en retour d'équerre, une garde-robe et une chapelle, élevées de deux étages, avec deux pinacles aux deux bouts, de douze pieds de large, trois fenêtres sur le jardin et une sur la maison de Robert Bernier. Un « parpain » de pierre [2], levé à la hauteur des murs de la chapelle, joindra le logis neuf (nord-sud) à la

prestz, si mestier estoit, et on doit d'aller de maison en maison pour ce faire, et ceulx qui n'y auront satisfait, les contraindre d'en avoir suivant leur puissance » (16 avril 1512).

1. Le 19 août 1469, Jean de Beaune a vendu deux maisons sises en face du château, sur la rue allant du Carroy des Herbes au pont. — Le maréchal de Gyé loge chez Beaune (18 déc. 1501), et les ambassadeurs de Flandre y soupent, le 1er oct. 1510.

2. On en voit encore l'amorce ; la voûte a été arrachée en 1780, lors de l'alignement de la rue Traversaine. En même temps un tiers environ du pavillon de Jean de Beaune a été coupé (du côté du sud) ; il reste, à l'est, un commencement de fenêtre, et, sur le mur du pavillon de 1508, une trace de voûte. Jacques de Beaune a fait refaire les solives des plafonds du pavillon paternel qui est orienté nord-sud.

DÉTAILS DU PAVILLON DE 1508
(p. 106)

porte par où l'on entre de la rue Traversaine ; il y aura sur la cour deux demi-lucarnes et trois demi-croisées, et, en bas, les fenêtres nécessaires et l' « huisserie pour servir à la vis. » La garde-robe aura deux demi-croisées et une cheminée. Sous la chapelle, il y aura une galerie de six à sept pieds de haut et de même longueur que la chapelle ; elle sera briquée. Une entrée de cinq pieds, ménagée sous le logis, permettra d'accéder au jardin. Ce corps de maison, construit en 1507, sera carrelé « jusqu'à l'autre corps qui est sur la rue. »

Les lucarnes de ce pavillon de 1507-8, remaniées plus tard pour courtiser François Ier, ont pu égarer sur la date de la construction, mais les découvertes du docteur Giraudet ont précisé les faits [1]. Ce monument est donc par sa date un des bons spécimens de la première Renaissance, à côté du couronnement du clocher nord de Saint-Gatien (1502) et du cloître de Saint-Martin (1508-1519), dus aux neveux de Michel Colombe, Bastien et Martin François [2]. Il est intéressant de comparer les sculptures du pavillon de Jean de Beaune à celles de 1508 et de mesurer le chemin parcouru en quelques années.

Jacques de Beaune, en même temps qu'il embellit son hôtel de Tours, acquiert la seigneurie de la Carte Persillière d'Antoinette de la Trémoïlle (31 août 1497). Puis sa suzeraine, Françoise de la Rochefoucauld, dame de Mont-

---

1. *Les Artistes tourangeaux*, p. 27-28. — La cordelière qui se déroule le long de ce pavillon est l'emblème d'Anne de Bretagne, et les ailes d'oiseau qui l'interrompent çà et là rappellent le chevalier du Cygne, ancêtre légendaire de la maison de Clèves, à laquelle Anne se rattachait par sa grand'mère. Les ailes de cygne se retrouvent à Blois au temps de la reine Claude (L. Palustre, *le Château de Blois*, p. 24).

2. Les 20 et 29 mars 1509, Jeanne Ruzé achète à Jean Galle, brodeur de la reine, des ornements d'autel pour la chapelle récemment édifiée (Giraudet, *op. cit.*, p. 197).

bazon, lui abandonne la haute justice (28 nov.) avec droit de « faire bastir et ediffier chastel et maisons fortes au lieu de la Carte ou en tel autre lieu qu'il lui plaira au dedans de sondit fief, et icelles faire murer et garnir de tours rondes, quarrées, anneaux, cannonières, barbecanes, machecolys, porte et portail, boulvart, pontlevis dormans et douves à fossez [1]. » Enfin le roi érige la seigneurie en châtellenie, permet de « faire ensaindre de murailles la maison et autrement fortiffier », et crée des foires et un marché à Ballan, le village voisin [2].

Il ne subsiste du manoir de la Carte qu'un donjon, sans grand caractère, avec une cloche armoriée, qui porte ces mots :

AVE MARIA
C'est bonne chanson
GRATIA PLENA
Dominus tecum.
MV^{c}XVIII.

Le portail est encore encadré de ses tours. La chapelle a été remaniée, mais elle avait jusqu'à ces derniers temps conservé deux superbes verrières, qui reproduisent les traits du général et ceux de sa femme [3].

1. Bibl. de Tours, ms. 1405, fol. 298; *Mém. Soc. Arch. de Touraine*, XIII, 266-7.
2. « Puis naguères il a fait construyre, bastir et édiffier une belle maison appellée la Quarte Persillière, distant de nostre ville de Tours de deux grans lieues.... Seroit bien requis et chose très utille que au villaige de Ballain fussent constituez et érigez ung marché chacune sepmaine de l'an au jour de jeudi, avecques deux foires ledit an aux jours qui s'ensuyvront, savoir est l'une d'icelles, le 7e jour de may, qui est la vueille de la feste Saint Jehan, et l'autre le 8e jour du mois d'octobre ensuyvant, qui est la vueille de la Saint-Denis.... » (Arch. nat., JJ 201, fol. 161.)
3. Ces vitraux (aujourd'hui la propriété de Mme Cibiel) ont figuré

Donjon de la Carte.

L'église de Ballan a été restaurée en partie par de Beaune, qui y est aussi figuré [1].

Outre Tours et la Carte, il est appelé à Montrichart par le fief de la Tour-d'Argy, qui lui a été apporté par sa femme. — Il déploie un véritable talent diplomatique pour se constituer un domaine, comme Thomas Bohier à Chenonceaux [2]. C'est à l'ouest du donjon qu'il se fixe, entre la colline et la Porte aux Rois. Il acquiert de Jean Prévost une petite maison sise entre celle de Denis Besnouard et la cure (12 oct. 1489). Peu à peu tout ce qui est autour lui tombe dans la main : la veuve de Simon Berger (17 avril-3 mai 1492), Jean Guilleteau (12 sept. 1497), Denis Besnouard (6 oct. 1497, 23 mars 1504), Vincent Morillon, Jean Musnier (6 janv., 21 avr. 1498), Jean Mehubert (28 mai 1500) sont délogés; le curé va s'établir, rue de la Juiverie, chez le sieur de Chissay (7 févr.-3 août 1492) [3]. Créancier hypothécaire ou seigneur foncier, il offre aux débiteurs ou aux censiers leur libération en échange de la maison qu'il con-

à l'exposition d'art rétrospectif de Tours, en 1873, et sont décrits par l'abbé Chevalier (*Union libérale de Tours*, 6 mai 1873). L'abbé Chevalier met ces vitraux, qui représentent l'Adoration des mages et celle des bergers, à côté de ceux de la Sainte-Chapelle de Champigny. A la fin du xvie siècle, Renaud de Beaune a remplacé l'écusson de son grand-père par ses insignes archiépiscopaux. Les deux verrières ont été restaurées par M. Lobin.

1. Claude de Beaune, sa petite-fille, a donné à cette église, sous le règne de Henri II, une tapisserie représentant l'histoire de saint Guillaume, en 21 sujets; cette bande formait dosseret autour du chœur (L. Palustre, *Soc. Arch. de Touraine, Exposition rétrospective de 1890, Catalogue des objets exposés*, 2e édition, Tours, 1890, p. 79-82).

2. C. Chevalier, *Arch. de Chenonceaux, Comptes de Diane de Poitiers*, LXXVIII-LXXXIX. En 1496, de Beaune achète 352 l. de rentes, qu'il revend aussitôt à Bohier (Arch. nat., P 11, mrLxiii; XIa 4848, fol. 231 v°, 242 v°, 475 v°). Cf. *Mém. Soc. Arch. de Touraine*, IX, 111-4.

3. Victor Blondelet lui vend plusieurs pièces de terre, pour s'acquitter d'un prêt de 350 l. t. (10 août 1487), du 14 avril au 29 oct. 1490. — Arch. Indre-et-Loire, E 40, 44 à 46.

voite [1]. Il fait aussi une vente simulée à son propre serviteur, Jean Prunier (12 sept. 1505-2 mars 1509), et il transige avec la veuve de Christophe Aubin, qui lui dispute une partie des caves situées sous le château (18 avril 1506).

Le bailli de Meaux, François Bérard, lui cède pour 1,580 écus le fief de la Motte, la tour de Bléré [2] et une redevance de 14 setiers sur les moulins à blé de Montrichart (18 oct.-18 nov. 1496), qui s'ajoute à la rente que lui avait léguée Jean Ruzé, son beau-père [3], et à une autre de Mathurin de Saint-Père (10 juin 1495-16 avril 1496). Six ans plus tard, il est seigneur de la moitié des moulins, et il évince encore Jacques Raymond, procureur royal, Jean Galocheau, élu de Touraine, et autres [4]. Mais un long procès s'engage avec les gens de Montrichart au sujet de la banalité de ces moulins et du four de la tour d'Argy (1502-1509) [5]. La chambre des Requêtes du Palais finit par les renvoyer dos à dos (23 mars 1508) [6].

1. 13 mars 1494, 28 oct. 1496, 26 oct. 1497, 27 déc. 1498, 28 mars 1502, 9 oct. 1503, 1er juillet 1510, 10 janv. 1514 (*Ibid.*, E 40; E 43; E. 45, 4; E 46, pages 369-71, 374, 376, 378, 445).

2. Actes de foi et hommage, 28 nov. 1496, 26-27 juin 1498 (Arch. nat., P 12, nos LII, LIII, LVI, LVII).

3. Dès le 2 déc. 1489 il est en procès avec les religieux de Pontlevoy.

4. 20 nov. 1505, 14 mars, 21 mai 1513. Un contrat passé, le 26 février 1506, avec la veuve de Beaudoin de Quiespont n'eut pas de suite : « Je confesse avoir reçeu de Jehanne Brisonnet, nommée de l'autre part, la somme de 420 l. qu'elle ma rendue et baillée par la recousse par elle faicte de moy des choses vendues de l'autre part. Dont je me tiens content. Tesmoing mon seing manuel cy mis, le 13e jour de sept. 1506. Jacques de Beaune. »

5. 12 déc. 1502-23 nov. 1509. Arch. nat., X3a 15 (16 sept. 1503), 16 (16 sept. 1505), 18 (28 mars 1508); X1a 4846, fol. 405 v°; 4847, fol. 45; 4849, fol. 485; 4850, fol. 604, X1a 1512 (22 nov. 1508, 28 juillet, 7 sept. 1509). Arch. Indre-et-Loire, E. 45. L'accord du 7 janvier 1510 est conservé en original (Arch. nat., X1c 240).

6. Le général a le droit de banalité, « depuis l'arche de Valengion jusques au ruau de Nanteuil et maison de feu Guillaume Couvoir »,

FENÈTRE DU PAVILLON DE 1508
(p. 106)

Jacques de Beaune acquiert, en outre, le Petit-Puy [1] et la métairie d'Aigremont (paroisse Sainte-Croix de Montrichart), qui contient 72 arpents en maisons, toits à bêtes, prés, bois, pâtures, haies, hallières [2] (1504-5). Montrichart est devenu le centre de sa vie [3], comme les nombreuses pièces de terre acquises aux environs achèveraient de le prouver [4]. Il finit par être seigneur du lieu et paie, à ce titre, 650 l. aux commissaires de l'aliénation du domaine [5] (21 mars 1514) : Guillaume Fougerais, son clerc, est contrôleur de la ville; Guillot Magicier, le receveur, stipule pour lui le 12 juin; enfin de Beaune a les droits de justice, le 30 déc. suivant [6].

---

mais « il ne peult prétendre droit de banalité, sinon en entretenant lesditz molins et fours. En délaissant par ledit de Beaune les fournitures des moulins et fours ou de l'un d'eulx, iceulx habitans pevent semblablement le délaisser. » On finit par se mettre d'accord : les habitants ne porteront leur blé aux moulins et aux fours que si ceux-ci sont tenus en état.

1. 11 nov. 1492, 25 oct. 1505, 2 août 1509, 21 déc. 1512.
2. Arch. Indre-et-Loire, E 45 : 28 mai, 9 août 1504, 31 janv., 7, 21 févr., 3, 11 nov. 1505, 8 mars 1506 — Cf. *ibid.* : 18 févr., 25 juin, 22 juillet, 20, 23 sept. 1505, 11 mai 1506, 15 mars 1507, 1ᵉʳ août 1514.
3. » Il y a quinze jours que je ne bouge de ce lieu de Montrichart avecques mon mesnaige. Le roy est près, je m'y en vois en quatre heures, et de trois jours l'un. Et souvent j'ay lettres de gens allans et venans » (16-18 sept. 1505).
4. 14 avril, 24 sept., 29 oct. 1490, 10 avril 1494 (les héritiers de Julien Beauvarlet); 20 nov. 1491; 1ᵉʳ août 1493 (Victor Gaudin, argentier de la reine); 1ᵉʳ sept. 1496; 22 sept. 1497; 18 mars 1500; 8 janvier, 17, 23 juin, 21 sept. 1505; 30 mars, 5 mai, 21 oct. 1506; 24 août, 22 déc. 1507; 13 février, 20 déc. 1509; 1ᵉʳ mars 1513; 6 avril, 7 juin 1514.
5. Arch. Indre-et-Loire, E 40.
6. René du Chesnel, sʳ d'Angé, bailli de Touraine; Alexis Goyet, bailli de Montrichart, Etienne Adam, lieutenant; Jacques Raymond, procureur. — Du Chesnel est bailli depuis le 4 sept. 1508 (Arch. nat., Xˡᵃ 4850, fol. 131; B. N., Cab. des titres 438, fol. 29 v°). Il est désigné dans les généalogies comme gendre de Jacques de Beaune.

Il transforme les huit ou neuf maisons acquises sous le château en quatre corps de logis : un contrat passé avec l'abbaye d'Aiguesvives, le 12 sept. 1497, l'oblige à reconstruire une de ces maisons dans les trois ans. Ses armoiries se voyaient encore il y a quelques années [1], et les plafonds présentent des solives absolument semblables à celles d'un pavillon de l'hôtel de Tours. On reconnaît la marque de Guillaume Besnouard [2] dans la maison des « fours neufs » ou four banal, dont la jolie façade subsiste encore, au nord du pont de Montrichart. Le procès des moulins a commencé en déc. 1502, et de Beaune est seigneur d'une moitié des moulins depuis le 17 août 1501 : le four peut donc avoir été construit en 1502. Les moulins ont été détruits lors de la canalisation récente du Cher, et il n'en reste d'autre souvenir qu'un médaillon de marbre aux armes de Beaune et de Ruzé [3].

La fortune privée de Jacques de Beaune excite la jalousie de ses parents, comme sa fortune politique, celle de Graville. — Il réclame à son neveu Fumée, maître des requêtes de l'hôtel [4], le paiement de deux cédules, l'une du 31 janvier 1502, l'autre du 5 février 1509, d'une valeur de 3,312 l. 10 s. [5]. Fumée en appelle au Parlement (mars

---

1. Témoignage du Dr Bouchereau. C'est aujourd'hui l'hospice.
2. Frère de Christophe et Denis Besnouard de Montrichart, qui ont ont conclu plusieurs contrats avec le général.
3. Il est reproduit sur la couverture. — Les armes de Beaune se voient encore sur la fontaine de Montrichart.
4. Jacques de Beaune, tuteur des enfants du garde des sceaux de Charles VIII, Adam Fumée, rend hommage en leur nom pour de Cornillon-lez-Bléré, le 28 juillet 1507, à Lyon (Arch. nat., P 11, m^{r}LXX).
5. Arch. nat., X^{1a} 8334, fol. 33-37 ; X^{1a} 4852, fol. 374 v°, 419, 452, 478 v° ; X^{1a} 8334, fol. 75, fol. 112 v° ; X^{1a} 4852, fol. 603-4 ; X^{1a} 8334, fol. 154, 164, 169 v°, 179 v° ; X^{1a} 4852, fol. 687 ; X^{1a} 8334, fol. 232 v° ; X^{1a} 4853, fol. 616, 683, 689 v° ; X^{3a} 20 (22 sept. 1512) ; X^{3a} 21 (19 nov. 1512) ; X^{1a} 4854, fol. 335 ; X^{3a} 21 (12 mars 1513) ; X^{1a} 1515, fol. 310 v°, 332.

1511), et pour divertir l'attention, intente un procès de succession [1], quoique seize années se soient écoulées depuis la mort de son père [2]. — Celui-ci « povoit faire chascun an recepte de 16 ou 18,000 l., oultre son patrimoine, parce qu'il ne dependoit 3,000 l. par an ; aussi, à cause de dame Thomyne Ruzé, sa seconde femme, amendit d'une succession 18,000 l., et y a eu d'autres successions, montans à plus de 32,000 l. A cause de quoy il estoit moult riche au temps de son décès. Et au contraire de Beaune n'estoit fort opulent, mais lui sont venuz les biens à cause du maniement qu'il a eu des biens dudit Fumée et de sa femme [3]. Quant il vint à la maison de Fumée, il estoit

---

1. De Beaune fait mettre en vente la terre de Landreville, appartenant à son neveu Pierre Compaing, mari de Jeanne Becdelièvre, pour non-paiement d'une cédule de 722 l. 4 s. 5 d. (Arch. nat., X[3a] 18, 23 févr. 1508 ; X[1a] 8332, 20 janv. 1509 ; X[1a] 4833, fol. 737 v° ; X[1a] 1515, fol. 347 v°). — Charles Becdelièvre, beau-frère de Beaune, avait été fermier de la traite des vins d'Anjou en 1468 et trésorier, pour M. de Gyé, des terres confisquées sur Jean de Luxembourg et Ant. de Croy, en 1476 (B. N., Clair. 195, fol. 787). Son fils René est podestat d'Alexandrie (1502), conseiller au parlement de Rouen (7 sept. 1512), garde du scel de Normandie. — De Beaune a aussi un procès avec son beau-frère Pierre Morin, devenu veuf (Arch. nat., X[1a] 8329, fol. 91 v°, 393 v°, 413 ; X[3a] 18, 19 mars 1502 ; X[1a] 8344, fol. 168 ; X[1a] 1507, 11 mai 1502 ; X[3a] 14, 12 avril, 17 juin 1503 ; X[1a] 4845, fol. 320 ; X[1a] 4846, fol. 163 ; X[1a] 4847, fol. 93 v° ; X[1a] 144, fol. 61 v° ; X[1a] 146, fol. 230 Cf. Arch. Amboise, CC 121, fol. 19, testament de Jeanne Morin).

2. « *Ce procès est quasi de picque* (dit le général), car il y a seize ans que les partaiges des successions sont faiz. Dont n'a esté depuis question. »

3. « Or ledit Fumée avoit son principal domicille à Tours, où il s'estoit habitué, parce que les roys y faisoient leur demourance, y tenoit en sadite maison tous ses meubles, or, argenterie, vaisselle et autres joyaulx.... Advient, que l'an 1494, le roy Charles délibera aller à son voyage de Naples. Fut contrainct ledit Fumée le suyvre. A ceste cause il donna charge de sa maison à Jaques Galisset et, ce fait, alla à Lyon, et avec luy ladite Thomine, sa femme. Où ledit Fumée décéda, le 25° jour d'aoust oudit an 94, et seize ou dix-huit jours après, y dé-

pauvre et print là son commencement et moyen d'avoir des estalz [1]. » — Jacques de Beaune répond qu'il « est

céda ladite Thomyne, sa femme. *Medio tempore*, la femme du défendeur (de Beaune), de nuyt, sur la brune, vient en la maison des défuncts à Tours, et illec prent et emporte tous les biens meubles y estans, qu'elle transporte en la maison du défendeur, son mary. Et certain temps après, partie (de Beaune) par ung lieutenant de Tours pris à poste (Ragueneau) fait faire quelque inventaire en ladite maison de Tours et taist tous lesdits biens transportez par sa femme. On n'y trouve que utencilles de boys. Mais en juing ensuyvant, partie fait une déclaracion verballe qu'il avoit deux boettes à luy bailliées en depost et garde par ladite Thomyne Ruzé, estans scellées et fermées à clef, et néantmoins que ce qui estoit dedans ne montoit que à 10 ou 12,000 l. »

1. « Le défendeur (de Beaune) est extraict de noble et ancienne maison, riche de luy et de ses prédécesseurs, et à cause de sa femme. Et ou temps et paravant le décès desdits feuz Fumée et Thomyne, sa femme, le défendeur estoit grant et riche en biens, ayant grant manyment chez le roy et la royne, et estoit lors trésorier de ladite dame, et *riche de plus de cent mil francs*. — Au temps qu'il fut conjoint par mariage avec Thomyne Ruzé, il (Fumée) estoit fort endebté, avoit eu et souffert plusieurs grans persécucions, tellement qu'il a eu bien peu de biens jusques à quatre ou cinq ans avant son trespas. Or, néantmoins on luy a trouvé des biens en valeur de 30,000 frans en meubles (qui est grant chose : avoir vescu, s'estre acquicté et laisser tant de bien en si peu de temps), sans des héritages qui montent bien autant. — Lesdits feuz Fumée et Thomyne avoient grant confiance en la légalité du défendeur et de sa femme. A ceste cause, avant leur trespas, luy baillèrent à garder et envoyèrent par Béchebien, procureur du roy, deux boettes fermées, dont ilz laissèrent depuis les clefz audit de Beaune. Qu'il garda sans y regarder jusques après leur décès, que, en la présence de plusieurs notables de Tours, le défendeur ouvrit lesdites boettes, où il trouva la valleur de 14,000 frans en or, argent et autres choses déclarées en l'inventaire de ce fait. — Fut depuis question de faire l'inventaire des autres biens. Vient le défendeur en la présence de Fumée, maistre des requestes, et autres enfans des défunctz remonstrer qu'il avoit fait ouvrir lesdites boettes et déclairé ce qui y estoit, et en est fait l'inventaire avec le général de tous les biens (juin 1495). Au temps du trespas des défuncts, il n'estoit à Tours, mais à Lyon avec le roy Charles.... Quant à sa femme, elle ne print jamais rien ; *timore ducta* de quelques fulminacions naguères

l'un des plus notables personnages de ce royaume, bien renommé »; néanmoins on le charge « de pillerie et larrecin. » Si Fumée est « sénateur », de Beaune est « chevalier », et il réclame 4,000 l. d'indemnité. — Le beau-frère de Fumée, Jean Burdelot, fait alors imprimer à Tours des libelles diffamatoires [1], mais Fumée doit s'acquitter (5 sept. 1513).

faictes, elle confessa ung tonneau de vin que on luy avoit amené des biens des défuncts. »

1. « Pendant les défenses et avant que le procès appoincté au conseil fut vidé, partie (Burdelot) à Tours fait publier certaines censures, *ymo* libelles diffamatoires, qu'il a fait imprimer en moulle à grant quantité. Esquelles y a ces mots en rouge : « Messire Jacques de Beaune, chevalier, général, et dame Katherine (*sic*) Rusée, sa femme »; et le résidu en noir; et au-dessus sont les armes du pappe et du cardinal de Final, arcevesque de Tours. Et sont affichées par tous les carrefours et autres lieux de Tours. Tellement que ceulx qui les voyent réputent que le demandeur et sa femme sont escriptz en rouge et excomuniez.. Dedans lesdites actaches et censures, sans monicions précédentes, sont tous excomuniez, qui ont prins desdits biens ou sceu par ouy dire ou autrement, et ceulx qui participent avec eulx, sans y apposer les motz acoustumez. Et si telles censures avoient lieu, fauldroit que le demandeur et sa femme allassent en court d'église eulx purger touchant lesdites boettes, et aussi toute la court (de parlement), et autres, qui ont oy céans les plaidoiries, seroient excomuniez, si l'auctorité dudit arcevesque de Tours s'extendoit jusque icy.... Le nom dudit demandeur et de sa femme sont en lettre rouge, joinct que après lesdits motz escriptz de rouge y a : « Sont excomuniez. » Et le peuple qui voit lesdites affiches et dedans iceulx le nom du demandeur et de sa femme tient (ainsi que on fait communément) qu'ilz estoient excomuniez, parce que en telles choses on mect volontiers le nom de ceulx qui sont excommuniez en lettre rouge (ou plus grosse que l'autre) pour faire la différence, et que plus facilement on le puisse appercevoir. » Cette intervention de Burdelot est injustifiable, et sa défense est faible : « Dès le dimanche de Pasques flories, les monicions furent faictes à ce que ceulx qui en sauroient quelque chose le vinssent révéler devant neuf jours. Lesquelz passez, ainsi qu'il est acoustumé, les excomunicmens furent publiez.... Quant à l'autre point, de ce que le demandeur et sa femme sont escriptz en rouge, ... n'a veu en droit que pour escripre en rouge ou autre couleur soit injurier. »

CHAPITRE IV

ANNÉES DE PROSPÉRITÉ

(1515-1523)

A la fin de 1514, Jacques de Beaune est général de la Languedoïl, la « grand charge » : il est, en théorie, le président de la commission des finances; mais, en fait, depuis la mort de sa protectrice, Anne de Bretagne, il n'a guère plus d'autorité que Jacques Hurault, qui sert la maison d'Orléans depuis trente années, ou que Thomas Bohier, qui a débuté avant lui dans l'administration et a rempli avec succès des missions en Italie ou en Angleterre [1]. Pour le tirer hors de pair et le porter au rang qu'il doit occuper jusqu'en 1523, il lui faut une nouvelle bienfaitrice : Louise de Savoie, la rivale d'Anne, achèvera sa fortune politique et accroîtra sa fortune privée.

---

1. Il annonce aux ambassadeurs anglais (Paris, 8 nov. 1514) que les pensions seront payées les 8 juin et 8 déc., au lieu des 1ᵉʳ mai et 1ᵉʳ nov., et fait restituer à la reine Marie son trousseau estimé 200,000 écus, bagues, joyaux, vaisselle, tapisserie, habillements et ornements de corps (Brewer, *op. cit.*, I, nº 1566; Arch. nat., J 950³, 14, 14³, KK 349).

I.

LA CONQUÊTE DU MILANAIS

De Beaune se trouve le 19 déc. 1514 à Tours, où il est allé régler ses affaires domestiques et ses comptes avec du Bouchage [1]; mais il doit bientôt rejoindre la cour pour besogner à l'état des finances, qui n'est point encore arrêté; la mort de Louis XII en retarde la conclusion [2].

François Ier confirme les généraux (7 janvier 1515) [3]. Jacques Hurault va bientôt prendre sa retraite au profit de son fils Raoul, ne conservant que la sinécure du comté de Blois (fin mars 1515); Thomas Bohier reste en fonction, et il est le doyen de promotion, il a la préséance dans les cérémonies officielles [4] et dans les signatures en commun [5]. Mais de Beaune a secouru le duc de Valois embar-

---

1. B. N., fr. 2969, fol. 171. Il y apprend la mort de son beau-frère le cardinal Briçonnet.
2. « Le roy Loys ne feist point d'estat de ses finances en ladite année. » (B. N., fr. 25720, 116).
3. Jacques Hurault apporte aux Comptes les cautions des receveurs des tailles de Picardie, le 10 janvier 1515 (B. N., fr. 5521, fol. 56), et Beaune comparaît, le 17, au Parlement pour son accord avec les Fumée (Arch. nat., X1c 248). Thomas Bohier se fait apporter à Reims, le 19, l'état au vrai de la généralité de Normandie (B. N., fr. 26114, 37).
4. Entrée du roi à Paris, le 15 février 1515 : « Venoit après mess. Louis Picot, président de la court [des Aides], accompaigné de mess. Thomas Bohier, tous deux vestus de robbes de velours noir. Les deux autres generaulx des finances [de Beaune et H. Bohier] venoient après, vestus comme les précédens » (B. N., fr. 23879, fol. 1-2).
5. Achat des navires envoyés par Jacques IV, roi d'Écosse, à Louis XII, en sept. 1513, don de 600 l. à François d'Alais, premier médecin du roi (Paris, 29, 31 mars, 18 avril 1515) : Th. Bohier, J. de Beaune, H. Bohier, R. Hurault (B. N., fr. 20593, fol. 42; fr. 20615, 42; fr. 26115. 25; Pièces orig. 2371; dos. 53235, 26; lat. 17064, 256; cf. *Epistolœ regum Scotorum*, I, 214-5).

— 118 —

rassé plus efficacement que ses collègues, et le duc, devenu roi, lui a fait don de 30,000 l., outre son remboursement [1].

Parmi les dépenses imprévues qui marquent le début du règne, quelques-unes répètent celles de 1498 : obsèques du défunt roi [2], sacre [3] et entrée à Paris [4], ambassades [5]. Il faut, en outre, entretenir la coûteuse amitié anglaise [6], asseoir le douaire de la reine Marie, remariée au duc de Suffolk, et payer les frais de son voyage d'Abbeville [7]; mais avant tout il faut achever l'entreprise du feu

---

1. « Dict ledit de Beaune que ledit sieur, de sa libérallité, lui avoit donné la somme de 30,000 l., après son advènement à la couronne, et d'icelles en a esté despéché lettres de don en forme deue » (*Bibl. Ec. des Chartes*, 1895, *Acte d'accusation de Semblançay*, art. 24). François Ier est endetté de 74,160 l. 17 s. 1 d. pour sa trésorerie générale, et de 68,745 l. 17 s. 1 d. pour son argenterie (Arch. nat., KK 289, fol. 408, KK 240). Le deuil de la reine Anne coûte 5,215 l. 10 s. 10 d., et le tournoi en l'honneur de Marie Tudor (Paris, nov. 1514), 38,392 l. 10 s. 4 d. Léon Barre, Jean le Maréchal et Jean le Large fournissent 60,350 l. 14 s. 7 d. de marchandise; Jean et Méry Testu, 8,840 l. 9 s. 8 d.

2. 59,202 l. 17 s. 2. d. (Arch. nat., KK 89; B. N., fr. 26149, 42, 96 à 96³, 99 à 99⁴, 100; fr. 25720, 113).

3. Beaune est chargé avec MM. de Boisy, de Saint-Séverin, de Genly et le bailli de Troyes d' « adviser avec les eschevins à faire les préparacions du sacre. » Le lendemain du sacre, Nicolas Goujon, qui avait été « commis à fournir de linge la table du roy et de MM. les pairs de France.... », exhibe un arrêt du Parlement d'août 1345, pour rentrer en possession des « nappes et serviettes », injustement retenues par Jacques de Caux et Guill. Lasnier, « lingers et gouverneurs de la goblerie » du roi (Arch. Reims, *Sacre des rois*).

4. La ville de Paris dépense 8,449 l. 18 s. 6 d. parisis (B. N., Moreau 1068, fol. 28). Cf. *ibid.*, Pièces orig. 1938, dos. 44605, 2; le Glay, *Négociations de la France et de l'Autriche*, II, 60, 67.

5. Dons de vaisselle aux ambassadeurs de l'archiduc Charles et du roi Ferdinand (B. N., fr. 4526, fol. 32; fr. 5118, fol. 36).

6. L'évêque de Reggio condamne François Ier à observer le traité de Londres, le 8 mai (Arch. nat., J 1044, n°s 32, 34).

7. « Nous a convenu bailler l'assignal du douaire de nostre très

roi et reprendre le Milanais : on ordonne la levée de 10,000 lansquenets [1], et la dépense de la campagne est estimée à 1,567,500 l. (20 avril) [2].

La cour quitte Paris le 24 avril. Beaune va solliciter un emprunt à Poitiers (8 mai) [3], et il retourne à Blois, pour le paiement des lansquenets, qui marchent déjà sur la Bourgogne [4]. Il suit le roi, qui part d'Amboise, le 29 juin, après avoir confié la régence à sa mère, et, de Bourges, il écrit à l'auditeur Fléart [5] et à M. de Laubépin, représentants de du Bouchage en Dauphiné, pour les prier de se trouver à Lyon le mercredi 10 juillet ; ils ne répondent à son appel que le vendredi 12, au matin [6].

L'après-midi de ce jour, « le roy a tenu conseil pour

chère dame et belle-mère, aussi payer 25,000 escuz, à quoy l'on a composé avec les gens de nostre bon frère, cousin et allié, le roy d'Angleterre, pour la despence qu'il avoit faicte pour la conduicte de nostredite belle-mère, sa sœur, et de sa compaignie, depuis Londres jusques à Abbeville, où fut solempnisé le mariage de feu nostre beau-père et nostredite dame et belle-mère, *laquelle despence ledit roy d'Angleterre n'estoit tenu faire*, et dont il nous demandoit les fraiz, montans à plus de 30,000 escuz. »

1. B. N., ital. 1997, p. 317 (14 mars).
2. On doute, au dehors, de la possibilité d'une campagne immédiate : « Per il disordine de danari in che si trova il Christianissimo » (14 fév. 1515). « Non ha danari da far impresa per questo anno » (Paris, 14-17 avril). *Arch. storico italiano*, XIX, 234 ; Sanuto, *op. cit.*, XX, 175.
3. Arch. Poitiers, carton 99, reg. 14 ; *Arch. Hist. du Poitou*, IV, 277-8 ; B. N., fr. 25729, 15-16. Cf. Arch. Rouen, A[10], fol. 373 ; Arch. Reims, BB[5], fol. 175 ; Arch. Troyes, A[3], fol. 194, etc.
4. Sanuto, *op. cit.*, XX, 273.
5. Beaune écrit à l'auditeur Fléart (Amboise, 25 juin), au sujet de 8,000 l. versées par du Bouchage à Jean Prunier, clerc du trésorier de l'extraordinaire Babou. — Prunier devient receveur de Languedoïl, en avril 1516, à la place de Jean Brachet, qui lui laisse 100 ou 120,000 l. de rentes à recouvrer (*Acte d'accusation de Semblançay, loc. cit.*, art. 25).
6. B. N., fr. 2969, fol. 99.

— 120 —

prendre délibéracion en son affaire. » Des contrôleurs sont commis dans les bonnes villes à la surveillance des octrois municipaux [1], et on décide d'affermer pour dix ans la fourniture des greniers à sel [2]; les frais de l'extraordinaire sont évalués maintenant à 1,800,000 livres [3]. De Grenoble (8 août), pendant que Thomas Bohier et Raoul Hurault passent les monts, ainsi que Guillaume de Beaune, fils du général [4], celui-ci retourne à Lyon [5], et demande au Parlement les deniers des consignations [6]; il reçoit aussi les

1. Le 19 août, de Beaune est logé à Lyon, chez Barth. Bellièvre, avec le président de Paris, le vice-chancelier et les seigneurs du Conseil, pour ouïr les comptes de la ville des sept dernières années (Arch. Lyon, BB 32, fol. 410).

2. Arch. nat., U 665, fol. 181, 213 (23 juillet).

3. L'ordinaire (ou paiement des 3,010 lances) est de 1,136,320 l. (B. N., fr. 4523, fol. 45). Cf. onze décharges de Jean Brachet, receveur de Languedoïl, à Jean Poncher, trésorier des guerres, 20 août 1515 (Ibid., fr. 5118, fol. 26-27).

4. Il signe, comme notaire du roi, à Paris, le 7 janvier 1515, et remplace Raoul Hurault à l'audience de la chancellerie en mars (Arch. nat., Z[1h] 52, fol. 178; B. N., lat. 5984). — Pasquier le Moyne raconte qu'à Marignan « MM. le chancellier, général [Bohier], Coustances, Lisieux, estoient le soir, durant l'alarme, en la plaine près l'arrière-garde, en armes, et gens de biens et bons serviteurs du roy, et *le filz de Mgr le général de Beaulne*, audiencier de France, bien monté et armé, et la Vernade, maistre des requestes, aussi se monstrèrent gens vertueux » (*Voyage et conqueste du duché de Milan, en 1515*, Paris, Couteau, 1520, in-4).

5. « J'ay suivy le roy jusques à Grenoble, et n'a pas vollu que plus avant je soye allé, et m'a commandé m'en retourner en ceste ville pour actendre son passaige delà les montz, et pour dépescher MM. les trésoriers des guerres et de l'extraordinaire. » De Beaune se plaint de la guerre : « Je voy nostre affaire venir en grant longueur. Dieu veille tout bien conduyre. Le païs souffre, le temps et la soulde se consumera » (Lettres à du Bouchage, Lyon, 12 juillet, 12 août 1515). Henri Bohier n'arrive à Lyon que le 11 sept., après avoir été tenir les États de Languedoc au Puy (Arch. Lyon, BB 32, fol. 422).

6. Réponse du Parlement, 7 sept.; nouvelle lettre du roi, 6 nov. (Arch. nat, X[1a] 9324, fol. 13; X[1a] 9322, fol. 81).

prêts des particuliers [1] et correspond avec ses deux collègues d'Italie [2]. Bernard Salviati conclut un marché d'artillerie (12 octobre) [3], et la Fayette met Boulogne-sur-Mer [4] en état de résister à une attaque possible de l'Angleterre [5].

---

1. Hélie, sieur de Polignac et de Fléac, 2,500 l. (17 oct.); Louise de Valentinois, 12,565 l. 16 s. 10 d., en 906 marcs 7 onces de vaisselle d'argent (18 nov. 1515); Lancelot du Fou, évêque de Luçon, 199 marcs 1 once de vaisselle, etc. Cf. B. N., fr. 647, fol. 55 v°.

2. B. N., fr. 647, fol. 46. Bohier et Hurault se portent garants envers Maximilien Sforza des 100,000 écus qui lui sont promis, le 5 oct. 1515, pour la capitulation de Milan (B. N., fr. 20615, 38, 43; Arch. nat., KK 289, fol. 464 v°), et Bohier prête 15,000 l., le 6 nov., à Vigevano (B. N., fr. 25720, 28). Il faut acheter la retraite des Suisses et récompenser les lansquenets, à qui 144,000 l. sont distribuées (B. N., fr. 647, fol. 43 v°).

3. 479,610 lb. de soufre, 81 fauconneaux de fonte « montez et affutez sur rohes », 1,550 lb. de poudre à canon : le tout pour 25,347 l. (Arch. nat., KK 289, fol. 466 v°). C'est peut-être à l'occasion de ce marché que Beaune reçoit une tapisserie de 140 l., 15 aunes de velours violet et une haquenée (*Acte d'accusation de Semblançay*, loc. cit., art. 7).

4. Lettres du roi à M. de La Fayette, capitaine de la ville, 20 janv., 26 juin (B. N., fr. 3057, fol. 17, 141); lettres de la régente, Amboise, 20-30 août, 23 sept., 16 oct.; Moulins, 5 nov.; La Palisse, 10 nov.; Lyon, 2 déc. 1515 (*Ibid.*, fr. 2934, *passim*); lettres de la reine Claude, Blois, 15 oct. — « Le général de Beaune m'a dit que luy voudriez avoir dit des choses que ne povez escripre. Il vous envoye un chiffre afin que luy mandiez en haste » (Moulins, 5 nov.). « J'ay receu vos lettres et veu celles que escripvez au général de Beaune touchant l'advertissement que vous faictes pour tenir la ville de Boulogne fournie de vivres » (Lyon, 2 déc.) — Sur les travaux de Boulogne, cf. B. N., fr. 26114, 129; 26115, 147.

5. Sébastien Giustiniani écrit de Londres, le 3 juillet, que Henri VIII ne croit pas aux succès de François Ier : « Je ne sais ce que sera ce jeune homme (ajoute le roi d'Angleterre); tout ce que je puis dire, c'est que c'est un Français, et que je ne sais pas jusqu'à quel point vous pouvez vous fier à lui.... » (Rawdon Brown, *Four years at the court of king Henry VIII*, I, 101). Henri VIII écrit, le 11 sept., une lettre aigre-douce au « jeune homme. »

Les banquiers italiens de Lyon [1] avancent 300,000 écus [2].

1. Florentins, Siennois, Lucquois, Génois et Milanais (ceux-ci jusqu'en 1498). Ils sont constitués en nations, chacune avec son consul et sa garde. Ils détiennent le commerce des soieries et la banque. Louis XI eût pu les ruiner en 1470, mais il ne le fit pas (cf. *supra*, p. 4). Le 31 août 1473, ils offrent 5 ou 6,000 fr. pour « abolicion de la deffense de l'espicerie et du trehu de cinq pour cens mis sur les draps de soye » (Arch. Lyon, BB 12, fol. 51-2). Le 23 mars 1476, ils sont taxés pour l'entrée du roi à Lyon : Guill. Paci et Fr. Nasi, 300 écus ; Lazare Grimaldi, 100 ; Neri Capponi et Bart. Bondelmont, 200 ; les frères Braque, 200 ; Bart. Nasi, 200 ; Laurent de Médicis, 800 (*Ibid*, BB 13, fol. 37 v°). Pour d'autres prêts, cf. *ibid.*, BB 14, fol. 33, BB 16, fol. 145-6, CC 474, 24-5, 33, 38, 41, 44-5, 47, 52, 65. Vers 1495, ils avancent 10,000 l. en quatre ans, à 10 0/0 (*Ibid.*, BB 22, fol. 92 v° et suiv. ; BB 24, fol. 28 v°). — Sous Louis XII, ils sont continuellement sollicités par la ville de Lyon : traite des blés (19 mars 1501), pont du Rhône (18 mai 1507), entrée du roi (6 juillet 1509), fortifications et artillerie (8 août 1512, 3 sept., 20 déc. 1513), etc. (*Ibid.*, BB 24, fol. 309 ; BB 27, fol. 109, 329 ; BB 30, fol. 65 v°, 259 ; BB 32, fol. 2). — Mais Louis XII ne leur emprunte pas d'argent, il s'en sert seulement comme d'intermédiaires pour envoyer à Rome l'argent destiné à obtenir son divorce, en 1498 (B. N., Clair. 158, 88), pour toucher la pension de Naples due par l'Espagne, et payer l'investiture du Milanais à Maximilien. En 1512, ils paient la somme dont M. de Duras a convenu avec le cardinal de Sion pour la capitulation de Crème (Arc. nat., X¹ᵃ 246), et, le 14 juin 1514, ils avancent la rançon du duc de Longueville, dont de Beaune se porte garant avec ses collègues. La rançon de Pierre Navarre (prisonnier depuis trois ans), qui est de 20,000 écus, accordée en récompense à Longueville, coûte 11,200 l. d'intérêt, d'août 1515 à Pâques 1517 (B. N., fr. 20382, fol. 60 ; cf. le Glay, *op. cit.*, II, 81).

2. Lettres de l'ambassadeur florentin (Lyon, 27 janvier ; Avignon, 5 fév. 1516), dans Desjardins, *Négoc. de la France et de la Toscane*, II, 759. — Ces banquiers avancent les 100,000 écus de Maximilien Sforza. Leur colonie est fort importante : « Le roy (écrit de Beaune) fist hier son entrée, et les gens de ceste ville *et estrangiers* ont bien fait leur devoir de le recevoir honnorablement. » Cf. Lud. Lalanne, *Journal d'un bourgeois de Paris sous le règne de François Iᵉʳ*, p. 15 : « où il fut moult honnorablement receu, tant par les cytoiens de Lyon que par *les Italyens qui estoient à Lyon.* » Le roi leur accorde pour dix ans la ferme des droits d'entrée sur les draps ; ce qui ne l'empêche point, à son retour d'Italie, d'octroyer des privilèges aux Allemands, et de renouveler ceux des Suisses (14 mars, 7 déc. 1516).

De Beaune rejoint Louise de Savoie, qu'il ne va plus quitter pendant quatre mois [1] (sept. 1515-janvier 1516) : il entérine ses lettres patentes [2] et assiste ordinairement à son Conseil, avec les évêques de Paris et de Senlis, MM. de Bussy, de Montmorency, du Bouchage, d'Eschanetz et de Vatan, à Amboise [3], à Moulins [4], à Lyon [5], puis en Provence.

La régente lui confie l'administration de son douaire [6], avec le titre de général de ses finances : il met son attache aux lettres de Louise [7], et, sur ses mandements [8], expédie

---

1. Le 11 mars, Laurent Massonneau vient trouver Beaune à Paris pour la confirmation des privilèges de Tours ; Gilles Desquartes, receveur de la ville, se rend deux fois auprès de lui à Blois et à Amboise (sept.-oct.), et son clerc, Michel Chevalier, avance, le 2 sept., les 160 écus nécessaires pour la confection de la charte. — Cf. deux lettres à du Bouchage (B. N., fr. 2969, fol. 153 et 155, Amboise, 9-11 oct.) : la reine et Madame vont en pèlerinage à N.-D. de Fontaines et à la Guiche.
2. B. N., fr. 22405, fol. 274 (22 nov.).
3. Amboise. 15 oct ; Marseille, 26 déc. 1515; la Sainte-Baume, 2 janvier 1516; Aix, 8-9 janvier; Saint-Maximin, 21 janvier (B. N., Pièces orig. 2084, dos. 47439, 25; Arch. B.-du-Rhône, B 24, fol. 410 v°; B 25, fol. 321, 331 v°, 368, 383 v°).
4. Moulins lui offre un banquet au passage, 5-8 nov. 1515 (Arch. Moulins, 286). — Madame est à Bléré, le 20 oct. ; à Eygurande, le 28 (Arch. B.-du-Rhône, B 22, fol. 268 v°; B. N., Clair. 144, 82).
5. Il est à Lyon le 15 nov. (Arch. Lyon, BB 34, fol. 106-7).
6. Ce douaire est plus compact que celui d'Anne : Maine et Anjou (aides, tailles, domaine), Amboise, Épernay, Romorantin, etc. — Son fils lui fait de fréquentes largesses : en 1517, par exemple, il lui abandonne les restes du receveur général de Languedoïl, Fr. Briçonnet (mort en 1502), soit 37,886 l. 5 s. (B. N., fr. 18484, fol. 344); elle a aussi le profit des confirmations d'office, que le roi accorde, non plus de sa « pleine science », mais « à la requeste de sa très chère et très amée mère » (300,000 écus, d'après l'ambassadeur florentin), et c'est ainsi que, de 1518 à 1520, l'évêque de Senlis et le Bâtard de Savoie composent avec les procureurs de Villeneuve-de-Rouergue, du Mont Saint-Michel, d'Angle, de Salon, et des boulangers de Pontoise.
7. B. N., fr. 26115, 175. Arch. nat , X1a 8611, fol. 299; P 1304, cxiii. Bib. Nantes, ms. 668, fol. 26. Cf. Arch. Amboise, II, 3.
8. B. N., dom Housseau, IX, 4184.

— 124 —

des décharges [1], qui sont contresignées par le receveur [2] et le contrôleur général [3]. Elle lui donne 30,000 l. [4] et acquiert de Mme de Vendôme la seigneurie du Clos-lez-Amboise (9,000 l.), qu'elle échange avec le duc d'Alençon contre la prévôté de Neufvy, le fief des Ponts-de-Tours et la baronnie de SEMBLANÇAY, dont elle fait cadeau à son général (24,000 l.). *Jacques de Beaune portera désormais le nom de sa nouvelle terre (9 déc. 1515)* [5]. Ces 33,000 l. remises par Semblançay à sa maîtresse, à Lyon, le 19 mars 1516 [6], sont prélevées sur des sommes reçues par lui, en

1. B. N., fr. 26117, 510; Pièces orig. 248, dos. 5444, 70.
2. Séraphin du Tillet, puis Guill. Ruzé, neveu de Beaune (1517). Sur la maison de Louise de Savoie, cf. B. N., fr. 7853, fol. 333-8.
3. François Bonjan, puis Philibert Babou, qui est remplacé à la trésorerie de l'extraordinaire des guerres par Lambert Meigret.
4. Mais il ne reçoit que 26,769 l. (*Acte d'accusation de Semblançay, loc. cit.*, art. 19 et 24).
5. Que subsiste-t-il aujourd'hui des constructions antérieures à 1515 ? Un vieux donjon de la fin du XIIe siècle, de 8 mètres de côté, s'élève sur une motte, au milieu d'un ancien marécage. On voit un reste de cheminée au nord, et à l'est un escalier soutenu par un pilier pris dans l'épaisseur du mur. L'étage inférieur est le magasin d'approvisionnement ; la pierre y est à peine travaillée, au lieu qu'elle est soignée au premier étage. Il y a deux fenêtres par côté, sauf à l'est. On remarque les orientations successives de la porte d'entrée : d'abord, au nord, et très haut ; puis, au XIIIe siècle, un couloir incliné aboutit à un contrefort, au sud-est, et une fenêtre a été grossièrement transformée ; enfin, on a fait une entrée au sud au XVe siècle. Les contreforts sont énormes, et l'appareil est parfait. Le manteau de la citadelle n'offre rien de curieux ; c'est une construction refaite au XVe siècle. — Les fiefs de Semblançay et des Ponts de Tours, confisqués sur le duc d'Alençon, le 10 oct. 1458, sont donnés au sieur d'Aubusson, le 16 fév. suivant, mais Louis XI les rend au duc, le 11 oct. 1461. Cf. Arch. nat., X^{Ia} 9317, fol. 53 (lettre de Louis XI, avril 1478). Jean Gaulart est receveur de Semblançay et des Ponts-de-Tours (1470-3), puis Jean le Menant (1512, Bibl. de Tours, ms. 1370, fol. 141, 148, 149, 155-6) : paisson et glands de la forêt, 150 lt. ; greffe de Semblançay, 102 s. 6 d. ; vente « du bois abatu tant par le vent que par les larrons, tant de jour que de nuyt », 7 l. 10 s., etc.
6. B. N., fr. 2941, fol. 29 v°, 47 v°.

LANÇAY

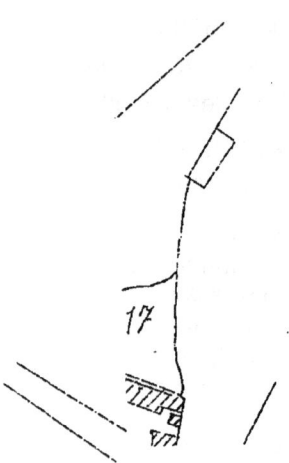

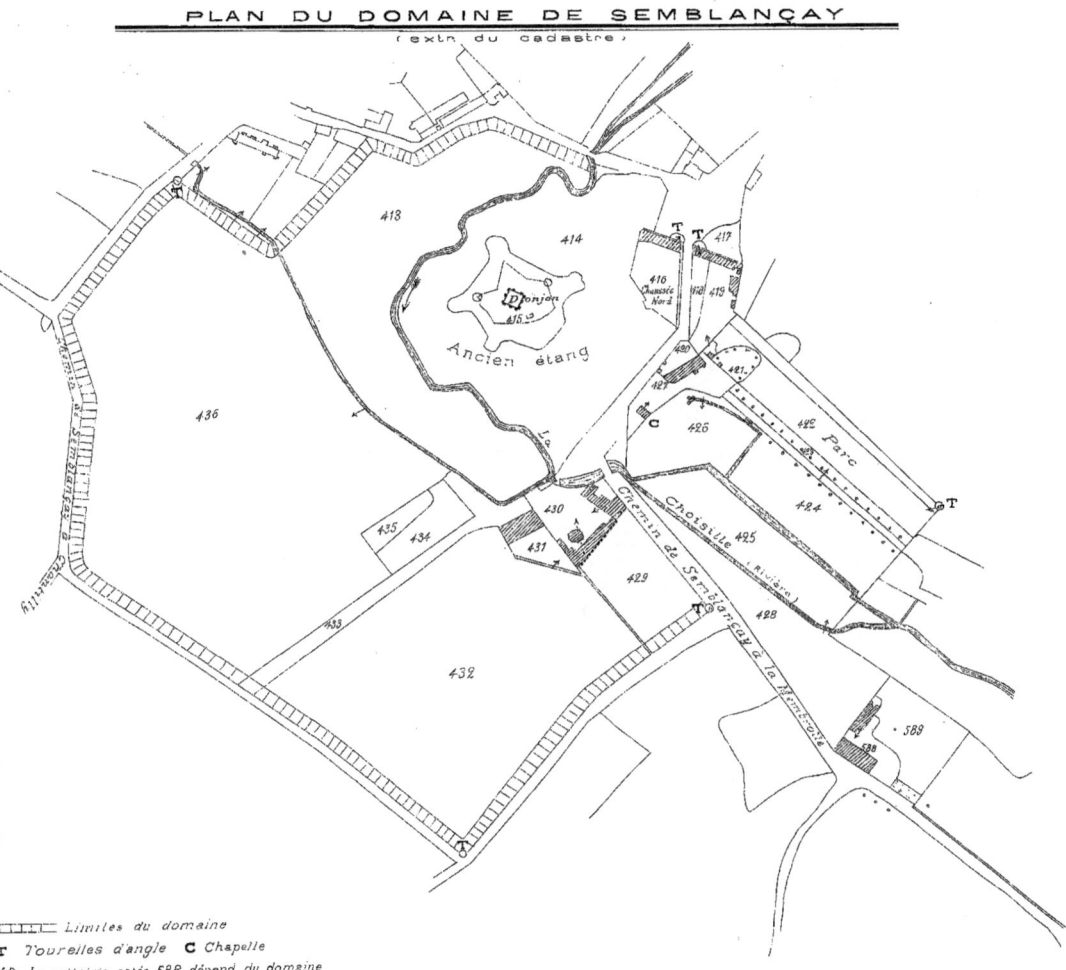

PLAN DU DOMAINE DE SEMBLANÇAY
(extr. du cadastre)

⊥⊥⊥⊥⊥ Limites du domaine
T Tourelles d'angle C Chapelle
N.B. La métairie cotée 588 dépend du domaine

dépôt, au cours de l'année écoulée [1] ; mais, administrateur, il ne peut être régulièrement comptable, et il ne prête pas serment : il touche ainsi 22,000 l. des traites d'Anjou sans en faire aucune reconnaissance à Madame, et parfois il se contente d'un récépissé.

Cependant le roi revient d'Italie [2], et visite la Sainte-Baume pour rendre grâces à Dieu de sa victoire [3]. Mais il

---

1. 167,000 l. : le prix de l'office de comptable de Bordeaux, acheté par du Tillet (35,601 l. 5 s. 8 d.) ; les consignations autrefois faites en Parlement pour Aulnay, Matha et Maulevrier (14,996 l. 2 s. 7 d.), etc. Cf., au sujet de cette affaire d'Aulnay, une transaction avec Adrien de Montberon, 14 fév. 1517 (Arch. nat., P 1407^1, vi^{c}iii^{xx} et vi^{c}iii^{xx} bis; PP 100, 2e part., 33e liasse).

2. Il fait don de 40,000 écus au chancelier Duprat, au grand maître Boisy et à l'amiral Bonnivet, sur l'argent dû au feu roi Louis par la seigneurie de Sienne (B. N., fr. 15628, fol. 355). Cf. une lettre du cardinal Bibiena, 14 juillet 1518 (*Lettere de principi*, Venise, 1570, fol. 19).

3. On rivalise de générosité pour doter l'église de Saint-Maximin, voisine du saint lieu, et qui est en construction à cette époque (la 6e travée de la nef est achevée, et le prieur Damien a fait marché pour en ajouter trois autres, le 15 déc. 1512). Henri Bohier donne la relique d'un martyr de Cologne ; Gervais de Beaumont, président du Parlement de Provence, Foucquet de Saint-Jacques et Semblançay font faire des retables. Celui du financier ne sera terminé que le 29 mai 1520, et coûtera 333 florins 4 gros : « Eodem anno, et de mense julii, fuit completum retabulum Crucifixi Domini Nostri, in quo est passio ejusdem, scilicet expensis strenui militis Jacobi de Beauno, civis Turonensis, pro quo solvit florenos 333, grossos 4.... » (reg. de Damien). L'auteur est Antoine Ronzen, Flamand ou Hollandais émigré à Venise. Le détail du costume et du paysage est minutieux ; mais la peinture des seize médaillons qui encadrent la Descente de croix est médiocre, la perspective est absente, les personnages sont contournés, les jambes, démesurées, et les têtes, hors de proportion avec le corps. Sur le tombeau du Christ, on lit :

> *Messire Jaques de Beaune,*
> *chamberlan du roy, seigneur*
> *de S. Blanchay, a fait fere cest*
> *autier, 1520, et 29 de may.*

On a cru retrouver les figures du donateur et de sa femme dans ce

apprend la mort de Ferdinand le Catholique, et il fait aussitôt des projets sur Naples, tandis que Maximilien, soutenu par l'or anglais [1], envahit le Milanais. C'est, semble-t-il, la guerre générale : il prend Prospero Colonna à son service, promet 9,800 l. à La Fayette pour terminer les travaux de Boulogne-sur-Mer [2], et recueille des fonds pour repousser l'Empereur (30 mars-12 avril) [3]. — Semblançay,

retable. — Cf. *Bulletin monumental*, XIV, 606-620 ; Faillon, *Monuments inédits sur sainte Madeleine*, I, 1036 ; abbé Albanès, *Hist. du couvent royal de Saint-Maximin* (1880) ; id., *Revue des Sociétés savantes*, 7e série, II, 214-7 ; L. Rostan, *Notice sur l'église de Saint-Maximin* (3e édit., 1886) ; id., *Iconographie de l'église de Saint-Maximin, le retable du Crucifix* (Brignoles, 1886). Ce dernier ouvrage donne une reproduction du retable.

1. Rawdon Brown, *Four years at the court*, etc., I, 148-221 (17 déc. 1515-8 mai 1516).

2. Lettre du 28 avril : « Je ne vouldray commencer ne estre cause de guerre ; mais si de leur part ilz commencent, je me revancheray. » Cf. une lettre vénitienne du 16 avril (B. N., ital. 1998, p. 7).

3. Semblançay écrit à Mme d'Aumont, gouvernante de la princesse Louise (née le 19 août 1515) : « Touchant la chappelle de la petite dame, dont souvent me sollicitez d'y estre fait diligence, et aussi qu'elle soit belle et honneste, je vous advertiz que je y ay aussi bon vouloir que nul autre. Mais quant vous entendriez et seriez bien advertie comme *l'on trouve estrange par deçà la despence à quoy a monté la vaisselle et chappelle d'icelle dame*, qui est de 5 ou 6,000 l., vous ne auriez l'opinion qu'il semble par vosdites lettres que avez qu'il tiengne à moy. J'espère que entre cy et quinze jours, il se prendra conclusion en l'estat et affaire de madite dame » (Aix, 29 janv. 1516, B. N., fr. 3925, fol. 172). — Une crue de taille est indispensable, « quelques retranchemens et recullemens que ayons faitz sur toutes les parties de nostre estat, où nous avons vacqué par plusieurs journées avec les gens de noz finances », et il faut emprunter : des marchands de Bourges prêtent 8,640 l. ; M. d'Orval, 4,000 l. ; Duprat, 4,000 l. (13 avril) ; la duchesse de Bourbon, 1,750 l. (19 avril) ; Bonnivet, 2,400 l. (11 avril). Cf. B. de Mandrot, *op. cit.*, p. 254-5, pour un prêt de du Bouchage (18 avril). — Le roi engage pour trois ans la gabelle du Rhône aux Italiens de Lyon (Sanuto, *op. cit.*, XXII, 167), et prend un trimestre des gages du Parlement. Il veut aussi savoir l'état au vrai des octrois municipaux (Lyon, 11 mars), et il emprunte aux bonnes villes (Colombiers, 19 avril).

ui a ses entrées au Conseil [1], désire la paix. Le grand
aître se rend à Noyon, pour traiter avec les conseillers
e Charles, héritier de Ferdinand : la question de Naples
st réglée et Maximilien, isolé en Lombardie [2]. Aussi le
onseil ne prévoit-il la continuation de l'extraordinaire
ue jusqu'au 1er octobre (Lyon, 8 juillet) [3].

1. « Sire, des nouvelles de ceste court et des gens qui se trouvent
a Conseil, le roy s'y trouve souvent, et Madame ordinairement.
gr y est aucunes foys, Mgr d'Orval y est ordinairement, Mgr de la
rémoille, Mgr le chancellier, Mgr le Bastard de Savoye, Mgr de Mont-
orency, Mgr d'Eschenayes, *Mgr le général de Beaune, quant est ques-
on de finances;* Mgr de Villeroy est secrétaire ordinaire au Conseil, et
obertet quant il y est. » (Lettre du s[r] de Lussan au roi de Navarre,
yon, 14 mai). Semblançay remet 500 l. à Georges de Duras, sieur de
illy, « pour convertir en la despance de M. d'Albret, roy de Navarre »
1 avril 1516, Arch. nat., J 958). — Composition du Conseil: Paris, 20 avril
515 : « M. le duc de Bourbon (connestable de France), vous [chance-
er], les sires de Lautrect, de Boisy (grant maistre), et de la Palice
mareschal), *les généraulx des finances,* et autres présens. » Grenoble,
août : « MM. les ducs d'Alençon et de Vendosme, vous, le Bastard de
avoye, les sires de Boisy (grant maistre de France), de la Trémoille et
e Chandenier, *les généraulx des finances,* et autres présens. » Lyon,
juillet 1516 : « M. le duc de Bourbon (connestable de France), vous,
e Bastard de Savoye, les sires de Boisy (grand maistre), de la Palisse
mareschal), de Bonnivet et d'Eschanetz, *les généraulx des finances,* et
utres présens. » Cf. F. Decrue, *De consilio regis Francisci* I, p. 37-8.

2. « Nous avons eu beaucop d'affaires pour nostre guerre de Mylan
mande-t-il à du Bouchage), et la despence continue grosse.... » (Lyon,
2 avril). Le 10 mai, les nouvelles d'Italie sont meilleures : « L'Empereur s'en est du tout retiré, et aussi les Suisses et lansquenets qui
estoient à sa soulde. Mais que d'ailleurs ne viegne aultre despence. »
Et il espère que Boisy réussira dans sa négociation. « Là despend
une partie du repoux ou de la guerre, dont le povre peuple n'a besoing. » Puis, il apprend que Lautrec, mettant à profit la retraite de
Maximilien, assiège Vérone : « Dieu veille que nous ayons Vérone
pour estre hors de guerre de ce cousté, pour avoir repoux au royaulme,
qui en a bon besoing » (la Tour-du-Pin, 7 juin). La paix de Noyon est
signée le 13 août. Cf. B. de Mandrot, *op. cit.*, p. 256; Lanz, *Monumenta
Habsburgica* (Vienne, 1856), p. 24 et suiv.

3. Les emprunts continuent : Thomas Bohier, 30,375 l.; le duc de
Vendôme, 6,159 l. 11 s. 3 d. (B. N., fr. 25720, 47 ; fr. 20393, 66, 70). —

La cour regagne alors Amboise à petites journées et s'arrête à Moulins, à cause de la crue de la Loire. Semblançay prend les devants à Roanne « pour aller veoir comment le logis est acoustré » (21 juillet), et il envoie son neveu Guillaume, receveur de Touraine, annoncer sa venue à du Bouchage [1] et s'excuser de n'avoir point encore levé la décharge de sa pension. Pour l'instant, on ne songe qu'aux fêtes : « Il n'a esté prins encore de conclusion en l'estat; le tout a esté remis en ceste ville, à la venue du roy, qui porra estre vers la my aoust. » Après avoir mis Amboise en point, avec l'aide de François Bonjan, il se rend à Tours pour régler l'entrée prochaine du roi (28-31 juillet) [2].

Il en profite pour vaquer à ses intérêts privés [3] : il rend hommage à Madame pour sa baronnie (Tours, 22 août) [4], pendant que le duc d'Alençon fait de même pour le Clos (Amboise, 2 sept.) [5], et il cède sa charge de général de Lan-

Lautrec demande 50,000 ducats à Ferrare, et 30,000 à Mantoue (Sanuto, *op. cit.*, XXII, 296, 312).

1. Le 8 juin, il lui a écrit, de la Tour-du-Pin : « Mon filz [Guillaume], qui est par dela, vous yra veoir *comme son segond père.* »
2. Il fait faire des panonceaux « pour les enffans qui ont cryé : « Vive le roy! » *Mém. Soc. Arch. de Touraine*, XX, 55.
3. « J'ay trouvé beaucop d'affaires par dessa, pour ce qu'il y a longtemps que n'y avoye esté » (B. N., fr. 2969, fol. 123, 123 *bis*).
4. Arch. nat., P 13, XXVI. Le 6 sept., il cède à Madame une maison pour « croistre le chemin » d'Amboise au Clos, et il reste, à ce prix, maître incontesté de la prévôté de Neufvy : « Nos officiers (dit Louise) auroient fait mettre et afficher un poteau de bois audit lieu, auquel avoit un collier ou limier de fer, pour punir les délinquans. Lequel poteau, quatre ou cinq ans a, les officiers de la baronnie de Semblançay auroient fait arracher et iceluy emporté à Tours. » (Arch. nat., P 2304, p. 89). — Semblançay aura encore d'autres difficultés le jour de l'inauguration des foires que le roi lui concède à Neufvy, 24 fév.-12 déc. 1519 (*Ibid.*, Y 6⁴, fol. 43). Le roi lui accorde en outre une chambre à sel à Neufvy.
5. *Ibid.*, P 11, m^{c}m^{xx}vi.

uedoïl [1] à son fils Guillaume [2]; il devient enfin gouver-
eur et bailli de Touraine [3].

II.

LE POUVOIR DE 1518

Mais il administre toujours la « grand charge » sous le
om de son fils Guillaume, comme il a géré la maison de
a reine Anne sous les noms de son fils Jacques et de Raoul
Iurault. Il devient général honoraire, sans acquérir au-
une attribution d'ordonnancement qui le mette au-dessus
e ses collègues, et *c'est à tort qu'on a voulu voir en lui
in surintendant.*

Chacun des généraux est « surintendant » en sa charge [4],
ls y sont tous quatre égaux et tout-puissants. Ils ne se
éunissent que sur l'avis du Conseil privé, dont ils forment une section ou commission périodique. L'état général annuel, fruit de leurs quatre volontés, n'est qu'un tableau approximatif, sur le papier, des recettes et dépenses
possibles, avec une répartition sommaire des divers ar-

1. Cf. un rôle de postes (avril-sept. 1516) montant à 6,223 l. 15 s. 8 d.,
et un autre des menus plaisirs du roi (juillet-sept. 1516), tous deux
tenus par Jean Prunier (B. N., fr. 5118, fol. 38-40; fr. 26115, 151).

2. Guillaume a Nicolas de Neufville pour successeur à la chancellerie et signe, comme général, dès le 6 sept. (*Ibid.*, P 1372², 2085). Il a
été jusqu'alors trésorier général de la reine Claude, et il est remplacé
dans cette charge par Jacques, le fils de son cousin Guillaume, receveur de Poitou ; celui-ci sera lui-même trésorier des princesses Charlotte et Louise.

3. 3 nov. 1516. Il prête serment au Parlement le 22 janv. suivant.

4. L'expression de *surintendance* est fréquemment employée, même
pour de simples commissions à temps : ainsi Charles VIII charge des
magistrats, le 20 sept. 1496, de corriger les abus de la gabelle « sous
l'autorité et suprintendance » du cardinal de Lyon (Arch. nat., U 665,
fol. 62).

ticles entre les quatre circonscriptions. Les paiements ne se font qu'en vertu des quatre états particuliers et des rôles qui en sont expédiés aux quatre receveurs. Une fois ces quatre états dressés, l'état général n'est plus qu'une pancarte « pour donner addresse aux officiers comptables et pensionnaires et les advertir devers lesquelz des trésoriers ou généraulx de France ilz se doibvent retirer pour avoir leurs assignations. » Il garde cependant sa valeur fiscale, car il est calculé par les « gens de finances » sur les papiers qui leur sont envoyés par les receveurs du domaine, des aides, de la taille et par les grènetiers. Mais l'original est envoyé à la Chambre des Comptes, et chaque année le travail d'ensemble est à recommencer, sans que l'on ait sous la main les éléments de comparaison des exercices précédents. — En dehors de l'état général, la présence des généraux est indispensable pour toute mesure de finances, et le Conseil ne peut rien faire sans eux. En cas d'urgence, leur convocation peut être difficile, car ils sont ambulatoires. En fait, unis par d'étroits liens de famille, ils s'entendent ; mais qu'arriverait-il si la discorde se mettait entre eux? Leur collège manque d'une volonté supérieure et dirigeante.

Quant au recouvrement des deniers « casuels et inopinés », c'est-à-dire provenant des innombrables expédients destinés à compléter les ressources régulières, il est confié à des commis spéciaux et transitoires, au lieu d'un comptable unique et permanent. Cette multiplicité de fonctionnaires sert les intérêts des généraux, qui « casent » leurs parents, comme on le leur reprochait déjà en 1505 [1] ; mais elle nuit à la rentrée des fonds. Il faudrait une caisse centrale, réserve, épargne ou trésor de guerre, où l'on ne

---

1. Cf. *supra*, p. 92.

puiserait qu'à la dernière extrémité. Louis XII a pu un instant immobiliser 400,000 l. entre les mains de Robertet [1]; mais le dépôt a été éphémère, et le roi, si ménager qu'il fût, s'est trouvé pris au dépourvu, à la première guerre, car 200,000 l. annuelles de « parties inopinées » sont dérisoires [2].

Le mode de paiement, enfin, est défectueux. Sans doute, le système des décharges économise le voyage des sacs d'écus et de billon, qui exciteraient en route la convoitise des voleurs; mais il est injuste de mettre les frais et les risques du recouvrement à la charge des particuliers. Et ceux-ci s'adressent aux généraux, qui se trouvent dans une situation bizarre : administrateurs à la fois et comptables (à titre privé, il est vrai). — Ces décharges exigent en outre le concours de trois agents : général, receveur et contrôleur.

Le régime financier du xive siècle, réorganisé en 1443-5, est compliqué, dans son apparente simplicité, et il a créé une oligarchie bourgeoise, qui encombre les postes de l'Église et de l'État. Les généraux excitent la jalousie universelle : les représentants des libertés provinciales, États ou cours souveraines, leur sont naturellement hostiles; le clergé et la magistrature redoutent ces intrus envahissants; la noblesse méprise ces parvenus, dont l'ingéniosité fiscale lui permet seule, pourtant, de briller sur les champs de bataille.

Le mouvement de centralisation, observé en province sous le règne précédent, reprendrait-il après la campagne

---

1. Cf. *supra*, p. 35, note 1, 90.
2. Scipion de Gramont écrit encore en 1620, dans son *Denier royal* (p. 66) : « Pour le regard de France, elle ne sçait nullement que c'est que réserve, s'estimant bien heureuse, quand il n'est deu rien au bout de l'année et qu'on n'anticipe sur les quartiers. »

de Marignan, pour se retourner contre ses champions, les généraux? Un roi aussi autoritaire que François Ier briserait-il leur « quatuorvirat », rival du Conseil privé? Mais la refonte d'une organisation vieille d'un siècle et demi ne peut se faire d'un trait de plume, et le concours de ces puissants financiers, ordonnateurs et banquiers à la fois, est indispensable à l'ambition du roi, qui rêve d'empire et de monarchie universelle : il faut donc tirer des généraux le plus d'argent possible, les réduire à la misère, les pousser à bout, avant de se débarrasser d'eux. En réalité, il n'y a pas de plan préconçu : la réforme se fera comme d'elle-même, sous la pression des événements, qui conduisent par degrés à l'absolutisme.

Pour l'instant, le système de Charles VII n'est pas en péril : il n'est question ni de toucher aux prérogatives d'ordonnancement des généraux, ni de préposer un seul comptable au recouvrement des deniers casuels, ni de remédier à la lenteur des décharges en décrétant le paiement en espèces. François Ier se contente de choisir Semblançay comme général résident et privilégié, « prouchain de sa personne », car « les trésoriers de France et généraulx de nos finances ne sont et ne peuvent estre ordinairement devers nous, pour les chevauchées et visitations de leurs charges [1]. » Semblançay dirigera la commission périodique des finances, section du Conseil privé, et gardera entre ses mains « l'estat général de nos finances, ensemble les estats particuliers. » Il sera comme le président et le

---

1. A. de Boislisle, *Semblançay et la surintendance des finances*, dans l'*Annuaire-Bulletin de la Soc. H. de France*, XVIII, 228-230. — G. Jacqueton (*le trésor de l'Épargne sous François Ier*, extr. de la *Revue historique*, 1894, p. 39 du tirage à part) appelle excellemment Semblançay un ORDONNATEUR SANS CHARGE. — La commission n'est régularisée que le 27 janvier 1518 ; en fait, elle remonte à l'automne de 1516.

greffier du collège, mais il ne peut prétendre à la surintendance, car « *les quatre généraulx avoient la superintendance et administration des finances* [1]. »

Le roi lui confie également le soin exclusif de pourvoir aux dons, voyages et ambassades. Mais ce n'est point une nouveauté : c'est la confirmation du privilège des généraux de Languedoïl [2]. Quant au soin d'ouïr et d'expédier les comptes des maisons du roi, de la reine et des enfants de France, dont Semblançay est investi, c'est celui d'un premier maître d'hôtel, et rien de plus : il devient général des finances particulières du roi [3], comme il l'est déjà de celles de Madame.

Que dire enfin du rôle de banquier officieux de la couronne que Semblançay va jouer pendant six ou sept ans, en l'absence de trésor de l'épargne? Ce n'est pas non plus une innovation : à tout instant ses collègues prêtent au roi, ou se portent cautions pour lui envers les banquiers lyonnais.

Un surintendant n'est d'ailleurs point nécessaire. Le Conseil privé est apte à en tenir lieu, ou plutôt quelqu'un de ses membres, sans lettres expresses de pouvoir [4] : le

1. Arch. nat., X¹ª 1528, fol. 662. — Cependant Antoine Bohier, fils du général de Normandie, dira un jour (14 juillet 1529) que le feu sʳ de Semblançay « avoit pour lors auctorité et superintendance des finances de ce royaume »; mais il veut défendre la mémoire de son père contre le receveur de Poitou, Ragueneau, qui prétend avoir jadis reçu un ordre de ce dernier. L'argument est donc intéressé (*Ibid.*, Z¹ª 54, fol. 245).

2. Cf. *supra*, p. 66.

3. « Tunc financiarum nostrarum superintendenciam habentem, et cui omnes computabiles obedire tenebantur. » (Arch. Loir-et-Cher, E 274 *bis*). Le 1ᵉʳ mars 1541, le roi parlera de « feu Jacques de Beaune, ayant lors la charge et superintendance du fait de nos finances. » (B. N., fr. 10383, *in fine*). — En 1518, il est appelé « superintendant des finances de Madame Loyse » (Arch. nat., KK 90, fol. 5).

4. Boislisle, *op. cit.*, 256-7.

cardinal d'Amboise, le grand maître de Boisy [1], le Bâtard de Savoie [2]. Semblançay reconnaîtra toujours la supériorité de ce dernier (qui deviendra grand maître à son tour en 1519), et avec lequel il est lié d'une amitié affectueuse [3] : les gens du Parlement s'adressant à lui pour des gages arriérés, comme à « celluy qui avez puissance de ce faire », il les renvoie à « *Mgr le grant maistre, qui a la charge des finances* [4]. » D'autre part, il se considérera toujours comme le « premier » et « le plus ancien » des généraux [5], et le Bourgeois de Paris, d'ordinaire bien informé, l'appelle « l'un des quatre généraulx de France [6]. »

De Tours, Semblançay se rend à Amboise (24 août

1. Lettres vénitiennes : « Mgr el gran maistro Buisy esser cum questo re come era Roan cum l'altro » (Paris, 17 mars 1515). — « Quel si pol dir *alter rex* » (Amboise, 6 sept. 1516). B. N., ital. 1997, p. 323; Sanuto, *op. cit.*, XXII, 569.

2. Boisy et le Bâtard sont grands amis : ils figurent ensemble, au premier rang, dans l'entourage du dauphin, en 1514 (Arch. nat., KK 240, fol. 61-2). Devenu roi, François les confond dans sa reconnaissance : le 4 mars 1517, il leur accorde 64,475 l. sur les baux à ferme des fournitures du sel en Languedoïl, Normandie et Outrescine, passés par les généraux en vertu des commissions du 23 juillet 1515 (B. N., Clair. 1164, 175; Pièces orig. 2655, dos. 58960, 33 ; et 1366, dos. 30936, 33-4 ; Brit. Museum, Addit. Charters 4535).

3. Le Bâtard l'appelle son « bon père » (Genève, 18 janvier 1517, Panisse-Passis, *les Comtes de Tende*, p. 24).

4. Romorantin, 10 janvier 1521. — Bonnivet expose ainsi la hiérarchie financière, le 11 août 1521 : « Il me semble qu'il seroit bon qu'il vous pleust despartir les choses à gens qui en sceussent respondre : qui seroit que, quant au faict des admortissemens et des greffes, vous en baillez la charge à M. d'Azay [Gilles Berthelot] ; pareillement à MM. les généraulx de Languedoc, Hurault et de Beaune, de respondre chacun de ce qui est en sa charge ; et à M. de Samblançay, et à Antoine Meigret soubz luy, de solliciter cela envers eulx ; et A M. LE GRANT MAISTRE PAR DESSUS TOUS, qui leur ordonnera de ce qu'ilz auront à faire » (B. N., fr. 2994, fol. 11).

5. Lettre à M. de la Trémoille (Tours, 17 janvier 1526), dans P. Marchegay, *Lettres missives du XVIe s. extr. du Chartrier de Thouars*, n° 41.

6. Ed. Lalanne, p. 195.

FENÊTRES HAUTES DU PAVILLON DE 1508
(p. 106)

1516)[1], croyant partir pour Paris avec la cour. Mais [...] n'est plus nouvelles de bouger de tout ce moys, et que [...] le grant maistre ne soit venu, qui sera en ceste ville [...]edans la fin de ceste sepmaine [2]. » Boisy vient annoncer, [e]n effet, la conclusion du traité avec le Roi Catholique [3], [q]ui va envoyer ses ambassadeurs pour ratifier l'accord. [A]ussitôt un héraut porte à Henri VIII cette nouvelle [(3 sept.), qui bouleverse ses projets de ligue antifrançaise [4]. [D]éçu par le Roi Catholique, Henri VIII se tourne vers l'em[p]ereur et les Suisses, et se sert du pire ennemi de la [F]rance, le cardinal de Sion [5]. François Ier se rend à Paris [(1]4-17 oct.) pour surveiller ces menées de plus près et con[f]irmer la paix de Noyon [6], et il ne rentre à Amboise que [p]our les couches de la reine Claude [7].

1. Thomas Bohier y arrive le même jour, venant d'Italie, où il a fait un long séjour (Sanuto, *op. cit.*, XXII, 518) : le Roi le gratifie, à ce propos, de 730 écus (B. N., fr. 25720, 51).
2. B. N., fr. 2969, fol. 133. — Madame « a senti ung peu de goute », et « les petites dames sont demeurées au Plessiz pour huit jours, acendant que le chasteau d'icy soit du tout parachevé. » — Sur un nouvel accès de goutte de Madame, cf. une lettre du Bâtard de Savoie a du Bouchage, Paris, 5 janvier 1519 (*Ibid.*, fr. 3023, fol. 14).
3. Louise de France est fiancée audit roi, qui s'engage à servir à la France une pension annuelle de 100,000 écus, jusqu'à la consommation du mariage, pour le rachat de toute prétention sur Naples (Noyon, 13 août).
4. Un espion écrit de Paris, huit jours après, que François Ier veut reprendre Tournay et Calais (Brit. Museum, Caligula E III, fol. 116-7); cf. deux autres rapports secrets (10 juin, 31 août, *ibid.*, fol. 100, 109) : « On vous veult du mal. » Ce qui est confirmé par l'ambassadeur de Venise, Badoer (Amboise, 24 nov.) : « El ch^{mo} re esser per far la impresa de Tornai et Cales, ne voler che Anglesi habino nella Franza loco alchuno » (B. N., ital. 1998, p. 137).
5. « Nous avons bon espoir (écrit Semblançay) de l'appointement avecques l'empereur et aux Suysses, mais que le cardinal de Syon, qui est en Angleterre, ne les desmeuve du bon chemin où y sont de présent. » (Amboise, 25 nov.).
6. B. N., Mélanges Colbert 363, pièces 290 et suiv.
7. Elle accouche d'une fille, Charlotte, le 25 oct. 1516 : Guillaume

Mais Henri VIII échoue, les Suisses et Maximilien s'entendent avec la France (29 nov.-3 déc. 1516). Cette double paix coûte, il est vrai, 1,800,000 l. [1]. Où les trouver ? La guerre d'Italie revient à 5,157,600 l. [3], et, quoi que l'on fasse (627,000 l. escomptées d'une décime [4] et d'une croisade [5], 361,119 l. en souffrance sur les gages de la gendarmerie,

de Beaune, neveu de Semblançay, tient le compte de la « gésine », 5,258 l. 2 s. 5 d. (B. N., fr. 10381).

1. Le grand maitre dit à l'agent vénitien qu'il faut trouver 1,300,000 écus (Amboise, 5 déc., Sanuto, *op. cit.*, XXIII, 322). Et Semblençay écrit que la paix « n'est pas sans grosse somme de deniers » (Amboise, 27 nov.). 25,000 écus sont distribués en dons pour la triple paix avec le Roi Catholique, les Suisses et l'empereur, et 70,000 écus sont envoyés à Bruxelles par lettres de change (B. N., ital. 1998, p. 141, Sanuto, *op. cit.*, XXIII, 228, 416).

2. « Le voiage de dela les mons et les Suiches ont tout mengé » (Brit. Museum, Caligula E III, fol. 100).

3. Lambert Meigret a remplacé à la trésorerie de l'extraordinaire Philibert Babou, le 29 sept. 1516 (B. N., fr. 4525, fol. 98 v°). Il est à Milan le 11 nov. (Sanuto, *op. cit.*, XXIII, 208).

4. Les commissaires diocésains sont nommés par le roi, le 3 sept. 1516, à Amboise (B. N., fr. 25720, 48). La décime produira 379,651 l. 12 s. 8 d., mais « les commissaires comprindrent sous tiltre de bénéfices toutes manières de légatz et pies aumosnes, et jusques aux hospitaulx et bassins de purgatoires » (Arch. Haute-Garonne, Parlement, 3º reg. d'édits, fol. 115).

5. Les commissaires diocésains sont nommés par Louis de Canosse, évêque de Tricarica, le 8 déc. 1516, à Amboise. Jacques Salviati, receveur général, se fait remplacer par Jean Grossier. La croisade est publiée à Paris, le 4 janvier 1517. La levée durera jusqu'en déc. 1518 ou mars 1519, selon les lieux. Cf. B. N., fr. 25720, 70-1, 143, 157, 159, 161-2 (1518-20); fr. 26116, 278-9; Pièces orig. 1417, dos. 32038, 2 à 7; sur le diocèse de Poitiers, fr. 20342, 144, fr. 21420, 40; sur celui de Tours, fr. 24122, fol. 43, fr. 23912; sur celui de Troyes, Dupuy 85, fol. 52, etc.
— On mande à Henri VIII (Tours, 1ᵉʳ déc.) : « Le roy faict publier que, s'il ne va sur les Turcqz, que ce sera pour vous, et qu'il sera contrainct vous faire la guerre, pour ce que les autres princes s'accordent d'y aller, et vous non » (Brit. Museum, Caligula E I (II, III), fol. 14). Le 29 janvier, on répète que « la croisée n'est qu'une fixion », quoique Prégent de Bidoux et Pierre Navarre soient à Gênes pour préparer une expédition en Barbarie et à Rhodes.

un seul quartier assigné à 300 lances supplémentaires), le déficit est de 931,771 l., et l'emprunt est la seule ressource. Milan et Gênes sont taxées lourdement [1] ; les banquiers lyonnais prêtent 26,000 écus [2], Semblançay 10,125 l., et son fils 6,133 l. 19 s. (22 déc.).

Le roi est impatient de partir pour Cambrai, où il doit régler de bouche avec l'empereur [3] quelques points litigieux, et il envoie Semblançay à Tours (28 déc.), « en la compaignie de MM. les généraulx [4], pour estre avec eulx à son affaire *pour l'estat*, et incontinent le luy porter à Romorantin. » Les généraux viennent à Montrichard, et, l'état général une fois réglé, ils se séparent en se donnant rendez-vous à Paris. Semblançay rejoint le roi [5], et adresse aussitôt les états particuliers à ses collègues : Guillaume de Beaune accompagne son père [6] ; Thomas Bohier reçoit

---

1. Sanuto, *op. cit.*, XXIII, 53, 194, 222, 342-3, 384.
2. Le change, payé par Robert Albisse, est de 2,705 l. Il paie aussi 1,230 l. pour convertir en écus 100,000 l., qui lui sont envoyées pour les Suisses.
3. Le roi écrit d'Amboise, le 3 janv. 1517, à un gentilhomme de se trouver à Paris le 15 pour l'accompagner à Cambrai. Maximilien veut s'entremettre entre la France et l'Angleterre pour Tournay (Arch. nat., K 1639, 60ᵉ). La guerre paraît toujours imminente entre les deux nations : de grands préparatifs maritimes sont ordonnés en Bretagne et en Picardie (lettre vénitienne, Amboise, 29 déc. 1516). Cf. Rawdon-Brown, *op. cit.*, II, 27 à 35 (Londres, 6 janvier-14 fév. 1517). Le 16 avril, Miguel da Silva, ambassadeur de Portugal à Rome, écrit : « De Ingraterra começa a rujir que fara guerra a França » (16 avril 1517, *Corpo Diplomatico portuguez*, I, 432). Une émeute éclate à Londres, le 1ᵉʳ mai, contre les Français et autres étrangers (*Bourgeois de Paris*, p. 55 ; Brit. Museum, Caligula D VIII, fol. 317).
4. Le Bâtard de Savoie est encore en Suisse, où il a négocié le traité du 29 nov. (*Sammlung der Abschiede*, 3ᵉ vol., part. 2, 1500-1520, p. 994 et suiv.).
5. « Je m'actens m'en aller vendredi à Amboise » (31 déc., B. N., fr. 2969, fol. 167).
6. L'ambassadeur vénitien a un entretien avec lui à Paris, le 23 janvier 1517 (Sanuto, *op. cit.*, XXIII, 563).

son état sur la route de Paris, à Toury-en-Beauce, d'où il annonce à son oncle le départ des généraux de Languedoc et d'Outreseine (23 janvier 1517) 1.

Du Bouchage, resté à Amboise, envoie fréquemment à Semblançay des nouvelles des enfants de France. Le 12 février 2, ils discutent tous deux les mérites respectifs de Bléré, de Madon, de Chaumont et du Plessis-lez-Tours, et l'on se décide pour le Plessis 3, à la grande joie de Semblançay, qui a de mauvaises nouvelles de son « mesnage 4 » : du Bouchage va, en effet, rendre plusieurs fois visite à l'hôtel de Beaune, et il est également prié de pousser jusqu'à la Carte 5. L'intimité est très grande, et le ton des

1. « Mgr, en ce lieu de Toury, à mon arrivée ay receu par homme de mon recepveur général voz lettres et *mon estat*. Je party jeudi de Chenonceau. J'avoys fait mon compte d'estre lundi à diner à Paris, ce ne sera jusques à mardi. M. de Chiverny (Raoul Hurault) devoit estre mardi à Paris ; vous avez sceu que ma cousine, sa femme, a fait ung beau fils. M. de la Chapelle (Henri Bohier) devoit aujourd'huy partir de Chesnaye, ou de plus tard lundi prochain. Mgr, s'il vous plait, mon cousin, M. de la Carte (Guillaume de Beaune), sera le second liseur de ces lettres » (Bibl. de Tours, ms. 1370, fol. 139).

2. Lettres de Semblançay : Paris, 12 février 1517, 18, 25 ; Saint-Maur-des-Fossés, 2 mars ; Paris, 3, 15, 16, 30 ; Saint-Maur, 4 avril ; Paris, 17, 18, 19, 21 ; Saint-Germain, 7 mai, 8, 13, 14 ; Paris, 20.

3. B. N., fr. 2969, fol. 12, 13, 15. Le 3 mars, Semblançay envoie de la vaisselle d'argent pour la princesse Charlotte (*ibid.*, fol. 24-25 ; B. de Mandrot, *op. cit.*, p. 269-70).

4. « N'eust esté la crainte du malcontentement du roy et de Madame, je m'en fusse allé par della, veu les nouvelles de mon mesnage qu'on m'a fait savoir » (Paris, 8 mai, B. N., fr. 2969, fol. 49). Il est lui-même indisposé : « N'ay eu le loisir [d'escripre] pour quelque peu de rume que m'est tombé sur les yeulx, et m'a esté deffendu de non escripre de ma main » (Paris, 21 mai, *ibid*, fol. 63).

5. « J'ay veu par ce qui m'a esté escript de Tours, la peyne et l'honneur que vous a pleu prendre de tant de foiz visiter vostre maison et la myenne, et *tout le mesnaige....* Je vous supply prendre la maison et celle de la Carte comme vostre » (Paris, 21 mai, *ibid.*, fol. 63). Nouveaux remerciements, 13 juin (fol. 81), 7, 13 juillet (fol. 95, 103), 12, 18 sept. (fol. 142, 145).

ettres trahit une confiance réciproque, qui fait honneur au banquier et à son client. Du Bouchage vient de remarier sa belle-fille, Mme d'Anthon, veuve de François de Barnay, à René de Brosse-Penthièvre, qui a voulu relever par là ses affaires compromises, et il faut lui compter 23,000 l., dont Semblançay fait verser une partie par Robert Albisse à son neveu, le receveur de Poitou [1]. D'autre part, il prie son fils, le général, de lever les décharges de la pension de du Bouchage et de la capitainerie du Mont-Saint-Michel (8 mai) [2], « aussi, ajoute-t-il, je feray lever sur vostre debte (de 1515) ce qui est couché en l'estat. » Il sert avec bonheur les intérêts de son client, car il est lié avec les principaux personnages de la cour : le grand maître lui écrit de Flandre au sujet de l'entrevue de Cambrai ; Bonnivet et Robertet lui sont aussi favorables. Seule, l'humeur du chancelier Duprat lui est contraire [3].

1. B. de Mandrot, *op. cit.*, p. 257-9.
2. « J'ay entendu que mon filz a levé voz descharges et que ne les a pas retenues par son récépissé, comme je luy avoye escript. Je luy escrips que les vous demande, et de les faire commancer en octobre » (Paris, 21 mai, B. N., fr. 2969, fol. 65).
3. Duprat refuse d'expédier un brevet de du Bouchage : « Il ne reste plus que un sceau, où Mgr le chancelier fait quelque difficulté, combien qu'on n'y en deust point faire non plus que à la première lettre qu'il a dépeschée. » — « J'ay toujours icy, en ceste court, fait actendre le présent porteur jusques à la venue de M. le chancelier, auquel l'on a présenté voz lettres, signées de Mgr le trésorier Robertet. Lesquelles mondit s^r le chancelier n'a jamais voilu sceller, et luy en a esté parlé tent du roy, de Mgr le grant maistre, que dudit trésorier, comme entendrez dudit porteur. Et, à ce que j'entens, mondit sieur le trésorier Robertet y a fait très bien son devoir. Mais mondit sieur le chancelier s'est si très fort arresté qui n'a esté possible de le povoir gangner pour ceste foiz.... Vous entendez à qui l'on a affaire depuis qu'on met quelque chouse en l'entendement. » — « Par trois foiz Mgr le grant maistre lui a parlé. » — « Comme vous m'escripvez, Mgr le chancelier, puisqu'il avoit ja dépesché et cellé la première lettre, la diffigulté n'y devoit estre. Il y fait comme il entend, et *tent plus l'on*

Après cinq mois passés à Paris dans l'espoir d'avoir une entrevue avec Maximilien, François Ier va visiter la Picardie et la Normandie, où se font des travaux de défense contre l'Angleterre [1], quoique l'on ne puisse, sans folie, songer à une guerre nouvelle, tant la situation demeure précaire. L'empereur a reçu une moitié de son dû, et 323,585 écus ont été envoyés aux Suisses [2] ; mais il faut encore 100,000 l. pour le premier [3], et 550,000 l. pour les seconds, sans compter 142,143 l. réclamées par André le Roy, qui a remplacé le Bâtard de Savoie auprès des Cantons [4]. Que dire des arriérés de toute sorte? 166,650 l. dues à Gênes [5] ; 50,000 l. pour la maison de la reine; 100,000 l. pour celle du roi ; 108,000 l. pour les dettes du roi, antérieures à son avènement; 50,000 l. dues à L. Meigret, outre 17,170 l. pour l'extraordinaire de mai 1517, en Italie ; les emprunts et les aliénations en souffrance mon-

---

le poursuyt et qu'il a veu la bonne affection du roy, c'est ce qui l'a fait arrester et faire plus de diffigulté, sans nul propoux » (21, 27, 30 juin, 7 juillet, B. N., fr. 2969, fol. 87,91, 94). B. de Mandrot, *op. cit.*, p. 263. — Le Flamand Philibert Naturelli écrit : « Je congnois le chancelier *homme ferme*, ce seroit peine perdue de fère poursuite » (Nantes, 5 sept. 1518, le Glay, *op. cit.*, II, 155).

1. C'est alors qu'est creusé le Havre de Grâce, pour remplacer Honfleur, où l'on a vainement travaillé sous les deux règnes précédents. Cf. Stephano de Merval, *Documents relatifs à la fondation du Havre* (1875). Le 1er mai 1518, H. Bohier et Guill. de Beaune prêtent chacun 4,000 l. pour « la construction et édifice » dudit Havre.

2. Quittance de 200,000 écus consentie à André le Roy, 23 mars 1517 (Arch. de Berne *Latein Missivenbuch* H : communiqué par M. Rott).

3. Obligation du roi (Paris, 5 fév. 1517); les généraux et Semblançay souscrivent 110,000 l. aux banquiers de Lyon (8 fév.).

4. H. Bohier prête 20,287 l. 10 s. pour les Suisses le 6 avril (B. N., fr. 25720, 64).

5. Les généraux prêtent 8,225 l. 10 s. au gouverneur Octavien Frégose (*Ibid.*, 131), et ils se portent garants de 25,000 écus envers la communauté de la ville, mai 1517 (Arch. de Gênes, *Diversorum*, 1517-9). François demande 120,000 écus aux Génois (Saint-Maur, 23 avril 1517).

tant à 97,550 et à 437,703 l. [1], etc. Le Conseil se réunit à Compiègne, le 1er juin, et jette les bases de l'état de 1518. Les recettes ordinaires ne dépassent pas 3,704,469 l. [2], et les dépenses totales (ordinaires [3] et extraordinaires [4]) atteignent 7,700,975 l. On augmente la recette de 1,100,043 l. [5] et on ramène le déficit à 1,261,203 l. [6].

Le Bâtard de Savoie, qui a dès lors la haute main sur les finances, est chargé de rechercher les restes des comptables (Compiègne. 1er juin), et une grande ordonnance est arrêtée, le 30 juin [7]. Une crue de taille de 500,000 l. est

---

1. On lève les francs-fiefs et nouveaux acquêts (Arch. nat., KK 289, fol. 469, 482), et on emprunte sur les officiers (B. N., fr. 20616, 60).

2. Domaine, 331,398 l.; greniers, 345,230 l.; aides, 758,838 l.; taille, 2,000,000 l.; octroi de Provence, 23,810 l.; octroi de Dauphiné, 20,000 l.; fouage de Bretagne, 225,193 l. Mais 92,716 l. de domaine et 27,601 l. de gabelle sont baillées en dons; le Roi Catholique et M. d'Orval touchent les compositions d'Artois et de Rethelois, soit 49,236 l. Il y a un mécompte de 200,000 l. sur la décime et la croisade.

3. Dépenses ordinaires. Maison du roi, 584,270 l.; maison de la reine, 145,000 l.; Louise et Charlotte, 24,000 l.; Renée, 24,000 l. — Gendarmerie, 649,015 l.; mortes-payes (garnisons des places fortes), 79,332 l.; artillerie, 40,960 l.; cas inopinés (extraordinaire des guerres), 200,000 l.; marine, 26,849 l. — Cours souveraines, 187,582 l. — Pensions d'Angleterre, 125,000 l.; douaire de la reine Marie, 60,950 l. — Voyages, ambassades et dons, 60,000 l.; postes, 20,000 l.; chantres de la chapelle, 7,480 l., etc. — Pensions, 942,533 l. — « Au roy, pour mettre en réserve au lieu des plus valleurs, » 240,000 l. — TOTAL : 3,582,779 l.

4. Dépenses extraordinaires. Déficit de l'état de déc. 1516, 931,771 l.; et passes de toute sorte, 1,560,521 l.; gendarmerie, 174,069 l.; fonte d'artillerie, 50,000 l.; cas inopinés, 200,000 l.; Suisses, 692,143 l.; Maximilien Sforza, 88,000 l.; l'empereur, 100,000 l.; Gênes, 20,000 l.; dons et récompenses (état signé du roi), 126,000 l., etc. TOTAL : 3,392,203 l. de déficit.

5. Crue de taille pour sept. 1517, 500,000 l.; crue de taille de 1518, 400,000 l.; octroi de Milan, 200,000 l.; crue du fouage de Bretagne, 43,000 l.

6. La dépense est diminuée de 988,000 l. et on rejette les 166,500 l. de Gênes, les 437,703 l. d'aliénations en souffrances, etc.

7. G. Jacqueton, op. cit., p. 170-195.

imposée pour satisfaire les Suisses [1] et Maximilien [2] (Abbeville, 13 juillet) [3]. Puis le roi envoie chercher à Paris, chez feu Jean Nyelle, les états de l'année 1500, « pour iceulx faire veoir par M. de Samblançay pour sur iceulx veoir et vériffier aucunes parties qui touchoient l'estat général des finances [4] »; et Semblançay garde ces papiers

1. Le 28 mars 1518, Bart. Musnier donne quittance des 200,000 écus payés à la Suisse à la Toussaint 1517 (Arch. nat., KK 289, fol. 411). Lambert Meigret, commis au paiement, est à Tours le 28 déc. 1517, et à Paris le 22 mars 1518 (*Ibid.*, fol. 615, 698 v°).

2. Robert Albisse joue un rôle actif dans le paiement des 100,000 écus dus à Maximilien. Il est en Languedoc à la fin de mai pour recouvrer de l'argent (lettre du roi au receveur de Toulouse, Paris, 26 mai). Le 18 juillet 1517, il envoie un courrier de Lyon à Inspruck, pour savoir où le paiement se fera. On apprend à Rouen, le 9 août, que c'est à Anvers. Albisse se rend dans cette dernière ville et paie 444 écus à Philippe Gualterotti pour le change de 25,000 écus. Puis il regagne Lyon, après avoir touché barre à Rouen, et en sept., il fait demander au secrétaire de Venise, résidant à Milan, si la Seigneurie est prête à verser sa quotepart, c'est-à-dire la moitié; puis il envoie les 17,000 écus qui lui sont adressés à Anvers, avec 260 écus de change. Enfin il se trouve à Amboise le 5 janvier 1518 et requiert de son correspondant d'Anvers la quittance des 100,000 écus (Arch. nat., KK 289, fol. 501, 556, 559, 589).

3. « M. le duc d'Alençon, vous, les sires de Lautrec (mareschal), de Boisy (grant maistre), de Bonnyvet (admiral de France), le sieur de Samblançay, maistre Raoul Hurault (général des finances), et autres présens. » Les commissions de taille sont envoyées en Guyenne, de Rouen, le 28 juillet (Arch. nat., KK 289, fol. 617). Le receveur de Bourgogne a envoyé ses états à Montreuil le 30 juin (*Ibid.*, fol. 689).

4. Arch. nat., KK 289, fol. 472. — Semblançay écrit au garde des Ponts-de-Cé, le 14 août, de Rouen, et il reçoit des lettres du roi, le 26 sept., et de M. de Laval, gouverneur de Bretagne, au début d'oct. (*Ibid.*, fol. 596, 558 v°, 576, 569 v°). — Voici deux articles d'un chapitre de messageries : « A Thibault le Maire...., pour cinq voyages qu'il a faiz...., le premier, le 29ᵉ jour d'aoust...., pour aller porter lettres closes de M. de Samblançay aux fermiers du passage de Passy, qui avoient arresté quelques basteaulx de cuyvre pour le roy.... » (*Ibid.*, fol. 554). « A Jehan Angilbert...., pour quatre voyages qu'il a faiz.... Le 3ᵉ, partant de Vymoustier le 26ᵉ jour du moys de septembre pour aller porter à M. de Samblançay, estant à Argenten, plusieurs lettres et pa-

u 23 juillet au 22 sept. [1]. Cependant, le Roi Catholique
e se hâte point de payer la pension du traité de Noyon [2],
ui a été prévue en l'état du 1ᵉʳ juin [3], et les Anglais,
ort mal disposés pour la France, ont des prétentions exa-
·érées pour restituer Tournay [4].

La beauté des lieux [5] et la splendeur des réceptions mu-
icipales ne distraient pas Semblançay de la Touraine.
)ès le 27 août, il exprime l'espoir d'y revenir à la Saint-
lichel; mais l'on voyage lentement, deux lieues à peine,

quels venans de Lyon et de Montrichart, où estoient MM. des finances.
Le 4ᵉ, partant d'Argenten le 27ᵉ jour dudit moys, pour aller porter
olusieurs paquetz de lettres closes pour les affaires dudit seigneur,
que luy bailla mondit sʳ de Samblançay, à M. le cardinal de Bourges,
qu'il trouva à Caen, et avoir apporté response audit sʳ de Samblançay,
estant audit lieu d'Argenten.... » (Ibid., fol. 551). Le cardinal de
Bourges est frère de Thomas et de Henri Bohier.

1. Il arrête les frais de la conduite d'un Florimond le Bel, pris à l'entrée du roi à Rouen, jusqu'à Blois, où il est décapité (août-déc.), et il
examine les frais de transport d'une tapisserie de la reine pendant ce
voyage de 1517 (Arch. nat., KK 289, fol. 420 vᵒ, 437).

2. « Aujourduy doivent arriver en ceste ville le chancelier de Flandres et le grant trésorier de l'empereur, Frelinguer, et aultres. L'on ne
sçait encores se y vueullent parler du passaige du Roy Catholique pour
aller en Espaigne et de demander les cᵐ escuz que doivent à ceste my
aoust, à cause du traicté de paix pour le royaume de Napples « (Abbeville, 7 juillet).

3. « Le roy aura, en faisant le compte, 200,000 escuz du Roy Catho-
licque des deux premières années, qui sont 400,000 l. (1518).... Demeurera en l'estat de ceste année (1519) 200,000 l. du Roy Catholique, qui
sera le 3ᵉ payement. »

4. « M. de la Guiche est allé en Angleterre, à la poursuyte du duc
de Suffouc pour la praticque de Tournay. Où nous ne voyons que
toutes parolles. Ilz ont doublé leur demande de la moitié, et à la fin
ce ne sera riens » (Abbeville, 7 juillet). Des pourparlers sont bientôt
engagés pour indemniser, de part et d'autre, les victimes des pirates
(Arch. nat., J 920, nᵒ 11; B. N., fr. 26115, 240, etc.).

5. « Ont trouvé la ville (Dieppe) fort belle, et a pris ledit sieur plésir
de ce trouver sur la mer. » (23 juillet 1517). Dans cette lettre, il est
question d'un « plat double » pour Madame Louise.

et de deux jours l'un : la reine est « pesante » et « se rondit fort », et le roi chasse. Le 7 sept., à Évreux, Semblançay croit qu'il pourra quitter bientôt la cour avec le grand maître [1], et, trois semaines plus tard, il espère toujours : « J'ay tant fait que j'ay gangné le congié, dont me samble n'avoir pas peu fait pour le désir que j'ay de aler visiter tous ceux que désire rencontrer. » — La reine ne peut presque plus se mouvoir, et Semblançay écrit à Amboise de tout préparer pour l'accouchement (18 sept.). Enfin le roi quitte Argentan le 11 oct. pour aller, à Moulins, tenir sur les fonts l'héritier du duc de Bourbon, et il passe par Blois, où « y fera venir Mgr le Bastard et MM. les généraulx pour regarder à ses affaires [2]. » Semblançay se rend à Blois, et, après un ou deux jours consacrés à l'examen de la situation financière, il peut rejoindre son « ménage » vers le 20 octobre. Il a été absent de Tours près de dix mois [3].

Cependant le Bâtard de Savoie, qui correspond avec Semblançay [4], n'a pas quitté Montrichard, où il travaille avec les généraux (juillet-nov.) [5], et Guillaume de Beaune

1. B. N., fr. 2969, fol. 137. *Ibid.*, fol. 142 (Évreux, 12 sept.); fol. 143 (Beaumont, 18 sept.); fol. 147 (Trun près Argentan, 29 sept.).
2. Lettres d'Argentan, 7 oct., et de Vendôme, 15 oct. (*Ibid.*, fol. 152, 157).
3. Les fournisseurs des cuisines du roi reçoivent une indemnité de 4,800 l. pour les pertes faites au cours des voyages du Milanais (1515), du pèlerinage de Chambéry (1516), et de cette tournée de 1517.
4. Semblançay reçoit une lettre de lui le 19 oct.
5. « Pour veoir et entendre le fons de noz finances, nous vous ayons donné charge, povoir et auctorité, avec plusieurs autres bons et notables personnages avec vous et en vostre compagnie, de veoir et arrester par forme d'estat les comptes, tant de nostre changeur du Trésor, receveurs généraux de nos finances, trésoriers ordinaires et extraordinaires de noz guerres, pour les deniers qui seront trouvez ès mains desdits comptables faire employer à l'acquit et descharge des grans arriérés en quoy noz estatz et finances sont » (B. N., Clair. 199, fol. 9). — La com-

s'enquiert de la valeur exacte de la taille, des aides et de la gabelle, depuis 1514 [1]. — Malgré tout, il faut toujours emprunter [2].

L'hiver de 1518 s'écoule paisiblement à Amboise (janvier-mai), où Madame entreprend des travaux [3] qui vont durer trois ans et coûter 227,797 l. 16 s. 1 d. [4], et Semblançay fournit 240,000 l. « pour l'amesnaigement, meubles, vaisselle d'argent, tappiceries de fil d'or, d'argent et de soye, broderies, habitz et garniture de chappelle, aussi garniture de chambres et cabinetz », tant à Amboise [5]

---

mission durera 21 mois. Les comptes d'Outreseine de 1513-7 sont clos; Aymar de la Colombière, trésorier du Dauphiné, doit 4,844 l., pendant qu'Élie et Séraphin du Tillet, examinés par l'évêque de Senlis et Bertrand Gontard, sont créanciers de 76,000 l., pour la trésorerie du roi avant son avènement. Antoine Bachot et Jean Brinon reçoivent chacun 500 l.; Gilles Berthelot, 1,942; Henri Bohier, 2,000; le Bâtard de Savoie, 60,000 l. (B. N., Clair. 1164, fol. 138, 176; Pièces orig. 2655, dos. 58960, 34; Arch. nat., KK 289, fol. 408, 442).

1. Arch. nat., KK 289, fol. 587, 595 v°, 603, 604 v°, 609 v°, 615, 621. — La gabelle est instituée en Anjou et dans le Maine (lettre du général de Beaune aux Comptes pour la vérification, Tours, 7 déc., *ibid.*, fol. 617 v°), et les prévôts de la maréchaussée, créés en 1513, sont supprimés (déc. 1517) : le roi écrit aux baillis et sénéchaux de faire justice des vagabonds (Amboise, 5 fév. 1518, *ibid.*, fol. 623, 630, 631, 638 v°, 640).

2. Suisses : Du 1ᵉʳ au 5 déc., Semblançay, son fils, le général Thomas Bohier, le Bâtard de Savoie, prêtent chacun 10,125 l. Trésoriers des guerres, Semblançay verse 15,000 l. et Guill. de Beaune, 5,000 l.; Jean Sapin, receveur général de Languedoïl, 3,000 l., et Jacques le Roy, contrôleur, 1,500 l. (lettres de remboursement, Amboise, 18 avril 1518); Thomas et H. Bohier, 15,000 l. (B. N., fr. 26,116, 369; nouv. acq. fr. 1483, 44). Meigret paie également 11,000 écus d'intérêt à Semblançay pour les remettre à Thomas Gadaigne (*Acte d'accusation de Semblançay, loc. cit.*, art. 12).

3. Dès le 18 sept. 1517, Semblançay écrit à ce sujet de Beaumont-le-Roger (B. N., fr. 2969, fol. 143). Le 10 nov., il reçoit une lettre de Louise, datée de la Ferté-Bernard, et il lui envoie des oranges et des citrons (Arch. nat., KK 289, fol. 570).

4. Arch. nat., KK 90.

5. « A Anthoine de Troyes, pour la despence de son homme et de son

qu'au Plessis-lez-Tours, où Madame fait élargir la chapelle des Bons-Hommes [1]. Les ouvriers en draps de soie établis à Tours sont payés par Babou, le contrôleur de Madame; Guillaume de Frain, receveur particulier de la banque de Semblançay, est commis à la garde des meubles, et Martin Fame supplée à l'occasion Guill. Ruzé, le trésorier de Louise [2].

Celle-ci donne en récompense à son serviteur [3] l'hôtel de Dunois, qui fait l'angle de la Grande-Rue et de la rue Neuve, à Tours, et qu'elle vient d'acheter à la duchesse de Longueville et à l'archevêque de Toulouse, Jean d'Orléans (19 déc. 1517-14 fév. 1518). Dès le 16 février, le nouveau propriétaire, en signe de saisine, « est allé et venu

cheval, qui a esté par cinq voyages à Tours porter des lettres à M. de Samblançay et à M. de la Villate.... A la vefve Martin Simon, pour récompense d'une cave, qui avoit esté détenue, laquelle avoit esté prinse par l'ordonnance de M. de Samblançay » (Arch. Amboise, II, 2). Cf. une cédule de 2,897 l. du brodeur Galle (Arch. Loir-et-Cher, E 274 *bis*, fol. 194), J. de Croy, *Nouveaux documents pour l'histoire de la création des résidences royales des bords de la Loire* (Blois, 1894).

1. Cédule de 1,094 l. 15 s. (Arch. Loir-et-Cher, E 274 *bis*, fol. 194).
2. Lettre de Semblançay à Ruzé (Tours, 22 août 1518), relative à cette suppléance de Fame, qui n'est régularisée par Madame que le 26 avril 1521, à Troyes. Fame rend compte à Ruzé du 11 fév. au 8 mars 1523, à Saint-Germain-en-Laye. Ruzé rend lui-même compte à Angoulême en déc. 1526 et fév. 1527 ; mais un chapitre sera tenu en souffrance jusqu'en 1546.
3. En 1517, Semblançay acquiert de Jean Ruzé le fief de Charentais, qui lui donne droit à 60 s. de rente et 3 l. de cens, « pour l'entrée de la maison, court et auditoire de l'ostel de la ville de Tours, où souloit pendre pour enseigne *la Truye qui fille*. » La maison de François d'Alais, premier médecin du roi, est achetée 4,000 l. pour y installer l'auditoire du bailliage de Touraine (Rouen, 7 août 1517, Arch. nat., KK 289, fol. 511 v°). — Le 22 nov., Semblançay préside une réunion des échevins de Tours pour « donner ordre à la pollice et aux marchandises venans en ceste ville tant par eaue que par terre. » Les généraux Thomas et Henri Bohier assistent à la séance. Guillaume de Beaune est le maire en exercice depuis la Toussaint 1517.

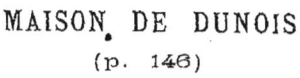

MAISON DE DUNOIS
(p. 146)

ar la maison et jardin », qui s'étend rue Neuve jusqu'à la maison de feu Etienne Ragueneau [1]. Il s'empresse de relier son hôtel à la maison de Dunois par une galerie orientée est-ouest [2], derrière les maisons d'Ant. Mignet, de Jean Maréchal, de Jean Christofle et de la veuve Godebert, qui donnent sur la Grande-Rue [3].

Guillaume de Beaune prend le nom de M. de la Carte [4],

1. L'abbé de Saint-Julien perçoit les droits de vente le 14 avril (*Bulletin Soc. Arch. de Touraine*, I, 179-186; Arch. Indre-et-Loire, D 3). La maison de Dunois est encore à peu près entière : le comble est intact, ainsi que la cour sur laquelle donnent de jolies fenêtres, et la tourelle avec un escalier tournant, des culs-de-lampe, une clef de voûte et un blason bien conservés.

2. Ce pavillon, qui porte la date de 1518, n'avait que deux étages surmontés d'un comble très élevé ; vers 1830, l'on a imaginé deux pinacles aux extrémités, pendant que l'on mutilait les fenêtres. Dès 1550, les communications du pavillon sont coupées avec les deux hôtels qu'il était destiné à unir : on voit encore sur le mur oriental de l'hôtel de Jean de Beaune la trace d'une cage d'escalier. Mais le réseau des caves qui reliait les divers corps de logis semble subsister.

3. Pour compléter son domaine, Semblançay achète deux des maisons construites en 1468 sur la rue Traversaine, celles de Roques et Bonermine (cf. *supra*, p. 9), et fait construire trois autres petits corps de logis sur leur alignement, tandis qu'il se rend acquéreur de la maison de Ragueneau, rue Neuve. Le fief de Beaune forme dès lors un quadrilatère entre la rue Traversaine, la Grande-Rue et la rue Neuve. Une partie des constructions, devenue collège des Jésuites, est minutieusement décrite dans un procès-verbal de 1762 (Arch. Indre-et-Loire, D 2). Les maisons de la rue Traversaine ont disparu, en 1780, lors de la percée de la rue Royale.

4. Cf. la lettre précédemment citée de Thomas Bohier, du 23 janvier 1517. En 1520, Semblançay fait aveu à la dame de Montbazon, sa suzeraine. Son château est « garni à l'entour de douves, murailles à créneaux, barbacanes, machicolis, tours rondes, tourelles et fortalisses, avec le portail estant à machicolis, barbacanes et pontlevis, et un boulevart à créneaux. Au dedans de laquelle pourprise et ceinture sont maisons, chapelles, forges, grenyer et pressoir. » Le parc, clos d'un mur, avec un portail devers les landes Charlemagne et deux tourelles rondes couvertes d'ardoise, contient 40 arpents de bois. A ce parc s'ajoutent trois fiefs : Bois-Héry, La Chevallerie (acquis de Helyon Her-

et Semblançay néglige son domaine de Montrichard [1] pour celui dont il a pris le nom. — Il y endigue l'étang et construit sur la chaussée un manoir [2] et une chapelle [3]; au pied s'étend un jardin clos, de trois arpents, avec « les voultes des orangiers », et un pont [4] relie l'habitation nouvelle au vieux donjon des ducs d'Alençon. Mais l'endiguement de l'étang provoque les plaintes de la fabrique et du prieur, Jean-Baptiste Chotard [5], qui craignent d'être

dillon), Grefin (acquis de Thonin Jehan). De la Carte relèvent sept seigneuries : le Val aux Grangiers, la Championnière, le Poteau, la Toullerie, Ortière, Nantillé et Baigneux-sur-Èvre, Avalloux, avec la métairie du Petit-Ortière. Le seigneur de la Carte a droit de garenne dans l'étendue de sa châtellenie, droits de bois, pâturages, herbages, pennage, dans la forêt de Montbazon ; justice, haute, moyenne et basse ; fourches, sceau à contrats, tabellionage, mesures à blé et à vin (B. N., dom Housseau, XII, 7008, 7062-4).

1. Achats de pièces de terre, 7 fév., 5, 6 mars, 2 mai 1515, 6, 30 avril 1518, 27 août 1519, 4 janvier 1520 (Arch. Indre-et-Loire, E 40, 44, 46).
2. Le manoir, bâti sur un emplacement acquis de Nicolas Baron, a disparu : une tradition y attribue des travaux à André Squazella, élève d'André del Sarto (Delaborde, *la Renaissance des arts à la cour de France*, I, 35, note).
3. La charpente de cette chapelle, qui a 10 mètres de long sur 6 de large, porte tout entière à l'intérieur sur des corbeaux : le premier entrait (à l'ouest), seul intact, est identique à ceux de la chapelle de Tours. Les fenêtres (2 au sud, 3 à l'est) sont murées. La porte est en anse de panier, avec une console semblable à celles des chapiteaux de l'église paroissiale; le même ciseau a taillé les figures d'animaux des chapiteaux. Au-dessous de la chapelle est un caveau funéraire.
4. Les piles de ce pont subsistaient en 1791, d'après un tableau de l'archiviste Rougeot, conservé à la Bibl. de Tours.
5. Le prieur prétend aussi au droit de moyenne et basse justice, « et par ce moyen estre fondé faire tenir ses assizes, selon la coustume », aux droits de « four », de « ban », de boucherie » et de « mesure. » Semblançay répond qu' « au regard de la moyenne justice mise en avant par ledit prieur, s'il en avoit jouy de sesditz droictz et autres, ce avoit esté fait *par surprise.* » Il saisit les papiers de la justice priorale, et un procès s'engage aux Requêtes du Palais. Il réclame aussi trois messes par semaine dans la chapelle de son château et le paiement à la Noël de 6 fûts de vin avec une longe de porc. Tout s'arrange, le 14 no-

CHAPELLE DE SEMBLANÇAY
(p. 148)

submergés. — Semblançay restaure également l'église paroissiale [1].

Confirmé dans sa commission de général « hors cadre »

vembre 1517, à Tours, avec l'autorisation de Macé Gaultier, abbé de Marmoutier. Semblançay promet de « mettre son estang en telle manière qu'il ne pourra submerger ni endommager les maisons du prieuré »; il garde intacts ses droits de justice et ne réclame que deux chapeaux de roses vermeilles au jour du Très Saint Sacrement. Le prieur sera tenu de dire deux messes par semaine en l'église paroissiale, mais n'est tenu à rien en la chapelle domestique du baron. Enfin, « pour ce qu'il y a quelques pièces de vigne où les murailles ont esté abatues pour accroistre et eslargir le grand chemin », Semblançay en abandonne une partie au prieur. — Chotard rend aveu à son suzerain, le 26 juin 1521 : 167 arpents 1/2, 8 quartiers de terres, 10 l. 11 s. et 4 chapons de rente (Arch. Indre-et-Loire, H 325 ; Arch. Loir-et-Cher, E 274 *bis*, fol. 21-29).

1. La nef est de la fin du xie siècle, on voit encore une archivolte à damiers. Au xiiie siècle, le chœur a été allongé, la soudure est distincte : les fenêtres sont à lancettes, sans moulures ; les contreforts, très légers, sont à double ressaut ; la corniche extérieure est formée d'un simple quart de rond. A son tour, Semblançay veut remanier la nef ; mais il n'en a vraisemblablement pas le temps et ne peut que jeter les bases d'un transept, au nord. Quant au chœur, il se contente de faire retailler les chapiteaux sur le modèle de ceux du portail de sa chapelle, et de changer les vitraux. Ces vitraux sont au nombre de quatre. A droite (au nord), Semblançay (dont la tête manque), avec une robe de velours rouge, un manteau violet à col et fourrure d'hermine, agenouillé devant un pupitre recouvert d'un tapis vert et armorié ; les mains sont belles. Au-dessus, son patron, saint Jacques, tient, de la main gauche, son bourdon avec une besace ; de son bras droit pend, par un cordon bleu, son chapeau orné des coquilles traditionnelles : il est nimbé, porte une tunique verte et un manteau rouge. Du même côté, on a peine à reconnaître saint Guillaume, le patron du fils aîné du donateur. A gauche, Jeanne Ruzé (remarquablement préservée), en robe noire, porte sur le bras gauche un manteau fourré ; elle est décolletée en pointe et a la coiffe de la reine Anne. La figure est très jeune. Derrière elle est saint Jean-Baptiste. Saint Martin, le patron du fils cadet du donateur, complétait peut-être la série familiale : une main moderne y a substitué saint Michel. Ces vitraux mériteraient une restauration, car ils sont mutilés et hétéroclites. — Semblançay élargit également l'église de Neufvy et commence une chapelle qui ne sera terminée que par ses petits-enfants.

et d'intendant des menus plaisirs (26 janvier 1518) ¹, Semblançay met la duchesse d'Alençon, sœur du roi, en possession du duché de Berry (18 fév.-3 mars) ² ; il commande de la vaisselle pour la paneterie de l'hôtel ou pour la cuisine du roi, du dauphin et de la reine-mère ³, et il ordonne les fêtes, qu'il s'agisse du baptême du dauphin ⁴ ou

1. Jacques Hurault meurt en janvier ou février 1518 (B. N., fr. 5500, fol. 200).

2. La Thaumassière, *Hist. du Berry*, I, 34. La Chambre des Aides a protesté, le 26 janvier, contre l'aliénation des aides consentie à la duchesse, et le roi a répondu qu' « aussi bien estoient les deniers à luy, quand sa sœur les avoit, que si luy mesme les avoit » (Arch. nat., Z¹ᵃ 204). En 1499, le Berry rapportait 30,700 l. : domaine, 1,300 l. t.; greniers (Bourges, Sancerre, Buzançais, Sully), 10,400 l. ; aides et impositions, 10,000 l. ; équivalent, 9,000 l.

3. 689 l. 17 s. 6 d. pour 24 écuelles d'argent, 14 janvier 1518 ; certificat de la délivrance de 500 marcs d'argent à Robin Rousseau, orfèvre, 12 juillet 1519 (Arch. nat., Z¹ᵇ 62, fol. 174 v°).

4. Le 25 avril 1518, un « bastillon » est fait « au viel marché d'Amboise », avec des « explanades et gastz faitz en plusieurs jardins et autres terres, pour faire voye et chemyn à passer l'armée, tant de gens de cheval que de pied, venans du camp de l'artillerie pour combattre audit bastillon » (Arch. nat., KK 289, fol. 508-9). Voici l' « estat de la despence de la cousche et gésine de la royne, admesnaigement et baptisement de Mgr le daulphin.

« *Primo* la despense de ladite cousche et gésine monte au vray . . . . 4,170 l. 3 s. 11 d. ob. t.

« Les dons faiz aux dames, damoiselles, femmes de chambre et nourrices durant ladite cousche se montent la somme de 648 l. 1 s. 8 d.

« Les parties fournies pour la personne de Mgr le daulphin et pour l'admesnaigement de sa chambre, sans y comprendre la vaisselle d'argent, se montent la somme de . . . . . 1,779 l. 1 s. 4 d.

« Les parties fournies pour le fait du baptisement de Mgr le daulphin se montent la somme de . . . . 3,027 l. 4 s. 10 d. ob.

« Les dons faiz en faveur dudit baptisement se montent 8351. 13 s. 6 d.

« Somme toute au vray . . . . 11,020 l. 5 s. 4 d. t.

« La despence du tournoy fait à Amboise, prinse du bastillon et combatz à pied faiz à la barrière se monte la somme de 7,626 l. 17 s. 3 d.

« Somme toute desdites despences de ladite cousche, dons, baptisement et tournoy. . . . . 18,647 l. 2 s. 7 d. t.

« Fait à Tours, le 11ᵉ jour de juillet 1518.   Babou. »

— 151 —

du repas de fiançailles du duc d'Urbin et de Madeleine de Boulogne [1].

Le roi part d'Amboise, le 20 mai [2], pour la Bretagne : il est en paix avec toutes les puissances, sauf l'Angleterre [3], et désire visiter les ports du duché, comme il a fait l'année précédente ceux de Picardie et de Normandie ; il a aussi l'intention d'y abolir la franchise du sel [4]. Les généraux se réunissent à Tours, du 22 au 31 mai [5], puis ils se rendent, avec le Bâtard et Semblançay, à Angers, où ce dernier s'occupe des « mélioracions, utenciles et ames-

(Bibl. de l'Institut, port. Godefroy 317). Cf. *ibid.* des documents originaux relatifs à l'hôtel et à l'écurie du roi, en 1517-8 (fol. 72-77). Sébastien de Marcau, maître de la chambre aux deniers, paie 2,453 l. 18 s. 1 d. (13 avril-20 mai 1518) pour luminaire et fourniture de vivres (Arch. nat., KK 94, fol. 82-84).

1. Le 24 janvier 1518, le roi fait chercher, de nuit, à l'archevêché de Tours, la dispense matrimoniale nécessaire (Arch. nat., KK 289, fol. 617). Le banquet a lieu le 2 mai, et il est suivi d'un tournoi qui coûte 1,489 l. 14 s. (fol. 532 v°).

2. Le 18 mars, d'Amboise, Guill. de Beaune demande à plusieurs élus la valeur au vrai de leurs circonscriptions ; le 11 avril, de Tours, il les avertit de retranchements faits sur les receveurs ; le 2 mai, enfin, il mande les élus de Blois et de Vendôme auprès du roi (Arch. nat., KK 289, fol. 649, 675, 705).

3. Avis du 4 février 1518, envoyé à Henri VIII : « On habille le navire et tout l'estat pour la guerre, et si le pape ne rompt l'entreprinse, on a intention par subtils moyens de deffaire les Anglais.... » (Brit. Museum, Caligula E III, fol. 106).

4. Il échouera dans sa tentative : « Le roy part de Morlaix et s'en va près de Ancenys. Les Bretons sont mutinez de ces impotz et gabelles que on leur charge sur le dos. Ilz sont en danger de tuer les gendarmes que le roy y a faict venir, si les y lesse » (27 sept. 1518, Brit. Museum, Caligula E I, fol. 123).

5. Le 5 mai, Semblançay reçoit, à Tours, une lettre du roi, et il la transmet à Thomas Bohier, qui se trouve à Oyron, chez le grand maître ; la réponse du général de Normandie revient à la Carte huit jours après. Dans l'intervalle, Semblançay est appelé d'urgence avec le Bâtard à Amboise, où il reçoit un message de la municipalité de Tours, le 8 mai (Arch. nat., KK 689, fol. 659-662). Raoul Hurault est à Cheverny, du 8 au 15 mai.

nagemens » du château (2 juin) [1]. Des chambres à sel sont créées en Anjou pour compléter l'institution de la gabelle, ébauchée en 1517 [2]; les gages des officiers comptables sont rognés [3], et on parle d'une nouvelle décime. Quant à la pension de Naples, dont on a fait fond à Compiègne, le 1er juin 1517, un terme seulement en a été payé [4], et un ambassadeur d'Espagne vient en demander la réduction [5]. Cependant il faut encore payer 325,000 l. aux Suisses et 100,000 l. au duc d'Urbin [6].

L'état général est arrêté au Verger, le 15 juillet [7], et le pouvoir de Semblançay y est inséré. Le roi est confiant : « Avons intencion, les années prouchaines, remectre les payemens des tailles par esgale porcion aux termes ordinaires.... » C'est un rêve : la réalité, c'est le délabrement des finances, tel que le montre le détail de la recette de Languedoïl [8].

1. Arch. nat., KK 689, fol. 663 v°, 669, 678 v°, 679. La ville de Tours écrit à Semblançay le 5 juillet.
2. Angers, 28 juin (*Catalogue des actes de François Ier*, nos 845-852). Le roi écrit aux Comptes au sujet de la gabelle, le 15 juillet (Arch. nat., KK 289, fol. 682).
3. B. N., Pièces orig. 681, dos. 15940, 90.
4. A Lyon, à Pâques 1518. M. de la Rochebeaucourt, qui a été ambassadeur en Flandre, s'est retiré en Angoumois, quand il reçoit l'ordre (Argentan, 5 oct. 1517) de se rendre en Espagne pour solliciter le Roi Catholique, qui va s'y transporter par mer (Arch. nat., KK 289, fol. 567, 587). Celui-ci paraît bien disposé (Valladolid, 10 déc. 1517), mais la Castille s'oppose à la réalisation du tribut.
5. Le Glay, *op. cit.*, II, 147 (Angers, 6 juin). Madame répond que c'est chose promise et jurée.
6. Semblançay, sur l'ordre du grand maître, fait achever le collier de l'ordre de Saint-Michel destiné au duc (Arch. nat., KK 289, fol. 524).
7. « Vous, l'évesque de Paris, le sire d'Orval, le Bastard de Savoye (comte de Villars), et les sires de Boisy (grant maistre), de Chabannes (mareschal de France), de Montmorency et de Sainctblançay, les généraulx des finances et autres présens. »
8. Compte de Jean Sapin, receveur général de Languedoïl (Arch.

Guillaume de Beaune rentre à Tours pour envoyer les mandements de la taille à la signature royale et demander aux élus le double de l'assiette; Raoul Hurault est envoyé en Outreseine pour réformer la gabelle [1], et une grave indisposition de la princesse Louise éloigne Semblançay de de la cour (Ancenis, 18 juillet) [2]. Le roi revient à Angers pour quelques jours, puis il se rend avec les dames à Nantes, où il passe le mois d'août; les dames retournent alors à Ancenis, tandis qu'il part pour la Basse-Bretagne [3]. Le grand maître est goutteux [4], et se décharge sur le

---

nat., KK 289). RECETTE : 1° Aides, 181,385 l. 14 s. 1 d.; 2° Greniers, 10,810 l. (retenue sur les gages des officiers et crue de gabelle pour les gages du parlement; les greniers ont été baillés à ferme pour dix ans en 1515-6 et le profit a été mangé); 3° Taille, 680,422 l. 2 s. 10 d.; 4° Octroi de l'Auvergne et de la Marche au duc de Bourbon, 44,000 l.; 5° Virements de fonds du changeur du trésor, des autres receveurs généraux et des trésoriers des guerres, 180,378 l. 7 s. 6 d.; 6° Anticipations sur la taille, 889,172 l. 17 s. 3 d.; 7° Arriérés (aides, greniers, taille), 21,719 l. 1 s. 9 d.; 8° Deniers municipaux, 21,400 l. TOTAL : 2,029,388 l. 3 s. 5 d. Il y a « néant » pour les impositions suivantes : traites des vins d'Anjou, de Thouars, de la Rochelle; quart du sel de Poitou (et crue de 2 s. par l.); aide d'un écu par pipe de vin; imposition foraine d'Anjou; crue de 60 s. par muid de sel aux Ponts-de-Cé (ces impositions sont en partie données à Madame). La Guyenne ne figure que pour la taille; elle ne paie point d'aides; le seul grenier à sel, celui de Libourne, est aliéné.

1. Philibert Naturelli, ambassadeur flamand, constate l'absence des généraux (Nantes, 5 sept., le Glay, *op. cit.*, II, 154).

2 Lettre du cardinal Bibiena : « Questa sera mi dice il cardinale di Burges essere hoggi venuta nuova da Ambuosia come Madama Aluisa, sposa del Catolico, è malata non leggieramente, ma non pero ancora con dubbio et pericolo. Madama vi ha subito mandato M. di Semblansè » (*Lettere de principi*, fol. 22).

3. Il est à Vannes du 1er au 5 sept. et à Morlaix, le 24 : « Je suis tousjours à faire les visitacions des villes et places de mon païs de Bretaigne, et vous assure que je l'ay trouvé ung très beau, fort, et grant pays, et où y a de belles commodités pour la force et plus que je n'eusse pensé. Je m'en voys à Saint-Malo et à Rennes. »

4. « La gotta comincia ad occupare, oltra i piedi et le mani, anche le

Bâtard de la direction des finances : il soumet à l'approbation de celui-ci [1], avant de les expédier, les états des quatre trésoreries de France et des quatre recettes générales secondaires, que Semblançay lui envoie, de Tours, à la fin d'août [2].

braccia et le spalle, che suole essere argumento de non lunga vita. » (Lettre de Bibiena, Ancenis, 18 juillet, *op. cit.*, fol. 19).

1. BOURGOGNE : Recette de 1518 : 126,644 l. 16 s. 7 d. t. (Arch. Côtes-d'Or, B 1829). L'octroi triennal est de 36,000 l. (fév. 1503), 32,000 (mars 1506), 34,000 (janv. 1509), 42,500 (fév. 1512), 40,000 (mars 1515), 40,000 (juin 1518). — DAUPHINÉ : Recette de 1516 (24 juin 1515-6) : 40,680 l. 15 s. 10 d. t. L'octroi annuel est de 40,000 l. (mai 1516), et de 35,163 l. 4 s. t. (août 1517). — PROVENCE : Recette de 1516 : 94,996 florins (le florin vaut 15 s. t.); du 1ᵉʳ janv. 1517 au 31 mars 1518, 101,461 florins; du 1ᵉʳ avril au 31 déc. 1518, 76,696 fl. ; 1519, 136,737 fl. (Arch. B.-du-Rhône, B 1529). L'octroi annuel ou fouage est, en moyenne, de 40,000 fl. (39,463 en 1516, 40,506 en 1519). — On n'a aucun renseignement sur la PICARDIE. — BRETAGNE : le fouage (ou taille) est de 259,525 l. en 1517 et en 1518. Bertrand de Tours, trésorier de l'épargne, est assigné de 200,000 l. le 18 mars 1517 (Arch. Loire-Inférieure, *Chancellerie*, XXIII, fol. 184 v°). Jean-François de Cardonne et Robert Gedoyn sont commis, le 5 mars 1518, pour clore les 9ᵉ et 10ᵉ comptes du défunt trésorier Landois (*Ibid., Turnus Brutus*, fol. 144 v°). Cf. les chiffres antérieurs du fouage : 1482, 266,829 l.; 1490, 280,376 l.; 1492 à 4, 249,186 l. 11 s.; 1498, 220,000 l.; 1502 et 3, 158, 188 l. Recette totale pour les années 1495 et 6; domaine, 34,749 l. 17 s. 1 d. ; grosses fermes, 99,020 l. 18 s. 4 d.; impôts, 174,284 l. 8 s. 4 d.; fouages, 482,984 l. 17 s. 10 d. ; aides des villes (exemptes du fouage), 19,190 l. ; recette commune, 8,710 l. 2 s. 9 d. TOTAL : 827,030 l. 7 s. 5 d. obole tournois. Dépense totale : 839,335 l. 19 s. 2 d. t. (B. N., fr. 8310).

2. « A Guillaume Rémond, clerc, la somme de 45 l. t...., pour ung voyage par luy fait, partant de la ville de Tours ou mois d'aoust 1518, pour aller devers le roy et M. le grant maistre leur porter les estatz généraulx des QUATRE TRÉSORIERS DE FRANCE, receptes générales de PICARDIE, BOURGONGNE, PROUVENCE et DAULPHINÉ, pour iceulx faire signer au roy, qu'il trouva à Épinay, au pays de Bretaigne, lesquelz estatz M. le grant maistre présenta au roy, nostredit sʳ, pour signer. *Ce qu'il différa faire que préalablement Mgr le Bastard de Savoye les eust veuz.* Au moyen de quoy convint audit Rémond porter lesdits estatz à M. le Bastard, estant lors à Villochère audit pays de Bretaigne. Auquel il présenta lesdits estatz pour iceulx veoir, et en ce faisant a vacqué pour l'espace de

Les paiements se font de trois façons : en vertu de leur inscription même à l'état général, par mandements patents du roi (signés d'un secrétaire et entérinés par un général), ou *par ordre verbal du roi et mandement de Semblançay* [1], pour les *dépenses inopinées*, telles qu'ambassades [2] et voyages, dont les formalités habituelles retarderaient l'ordonnancement. Mais est-ce bien là une chose exceptionnelle ? Il figure, au compte de 1518, des cahiers signés par d'autres que Semblançay, et que le roi « veult estre d'un tel effect et valleur comme si les parties contenues en iceulx avoient été ou estoient par luy signées et certiffiées [3]. »

trois jours entiers. Lesquelz estatz ainsi veuz par M. le Bastard et sa [response] eue sur ce, icelui Rémond porta au roy nostredit s^r, qu'il trouva à Vennes, où il fist signer iceulx estatz, et après expédier à maistre Robert Gédoyn, secrétaire des finances, auquel il a convenu en bailler huit doubles, que icelluy Rémond a faiz à ses despens, et lesquelz estatz ledit Rémond a renvoyez à M. de Samblançay.... » (Arch. nat., KK 289, fol. 514). Le roi est à Épinay le 29 août (*Ibid.*, fol. 684 v°).

1° COMPTABLES, 489,848 l. 7 s. 8 d. (état), 153,132 l. 11 d. (mandements), 11,110 l. 19 s. 3 d. (ordre verbal); 2° DENIERS BAILLÉS AU ROI, 52,948; 3° REMBOURSEMENTS, 111,279 l. 19 s. 4 d. (état), 20,905 l. 13 s. 6 d. (ordre verbal); 4° PENSIONS, 474,256 l. 10 s. (état), 1,000 l. ordre verbal; 5° CHAPELLE, 8,320 l.; 6° GARDES DE PLACE, 1,585 l.; 7° DONS, 72,050 l. (état), 58,275 l. (mandements), 16,368 l. 3 s. 4 d. (ordre verbal); 8° OCTROI DE BOURBON, 50,000 l.; 9° AUMÔNES, 395 l. (état), 731 l. (ordre verbal); 10° DENIERS PAYÉS PAR ORDONNANCE, 42,543 l. 9 s. (état), 188,300 l. 3 s. (mandements); 11° GAGES D'OFFICIERS, 1,650 l.; 12° CHEVAUCHÉES, 6,562 l. 10 s.; 13° VOYAGES ET AMBASSADES, 12,432 l. 2 s. 6 d. (état), 69,847 l. 2 s. 7 d. (ordre verbal); 14° CHEVAUCHEURS D'ÉCURIE, 29,822 l. 14 s. 4 d., etc.... La dépense du compte est inachevée.

2. Pierre Spina, « banquier suivant la court », négocie l'envoi des espèces aux ambassadeurs (Arch. nat., KK 289, fol. 492, 509, 514, 538). M. de la Rochebeaucourt écrit à Semblançay, le 15 juillet 1518, de Saragosse, pour le paiement de ses gages, car « je suis longtemps a sur ma bource. »

3. Voyages par eau (signés par Antoine de Conflans, « capitaine général des bateaux »); fourniture de livres par Barth. Vérard (signé par

Le 23 sept., Semblançay reçoit, à Tours, un courrier extraordinaire du roi [1]. Puis il va porter la nouvelle de la mort de la princesse Louise [2] au Bâtard [3] et à Madame, qui lui ordonne de dire à du Bouchage de quitter Amboise pour Blois, « qui vauldra beaucop myeulx cest yver [4]. » Le malheur est caché à la reine, pour ne point troubler sa grossesse [5], mais le roi l'apprend à Rennes, par le chancelier et le grand maître.

Il rejoint sa mère à Ancenis (11 oct.), où il est informé que la paix est enfin conclue avec Henri VII, qui consent à rendre Tournay. Cette paix, célébrée par le cardinal Bibiena [6], rend inutiles les préparatifs de défense dont Semblançay [7] s'est occupé, et elle modifie les projets de déplacement du roi, qui comptait se rendre en Angoumois [8].

Pendant que la cour prend le chemin de Paris, Sem-

---

l'évêque de Senlis, Nicole Barbier et Fr. Bonjan), etc. (Arch. nat., KK 289, fol. 502, 514).

1. Le courrier part, le 19, des environs de Brest et rapporte la réponse à Saint-Brieuc, le 27, au roi. — Semblançay achète une émeraude pour la princesse Charlotte et fait garnir des « rouelles de licorne » pour le roi (Tours, 9-24 sept.).

2. C'est Guillaume de Beaune, le receveur de Poitou, qui paie les obsèques : 1,675 l. 10 s. 4 d. (Arch. nat., KK 289, fol. 533-6). Cf. une lettre du cardinal de Médicis à Bibiena (*Lettere de principi*, fol. 56 v°).

3. Lettres du Bâtard à du Bouchage, Villochère, 3 sept.; le Plessis-du-Vair, 15 sept. (B. N., fr. 2972, fol. 41, 61).

4. Mention dans une lettre du Bâtard, le Plessis-du-Vair, 7 oct. (B. N., fr. 3023, fol. 9).

5. *Lettere de principi*, fol. 28 v° (Ancenis, 13 oct.); le Glay, *op. cit.*, II, 167 (Baugé, 24 oct.).

6. *Lettere de principi*, fol. 26 et 32.

7. Il conclut un marché d'artillerie (18,070 l.) le 8 mai 1518. En outre, Bonnivet ne lui adresse pas moins de 23 lettres en 1518 ; celles des 23 février, 15 avril, 8 août, 17 sept., 21 oct., 18, 20 nov., sont autographes (B. N., Duchesne 97 *bis*, fol. 256, mention).

8. La duchesse d'Alençon quitte Villochère le 1ᵉʳ sept. « pour aprester le lougis à Cognac » (lettre du Bâtard à du Bouchage).

blançay regagne Tours pour surveiller le transport du dauphin d'Amboise à Blois [1]. Il s'occupe de ses comptes avec du Bouchage (26 oct.) [2], fait, au nom du roi, un contrat d'échange avec l'archevêque de Tours pour l'indemniser de droits prétendus en la forêt de Chinon [3], et s'entend avec les généraux [4] pour emprunter à Lyon 100,000 l. promises au duc d'Urbin [5]. Duprat lui fait un crime aux yeux du roi d'avoir été si prompt à complaire au pape, et il soulève des difficultés pour la forme de la bulle par laquelle Léon X accorde une nouvelle décime [6] (14-15 nov.); le cardinal Bibiena console Semblançay [7] et fait son

---

1. Le voyage a lieu du 15 oct. au 19 nov. (Arch. nat., KK 289, fol. 520-1).
2. B. N., fr. 2990, fol. 32 v°.
3. Arch. nat., KK 289, fol. 450.
4. Guill. de Beaune est à Orléans du 16 au 18 oct.; il est chargé, avec le trésorier Poncher, de faire une enquête sur le rendement des diverses impositions (*Ibid.*, fol. 477-486).
5. Bibiena écrit à ce sujet à Médicis dès le 14 juillet, et celui-ci répond, le 17 août : « Piace a N. S. di far de' cento mila franchi de quali ha scritto il duca per conto della decima. » Bibiena en parle à Madame (25 sept., 3 oct.), qui le remet au retour du roi (*Lettere de principi*, fol. 25, 28, 55).
6. Cette décime rapportera 384,743 l. 1 s. 8 d. (Arch. nat., J 939, n° 15).
7. « Mi haveva prima detto il re a Vandomo, et poi a Ciartres scrittomi da Torsi Semblansè esservi certa clausula che non satisfaceva loro. Io per una mia risposi a Samblansè che se clausula alcuna si era che non stesse bene, si acconceria : confortandolo a non star di mala voglia *per carico che altri cercasse di dargli appresso del Re* di quel, che buonamente con tanto amore et fede haveva fatto con noi, per la cosa de' cento mila franchi, senza haver prima fatto essaminare il contenuto delle bolle. Dipoi, il re, sul nostro partir di Ciartres, le fece vedere al suo Consiglio, et come ho scritto per le duc mie prefate (14-15 nov.), le bolle non piacciono loro. » (*Lettere de principi*, fol. 34, Paris, 26 nov.). François Ier est au Plessis-du-Vair le 14 oct., à Mongeuffroy le 20, à la Châtre le 28, à Chartres le 13 nov., à Paris le 19. Le 21 déc., Bibiena ajoute : « *Il cancelliere non è amico nostro, ne anche pero d' altri*, et Parigi (Et. Poncher) è tanto huomo da bene quanto sia possibile » (fol. 46).

éloge [1], en blâmant l'obstination malveillante du chancelier [2].

Semblançay est à Paris [3], au début de décembre, après avoir passé des marchés d'artillerie à Tours et à Orléans (20-28 nov.), et il s'entend avec Robert Albisse et Gualterotti d'Anvers pour fournir de munitions la ville de Tour-

---

1. « Ho ricevuto le bolle delle decime et parlato col Re et con Madama et con Samblansè. Sia certa V. S. che, *se non fusse stato il cancelliere*, il re pigliava, l' altro di, quella nella forma che era. Messer Jacomo Salviati sara depositario del re, et lo Spina mi dice che del resto sara ottimamente d' accordo con Samblansè, *il quale è tenuto homo da bene et tanto amorevole servitor a N. S.* et a tutte le cose della casa che in verita mi par si gli habbi obligatione, insieme con due nepoti, che l' uno, con le lettere da Roma, cioe San Malo, l' altro, cioe Lodeva, con la lingua, fa ogni buono officio qui. » Le 10 avril 1521, Léon X recourra aux bons offices de Semblançay pour intervenir entre Raymond Vidal et Néry Mazy (B. N., lat. 17064, fol. 258 ; cf. Arch. nat., X¹ª 1532, fol. 338).

2. Sur le sentiment du Saint-Siège à l'égard de Duprat, cf. cette lettre que le comte de Carpi écrit à ce dernier, de Rome, en 1520 : « Je vous diray franchement l'opinion qui est en ceste court de vous, touchant les matières spirituelles et ecclésiastiques, sçavoir est que *vous estes ennemy mortel du saint siège* appostolique et de la liberté ecclésiasticque, et que toutes les choses les tirez directement ou indirectement contre icelle, pourveu qu'il y ait quelque apparence vous souffisant qu'elles se puissent tirer en quelque dispute de parolles, ausquelles vous arrestez, et que vous estes le plus *dur* et *opiniastre* en telles matières que chancellier qui feust jamais en France, et incessamment viennent querelles de vous quant à cela. Vous estes bon et saige ; toutesfois, pour le service du roy, estant aussi seur que par vostre humanité le prendrez en bonne part, je ne laisseray à vous dire ce mot, que quelquefois il est mieulx et sert plus *condonare aliquid* et ne se assutilier tant ès choses que les vouloir tirer tant et les tourner en tout à son avantaige, et cela mesmement quant le temps le requiert; car il advient souvent que de choses de petit moment et importance s'ensuyvent de grands inconvéniens » (B. N., Dupuy 452, fol. 16).

3. Il fait faire des travaux au château de Saint-Germain (Arch. nat., KK 289, fol. 278). Cf. une mention dans une lettre du Bâtard (Paris, 24 déc., B. N., fr. 3023, fol. 43). — Cf. F. Bournon, *la Bastille* (1893), p. 166, 262-3, sur le séjour de l'ambassade anglaise à Paris.

nay [1], dont Raoul Hurault va prendre possession, en compagnie du maréchal de Chatillon [2].

Le rapprochement de la France et de l'Angleterre a été mal accueilli en Espagne : « Ils sont fort mal contens de cest appoinctement (écrit La Rochebeaucourt), et par tout ce qu'ils ont peu ont empesché et empescheront, s'ilz peuvent [3]. » La mort de l'empereur Maximilien (11 janvier 1519) aggrave la situation en mettant aux prises François Ier et le Roi Catholique [4]. — Boisy se rend à Montpellier, malgré sa gravelle [5], pour occuper l'attention de ce

---

1. « Receue avons l'umble supplication de noz bien amez Anthoine Gualterotti et François Gualterotti, filz et seul héritier de feu Philippe Gualterotti, marchans florentins, contenant que ledit feu Philippe, tant en son nom comme dudit Anthoine son frère, fist le train de marchandises résident en la ville d'Envers. Mesmes en l'an 1518 que la ville de Tournay fust par les Anglois rendue en nostre obéissance, lesdits suplians, par commission du feu s[r] de Samblançay, fournirent et envoyèrent au chasteau dudit Tournay, pour la municion et deffence d'icelluy, gros nombre d'armes et bastons de guerre, le tout montant, par pris et accord convenu entre lesdits suplians et ledit Samblançay ou son commis, en son endroict, Jullien Bonacoursy, à présent trésorier de Prouvence, à la somme de 32,080 l. t., dont la moictié appartenoit auxdits suplians, et le résidu d'icelle somme devoit tomber ès mains dudit Bonacoursy et de Robert Albisse, participans par moictié èsdites armes et vendicion d'icelles. Et jaçoit que, tantost après la délivrance d'icelles armes, icelluy Samblançay eust paié et baillé ladite somme totalle desdites 32,080 l. t. audit Bonacoursy, et que icelluy Bonacoursy dès lors la mist ès mains dudit Albisse pour par luy, comme principal négociateur dudit Samblançay, estre satisfait èsdits suplians de leur moictié.... » (B. N., Pièces orig. 1421, dos. 32163, 2).

2. Le 12 décembre, Antoine Bohier, frère des généraux de Languedoc et de Normandie, est commis à la recette des 50,000 l. promises au roi d'Angleterre à la délivrance de la ville. Les généraux prêtent chacun 12,656 l. 5 s. (B. N., fr. 10382).

3. B. N., fr. 3087, fol. 22 v°.

4. Mignet, *Rivalité de François Ier et de Charles-Quint*, 1, chap. 2; H. Ulmann, *Kaiser Maximilian I*, II, 690-722; H. Baumgarten, *Geschichte Karls V*, II, 102-160.

5. « M. le grant maistre a eu la colicque, passion qui luy a donné de

dernier [1], en discutant les affaires de Navarre ou la pension de Naples [2], et Bonnivet va en Allemagne acheter la conscience des Électeurs [3], escorté du général de Beaune, qui est porteur de 100,000 écus et de menus cadeaux [4]. Mais cet argent est insuffisant, il faut un supplément de 300,000 écus : « Il ne se fait rien par deçà, car l'on n'y croit point en parolles » (15 avril). Le roi tranquillise l'amiral [5] (25 avril) : « Madame ma mère m'a ce matin mandé, par

la peyne beaucop, mais il y a deux jours que les dolleurs l'ont laisé » (Lettre du Bâtard, Paris, 5 janvier 1519). Sur le voyage du grand maître, cf. lettres de Naturelli, Paris, 16 mars ; Nevers, 31 mars ; Varennes, 2 avril, dans le Glay, *op. cit.*, II, 351, 398.

1. D'après Naturelli, c'est Florimond Robertet qui « fait toutes les dépesches » en l'absence du grand maître (16 mars 1519).
2. La Rochebeaucourt dit que le Roi Catholique « envoye souvent querir les trésoriers et banquiers », sans pouvoir « asseurer ne du temps ne de la somme » (21 déc. 1518). Le 27 fév. 1519, il ajoute que « c'estoit une honte d'en faire tant parler. » Deux versements seront faits le 22 mai et le 21 oct. 1519 (B. N., Mélanges Colbert 363, pièces 299-300).
3. La rivalité est ancienne. M. de Bazoges est parti d'Amboise, à la fin de nov. 1516, pour préparer le terrain. En août 1518, il réclame 90,000 écus pour les Électeurs (lettre de François Ier à Duprat, Vannes, 5 sept., B. N., Dupuy 486, fol. 114), pendant que Maximilien emprunte à Gênes, à Augsbourg, en Espagne, pour assurer sa succession à son petit-fils, Charles, qui s'attend dès lors à une attaque de la France (lettre de Saragosse, 30 juillet). Le 14 janvier 1519, l'ambassadeur vénitien écrit : « Tra questa C^{ma} Maesta et il Re Catholico è tanto de zelozia che major non potria esser. »
4. Dès le 25 janvier, M. d'Orval, les deux Bohier et le général de Beaune (Hurault est à Tournay) sont réunis chez le grand maître pour rassembler de l'argent (B. N., ital. 1998, p. 278). En février, Semblançay achète à Julien Bonacorsi et à Jacques Poulain pour 3,048 l. 5 s. de bijoux destinés à l'Électrice de Brandebourg (B. N., fr. 4525, fol. 102).
5. Lettres du roi à Bonnivet : Paris, 7, 8, 11, 13, 14, 17, 20, 21, 28 février, 3, 4, 5, 8, 9, 10 mars ; port de Milly, 12, 14 mars ; Saint-Germain-en-Laye, 19, 22, 27, 28, 30 mars, 2, 5, 7, 9, 14, 16, 20, 21 avril ; Vincennes, 25 avril ; Saint-Germain, 27, 28 avril, 5, 8, 12, 16, 18, 24, 28 mai ; 9, 21, 26 juin ; Melun, 28, 30 juin, 5 juillet.

le trésorier Babou, qu'elle avoit parlé aux généraulx [1]. »
Et il fait un vaste projet d'armement (15 mai) [2] : 30,000 fantassins, 2,000 hommes d'armes, 60 grosses pièces d'artillerie, le tout payé pour six mois ; « il n'y aura point de faulte, ainsi que j'ay commandé à M. de Samblançay vous escripre [3]. »

Une crue de 600,000 l. est imposée [4]. Robert Albisse et Gualterotti tiennent prêtes 100,000 l. [5] ; le domaine est aliéné jusqu'à 268,000 l. (1er mai 1519) [6], et Semblançay se rend au Parlement pour faire enregistrer l'achat du comté de Beaufort par le Bâtard de Savoie (12 mai) [7] ; le roi fait

---

1. Le 4 mars, Semblançay et Thomas Bohier sont mandés au Parlement, où on les interroge sur les réparations urgentes du Pont au Change, dont le trésorier Pierre Legendre a entretenu la cour, le matin même ; ils se plaignent au grand maître, qui demande raison à Legendre de cet ajournement insolite, et disent « qu'ilz n'estoient maçons ne charpentiers. » Legendre dit « qu'il ne pensoit mal faire, ne faire desplaisir à personne » (Félibien, IV, 647).

2. M. de Confignon écrit, le 5 avril, au duc de Savoie, que « ne se parle que de ce empire, et (le roi) fait poursuyvre, à force d'argent, tant qu'il peut, et en a bonnes nouvelles des Ellecteurs » (Arch. de Turin).

3. Robertet ajoute : « Ce matin, MM. le Bastard et Samblançay ont asseuré le roy qu'il n'y aura point de faulte. »

4. Paris, 20 février 1519 : » Pour recouvrer en noz mains et hobéissance nostre ville et cité de Tournay, qui en estoit distraite et tombée ès mains et obéissance du roy d'Angleterre…. Et davantaige avons fait et traicté le mariage de nostre très cher et très amé filz le daulphin et de nostre cousine, la princesse d'Angleterre, fille aisnée et unique dudit roy d'Angleterre. » Plus tard, le roi répétera : « Le roy d'Angleterre y (à Tournay) avoit fait construire et édiffier une très grosse place et forteresse, que en l'avenir eust esté malaysée à recouvrer et peu estre cause d'autre inconvénient. »

5. Ils réclameront 11,500 l. d'intérêts, mais, le Conseil trouvant la demande exagérée, Semblançay la rabattra du marché d'artillerie de Tournay (Acte d'accusation de Semblançay, loc. cit., art 16).

6. Arch. nat., X[1a] 8611, fol. 294 : « Par le roy, vous, le Bastard de Savoye (comte de Villars), le sieur de Sainctblançay, les trésoriers de France, généraulx des finances et autres présens. »

7. Quittance de Meigret, 62,000 l. (Arch. nat., PP 119, fol. 48). —

main basse sur l'héritage de Boisy, qui vient de mourir à Montpellier [1]. Mais Charles est élu empereur (28 juin), et la cour se rend à Blois [2], où le Conseil assoit la taille, le 26 sept. [3].

Le Bâtard, devenu grand maître, fiance sa fille Isabeau à René de Batarnay, petit-fils de M. du Bouchage [4]. Le gouverneur des enfants de France est retenu à Amboise, tandis que le Bâtard et Semblançay suivent la cour, d'où ils ne peuvent partir qu'avec un congé régulier du roi [5]. Le 16 oct. 1519, le Bâtard prie Semblançay d'écrire à du Bouchage pour une affaire, car, dit-il, « je ne veulx rien faire sans vostre advys et conseil », et, le 21, du Bouchage envoie un « bon advertissement » : il s'agit de la terre de Précigny, que le Bâtard désire acquérir, et pour laquelle « M. de Samblançay est délibéré d'aler sur le lieu (et avec

---

Autres prêts : B. N., fr. 14368, fol. 158 v°; fr. 20879, 46 ; fr. 25720, 132, 135; Pièces orig. 2655, dos. 58960, 35 ; Dupuy 261, fol. 66. — Le 5 déc. 1520, de Blois, la Trémoille mande aux gens de ses comptes d'allouer à Clérembault le Clerc 2,900 l. pour le parfait de 20,000 l. « prestez au roy pour son voyage d'Allemaigne l'an 1519 » (Chartrier de Thouars).

1. Lettre à Bonnivet (Saint-Germain, 28 mai) : envoi de Raoul Hurault et de Villeroy à Chinon et à Oyron. L'argent est évalué 132,000 écus.

2. Le roi est à Corbeil, le 8 août 1519, avec « quelque dévoyement d'estomac » (Lettre du Bâtard à du Bouchage, B. N., fr. 2972, fol. 69). Le 24 août suivant, le Bâtard annonce à du Bouchage, de Saint-Matulin, que la « compagnie sera dedans la fin du moys à Blois ».

3. Un secours de 2,000 fantassins a été envoyé, en juin 1519, au roi de Danemark, pour réduire les Suédois révoltés, et, le 26 sept., François Ier parle de « plusieurs navires pour nous servir à la mer. »

4. Le 24 juin 1519, le Bâtard écrit à du Bouchage, de Saint-Germain : « J'ay veu par une lettre que M. de Samblançay m'a monstrée comme avyez fait venir mon petit filz de Montrésor à Bloys » (B. N., fr. 3023, fol. 17).

5. « Si je puys, j'eschapperey d'icy pour vous aller veoir » (Baugé, 22 oct. 1518). On sait la difficulté que Semblançay a eue l'année précédente pour rejoindre son ménage.

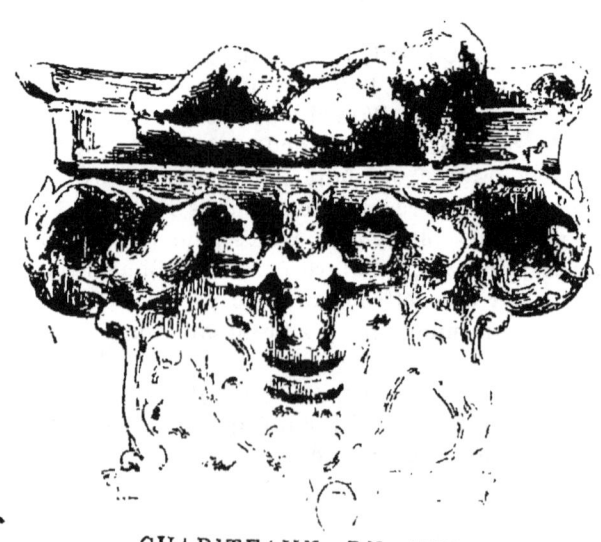

CHAPITEAUX DE 1518
(p. 147)

luy M. d'Azay), et s'enquerront et verront tout ce qui fait à veoir pour ma seurté [1]. » Semblançay administre aussi le comté de Beaufort [2]. D'autre part, du Bouchage donne à celui-ci la vicomté de Tours (25 nov.) [3], que le roi unit en un seul hommage avec les fiefs de la Crousillière, de Besay et du Puy d'Espan [4].

Cependant le roi ménage ses deniers et cherche à s'attacher Henri VIII pour prendre sa revanche de l'échec d'Allemagne. La maison de ses enfants ne doit pas dépasser 25,000 l. [5], et l'héritage de Boisy est mis en sûreté au château de Blois, pour servir de trésor de guerre, sous la responsabilité de Lambert Meigret [6]. En même temps, au cours d'un voyage en Angoumois [7], il prépare l'entrevue

1. B. N., fr. 3023, fol. 11 et 35.
2. Jean Cadu, lieutenant général de la sénéchaussée d'Anjou, parle à Semblançay des « baulx des prez », de la chambre à sel et des « amendes de la forest » (Angers, 2 avril 1523 (?), Brit. Museum, add. mss. 24206, fol. 21).
3. Acquise par le mariage de son défunt fils, François de Batarnay, avec Mlle de Maillé (23 mai 1501). Semblançay en prend possession, le 26 déc. 1519 (B. N., dom Housseau, XII, 5996).
4. Poitiers, janvier 1520 (B. N., dom Housseau, IX, 4246 *bis*) ; enregistré aux Comptes, le 8 août 1520 (Arch. nat., P 2304, p. 493), après une enquête faite, le 4 juillet, par le lieutenant du bailli de Touraine (*Ibid.*, PP 100, 2e part., 40e liasse). Le Puy d'Espan a été acheté, en 1519, au domaine royal, 800 l. (*Ibid.*, PP 116, fol. 3-4).
5. Saint-Germain, 9 févr. 1519 ; Cognac, 27 janv. 1520 (B. N., fr. 2980, fol. 21-22). Cf. Mandrot, *op. cit.*, p. 275-7.
6. « Le présent porteur, commis du trésorier Meigret, s'en va par dela pour mectre au chasteau de Bloys, au lieu que M. de la Villate a fait acoustrer, la partie qui a esté recouvrée de feu M. le grand maistre, tant en escuz soleil qu'en vaisselle d'or. Il sera besoing faire faire audit lieu troys clefz, dont l'une sera mise ès mains dudit porteur pour bailler à son maistre, pour ce qu'il en est comptable, l'autre vous demeurera, et la tierce la m'envoierez pour la bailler au roy » (Lettre du Bâtard à du Bouchage, Poitiers, 12 janvier 1520). Dix jours après, de Chizé, le Bâtard remercie son correspondant pour l'envoi des clefs (B. N., fr. 2972, fol. 54, 67).
7. Lettres du Bâtard, Châtellerault, 30 déc. 1519, Poitiers, 10 janv.

qu'il projette avec le roi d'Angleterre. Le 22 février 1520 [1], Guillaume de Seigne est chargé de faire faire des pavillons et tentes par les ouvriers en draps de soie établis à Tours, et il reçoit 200,000 l., que les généraux empruntent à Lyon. La cour se rend en Picardie, en passant par Blois [2] et Paris, et, le 22 mai, à Montreuil-sur-Mer, Jean de Boully, sieur de la Chesnaye, secrétaire du roi, est frappé par un capitaine de lansquenets, qui destinait ce coup à Semblançay, « sans nul propos » [3]. Les deux rois se rencontrent le 7 juin, entre Ardres et Guines : c'est le camp du Drap d'or, qui dure une quinzaine de jours [4]. Semblançay a

---

1520, Surgères, 7 fév., Cognac, 8 mars, Angoulême, 10 mars. — Dans cette dernière ville, Semblançay reçoit un message de la municipalité de Tours, le 25 mars. — Bonnivet écrit au duc de Suffolk, au sujet de l'entrevue, dès le 5 déc. 1519.

1. Arch. nat., J 964, n° 13 ; B. N., fr. 25720, 174. — La recette est de 206,552 l. 8 d. Il y a neuf rôles de dépense, certifiés par le maître de l'artillerie, Jacques Galiot de Genouilhac, qui a un pouvoir analogue à celui de Semblançay. Les ouvriers commencent leur travail à Tours, le 26 février, dans la grand'salle de l'archevêché ; deux forges sont établies dans la cour, pendant deux mois. — Toiles, rubans, filets, bougran et futaine : 9,724 l. 4 s. 1 d. Bois de sapin, noyer et chêne : 1,435 l. 15 s. Cordages, sangles et attaches de cuir : 2,068 l. 2 s. Satins, taffetas, franges de soie et laine, toile de Hollande, fer et acier : 6,808 l. 12 s. 3 d., etc. 466 chevaux sont levés dans les élections de Chartres, Orléans, Vendôme, Châteaudun et Tours, pour mener les tentes à Ardres (11-25 mai), où l'on établit le camp (fol. 25 v°).

2. Le roi est à Blois, le 8 avril (jour de Pâques), et à Chambord, le 20. — Bonnivet écrit à Wolsey et à la Bastye, ambassadeur en Angleterre, les 6 janv., 20, 23 fév., 13 mars, 7, 8 avril.

3. *Bourgeois de Paris*, p. 85.

4. Une convention préliminaire est signée, le 12 mars 1520 (Arch. nat., J 655, n° 29), et la vue est d'abord fixée au 8 ou 10 avril (Châtillon à la Fayette, Montargis, 28 mars, B. N., fr. 2934, fol. 74). Cf. une lettre de Châtillon au roi (Ardres, 30 avril, *ibid.*, Dupuy 261, fol. 24), et des lettres du Bâtard à du Bouchage (Ardres, 5, 12, 18, 19 juin, *ibid.*, fr. 2972, fol. 35, 36, 38-9 ; fr. 2996, fol. 17). 31,984 l. 10 s. 5 d. sont dépensés en banquets (Arch. nat., KK 94, fol. 122-155). Cf. Sanuto, *op. cit.*, XXIX, 18-31, 45-50, 73-4, 78-86.

partagé avec le duc d'Alençon, le Bâtard, Bonnivet, Montmorency et Duprat, l'honneur d'avoir « ung pavillon de toille double tout prest, garny de pantes, franges, boys pour le dresser et cordaiges [1] », et il recueille pour Madame les restes des « grandes pièces, moyennes et petites, retailles, tant de drap d'or, frisé, raz, toilles d'or et d'argent, tortes et fillées. »

Le cardinal Wolsey a mis à profit la cordialité de l'entrevue d'Ardres pour proposer au Bâtard et à Semblançay une convention financière fort à l'avantage de Henri VIII [2]. Le roi d'Angleterre, qui s'entend à tirer parti des trésors accumulés par son père, a trafiqué depuis dix ans avec le syndicat international de banquiers italiens ou allemands, qui couvre de ses comptoirs l'Europe occidentale : Anvers, Bruges, Nuremberg, Lyon, Londres, Venise et Florence sont en constante communication d'affaires ; les Fugger tiennent en leurs mains les destinées de l'Allemagne ; le « banc de Saône », à Lyon, a de fortes créances contre François Ier; les négociants de Lombard-Street empruntent à Henri VIII, ou négocient ses prêts à Maximilien, aux Suisses et à Charles-Quint. Les Frescobaldi, les Cavalari, Bernard de Pilli et autres banquiers ont, à l'égard du roi d'Angleterre, des obligations pécuniaires et commerciales,

---

1. B. N., fr. 10383, fol. 193 v°. C'est Nicolas Allemant, sieur du Chastellet et du Gué-Péan, qui, en mai et juin, fait coudre, sur les toiles et les draps, les dorures et enrichissements d'or et d'argent ; c'est encore lui qui aune, avec Brice Dupré, les draps mis en réserve au château de Tours (Tours, 11 février 1521). Les pièces de bois des tentes servent aux fortifications d'Ardres (26 juillet 1520).

2. Semblançay a déjà été en rapports avec les banquiers de Londres : le 11 déc. 1519, de Blois, il donne l'ordre à Jean Cavalcanti de verser à l'ambassadeur français, la Bastye (qui doit les remettre à Wolsey), 14,000 écus couronne, pour indemniser les victimes d'un corsaire bayonnais, Guillaume de la Fontaine (Brit. Museum, Caligula D VII, fol. 164).

pour droits de douane, importation d'alun ou emprunts, qui montent à 72,000 livres sterling. Mais les échéances sont lointaines : 12,000 l. sont payables à la Chandeleur 1531 (contrat du 3 fév. 1516), et le reste, en 30 termes de 2,000 l., de la Noël 1517 à la Noël 1544 (contrat du 27 mars 1517) [1]. Or, ces banquiers, débiteurs de Henri VIII, sont créanciers de François Ier, à qui ils ont avancé environ 360,000 écus pour sa campagne de corruption électorale au delà du Rhin, en 1519 [2]. Wolsey cherche donc à substituer les généraux des finances de François Ier aux Italiens de Lombard-Street, qui ont tout intérêt à se libérer ainsi, sans bourse délier. Leur intérêt est tel, qu'ils promettent aux généraux un nouveau prêt de 100,000 écus, pour endosser leur dette envers Henri VIII ; les nouveaux prêteurs seront Barthélemy Salviati et Pierre Corsi.

La convention est conclue, en principe, au camp du Drap d'or, mais la signature en est ajournée à une prochaine réunion du Conseil de François Ier. La cour rentre à Saint-Germain, vers le 10 juillet 1520 [3]. L'état général y est dressé le 18 juillet [4], et les commissions de taille y sont rédigées le 15 août : il est parlé des réparations de Thérouenne, du camp d'Ardres et du Havre-de-Grâce « en nostre pays de Normandie, pour y retirer les gros navires que faisons faire. »

1. Arch. nat., J 921 ; Brewer, *op. cit.*, II, n° 2953.
2. François Ier tente vainement un emprunt de 200,000 écus à Lyon en février 1519 (Brewer, *op. cit.*, III, n° 84, lettre du 14 février), et il se tourne sans doute alors vers la colonie italienne de Londres. Les Frescobaldi lui avaient déjà rendu service en 1515 (*ibid.*, II, n° 1393) ; en février 1516, ils parlent de faire tenir de l'argent aux Suisses par la voie de Lyon (*ibid.*, II, n° 1475). Cf. *ibid.*, II, n°s 83, 1386, 1592, 1793, 1816, 2015, 2055, 2064, 2348, 3358, etc.
3. Lettres du Bâtard à du Bouchage, Abbeville, 2 juillet ; Paris, 6 juillet ; Saint-Germain, 13 juillet (B. N., fr. 2972, fol. 36, 57, 64).
4. *Ibid.*, Dupuy 233, fol. 33.

Semblançay est toujours sollicité, soit pour rembourser à Jean Testu, argentier du roi, les arriérés des exercices 1515 et 1516 (47,359 l. 12 s. 1 d.) [1], soit pour verser au trésorier des guerres, Morelet de Museau, 75,000 écus prêtés par Gadaigne et Nazy, moyennant 5,600 écus d'intérêt [2]. — Et il écrit en même temps à du Bouchage à propos du « lougis que Madame entend estre drecé pour mes petites dames » : la reine Claude vient, en effet, de donner le jour à la princesse Madeleine (3 août). Il ne néglige pas non plus les intérêts de son client et lui parle des procès de M. de Penthièvre en Parlement [3]. — Son fils Martin, âgé de vingt-trois ans, est nommé archevêque de Tours, le 9 août 1520, à la place de Christophe de Brillac, moyennant 2,500 florins payés en cour de Rome [4].

Les 2,400,000 l. ordinaires de la taille ne suffisant point, il faut emprunter aux bonnes villes (Paris, 8 oct.) et lever le droit d'amortissement sur les biens du clergé (Fontainebleau, 15 oct.) [5].

Le Bâtard part pour la Provence [6], et la cour regagne les bords de la Loire. Semblançay reçoit en don les anciens boulevards, tours, fossés et terrains contigus de Tours

---

1. 18 août 1520 (B. N., fr. 2941, fol. 71 v°).
2. *Acte d'accusation de Semblançay*, loc. cit., art. 14. Quittance du 20 oct. 1521, consentie par Jean Sapin (B. N., fr. 2940, fol. 79 v°).
3. Mention dans une lettre du Bâtard à du Bouchage, Saint-Germain, 31 août 1520 (B. N., fr. 2972, fol. 68).
4. Doyen de Saint-Gatien, prieur de Bois-Rayer, chanoine de Saint-Martin, cellerier de Saint-Florent-le-Vieil d'Angers, et abbé de la Couture du Mans.
5. Le Bâtard parle des amortissements dans deux lettres à du Bouchage, Paris, 12, 20 juillet (B. N., fr. 3023, fol. 13, 32).
6. « Je partirey au plaisir de Dieu samedy prochain pour m'en aller par delà » (Paris, 4 oct. 1520, B. N., fr. 3023, fol. 43). Le Bâtard a écrit à du Bouchage, le 18 sept., de Saint-Germain.

(Amboise, nov. 1520) [1] ; son fils Martin reçoit le pallium et prête serment, les 5 et 24 déc.

Pierre Corsi vient alors traiter avec Semblançay l'affaire d'Ardres. Le banquier distribue 1,400 écus « pour le vin du marché [2], » et, le 31 oct., Semblançay écrit, de Tours, à Wolsey, pour lui faire prendre patience, que déjà « l'obligation est signée et acceptée de MM. les généraulx ; dedans peu de jours, les quatre trésoriers de France signeront ladite obligation, et pour ce qui sont absens, ne se peult si tost envoyer toute expédiée. » Bonnivet, qui remplace le grand maître, annonce au cardinal que François Ier approuve de payer 462,000 écus (soit 92,000 l. sterling) [3] par annuités de 7,000 écus couronne ; mais l'acte n'est pas encore passé, et il sera incessamment envoyé par Corsi (Amboise, 12 nov.) [4]. Un mois plus tard, l'amiral fait part à Wolsey de la signature définitive (Blois, 8 déc.) [5].

1. Arch. nat., XI^a 1524, fol. 9. Il représente le roi dans un contrat passé à Amboise, le 22 nov. (*Ibid.*, J 939, n° 34).
2. G. Jacqueton, *la Politique extérieure de Louise de Savoie*, p. 354.
3. La livre sterling vaut 5 écus soleil (B. N., fr. 5086, fol. 153), mais il est impossible d'arriver à des résultats concordants, parce que, dans les transactions franco-anglaises, l'écu est compté tantôt 38, tantôt 40 sous, sans oublier ce que G. Jacqueton appelle les *épingles* (*op. cit.*, p. 136). La valeur légale de l'écu soleil est 40 s., depuis 1517.
4. Brewer, *op. cit.*, III, n° 508.
5. « En ensuivant ce que dernièrement vous escriviz d'Amboise, touchant l'affaire de la partie qui fut mise en termes à Guysnes entre vous, M. le grant maistre de France et le sieur de Samblançay, le roy a accordé et ordonné que l'obligacion feust passée, et a donné charge à MM. les généraulx de France de la passer. Ce que trois d'entre eulx ont fait, mais, à l'occasion de la malladie qui est survenue au général Hurault, il n'a peu signer ladite obligacion, et, affin que ledit affaire ne soit plus prolongé, le roy a faict signer en son lieu ledit sieur de Samblançay, ainsi qu'il vous escript, et que vous verrez par lesdites obligations, qui sont soubz leurs sings et seaulx autenticquement et selon la coustume de par deçà. Et vous advertiz, M., que les quatre personnaiges

III.

LA CAMPAGNE DE 1521

L'appât d'un nouveau prêt de 100,000 écus a seul pu décider les généraux à signer cette obligation, avec la garantie tacite du roi. L'argent est plus que jamais nécessaire pour préparer la guerre contre l'empereur, qui, entre autres torts, a eu celui de cesser le paiement de la pension de Naples, dont les deniers ont été confiés à Semblançay : c'est à lui que M. de la Rochebeaucourt s'est plaint de ses tribulations ; c'est lui qui a envoyé maint courrier en Allemagne et en Catalogne pour solliciter le paiement ; c'est lui qui a négocié le change avec Panchati, de Lyon. Six termes ont été payés, de Pâques 1518 à Pâques 1520, soit 300,000 écus. C'est là un trésor de guerre, une épargne ; mais le dépôt en est fait par commandement verbal du roi, et Semblançay n'a pas eu à prêter serment ; il n'est donc point comptable, il est homme de confiance, et la somme est à la disposition du roi, qui en a fait état dès le 1er juin 1517 [1].

L'argent de Naples est un des motifs immédiats de la rupture de François Ier et de Charles-Quint. Le 18 nov. 1520, le roi envoie un agent en Allemagne pour le réclamer [2]. Son embarras pécuniaire est, en effet, très grand : il augmente bien la taille de 400,000 l. (Blois,

sont de sorte qu'il ne fault avoir nul doubte aux paiements selon les termes contenuz en ladite obligacion. Et quant il n'y auroit que l'un ou les deux, la chose seroit plus que asseurée » (B. N., Dupuy 486, fol. 129 bis).

1. Cf. supra, p. 143.
2. Sanuto, op. cit., XXIX, 449. Il renouvelle sa plainte le 10 avril (le Glay, op. cit., II, 468).

— 170 —

27 déc.), mais c'est insuffisant. A Romorantin (fév. 1521), il prend à sa solde Robert de la Marck [1] et le duc de Brunswick ; il prépare aussi une expédition en Navarre, confiée à d'Asparros, frère de Lautrec et de Lescun [2]. On cherche 1,600,000 l. « sur deniers d'emprunctz et invencions » : 80,800 l. sont retenues sur le premier quartier de la taille, 46,500 l. sur les cours souveraines, 1,396 l. sur les gardes des forêts, 2,375 l. sur les ouvriers en soie de Tours. Les gens des finances avancent de l'argent (Romorantin, 9 février-15 mars) ; Paris prête 40,000 l. [3].

Mais l'état « ne peut sortir effect, obstant que les deniers dont y avoit esté fait fons ne vindrent à propos. » On songe alors au « trésor de guerre » constitué entre les mains de Semblançay, aux 300,000 écus de Naples. Le roi quitte Romorantin le 21 mars, pour aller célébrer la Pâque à Sancerre [4] (25 mars-5 avril), et Semblançay se rend à Tours pour chercher des fonds [5]. Il y reçoit une lettre pressante de Madame : « Congnoissant le travail en quoy est le roy, pour ne povoir exécuter son intention et les provisions pour le bien de ses affaires, s'il n'est secouru de tous costez jusques au bout, je vous prye que, sans espagner chose qui soit en ce monde, vous y emploiez plus que le possible » (Blois, 10 avril) [6]. Semblançay se croit

1. 14-19 février. Plus tard, le duc de Wurtemberg (Sancerre, 29 mars) et le comte de Furstenberg (Dijon, 26 mai) entreront également à son service (Arch. nat., J 995ª, nos 24-26 ; B. N., Dupuy 570, fol. 50).
2. Lettres de Fitzwilliam, ambassadeur anglais, 18-27 février (Brit. Museum, Caligula D VIII, fol. 13-18).
3. B. N., fr. 25720, 163-8 ; fr. 26117, 553 ; Clair. 903, fol. 415 ; Arch. nat., XIa 1523, fol. 315 vº.
4. Cf. sur l'itinéraire du roi, J. Garnier, *Correspondance de la mairie de Dijon*, I., 286 et suiv. (lettre de la Trémoille).
5. Il en profite pour arrêter un compte avec du Bouchage, le 11 avril.
6. B. N., fr. 2940, fol. 91. — Une seconde lettre est datée des « aiz

— 171 —

autorisé par cette lettre (et d'autres semblables qui suivront) à se dessaisir, non seulement de l'argent de Naples, mais encore de l'épargne personnelle de Madame, qui lui est confiée (107,000 l.) : il est d'accord, en cela, avec l'opinion générale, qui regarde comme communes les affaires du roi et de sa mère [1], et il pourra dire que, « s'il eust eu deux millions d'escuz appartenans à Madame, il les eust deuement et licitement fourniz, et si, par inconvénient de les fournir, fust advenu inconvénient au roy et à son royaume, il ne s'en fust sceu excuser. »

Le 22 avril, Semblançay rejoint le roi à Troyes, et le Bâtard est revenu de Provence [2] : aussitôt on dresse un état particulier de l'extraordinaire pour Lambert Meigret, le 26 [1]. Asparros est sur les frontières de Navarre avec le général de Beaune [3]. Robert de la Marck a pris les armes; il y aura bientôt, du côté de l'est, 48 pièces d'artillerie, 14,000 lansquenets et 6,000 Suisses, sans compter six

d'Angillon », le 11 mai : « Vous savez mieulx que personne en quelle extrémité est l'affaire du maistre, et combien que je saiche assez et par expérience et autrement l'affection que vous y avez, toutesfois si ne me puis je tenir de vous advertir du regard que l'on doit avoir à la personne du roy, qui souffre. *Sans vous, je suis seure que tout tirera et aura à souffrir. Faictes comme celluy en qui est,* pour une telle extrémité, *ma dernière espérance.* »

1. Ce sentiment perce dans les remontrances de la Chambre des Aides, faites à l'occasion de l'apanage de Mme d'Alençon (Cf. *supra*, p. 150, note 2). Semblançay dira plus tard que « le roy, en tous ses affaires, a porté à Madame cest honneur et révérence de les conduire par son advis, en Conseil luy a communicqué de ses estatz, où il n'a rien fait dont Madame n'ayt eu la congnoissance, et puissance d'ordonner et de commander autant que ledit sieur. » Raoul Hurault écrit au Parlement, le 8 fév. 1521, qu' « on ne parle pas souvent d'affaires » au roi (Arch. nat., X^{1a} 9322, fol. 181).

2. Lettre à du Bouchage (Dijon, 18 avril, B. N., fr. 2972, fol. 46).

3. Nevers et Bayonne offrent du vin au général (Arch. Nevers, CC 94 ; Arch. Bayonne, CC 162, fol. 255, 259). Asparros entre le 20 mai à Pampelune.

bandes d'aventuriers français [1]. Les dépenses sont lourdes : 132,000 l. pour la Guyenne, 22,000 l. pour Mouzon, 8,100 l. pour le duc de Wurtemberg, 7,000 l. pour la Marck, 10,682 l. pour l'artillerie de France, 7,500 l. pour celle de Milan, 17,010 l. pour la marine, 6,000 l. pour les aventuriers français, 15,000 l. pour les lansquenets, et 11,000 l. pour les Suisses. Semblançay fournit 200,000 l., du 25 avril au 15 mai ; le reste est l' « argent du cabinet », c'est-à-dire celui de Boisy, qui a été déposé à Blois.

Henri VIII vient alors, bien à contretemps, présenter une requête à son allié. Il s'est rendu acquéreur de l'obligation des généraux en avançant à Salviati 3,000 livres sterling, que celui-ci fait parvenir à Semblançay par l'intermédiaire de Guillaume Nazy : c'est un acompte sur les 100,000 écus complémentaires de l'obligation. Et le roi d'Angleterre prétend obtenir, pour le parchemin dont il est possesseur, la ratification formelle de François Ier; mais, après un mois de négociation, cette demande est repoussée, et le reste des 100,000 écus n'est point versé (27 mai) [2].

La guerre s'annonce mal : Asparros est repoussé de Logroño, et les communes de Castille, qui penchaient pour lui, sont vaincues par les royalistes, tandis que le comte de Nassau surprend Messincourt et menace Mouzon ; trois bandes d'aventuriers sur six, et 4,280 lansquenets sur 14,000, sont à grand'peine réunis au camp d'Attigny. Le 27 mai, à Dijon, François Ier attend l'ambas-

---

1. Lettre de Fitzwilliam (22 avril). Les six capitaines sont l'écuyer Boucal (Charles de Refuge), Lorges (Charles de Montgomery), Mouy (Charles de la Meilleraye), le s^r d'Hercules, le baron de Montmoreau et Pirault de Maugeron. Sur les préparatifs maritimes, cf. une lettre du même du début de mars (Brist. Museum, Caligula D VIII, fol. 21-22, 30-31).

2. G. Jacqueton, *op. cit.*, p. 37, 337, 354. — En 1527, Semblançay, accusé d'avoir reçu 1,300 écus de Wolsey, prétend que c'est un prêt de Guill. Nazy (*Acte d'accusation de Semblançay*, *loc. cit.*, art. 5).

sade suisse, qui doit venir ratifier le traité conclu, le 1er du mois, entre la France et les cantons [1] : l'ambassadeur Lamet écrit « que les sieurs des Ligues ne se départiront...., qu'ils ne soient contentez de leurs pensions [2]. » Enfin Léon X se déclare contre la France (29 mai), les bannis préparent un soulèvement du Milanais pour la Saint-Jean, et Henri VIII propose une médiation louche, qui n'est qu'un moyen de temporiser et de pencher du côté du succès.

Telle est la situation, lorsque le Conseil se réunit, le 6 juin, à Dijon [3], pour dresser un nouvel état de l'extraordinaire, après avoir, au préalable, ordonné, le 29 mai, que le domaine serait aliéné jusqu'à 187,500 l. [4] : il faut trouver d'urgence 480,000 l. [5] pour juin, 220,000 l. pour chacun des trois mois suivants. Des anoblissements rapporteront 75,000 l. ; les 200,000 l. couchées en l'état de l'année courante, pour rembourser aux banquiers lyonnais l'emprunt du camp d'Ardres, sont reprises par Meigret [6] ; on empruntera 200,000 l. aux officiers de la couronne et aux particuliers. Mais, en fait, c'est le reste de l'argent de Naples, seules ressources immédiatement réalisables, qui fournit à tous ces frais.

Le trésor de guerre est épuisé dès la fin de juin, et l'on semble hésiter dans l'entourage du roi. Le duc d'Alençon

---

1. Dumont, *Corps diplomatique*, IV, part. 1, 333-5.
2. Lamet lui-même est dans le besoin : « Je n'ay pas ung blanc, il m'a convenu emprunter pour vivre. »
3. Sur le séjour de la cour à Dijon (fin mai), cf. *Bibl. Ec. Chartes*, XX, 369-380.
4. Arch. nat., XIa 1523, fol. 331 v°.
5. 42,000 l. pour les lansquenets, 37,000 l. pour les aventuriers français, 24,000 l. pour l'artillerie, 30,000 l. pour la Guyenne, 44,000 l. pour les Suisses, 35,000 l. de cas inopinés.
6. B. N., fr. 25720, 174 (26 juin).

dit à la Marck qu'il n'a pas charge « pour luy ayder à assaillir, mais bien à soy deffendre », et le maréchal de Châtillon écrit, d'Attigny : « Madame m'a mandé qu'elle a rompu le voyage du roy en Guyenne.... S'il povoit rompre le demourant, ce seroit encor mieulx. » Cependant François annonce, le 10 juillet, à l'ambassadeur anglais, que, tout en acceptant l'arbitrage de son maître, il va faire partir Lautrec pour l'Italie et Bonnivet pour la Navarre.

Mais il n'y a pas d'argent pour payer le contingent suisse qui s'avance : à la Margelle et à Argilly, « ne fut trouvé aucun denier, tant des finances du roy que de Madame. » Les 107,000 l. de Madame sont, en effet, gaspillées, comme les 600,000 l. de Naples. On crée des offices [1], les banquiers lyonnais composent à 100,000 l. pour éviter la prison [2], et la taille de 1522 est imposée, le 20 juillet. Parmi les motifs de la rupture avec Charles-Quint, François Ier ne manque point de relever la cessation de la pension de Naples : « desniant aussi de nous payer les cent mil escuz qu'il est tenu nous payer chascun an pour nostre pension du royaume de Naples jusques à la consommation du mariage de luy et de nostre fille. » Puis les plénipotentiaires français, Duprat en tête, partent, le 18 juillet, pour Calais, où se tiendront les conférences franco-autrichiennes ; Bonnivet quitte la cour, le 26, et Lautrec arrive,

1. Villeroy est commis à la recette (B. N., Pièces orig. 1838, dos. 47808, 10).

2. Semblançay, les généraux et plusieurs habitants de Lyon s'obligent pour 75,599 l. 10 s. 6 d. envers Ant. et Louis Bonvixi et J.-B. Minutelli, à la foire d'août 1521 (B. N., fr. 10385). — L'ordre du roi au sénéchal de Lyon (Dijon, 25 juillet, *ibid.*, fr. 3087, fol. 35) n'est point une mesure isolée : en juillet 1521, tous les banquiers italiens établis en France sont rançonnés : à Lyon (*ibid.*, fr. 2961, fol. 103-4; fr. 2977, fol. 47-8); à Paris (fr. 2964, fol. 91); à Bordeaux (fr. 3050, fol. 29); à Toulouse (fr. 3050, fol. 64). Cf. *Bourgeois de Paris*, p. 103, et *Bibl. Ec. Charles*, XX, 372.

le 27, à Milan [1]. Le camp d'Attigny est enfin levé : les six bandes d'aventuriers ont mis trois mois à se réunir. La cour se porte à Autun, où l'on décide une nouvelle aliénation de domaine, après avoir révoqué les dons antérieurs, exception faite, bien entendu, de ceux de Madame et de la duchesse d'Alençon [2].

En attendant le résultat des pourparlers engagés avec Charles-Quint, François Ier va inspecter les garnisons de Champagne (11 août), en laissant à Autun Madame, le grand maître et Semblançay [3]. Quant aux généraux, Thomas Bohier accompagne Bonnivet, Raoul Hurault est à Attigny, Guillaume de Beaune suit le roi, et Henri Bohier surveille les banquiers, à Lyon. La détresse est telle, qu'il faut emprunter 3,000 écus pour le voyage de Champagne, et Villeroy écrit, le 20 août, de Coulommiers, que « *chacun se plaint d'argent de tous costez.* »

Wolsey signe à Bruges un traité secret avec l'empe-

---

[1]. Le désarroi militaire est complet. Bonnivet demande « 2 ou 3,000 des aventuriers qui sont en Champaigne », qui lui sont refusés (Autun, 3 août), tandis que Lautrec et Châtillon blâment son voyage. Le premier écrit : « J'ay veu le partement de M. l'admyral pour son voyaige de Guyenne, que je n'ay jamais trouvé bon », et le second : « C'est une grosse despence et sans propox. » Lautrec trouve que « le plus grand affaire que vous povez avoir pour ceste année sera en Ytalie », et il réclame le général de Normandie (B. N., fr. 2962, fol. 64; fr. 2978, fol. 127; fr. 2992, fol. 47; fr. 3029, fol. 149; fr. 3066, fol. 50). Bourbon est en complète disgrâce : il voit son effectif réduit de moitié, et n'a pas de quoi le payer (18,000 l. pour l'infanterie, 15,500 pour la cavalerie); il va trouver le roi le 26 sept., et il le quitte le soir même (*Ibid.*, fr. 2967, fol. 104; fr. 2974, fol. 79).

[2]. Arch. nat., P 2304, p. 625; X[la] 1523, fol. 323. B. N., fr. 2964, fol. 90; fr. 2975, fol. 36, 149; fr. 2977, fol. 19; fr. 3045, fol. 57; fr. 3091, fol. 91, etc.

[3]. *Ibid.*, fr. 3023, fol. 38. On s'adresse à la fois au Bâtard et à Semblançay pour les demandes d'argent (*ibid.*, fr. 2933, fol. 92; fr. 2963, fol. 80).

reur (25 août); Nassau emporte Mouzon (27); Mézières et Tournay sont en péril; Parme est assiégée (28), et « les bannys croissent comme potirons [1] »; Bonnivet, dénué de tout, est contraint de « chapperonner gens de toutes nacions » à Bordeaux. Et cependant le roi doit temporiser jusqu'à ce que l'effectif des Suisses [2] soit complet : « Qui pourra dissimuller jusques au 10e de septembre, écrit-il aux plénipotentiaires de Calais, j'ay espérance que mon cas sera prest en sorte qu'ilz me requerront d'avoir ce qu'ilz me reffusent [3]. »

Les dames et le roi se retrouvent à Troyes. En présence du Bâtard, de Robertet et de Madame, Semblançay déclare qu'il n'y a plus d'argent que pour un mois (13 sept.), « et, voyant ledit roi ses affaires en telle extrémité, dit qu'il falloit donner une bonne bataille pour employer ledit mois. » Et il part, le 16 [4], pendant que les dames vont

---

1. B. N., fr. 2992, fol. 62.
2. Le 27 août, le roi écrit à Semblançay, de Montbard, au sujet de 1,500 Suisses retardataires : « Je vous prie savoir au trésorier Meigret s'il y a pourveu, car s'il ne l'a fait, il le fault faire promptement et en toute dilligence. »
3. L'opinion des militaires varie : « Je ne voy meilleur moyen en vostre affaire que de haster vostre équipaige » (Vendôme). — « Le roy ne sçauroit mieulx faire que de bien faire advitailler et garnir d'artillerye les villes de frontière.... En temporisant, une seulle ville suffira, si les ennemys viennent à l'assiéger, de les arrester sur le cul et les faire consumer, veu mesmement l'hiver qui vient » (Lautrec). — « Il semble, par ce que l'on m'escript, que vous vous soyez résolu de vous mectre aux champs et assembler vostre force pour approucher voz ennemis. Qui n'est pas la résolution à quoy vous estiez premièrement arresté de conserver voz villes et laisser courir voz ennemis par le pays. Qui me semble tousjours estre la meilleure, car vous voyez la saison faillir » (Bonnivet).
4. Le 31 août et le 13 sept., un clerc du garde des munitions de l'artillerie reçoit le reste des tentes et pavillons du camp du Drap d'or (B. N., fr. 10383, fol. 178).

à Meaux, et que Semblançay [1] se rend à Paris, avec Berthelot, pour recueillir des emprunts.

Semblançay va s'occuper plus particulièrement de l'armée du nord. Dès le 24 sept., le roi le presse d'assurer trois parties urgentes : 22,000 l. pour les vivres; 14,500 l. pour les aventuriers de Vendôme; 100,000 l. pour les Suisses [2]. Semblançay y pourvoit, et il est encore requis de trouver pour novembre 382,000 l. (16 oct.) [2]. Tout se borne cependant à une promenade militaire : Mézières est défendu par Bayard (26 sept.), et Mouzon, évacué par l'ennemi (3 oct.). Mais François 1er manque une occasion unique d'attaquer Nassau près de Valenciennes, et ne peut empêcher le blocus de Tournay (15-18 oct.).

En Italie, l'extraordinaire de juillet a été payé par le général Geoffroy Ferrier (120,000 l.); Semblançay envoie 140,000 l. en papier, pour le mois suivant, à Jacques Thénart, commis de Meigret; en sept., Thénart reçoit 68,000 l. et Ferrier verse 160,000 l. contre une lettre de crédit de Gadaigne, Albisse et Nazy, payable à la Toussaint [3]. Le 21 oct., Lautrec se plaint de n'avoir reçu de France que 200,000 l. en papier; mais, le 23, Ferrier reçoit 80,000 l. en espèces et une lettre de change de 20,000 l., et il prête encore 64,000 l. En trois mois, Semblançay a envoyé 364,000 l. [4] en Italie, mais il se déclare incapable

---

1. Il y assiste, le 23, à une assemblée tenue pour le ravitaillement de la ville (Arch. nat., X¹ª 9324, fol. 81 et 95). *Bourgeois de Paris*, p. 96-7; *Journal de Nicolas Versoris*, dans *Mém. Soc. Hist. de Paris*, 1885, p. 114.

2. Il ne faut pas compter sur les deniers de Languedoc, Bourgogne, Dauphiné et Provence, et les trésoriers des guerres auront à verser 100,000 l. à Meigret. Le 28 sept., on anticipe sur la taille (Saint-Thierry-lez-Reims).

3. B. N., fr. 2933, fol. 231. Cf. P. Paris, *Études sur le règne de François Ier*, 1, 203-212.

4. B. N., fr. 2963, fol. 115; *Acte d'accusation de Semblançay*, loc. cit., art. 11.

de satisfaire aux 240,000 l. demandées pour novembre (31 oct.). Le roi envoie Guillaume de Beaune vers son père, comme il l'annonce à Lautrec (6 nov.) [1] ; mais il croit impossible de faire tenir la solde des Suisses en temps utile. En effet, Semblançay procure encore 60,000 francs (9 nov.) [2], que Lautrec ne reçoit pas à l'échéance requise : il faut emprunter 40,000 l. au duc de Savoie [3].

La confiance de Madame semble ébranlée. Le 1ᵉʳ nov., elle écrit à Robertet, au sujet des 364,000 l. d'Italie : « Sans faire que *ceulx des finances qui sont par delà s'entre-entendent avec Samblançay*, il seroit impossible d'y congnoistre et savoir ce qu'il y fault faire, et pour ce fault il qu'ilz dient ouvertement ce qui leur a esté fourny, et ce qui reste [4]. »

---

1. B. N., fr. 2963, fol. 40-41.
2. « Sire, j'ay entendu par vostre général, mon filz, ce qui vous a pleu lui commander me dire pour vostre affaire de Millan, qui est en grosse nécessité d'argent. Sire, incontinent j'ay regardé par tous moyens de vous faire service en cet endroit pour ce que y vous touche, sans y espargner le crédit, et bailler gaige, pour recouvrer jusques à la somme de 50,000 l. J'en ay trouvé partie en ceste ville, et l'autre partie j'ay escript à Lyon, et espère que, dedans le 20ᵉ jour de ce moys, M. de Lautrec aura ladite somme, et à mon advis, 10,000 davantaige. En cela n'y aura point de faulte. Qui n'a pas esté sans tirer, après avoir fait tant d'empruntz » (Bibl. de Lemberg, ms. 539, fol. 7). — Il est à remarquer que Semblançay s'est occupé de l'artillerie, comme des gens de pied et des vivres : Bonnivet écrit au roi, à ce sujet, le 27 juillet (Autun), et Semblançay presse le sénéchal de Lyon d'expédier au camp du roi 1,000 piques et 2,000 hallebardes.
3. B. N., fr. 2963, fol. 95. Sur la Suisse et l'Italie, cf. des lettres de Lamet et de Lautrec, publiées dans l'*Archiv für schweizerische Geschichte*, XV, 285-318, par W. Gisi ; Strickler, *die eidgenössischen Abschiede*, 1521-1532 ; id., *Actensammlung zur schweizerischen Reformationsgeschichte*, 1521-1532.
4. B. N., fr. 2978, fol. 25. — Au mois de sept. précédent, Bonnivet avait envoyé au roi un état détaillé des sommes par lui reçues, « pour ce que je croys que MM. de voz finances dela vous donnent à entendre qu'ilz m'ont satisfait à tout ce qui m'est nécessaire. »

— 179 —

La position du banquier est difficile : depuis la fin de juin, les sommes dont il était dépositaire étant épuisées, il lui faut emprunter à des particuliers, car les banquiers lyonnais sont fatigués de prêter sans remboursement ; or les particuliers ne peuvent prêter à intérêt, c'est un crime de lèse-majesté ; le roi devra-t-il fermer les yeux et payer des intérêts anonymes? Semblançay, qui est responsable de toutes ces sommes, désire une prompte décharge, car il est déjà créancier du roi et de Madame de 587,000 l. [1], dont il arrête les comptes avec Guillaume Ruzé et Jean Sapin (oct.-nov. 1521). Il se plaint de la lourdeur de sa tâche [2]. Dès le 27 août, le roi lui écrit : « Ne vous souciés de rien, car je vous satisferay et garantiray de toutes choses » ; et il répond que « les bources en ce temps sont fermées partout. » Le 24 sept., nouvelles exhortations du roi : « Ne fault point que soiez recreu, mais que vous montriez serviteur à ce besoing, comme avez acoustumé » ; et nouvelles lamentations de Semblançay : « on se fuyt de moy, les bources sont clauses.... » Il ajoute, il est vrai : « Si j'avoye quatre vies, je les y vouldroye mectre [3]. »

Mais il veut mettre des conditions à la continuation de son concours, et Madame le prie de lui communiquer une lettre qu'elle fera parvenir à son fils, « *affin que vous et moy parlons le mesme langage*. S'il y a quelque remons-

---

1. Travaux d'Amboise, 240,000 l.; Jean Testu, 47,359 l. 12 s. 1 d. ; Jean Sapin, 310,432 l. 11 s.
2. Il n'oublie point pour cela ses intérêts. C'est ainsi qu'après avoir remontré au Parlement la nécessité de confisquer la succession d'Antoine Robert, greffier criminel de la cour, il en achète une partie, la métairie de la Bretèche (28 sept., 28 oct. 1521), et qu'il avance 10,000 l. contre le produit de la vente de deux offices de son neveu, Jean Ruzé, promu avocat au Parlement de Paris (B. N., fr. 2978, fol. 11 ; Arch. nat., X1a 1523, fol. 370 v°; Arch. Indre-et-Loire, E 44, 46).
3. B. N., fr. 2977, fol. 21.

trance qu'il soit besoing me faire, faictes le moy par lettre à part » (28 sept.). Il fait alors deux voyages à Meaux [1].

Il veut une garantie du roi pour tous les emprunts faits depuis trois mois. Le 16 oct., à la prière de Madame [2], François Ier y consent : « Je vous promectz par ces présentes signées de ma main, et l'asseurez hardiment à ceulx qui vous ont fait ou feront plaisir, que, incontinent mon affaire vuydé, ce seront les premières parties payées et acquictées. » Le contrôleur Babou porte le message à Semblançay, « pour le rafreschir et consoller en l'excessive payne et travail où il a esté depuis troys moys en ça, et est encores de présent [3]. » Mais Semblançay n'est pas satisfait [4], parce qu'on néglige les 587,000 l. antérieurement avancées par

---

1. P. Clément, *Trois drames historiques*, p. 156-7 (lettre à du Bouchage, 13 oct.).

2. Madame au roi : « *Il désireroit avoir unes lettres de vous à luy addressantes*, si c'estoit vostre plaisir, par lesquelles il peust monstrer à ceulx à qui il a à parler.... que vous l'advouez de ce qu'il fera et dira de par vous. »

3. B. N., fr. 20133, fol. 13-14.

4. Lettre à Robertet. « Mgr, j'ay receu vostre lettre que vous a pleu de m'escripre. Et quant au *povoir*, j'entends qu'il y en a qui ne le trouveront pas bon. Je vous supply entendre que *je ne l'ay pas demandé*, ne songé. Et quant M. le trésorier Babou vint icy, oncques de ma vie je n'y avoye pensé. Quant Madame me l'envoya, et tel qu'il est, a esté veu par aulcuns serviteurs du roy pour son proffit. Je ne demande pas à tormanter ne travailler personne. Je ne désire que veoir le roy de son retour à la gloyre et l'honneur que ces bons serviteurs désirent, et de ma part je feray tousjours comme j'ay bonne envye de servir, et ne tiendra que d'en trouver. Ma volonté ne dimynue point ; il n'y a que les bources et l'argent qui ne ce treuve plus. Mgr, je me suis bien passé du povoir jusques icy et feray encores, tant que le voiage durera, en me confiant au roy qui me sera tousjours bon maistre et qu'il aura souvenance de mes services. Et si je povoye mieulx faire, je le feroye. Vous suppliant, Mgr, que si l'on fait cas dudit *povoir* qu'on le lesse, pour ce qu'*il y a quelques restes qui n'y sont comprins*, et n'en demande point. Ce sera pour le retour, le roy en ordonnera ce qui luy plaira » (B. N., fr. 2963, fol. 87).

lui. La garantie est donc refondue (4 nov.) : ses acquits seront exécutoires comme s'ils étaient signés du roi, et il n'est pas besoin de nommer les prêteurs qui reçoivent des intérêts [1]. Guillaume de Beaune porte cette garantie à son père, qui remercie le roi avec effusion (9 nov.) [2], et fournit encore 237,000 l. à Meigret (15 nov., 1er déc.).

Le voyage de Hainaut est terminé : François Ier a rencontré l'avant-garde autrichienne près de Valenciennes, sans profiter de l'aubaine ; les conférences de Calais se sont closes sur un traité formel entre Henri VIII et Charles-Quint ; Tournay et Milan [3] sont perdus. La délivrance de Mézières, qui a fait dire à Madame que « Dieu s'est à ce coup monstré bon François » (Meaux, 28 sept.), et la prise de Fontarabie (19 oct.) ne peuvent compenser les échecs.

Rentré à Compiègne, le roi envoie le Bâtard en Suisse

---

1. « Sire, j'ay veu et entendu par vostre général comme il vous a pleu de vostre grace commander deux mandemens de commission et povoir et envoier à Madame. Sire, c'est pour vostre service et garder le crédit, et que soiez secouru, comme a esté besoing à ce coup et y avoir mis le tout pour le tout. Et vous supply entendre que vous y serez servy si loyaument que vous aurez cause d'estre content et que par effet le congnoistrez, comme en brief j'espère me trouver devers vous et le vous donner à entendre, si c'est vostre plaisir » (Bibl. de Lemberg, ms. 539, fol. 7). — Guillaume de Beaune passe à Compiègne le 7 nov. (lettre de Babou, B. N., fr. 2933, fol. 163).

2. A. de Boislisle, *Annuaire-Bull. Soc. H. de France*, XVIII, 228 et suiv. — « Ladite lettre lui fut baillée par Madame pour garder son crédit envers plusieurs personnes, tant à Paris que ailleurs, auxquels, ainsy que les affaires du roy survenoient, ledit de Beaune avoit accordé et promis faire donner par le roy certaines sommes de deniers pour leur intérest et récompense des sommes qu'ils promettoient prester pour le service dudit sieur, pour subvenir à la despense de la guerre de Haynaut. Lesquels personnages ne vouloient aucunement estre nommez, ni pareillement passer quictance des sommes à eulx promises en don » (*Acte d'accusation de Semblançay*, loc. cit., art. 26).

3. La panique de Lautrec est inexplicable, « car n'a pas esté tué 30 hommes en tout, et n'a pas esté perdu ung seul cheval » (B. N., fr. 3081, fol. 88).

pour lever 16,000 hommes [1]. Semblançay arrête alors ses comptes avec Meigret (2 déc. 1521, 24 janvier 1522), comme il l'a déjà fait avec Sapin et Guill. Ruzé pour les sommes avancées antérieurement à 1521. Une partie des sommes fournies à Meigret sont des lettres de change, qui n'ont pas pu toujours être converties en argent, mais c'est la faute des comptables s'ils passent ces lettres pour argent reçu comptant [2].

Semblançay réunit donc ses acquits : les prêts antérieurs à 1521 montent à 587,000 l.; les emprunts négociés de sept. à nov. 1521, à 280,000 l. environ. Mais il lui faut, en même temps, recouvrer une somme de 107,000 l., épargne personnelle de Madame, dont il s'est dessaisi au début de la campagne de 1521. Ce qui fait au total 974,000 l. — Quant aux 600,000 l. de Naples, Semblançay les considère comme « confuses, despendues et employées ès affaires du roy. » Mais le roi et Madame ne l'entendent pas ainsi, ils « ont voulu et ordonné ladite somme de 300,000 escuz estre mise et employée pour estre recouverte par ledit de Samblançay avec les autres sommes par luy fournies, à ce qu'elle demourast toujours en ses mains pour servir

---

[1]. Au cours de ce voyage, le Bâtard rédige son testament, en choisissant Semblançay pour exécuteur (Dun-le-Roy, 14 déc.). Le 19, de la Brelle, il écrit au roi pour lui donner un conseil, tout en s'excusant de sa hardiesse : « Sire, je treuveroye bon que, après qu'il vous aura pleu donner ordre en cella, ensemble au surplus de voz affaires de par della, qu'il vous pleut vous aproucher de Lyon, car il est chose seure que vostre venue prouffiteroit merveilleusement à vostre affaire de Millan. Et combien que je ne ignore que vous y sauriez trop mieulx pourveoir et donner ordre que ne le vous sauroys dire ne escripre, toutesfoiz, Sire, si c'est vostre plaisir, il ne me sera attribué à arrogance ne présomption si je me suys ingéré à vous en escripre mon petit advis, que vous supplye très humblement croire ne procedder que de la seule affection et désir que j'ay de vous faire service. »

[2]. *Acte d'accusation de Semblançay*, loc. cit., art. 2.

aux affaires desdits sieur et dame. » — Les acquits des 974,000 l. présentés au Conseil sont donc « cancellés » [1], et un seul acquit de 1,574,342 l. 10 s. 5 d. est expédié (15-28 février 1522).

L'acquit est rédigé pour laisser à entendre que la totalité des sommes qui y sont contenues avait été empruntée : « Estat des deniers que le sieur de Samblançay a fourny et baillé comptant, par le commandement et ordonnance verballe du roy, tant pour l'extraordinaire de la guerre que pour autres affaires dudit sieur, *lesquelz ledit sieur de Samblançay a trouvez, tant du sien que par empruncts* de ses amys, bancquiers, marchans et aultres, auxquelz il en a fait ses obligations, cédulles et propres debtes [2]. » Il n'est donc pas question des 600,000 l. de Naples ; le nom de Madame n'est pas non plus prononcé. — Le titre de ce compte ne répond aucunement à sa teneur. Cette équivoque est voulue par le roi et par Madame, puisque les pièces ont été longuement examinées en Conseil par Duprat, Bonnivet, Villeroy et les généraux des finances. Et Madame sera mal venue à dire plus tard que Semblançay est l'auteur de cette rédaction amphibologique. C'est par une fiction administrative, longuement réfléchie, que l'on a supposé les 600,000 l. empruntées par Semblançay, et cela pour en permettre le recouvrement. Quant à lui, il eût désiré ne plus avoir à s'en occuper, sachant le mal qu'il aurait à se faire rembourser le reste.

1. « Et pour ce que d'aucunes des parties ainsi fournies et baillées par ledit sieur de Samblançay pour noz affaires, autres acquictz ont esté expédiez pour son remboursement jusques à la somme de 974,329 l., lesquels acquictz nous ont par luy cejourdhuy esté renduz, nous les avons fait rompre et canceller, comme nulz et de nul effect et valleur. »

2. B. N., fr. 2940, fol. 77-90. Les Comptes enregistrent le bordereau de Semblançay le 17 fév.

IV.

LA GUERRE GÉNÉRALE

La rupture de l'amitié anglaise [1] va étendre la guerre et aggraver les dépenses. Une nouvelle aliénation de 200,000 l. de domaine est décidée, le 3 février 1522 [2]; des offices sont créés au Châtelet [3]; une crue de taille de 600,000 l. est imposée (17 fév.). En même temps, les francs-archers sont rétablis (27 janvier) [4]; mais ce ne sera qu'un prétexte pour composer avec les bonnes villes [5].

Semblançay se rend à Tours [6], pour requérir l'entretien de 100 hommes de pied (17-31 mars), et assister à l'entrée archiépiscopale de son fils Martin (16 mars) : il offre, à cette occasion, à Saint-Gatien cinq chapes de soie violette, et Martin, cinq de soie blanche [7]. Il rachète aussi les droits

---

1. François se rend à Rouen et au Havre-de-Grâce (15-27 janv. 1522) pour visiter les travaux du port et du grand navire qu'il y fait construire. Il quitte Paris le 8 mars, pour Lyon.
2. Arch. nat., K 82, n° 11. Cf. ibid., Y 8, fol. 138 v°, 142.
3. Ibid., Y 8, fol. 147-8.
4. Thomas Bohier l'annonce, en l'absence de son frère, le général de Languedoc, aux élus de Lyonnais, 26 fév. 1522 (B. N., fr. 2702, fol. 58 v°). Depuis la disparition des francs-archers, vers 1500, on dit « gens de pied » ou « arbalétriers » (Cf. B. N., fr. 2964, fol. 82 : levée de 6,000 arbalétriers en 1516).
5. *Bourgeois de Paris*, p. 120.
6. Avant de quitter Paris, il rend une ordonnance sur le compte d'Ardres tenu par G. de Seigne : les 4,000 l. d'excédent lui sont assignées pour partie du remboursement de 8,542 l. qui ont été retranchées sur les gages des officiers de l'artillerie en 1521 (B. N., fr. 10383, fol. 173 v°).
7. Versoris, *loc. cit.*, p. 109; *Gallia Christiana*, XIV, 132; J. Maan, *Sancta et metropolitana ecclesia Turonensis* (1667), p. 182.

de l'abbé de Saint-Julien sur son fief (4 avril) [1]. Puis il rejoint à Lyon (12 avril) [2] le roi, qui confirme son accord avec Saint-Julien dans les termes les plus flatteurs, « pour recongnoissance des grans, bons et proffitables services que a fait à nos prédécesseurs et à nous le sieur de Samblançay et les siens, qui méritent bien que ayons en grande recommandation et affection le bien, honneur et augmentation de sa maison [3]. »

Le roi vient d'apprendre la perte définitive de Milan. — Le Bâtard a quitté Compiègne, au début de déc. 1521, porteur de 150,000 écus [4]. Il faut payer comptant, sinon, « ce seroit rompre l'alliance entre vous et MM. des Ligues, et si nous prendroient prisonniers jusques à ce qu'ils fussent payés : ce qui seroit un merveilleux descry. » D'autre part, la gendarmerie d'Italie n'a rien touché depuis un an et demi; quant aux fantassins, les envois de Semblançay ont cessé le 1er déc. 1521.

Mais les généraux sont réunis à Lyon. Le roi leur accorde un acquit analogue à celui de Semblançay, en les déchargeant de 555,525 l. 12 s. 11 d. t. (capital et intérêts) dont ils se sont endettés depuis trois ans envers les banquiers lyonnais (7 avril) [5], et, moyennant cette

---

1. Arch. Indre-et-Loire, D 3. Une première transaction a déjà eu lieu en mai 1519.
2. Arch. Lyon, CC 697.
3. Les Comptes enregistrent, le 28 août.
4. Sanuto, *op. cit.*, XXXII, 298-30.
5. FLORENTINS : Thomas Gadaigne, Zanoby Bartholin, Laurent et Phil. Strossi, Pierre Vigny, Guill. Nasi, Rob. Albisse, Albisse d'Elbène. LUCQUOIS : Louis et Ant. Bonvixi, Fr. et J.-B. Minutoli. GÉNOIS : Michel de Mourilly, Barth. Gaburon. SUISSES : Jean Cleberger, Fr. Rodof. LYONNAIS : Pierre Renouart, Geoffroy Baronnat, etc. (Arch. nat., J 964, n° 13). Il s'agit des 100,000 l. du duc d'Urbin (1518) et des 200,000 l. d'Ardres (1520). La lettre de sûreté est remise aux représentants du

garantie, ils empruntent 17,187 écus à Jean Cleberger, le 26. Aussi le roi affecte-t-il une grande tranquillité d'esprit [1], et il affiche même de la joie à la nouvelle d'un engagement sous les murs de Milan (6 mai).

Mais l'ambassadeur anglais est sceptique [2], et à juste titre. Une équipée, en une aussi mauvaise saison, ne plaisait guère aux Suisses : quoique l'on boive et mange à l'aise [3], et que la solde soit ponctuellement comptée [4], ils songent à retourner chez eux, aussitôt le 3e mois reçu, malgré la défense de la diète de Lucerne (9 avril). Les clercs des finances sont bloqués dans Arona par les Impériaux, avec l'argent du 3e mois; les mercenaires se plaignent de la faim et de la soif, ils n'ont plus que quatre petits pains et une ration de vin par jour. En vain Lautrec les supplie d'attendre qu'un secours de 300 lances aille débloquer Arona (22 avril) : ils allèguent les dix jours de retard, et ils prétendent, en outre, à un 4e mois. Il est encore fait droit à cette exigence [5], mais, dans un accès d'humeur, ils brusquent la bataille et attaquent les Impériaux, retranchés à Milan. Ils sont repoussés avec perte et se débandent [6], et fort heureusement le manque d'ar-

syndicat des banquiers (Gadaigne, Nazy et Albisse), le 4 mai, par Th. Bohier, Raoul Hurault et Guill. de Beaune.

1. L'ambassadeur anglais écrit : « As for the Swiss, he is in no great surety of them, this month once at an end. » Et il ajoute que le roi est très mécontent de son armée, en général : « The French king is marvellous angry and says that all his men there be nothing worth.... » (Lyon, 12 avril 1522, British Museum, Caligula D VIII, fol. 234-6).

2. « They make as though they were marvellous glad with these tidings ; notwithstanding I think verily the truth is the contrary and that they have lost more than they have won. »

3. Un de leurs chefs écrit : « An Essen und Trinken sei bisher kein Mangel gewesen. »

4. Le 1er mois est payé le 18 février, le 2e le 12 mars.

5. Le roi à Lautrec (7 mai, B. N., fr. 3079, fol. 49).

6. « Sem beber nem comer », comme dit l'ambassadeur portugais à

gent empêche l'ennemi de les poursuivre [1] et de changer la fuite en désastre.

Le 8 mai, les Suisses touchent 80,000 écus ; mais le Milanais est perdu. Lautrec regagne la France sous un déguisement [2], pour se plaindre amèrement de Venise [3], tandis que le Bâtard attend à Locarno un convoi d'argent destiné à la gendarmerie, et que Lamet réclame vainement un secours de 6,000 hommes. On demande que le roi règle les pensions et les soldes arriérées, tant d'Italie que de Picardie (27 mai). Le Bâtard se rend à Berne [4], et promet ce règlement pour la Chandeleur prochaine [5].

En même temps, Bonnivet et le roi font mine de conduire une armée au secours de Crémone et de Gênes [6] ; mais l'idée est bientôt abandonnée, ces deux villes étant tombées au pouvoir de l'ennemi, et, le 18 juillet, l'amiral écrit que « pour le présent n'est possible d'aller au recou-

---

Rome. Cf. sur cette affaire : Andrea Morosini, *Historiæ Venetæ*, I, 39-44 ; Paolo Paruta, *Istoria Veneliana*, IV, 335-345 ; *Miscellanea di storia italiana*, II, LXXXIII ; Guichardin, VII, 249 ; J. de Müller, X, 72 ; *Corpo diplomatico portuguez* (Lisbonne, 1862), I, 661-8 ; Arnoul Ferron (édit. 1555), fol. 137 v° ; Sanuto, *Diarii*, XXXIII, 236, 251 ; *Calendar of State Papers*, Henry VIII, III, n° 2770-1 ; Ed. Rott, *Inventaire sommaire des documents relatifs à l'histoire de Suisse*, I, 40-43 (excellent répertoire de sources originales).

1. « After the conflytt, the emperors' armye wold not, *for lack of payment*, poursewe the ennemys » (Brit. Mus., Galba B VII, fol. 299).
2. Ferron, *op. cit.*, fol. 139 v°. Cf. une lettre du 22 mai (B. N., fr. 2993, fol. 45).
3. Sanuto, *op. cit.*, XXXIII, 338 (lettre de Badoer, Lyon, 18 juin).
4. Le Bâtard y reste du 19 juin au 2 août, avec Chabannes ; ils rentrent ensuite à Lyon le 13.
5. En effet, le roi signera des mandats pour 415,000 l. (1er-11 janvier 1523) : B. N., fr. 25720, 215, 219, 221-2 ; fr. 23268 (70,319 l. assignées sur le Languedoc) ; Dupuy 486, fol. 180.
6. Le roi emprunte 40,000 écus à la duchesse de Nemours, tire une traite de 13,344 ducats sur Venise, etc. B. N., fr. 25720, 197, 200 (17 mai-2 juin). Il envoie aussi la Rochepot à Venise.

vrement de la duché de Milan. » Huit jours après, le roi, qui retourne en Touraine, répète qu'il a contremandé 12,000 fantassins destinés à l'Italie et qu'il les envoie en Picardie (Roanne, 24 juillet) 1.

Rien ne prouve que Lautrec ait accusé Semblançay d'avoir retenu l'argent destiné à l'Italie ; il semble avoir arrangé après coup une mise en scène qu'il a contée à son familier, Jacques Minut 2, président du Parlement de Languedoc, de qui le Bordelais Arnoul Ferron l'a tenue. En tous cas, il ne saurait être question de 3 ou 400,000 écus détournés par Semblançay, comme Guichardin et du Bellay l'ont prétendu, et le nom de Louise de Savoie ne peut être mis en cause 3, puisque, en ce moment même, elle charge son général d'une besogne délicate, l' « enfournement » du procès qu'elle intente à la maison de Bourbon 4.

1. B. N., fr. 2702, fol. 58 v°.
2. Le témoignage de Minut est suspect, car il sera un des juges chargés de condamner Semblançay en 1527, et il y fera preuve de partialité (voir le chap. suivant).
3. P. Paris, *Études sur François I*^{er}, I, 173-198 ; Ferron, *op. cit.*, fol. 139 v°, 141 ; Guichardin, *op. et ed. cit.*, XIV, parag. 11 ; du Bellay (éd. Petitot), II, 384. Un agent anglais raconte (et c'est à cela que s'est bornée vraisemblablement l'entrevue de Lautrec et du roi) que « M. de Lautrec a eu un peu de vent au visage touchant les escuz que le roy luy avoit envoyez *pour les gens d'armes*, dont n'a point eu la connoyssance » (Brewer, *op. cit.*, III, n° 2707). On remarquera que Semblançay ne s'est jamais occupé du paiement des gendarmes, mais seulement de l'EXTRAORDINAIRE de la guerre. En outre, en 1527, il ne sera point accusé d'avoir recélé 3 ou 400,000 écus, mais seulement 220,000 l. (*Acte d'accusation de Semblançay*, loc. cit., art. 11).
4. « M. de Samblançay, considérant de quelle importance m'est l'affaire que j'ay de présent à la maison de Bourbon, et que l'*enfournement* sera le principal de la matière, j'ay délibéré de faire faire le voyage de Paris à M. de Senlis pour se trouver à la première assignation et fayre par dela ce que par luy entendrez. Et pour ce, je vous prie adviser par ensemble de quelz gens je me pourray servir audit affaire, et de l'ordre et provision qu'il y faudra donner, tant de la despence qui se y fera que aultres choses nécessaires. Car la matière

Semblançay commence à recevoir des acomptes sur son acquit de février. Dès le 21 avril, Jean Prévost, le successeur de Meigret, lui remet 17,882 l. 17 s. 9 d. en espèces et 104,912 l. 15 s. en papier [1]; Meigret verse ensuite 109,050 l. qui sont distribuées par Jean Prunier, receveur de Forez (4,000 l. à Pierrevive et Grudi, et 105,000 l. à Robert Albisse); le 8 mai, le 16 juin et le 2 juillet, Semblançay reçoit des décharges sur les deux derniers quartiers de la taille en Languedoïl, Outreseine et Languedoc (120,000 l., 50,000 et 49,719 l.), et il passe un second compte avec Meigret le 1ᵉʳ juillet [2]. Ces remboursements lui rendent le courage qui lui avait un instant manqué, l'automne précédent. Le 30 juin, il emprunte aux banquiers lyonnais 85,177 l., avec ses collègues les généraux [3], puis il quitte Lyon avec le roi (22 juillet), pour aller à Blois [4], d'où il

---

vault bien que je n'y espargne rien et que la poursuyte se fasse honnorablement et discrètement, tant pour l'acquit de ma conscience et que je n'entrepreigne chose qui ne soit soutenable, que aussi pour la conservation de mes droicts. Et remectant le surplus à M. de Senlis, autre n'aurez pour ceste heure. Vous disant à Dieu, lequel je prie vous avoir en sa garde. Escript de Crémieu, le vıı° jour de juing [1522]. Loyse. Breton » (Bibl. Rouen, ms. 3407, fol. 85 v°). Cf. *Bourgeois de Paris*, p. 150.

1. Dont une décharge de 30,000 l. sur le changeur du Trésor, pour vente de bois domaniaux à Nicolas le Comte. Jean Prévost a remplacé Meigret à l'extraordinaire en février 1522, et Meigret est devenu contrôleur général des guerres.

2. Le compte est de 110,459 l. 10 s. (cédules des trésoriers des guerres, 55,000 l., cédule de Morelet de Museau, 58,638 l., cédule de Semblançay, 4,687 l. 10 s.). Mais, en déduisant le crédit d'un compte précédent de Meigret (4,610 l. 9 s. 6 d.) et diverses autres sommes, le remboursement de Semblançay se ramène à 93,077 l. 6 d. Sur tous ces comptes, cf. B. N., fr. 2941, fol. 58, 64, 73.

3. Arch. nat., J 967, n° 8¹¹. Cf. un sauf-conduit général accordé aux banquiers étrangers (Lyon, 18 juin), en présence de Bonnivet, de Semblançay et des généraux (*Ibid.*, J 963, n° 19).

4. Le 31 août, il reçoit 80,281 l. en décharges sur la Normandie.

sollicite le chapitre de Saint-Martin de Tours [1] de donner la grille dorée offerte jadis par Louis XI (2-5 août) [2].

L'argent provenant de la fonte de la grille, qu'il a fallu prendre par la violence (60,800 l.), est remis, le 11 sept., à Jean Prévost pour les préparatifs de l'expédition d'Écosse, qui doit être commandée par le duc d'Albany [3]. Semblançay et les généraux se réunissent à Saint-Germain-en-Laye [4], où le roi s'est rendu au départ de Blois (fin août), puis ils retournent à Amboise discuter à ce sujet avec le grand maître. Celui-ci est pressé par l'amiral de trouver 15,000 écus pour Albany, et dans une lettre qu'il adresse au roi le 20 oct., de Pontlevoy [5], il dépeint l'embarras des

---

1. C'est le 3 juin que le roi décide d'emprunter aux trésors des églises 240,000 l. (Arch. nat., P 2304, p. 741 ; X[1a] 1524, fol. 274). Le Parlement objecte que, « si les lettres estoient publiées en la forme qu'elles sont, nostre peuple et subgetz seroient merveilleusement espovantez et intimidez.... » Cf. un « inventaire des joyaulx d'or et d'argent estant en l'église de N.-D. de Reims » (B. N., Dupuy 550, fol. 117-8) ; le trésor de Reims vaut 10,069 l., celui de Laon, 7,714 l. Cf. *Bourgeois de Paris*, p. 164-5.

2. Le chapitre a refusé deux fois (24-31 juillet). Ch. Grandmaison, *la Grille d'argent de Saint-Martin de Tours* (1863).

3. Il faut répondre à la descente que les Anglais ont faite à Morlaix, au mois de juillet. Cf. *Catalogue des actes de François Ier*, n°s 1649-50 (1er sept. 1522) ; *Bourgeois de Paris*, p. 160.

4. Raoul Hurault, après cinq mois passés à l'armée de Picardie (mai-sept.), reçoit 1,800 l. de don ; mais il abandonne la charge d'Outreseine-Picardie à Morelet de Museau, pour ne garder que la Bourgogne (Saint-Germain, 25 sept, 20 nov., B. N., fr. 25720, 212 ; Arch. Côte-d'Or, B 18, fol. 64), et son fils est fait audiencier de la chancellerie. A la même époque, Henri Bohier cède la charge de Languedoc à Jean Poncher (16 nov.).

5. « Sire, je receuz hier les lettres qu'il vous a pleu derechief m'escripre touchant les 15,000 escuz qu'il fault faire bailler promptement pour la despêche de M. d'Aubigny et autres parties pour le voïage d'Escosse. Et pour ce, sire, que MM. les généraulx n'estoient plus avecques moy et que chacun d'eulx s'estoit retiré quant je parteis d'Amboyse, qui feut mercredy dernier, et estoient les aucuns d'eulx

financiers, qui sont endettés de 350,000 l. pour la cou-

prestz à partir pour aller en leurs charges, j'ay incontinent envoyé devers eulx pour les faire venir icy, pour parler à eulx et leur monstrer vozdites lettres affin de leur faire entendre le contenu, et comme ceste partie estoit de telle importance que, s'il n'y estoit bientost par eulx pourveu, vous ne pourriez avoir cause de vous contenter d'eulx, et y donneriez autre provision. Sire, dès hier au soir arrivèrent icy MM. les généraulx de Normandie et Hurault, et les autres deux y pourront estre entre cy et le disner. J'ay monstré ausdits généraulx qui sont icy vozdites lettres et leur ay dit et déclairé ce qu'il vous a pleu m'escripre et faire escripre par M. l'admiral. Et pour vous advertir du tout à la vérité, Sire, ilz se sont trouvez très ennuyez d'avoir veu et entendu comme vous avez prins et prenez cest affaire, et m'ont dit, en me remonstrant l'estat auquel ilz sont pour voz affaires, affin de vous supplier pour eulx de l'entendre, disans, Sire, que par adventure vous n'en estes pas bien adverty, c'est qu'ilz sont obligez aux bancques pour vozdits affaires en 350,000 frans. Vray est que le fons est en vostredit estat, mais c'est sur l'année prochaine et sur les derniers quartiers d'icelle, sans les autres parties par eulx empromptés pour vozdits affaires, qui se montent 100,000 frans, qui sont semblablement couchez en vostredit estat et sur les deux derniers quartiers de ladite année prouchaine; et que ce sont grosses sommes qu'on a recouvertes avec très grande peine et difficulté par leur crédit, qui procède de vous, qui vous a servy et peult encores servir. Et si m'ont dit qu'ilz ne se trouvèrent jamais si estonnez de partie qu'il faudroit fournir que de ceste cy, pour les autres qu'ilz ont empruntées et fournies, qui sont si grosses qu'ilz auront beaucoup à faire à la trouver. Sire, pour conclusion sur ledit affaire, les deux qui sont icy m'ont dit qu'ilz estoient après à faire dilligence de trouver argent pour rembourser quelques sommes qu'ilz ont dernièrement empruntées à Paris pour les afaires qui vous sont survenuz durant vostre dernier voiaige de Picardie, dont ils s'aideront pour fournir chacun sa portion desdits 15,000 escuz à Rouen ou à Dieppe, et apprès en emprunteront autant à Lyon à ceste prouchaine foire, en actendant que l'argent des cas inoppinez puisse venir. — Sire, je croy que les autres deux feront le semblable. Sire, je vous puis bien advertir de l'assignation desdits cas inoppinez et des voiaiges et ambassades, pour ce que vozdites lettres en font mention, c'est que en vostre estat fait pour ceste année présente et prouchaine y a couché 300,000 frans pour lesdits cas inoppinez, assavoir les 100,000 qui sont en vostre cabynet à Bloys, et 200,000 sur l'année prochaine par les quatre cartiers de l'année, et qu'il ne s'est peu autrement faire. Et au regard desdits voiaiges et ambassades, il

ronne, et il donne d'intéressants détails sur l' « état » de l'année [1].

Aliénations [2] et amortissements [3] se succèdent sans interruption depuis plusieurs mois. Les premières rentes sur l'Hôtel de Ville de Paris sont alors constituées (10 oct.) [4]; la commission des amortissements de 1520 est prorogée de deux ans, le 6 nov., mais la Chambre des Comptes fait quelques objections [5]; les 7 et 22 déc., deux crues de taille

---

n'y a plus riens eu ceste année, et y a eu très grosse passe, en sorte qu'il a convenu, quant lesdits généraulx partirent dernièrement de Saint-Germain-en-Laye et qu'ilz eurent pris congé de vous, qu'ilz empruntassent 20,000 frans pour le fait desdits voiaiges et ambassades, qui feurent baillez au receveur général, autrement il n'eust peu conduire sa charge. — Sire, j'ay tousjours trouvez lesditz généraulx de bonne volenté et prestz à vous obéir et servir, sans y espargner leur personne, biens et crédit, et n'en ay point veu de tous ceulx de voz finances qui soient allez ne qui voysent pour voz affaires et pour vostre service de meilleur sorte qu'ilz ont fait et font encores, ne plus libéralement et plus gracieusement, et quant autrement seroit, Sire, je ne vouldroie le vous escripre.... »

1. Semblançay s'occupe du payement des gendarmes de Montmorency (Lettre du roi, Saint-Germain, 27 oct. 1522). Le trésorier Poncher est allé à Paris dès le 4 oct. (B. N., fr. 2987, fol. 21). Cf. Decrue, *Anne de Montmorency sous François I*er (1885), p. 16 à 46.

2. *Catalogue des actes de François I*er, nos 1543-4, 1573, 1584, 1596, 1599, 1640, 1651-2, 1661-2 (6 mai-30 sept. 1522).

3. *Ibid.*, nos 1631, 1645-8, 1656, 1683-5, 1688-9, 1697-8, etc.

4. *Bourgeois de Paris*, p. 165. Cf. Versoris, *loc. cit.*, p. 119.

5. Jean Brinon fut mandé à la cour, à Saint-Germain-en-Laye (30 nov.). Dès que Brinon apparut, « Messire Jacques de Beaune, sieur de Samblançay, se tira vers le roy et parla audit seigneur en particulier »; le délégué des Comptes se plaignit que les hopitaux et maladreries ne fussent point exemptés : « Sur quoy a esté dit par ledit de Samblançay qu'ilz avoient esté réservez pour les taxer particulièrement; à quoy a esté dit par ledit seigneur qu'il estoit vray. Seroit fort estrange (répliqua Brinon), ils seroient plus travaillés que les autres, combien qu'ils soient plus à supporter, car autrement tous pauvres malades, dont aucuns sont souventes fois constitués en extrémité de maladie, seroient contraints de mourir et giser par les villes et aux champs comme pauvres bestes. A quoy par ledit seigneur, joint la re-

sont imposées, de 600,000 et de 261,000 l. Le 31, le clergé est taxé à 1,200,000 l. [1] pour la solde de 30,000 hommes de pied pendant six mois [2].

Semblançay reçoit de nouveaux acomptes sur son acquit de février 1522, 26,346 l. 10 s. de Jean Sapin, et 13,000 l. de Jean Ruzé (22 déc. 1522, 13 fév. 1523), et il obtient pour son fils Guillaume la survivance du bailliage de Touraine [3] et la permission de bâtir un moulin sous la quatrième arche des ponts de Tours [4]. Mais il est las de son rôle de banquier, et il est plus que jamais pressé par le roi, qui, outre la promesse qu'il lui fait arracher par Madame de procurer 100,000 écus pour l'expédition d'Ecosse [5], lui

---

monstrance dudit sieur de Samblançay, a esté dit que les commissaires sont pour y avoir l'œuil et pourvoir à tout, et à cette cause vouloit et entendoit que ladite commission fût expédiée » (Arch. nat., P 2304, p. 861). Jacques Raguencau est receveur général des amortissements.

1. 31 déc. 1522, 14 janvier 1523 (B. N., fr. 20940, fol. 58; Arch. nat., J 939, n° 6).

2. Cette détresse financière n'empêche point Madame de s'enrichir (*Catalogue des actes de François I*^{er}, n°s 1694-5, 1721, 26 nov. 1522, 10 janvier 1523).

3. Le 12 déc. 1522, le Parlement reçoit une cédule ainsi conçue : « Je, Jacques de Beaune, chevalier, seigneur de Samblançay, bailly et gouverneur de Touraine, déclare et certiffie à MM. de la court de Parlement à Paris avoir retenu et retiens, ma vie durant, la joyssance et office dudit bailliage de Touraine, que par cy devant j'ay tenu et exercé, et n'en pourra joyr mon fils madite vie durant. » Et le fils approuve en ces termes : « Et moy, Guillaume de Beaune, général de France, consens ladite déclaration et promectz, la vie durant de mondit sieur de Samblançay, mon père, ne prétendre aucunes choses à l'exercice dudit estat et office de bailly de Touraine » (Arch. nat., X^{1a} 1525, fol. 25 v°).

4. *Ibid.*, PP 119, fol. 13. Les notaires du roi s'adressent à lui pour échapper à un emprunt, après avoir vainement parlé à Duprat (Arch. nat., V² 76). Cf. *Bourgeois de Paris*, p. 160.

5. Lettre de Bonnivet, 28 nov. 1522 : « Les Angloys font toute dilligence de marcher droit en Escosse, pour essayer le pays à leur dévotion, premier que M. d'Albany y puisse arriver. »

écrit à quatre reprises pour aider la ville de Fontarabie (27 nov., 20 déc. 1522, 20-23 fév. 1523) : il obéit quatre fois, et le roi le prie « qu'elle soit secourue pour la cinquiesme [1]. »

Semblançay se retire en Touraine pour faire ses diligences [2], pendant que son fils Guillaume reste à Paris [3] pour tâcher d'assurer le remboursement des 100,000 écus d'Écosse sur des offices récemment créés [4]. Le 25 mars, le roi écrit au Bâtard que Clément Marot, l'ung de nos varletz de chambre, fut oublyé en l'estat de l'année passée [5], » puis Semblançay annonce (13 avril) qu'il a pu, avec l'aide de Thomas Bohier, assurer la solde de la garnison de Fontarabie [6] ; mais le roi sollicite le prompt retour de Sem-

1. B. N., fr. 2940, fol. 5-7. Le 27 nov. 1522, Semblançay reçoit un état de dépense du vice-amiral de Bretagne, Pierre de Bidoux dit Lartigue, neveu de Prégent. Cf. trois lettres du Bâtard de Savoie à Montmorency (Saint-Germain, 12, 14, 21 fév. 1523, B. N., fr. 2987, fol. 35, 45, 65).... « Il n'y a point de fons...., et savez assez comme nous en sommes d'argent. » — Madame a une crise de « colicque » en ce moment (*Ibid.*, fol. 35 v°, 37).

2. Le 30 mars 1523, une délégation municipale se rend à sa maison de Tours pour solliciter son appui et s'exempter du 3ᵉ quartier des 100 hommes de pied. Le 7 avril, il offre à la ville deux coulevrines et six fauconneaux. Dix jours plus tard, son receveur, Guill. de Frain, répartit des fonds entre ses créanciers.

3. Thomas Bohier loge à Paris, chez son fils Antoine, rue des Bourdonnais (déc. 1522, janv. 1523). *Bull. Soc. Hist. de Paris* (1894), p. 155.

4. Le 16 mars, à Saint-Germain, une anticipation de 300,000 l. est décidée sur la taille (B. N., fr. 2702, fol. 79).

5. *Ibid.*, fr. 3012, fol. 47.

6. Le Bâtard lui répond de Blois, le 14 avril : « Mon bon père, j'ay receu vostre lettre du xiiiᵉ, très aise d'avoir entendu de voz nouvelles et la bonne dépesche que vous et M. le général de Normandie avez fait pour Guyenne touchant le payement de deux moys de ceulx qui sont dedans Fontarrabye. Dont en ay incontinant adverty le roy et entendez, mon bon père, que, moy estre arrivé devers luy, n'oblierey à luy bien remonstrer et où besoing sera la peine que prenez, et ce que

blançay et du grand maître pour l'affaire d'Écosse [1]. Quoique 100,000 l. aient déjà été déboursées, cette affaire traînera jusqu'au mois d'août [2].

Le jour même du retour de Semblançay, l'état des finances est conclu. Le déficit du précédent exercice est de 2,458,881 l. 12 s. 1 d., malgré une anticipation de 1,060,144 l. sur la taille. Le domaine, d'une valeur nette de 433,945 l. 10 s., est grevé de 78,207 l. 14 s. d'aliénations. Les recettes totales sont de 5,155,175 l., et les dépenses,

---

ordinairement et incessamment vous faites pour son service. Que j'espère sera très bien entendu, ainsi que je vous direy, mais que je vous voye, que entendrez aussi les causes qui m'ont fait icy plus longuement séjourner que ne cuydoiz. Mon partement sera jeudi, et ferey la meilleure diligence que je pourray de bientost me rendre devers ledit sire. — Mon bon père, des devises que j'ai eues avecques l'esleu Marron, ne vous en tiendrey autre propoz par lettre, congnoissant que vous avez plus de soing et de regard en mes affaires que moy mesmes, dont ne vous sçauroiz avez (sic) remercier. Et sur ce, mon bon père, après m'estre recommandé de très bon cueur à vous, *sans oublier ma bonne mère*, prye à Dieu donner à vous et à elle ce que plus désirez. — Escript à Bloys, ce mardy au soir, xiiie d'apvril. — Mon bon père, en signant la présente, est arrivé la poste, où y avoit lettres du roy à vous, à M. le général de Normandie et à moy, qui ne sont que pour haster nostre retour pour l'affaire de M. d'Albanye. Je y ferey en cella et autres choses du mieulx que je pourray en actendant vostre venue. — Vostre bon filz, LE BATAR DE SAVOYE. [Au dos:] « A M. de Samblançay, conseiller et chambellan ordinaire du roy, bailly et gouverneur de Touraine, mon bon père » (Bibl. de l'Institut, port. Godefroy 183, fol. 3). — Le Bâtard est à Blois le 5 avril, jour de Pâques, et il annonce à Montmorency qu'il se rend le lendemain à Tours pour y rester cinq ou six jours (B. N., fr. 2987, fol. 73).

1. Lettre de Richard Wingfield (Malines, 10 avril), dans Brewer, *op. cit.*, III, 29-39. Suffolk lève à cette date des aventuriers en Écosse, et il rentre en cour le 15 juin. — La Trémoille écrit, le 16 avril, qu'Albany « n'est qu'au commencement de sa despense. »

2. DOMAINE, 353,920 l.; GABELLE, 460,557 l.; AIDES, 672,552 l.; Tailles, 3,566,942 l. (Bretagne, 262,080 l.; Dauphiné, 20,000 l.; Provence, 24,000 l.; Bourgogne, 16,000 l.) (B. N., Dupuy 486, fol. 137-197). Des officiers sont créés les 22 et 24 juillet.

de 5,380,269 l. Il y a 806,000 l. de pensions [1]. Un article de l'état assigne 122,540 l. à Semblançay et à autres pour Fontarabie [2].

En arrivant en cour, Semblançay a envoyé à Bonnivet [3] l'état de ce « qui fait besoing à M. d'Albanye et du costé de Bretaigne. » Mais du Bouchage meurt sur ces entrefaites, et Semblançay obtient un congé pour prendre l'argent du défunt [4], dont il est exécuteur testamentaire (15 mai) [5].

Le 18 juin, le roi se rend à Paris, et se déclare résolu de donner tel ordre au fait des finances « *qu'il n'en sera plus ainsi trompé* [6]. » Mais Semblançay ne semble point en cause [7] : il obtient plusieurs mandats de remboursement

1. Madame accumule les dons : greniers de Bourbon-Lancy (961 l.), Saint-Pierre-le-Moutier (511 l.), Cosne (1,439 l.), équivalent de Gien (1,400 l.), greniers d'Angers, Saumur et du Mans (4,720 l.), aides d'Angoumois, de Saumur, du Maine et d'Anjou (40,792 l.), équivalent des mêmes pays (12,440 l.), sans compter le domaine (B. N., Dupuy 486, fol. 114 v°, 143, 165 v°, 168). La crue du sel des Ponts-de-Cé, les traites de vins d'Anjou et de Thouars, l'imposition foraine d'Anjou lui appartiennent aussi.

2. On relève 415,000 l. pour les Suisses, et d'autres sommes pour les Italiens (*ibid.*, fol. 188 v°, 193). On répartit 2,300,000 l. de taille le 25 juin, et on anticipe, le 9 juillet.

3. Il vient de rendre un service à l'amiral, qui se trouvait « mal garny d'argent » (lettre de Bonnivet, Châtellerault, 17 avril). Semblançay lui verse une partie du prix de la seigneurie de Casabelle que l'amiral avait vendue à Geoffroy Ferrier, général de Milan ; Casabelle avait été offerte à Bonnivet par Venise, en 1516, et Semblançay s'était porté garant de Ferrier. L'amiral le remercie de « son bon ayde et secours », et proteste que ce sera « tour d'amy au besoing » (B. N., Duchesne, 97 *bis*, fol. 255).

4. B. de Mandrot, *op. cit.*, p. 383-5. Semblançay écrit à son fils, l'archevêque de Tours, d'aller consacrer la chapelle funéraire de du Bouchage, à Montrésor. Il est à Orléans, le 20 mai, à Tours, le 29, à Bléré, le 2 juin.

5. Sur ce prêt, cf. Mandrot, *op. cit.*, p. 285.

6. Lettre du Bâtard à Montmorency (B. N., fr. 2987, fol. 47). Cf. sur les affaires de Picardie, *ibid.*, fol. 49 et 55.

7. Il a toujours ses 4,000 l. de don annuel et ses 2,000 l. de pension (Dupuy 486, fol. 143, 217 v°). Cf. Arch. nat., KK 289, fol. 317.

(1ᵉʳ juin, 12, 13, 23 juillet) [1], et le roi unit en un seul hommage la vicomté de Tours, Charentais, Mandoux et Prinay (juin) [2]. Il s'occupe de la marine : le Bâtard lui écrit pour les galères du baron de Saint-Blancard [3], et le vice-amiral du Chillou, pour les préparatifs de l'expédition d'Écosse [4], mais il mécontente le roi en refusant de fournir le complément du voyage d'Albany, sans le remboursement des 70,000 l. de Fontarabie. Le roi s'emporte : « Il y a encores entre voz mains tout plain d'autres parties, comme de M. de la Rochebeaucourt [5] et plusieurs autres, dont vous n'avez tenu aucun compte. Je m'en prendray à vostre personne, de sorte que je donneray à congnoistre à mes serviteurs que *je ne vueil plus estre trompé.* » Il est vrai que Semblançay obtient ce qu'il désirait, car il est assigné sur les dons du clergé (2 août), et François Iᵉʳ lui écrit que les menaces « ont autant duré que la colère [6]. »

1. B. N., fr. 2940, fol. 95, 96, 98, 124.
2. *Ibid.*, Cab. des titres 438, fol. 411. — Semblançay fait trois acquisitions à Montrichart (2 mai, 1ᵉʳ juillet, 24 oct. 1523). Arch. Indre-et-Loire, E 44-5.
3. B. N., fr. 2940, fol. 23 v°.
4. Stephano de Merval, *op. cit.*, p. 210 (réponse de Semblançay, Saint-Germain, 22 juillet).
5. C'est-à-dire les 600,000 l. de Naples.
6. P. Paris, *op. cit.*, p. 215-7.

CHAPITRE V

DERNIÈRES ANNÉES

(1523-1527)

La colère du roi est préméditée, quoi qu'il dise, et il n'a point cédé à un mouvement d'humeur. L'heure est venue de briser la puissance des financiers.

I.

LA DISGRACE

Comptables et ordonnateurs sont atteints à la fois : une commission est instituée, le 17 janvier 1523 [1], pour liquider les comptes en souffrance, avec des pouvoirs mieux définis que la commission de 1517, pendant qu'un receveur général ordinaire est désigné, sous le nom de *trésorier de l'épargne*, pour centraliser les deniers casuels et inopi-

---

1. Arch. nat., P 2304, p. 869-878 : Charles Guillard, Gilles Berthelot, Eust. Luillier, Jean Brinon, Pierre Michon et Pierre Leduc. Le premier acte du bureau est du 29 janvier 1523. Les Comptes résistent, car on empiète sur leurs droits, et Bonnivet presse le roi de leur écrire une lettre « bonne et roide » (20 février). Ils accusent Berthelot d'avoir « inventé » la commission (*Ibid.*, X¹ᵃ 1529, fol. 36 v°).

nés [1], jusqu'alors levés à titre extraordinaire par les parents ou protégés des généraux (18 mars) [2]. Ce nouvel agent échappe à l'omnipotence de ces derniers, car les mandements royaux qui lui sont adressés n'ont plus besoin d'*attache* : c'est la première atteinte portée au système de Charles VII. Le titulaire de cette fonction est Philibert Babou, trésorier de France et contrôleur général des finances de Louise de Savoie, subordonné et rival de Semblançay [3].

Le roi et Madame sont persuadés qu'ils sont trompés *depuis deux ans* sur leurs finances, et qu'ils n'en ont point eu « la certitude et congnoissance telle qu'il appartenoit [4]; » ils veulent en même temps constituer une réserve métal-

1. A. de Boislisle, *op. et loc. cit.*, 245-7; G. Jacqueton, *le Trésor de l'épargne sous François I*er, 1523-47 (extr. de la *Revue historique*, 1894), p. 3.

2. « Les généraux avoient de grandes occupations, puissances et authorités, manians seuls un si grand revenu, ce qui les fit grandement envier et entreprendre sur eux, sous prétexte de les soulager. Premièrement les trésoriers de l'épargne, nouvellement introduits en 1523, prindrent un grand ascendant sur eux. Enfin ceux qui gardoient les finances se voulant eslever par-dessus eux et voyans que lesdits généraux des finances, faisant un corps universel par toute la France, estoient appuyez et supportez par un autre grand corps de la Cour des Aydes, s'advisèrent de destruire ce corps, et commencèrent par la dissipation de la recette générale des finances, qui s'estoit exercée par un seul » (B. N., fr. 16528).

3. « Babou avoit dès longtemps *inimitié couverte* contre de Beaune » (B. N., fr. 2941, fol. 2 v°). — En même temps, la Guyenne est détachée de la Languedoïl et revient au régime de 1472, avec Pierre Dapestegny pour général.

4. Cf. *supra*, p. 178, 196. Le roi écrit à M. de Montmorency : « J'ay ce matin receu une lettre de M. de Vendosme avec ung estat qu'il m'a envoyé, dont je vous envoye ung double, et par là verrez, comme m'avez cejourd'huy escript, qu'il dit estre deu aux gens de pyé encores deux moys, j'ay commandé que le trésorier Prévost vous envoye par estat ce qu'il a envoyé, affin que vous voyez *si les choses correspondent de mesmes*, car il m'a esté assuré qu'on luy a satisfait aux mois de mars et d'avril entièrement. »

lique, ce qu'ils ont vainement essayé de faire avec l'argent de Boisy et de Naples, et cette réserve sera confiée à un agent responsable, et non plus au trésorier de l'extraordinaire de la guerre, ou à un ordonnateur comme Semblançay.

On est résolu dès lors à se passer des services de celui-ci : son remboursement est suspendu, et de nouveaux sacrifices lui sont demandés. — Son dernier acompte est du 13 février 1523, et il doit encore de grosses sommes à Guillaume Nazy et à Robert Albisse, d'après leurs bordereaux du 15 février et du 25 avril, quoique 317,000 l. reçues en espèces aient été distribuées aux prêteurs, à Tours, par Guill. de Frain (17 avril), à Rouen, par Guill. Preudomme, receveur général de Normandie (30 avril), à Paris par Gaillard Spifame (1er juillet). Les 200,000 l. d'Ecosse ont été assignées sur le 3e quartier de la taille (sept.), mais Louise de Savoie défend au receveur d'Outreseine de verser à Semblançay sa quote-part (12,375 l.), parce qu'il faut s'en aider « *en autre affaire plus pressée et plus urgente que ledit remboursement* » (31 août, 27 sept.) [1]. Les 70,000 l. de Fontarabie sont assurées sur la décime des diocèses d'Angers, du Mans, de Bourges et de Tours, mais Semblançay ne pourra presque rien toucher, « au moyen des rébellions et empeschemens, excommunications et deffences faictes contre tous ceulx qui s'en estoient meslez »; il tire seulement 10,000 l. de Tours, grâce à son fils, l'archevêque Martin. — Malgré tout, il doit continuer à verser de l'argent à Jean Prévost, trésorier de l'extraordinaire. La cour a quitté Saint-Germain pour Fontainebleau le 30 juillet; puis elle se rend à Gien (11 août). De là les dames vont à Amboise [2], tandis que le roi continue sur Lyon,

---

1. B. N., fr. 2940, fol. 8, 72-3.
2. Lettre de Bonnivet à Montmorency (Lyon, 15 août, B. N., fr. 3005, fol. 83).

pour prendre le commandement de l'armée qui doit reconquérir le Milanais. Semblançay, après être allé avec le grand maître à Montrésor pour l'héritage de du Bouchage [1], arrête son compte, à Lyon, avec le receveur de Forez, Jean Prunier, qui a réparti 49,719 l. entre ses créanciers (29 août), et il fait de nouveaux prêts (2, 18 sept.) [2]. François Ier ne peut se rendre en Italie, comme il l'avait annoncé, et il écrit à ses deux lieutenants, Bonnivet et Montmorency, qui lui demandent de l'argent (12 oct.) : « Semblançay vous en envoie présentement une partie [3]. » Jean Prévost signe, en effet, trois quittances, les 18, 26 et 31 oct., et Semblançay est appointé de 150,000 l. sur les quatre généralités, le 2 nov. Mais Prévost, averti que « l'on vouloit faire de gros empruntz » sur Semblançay, s'entend avec lui pour forger un bordereau de prêts imaginaires [4].

Cette supercherie sauve le banquier de nouvelles exigences, sans prévenir sa disgrâce. Il doit justifier, le 13 oct., de ses remboursements [5], et reçoit l'ordre de se

---

1. Lettre du Bâtard à Montmorency (Bourges, 12 août) : « Je m'en suys venu par Bloys et Amboyse pour donner ordre d'envoier au roy ce qui estoit à Montrésor » (B. N., fr. 2979, fol. 63). La quittance de Babou est du 12 août (*Ibid.*, fr. 2965, fol. 21), et le récépissé des deux exécuteurs testamentaires de du Bouchage est du 5 sept.

2. Pour la pension de Marc-Antoine Colonna, pour les galères du baron de Saint-Blancart, etc.

3. Bibl. de l'Institut, port. Godefroy 276, fol. 113.

4. *Acte d'accusation de Semblançay*, loc. cit., art. 9.

5. Cf. *supra*. « Estat des parties et sommes de deniers qui ont été receues par Samblançay des receveurs généraulx et des trésoriers de l'extraordinaire des guerres, Meigret et Prévost, sur son remboursement de 1,574,342 l. 10 st. qui lui sont deuz à cause des parties prestées pour les affaires du roy tant de ses guerres extraordinaires que autres ses affaires. » — 702,993 12 s. 9 d., dont 317,000 l. seulement reçues comptant; il reste donc dû 871,348 l. 17 s. 3 d. t. En outre, depuis le 28 février 1522, Semblançay a fourni 11,000 l. à Jean

dessaisir des états de finance qu'il détient depuis huit ans. De retour à Blois [1], il doit résumer l'administration qu'il a eue des finances de Madame (10 déc.) : il eût voulu passer sous silence l'argent de Naples comme irrécouvrable, mais le roi désire reconstituer sa réserve, et Semblançay est obligé de faire figurer les 600,000 l. à côté de l'épargne personnelle de Madame [2] ; la clause de la fin [3] indique

Sapin (24 juin 1523) et 26,350 l. à Jean Prévost (2 sept). Soit (en y ajoutant une partie de 4,500 l. oubliée en 1522), 913,998 l. 17 s. 3 d., « de laquelle somme il en doit à Lyon, aux bancquiers, la somme de 129,866 escuz, assavoir à Thomas Gadaigne, 49,666 escuz ; à Léonard Spine, 40,000 escuz ; à Guillaume Nasy et Robert Albisse, 40,200 escuz, qui sont à perte de finances. » Quant aux 270,000 l. d'Écosse et de Fontarabie, elles ne sont pas mises en compte, parce qu'elles sont déjà assignées. « Et n'a ledit Samblançay aucune chose receue ne eue en ses mains des finances du roy, soit en acquictz, deniers ou descharges, que les sommes dessusdites, et de ce s'en veult rapporter au serment desdits officiers comptables, s'il y a aucuns d'eux qui luy ayt fourny aucune somme des finances dudit seigneur, ne qu'il en ait manyement. Je certifie le contenu en ce présent estat contenir vérité entièrement et en respondre devant tous, où il plaira au roy l'ordonner » (B. N., fr. 2941, fol. 25 v°).

1. Avant de quitter Lyon, il arrête de nouveau ses comptes avec Guill. Nazy, le 16 nov.

2. « Estat de la recepte et despence des sommes de deniers dont Jacques de Beaune, sieur de Samblançay, doit tenir compte à Madame, mère du roy, duchesse d'Angoumoys. » La recette monte à 761,097 l. 8 s. 3 d., et se décompose ainsi : les 600,000 l. de Naples et 161,000 l. de l'épargne personnelle de la reine-mère. La dépense monte à 53,000 l. seulement.

3. « Ainsi reviendroit de nect à Madame la somme de 708,097 l. 8 s. 3 dt...., laquelle somme.... ledit de Beaune a baillée et fournye pour les affaires du roy et de ses guerres, et mise et livrée ès mains des trésoriers de l'extraordinaire d'icelle, maistres Lambert Meigret et Jehan Prévost, par ordonnance verballe du roy et de madite dame, dont icelluy de Beaune a eu acquict pour en estre remboursé sur les finances dudit seigneur. Lequel remboursement il fournira et baillera à madite dame, ainsi que les deniers se recevront, ou dès à présent baillera son acquict ou transport d'icelluy ès mains de qui il plaira à madite dame. »

nettement que les finances du roi et de Madame sont considérées comme communes.

La duchesse d'Alençon s'est vainement efforcée de le consoler [1] : la chute est rendue définitive par l'extension des pouvoirs du trésorier de l'épargne, qui supplante les généraux (28 déc. 1523) [2]. Le trésorier de l'épargne ne reçoit plus seulement les parties casuelles, mais les impôts réguliers, aides, taille, gabelle, domaine. Les deux administrations de l'ordinaire et de l'extraordinaire sont confondues [3]. Les deniers parviennent à la caisse centrale par les simples quittances du nouvel agent, qui n'a ni *écrous* ni *décharges* à réclamer : les contrôleurs généraux disparaissent ; les receveurs généraux et le changeur du trésor ne sont plus que des comptables de recette [4], qui transmettent les espèces à leur supérieur ; enfin les géné-

---

1. « M. de Samblanssay, j'ay veu les lettres que vous m'avez escriptes, que je trouve merveilleusement estranges, pour ce que Madame n'a point accoustumé de malcontenter ses bons serviteurs, desquelz je vous tiens bien avant du meilleur nombre. Quant à ce que vous m'escripvez qu'avez vouloir de venir par delà pour vous justifier envers elle, je n'en suis pas d'avis ne de conseil, mais plus tost que vous demeurez par delà à faire le plus de service au roy que pourrez.... Mon oncle, M. le grand maistre, avoit escript à Madame et à moy aussy affectueusement comme pour son frère ; mais Madame m'a commandé luy dire qu'elle remettoit sa réponse quand elle reverra le roy, vous priant que, en attendant, ne vous donniez point d'ennuy, mais faire tout le service que vous pourrez, car je suis seure que vous ne trouverez jamais Madame autre que bonne maistresse, quoi que l'on vous sceut dire » (Blois, 21 octobre, B. N., portef. Fontanieu 169-170). — Cf. une lettre de la duchesse à Thomas Bohier : « Ce porteur m'a parlé de l'ennuy que vous souffrez pour vostre frère » (Blois, 23 nov., *ibid.*, Dupuy 211, fol. 10 *bis*).

2. Le Parlement dira, dès 1525 : « Le trésorier de l'espargne, qui a la *superintendance et administration de toutes les finances* » (Arch. nat., X1a 1528, fol. 662-3).

3. G. Jacqueton, *op. cit.*, p. 10.

4. *Ibid.*, p. 13.

raux n'ont plus à signer les décharges ni à entériner les mandements royaux, leur suprématie passe au Conseil (secret, étroit ou privé, quelque nom qu'on lui donne) [1].
Uniformité, simplification et centralisation, tels sont les trois caractères de cette importante ordonnance du 28 déc. 1523 [2] : le système de Charles VII a vécu.

Mais il faut épurer le personnel existant, poursuivre les comptables et ruiner les généraux, en frappant d'abord Semblançay, leur chef. Les gens de finances sont tenus en suspicion [3]. Le Bâtard annonce à Montmorency un envoi de 100,000 l., « si ce que l'on a dit au roy est véritable » (Blois, 29 nov.) [4]; celui-ci « se contente, ainsi qu'il doit, de ce que les trésoriers des guerres ont fait si peu de devoir et diligence d'envoyer les paiemens, selon qu'ilz avoyent promis.... Ilz font de belles et asseurées promesses, mais l'on ne sçait à quoy soy arrester, veu leur deshonneste coustume de faillir à jour nommé.... Vous congnoissez les gens à qui l'on a affaire » (18 déc. 1523, 2 janvier 1524) [5]. De son côté, Guillaume de Montmorency écrit à son fils, le maréchal, que « l'on besongne tous les jours au Conseil pour mectre ordre au faict des finances [6] », et « le roy prend luy mesmes peyne de très souvent y adviser et penser [7]. »

1. *Ibid.*, p. 21.
2. *Ibid.*, p. 81.
3. Le 1er fév. 1524, Robert de la Martonnie, Merlin de Saint-Gelais, Denis Poillot et Jean Morin partent de Blois pour aller faire une enquête en Languedoc, Guyenne et Rouergue sur les « larrecins, pilleries et exactions faictes aux achaptz, voictures et délivrances de vivres », lors du voyage de Bonnivet à Fontarabie, en 1521; ils reviennent à Tours le 16 mai (Arch. nat., KK 351, fol. 37).
4. B. N., fr. 2987, fol. 15.
5. *Ibid.*, fol. 4, 51.
6. Decrue, *op. cit.*, p. 67.
7. Lettre du Bâtard (29 déc., B. N., fr. 2987, fol. 61). — Sur les embar-

Comptables et ordonnateurs semblent ne pas s'entendre, et Thomas Bohier, qui accompagne l'armée d'Italie, se plaint à Semblançay des *tours* qu'on lui a joués [1]. Mais Bohier a la chance de mourir loin de France, car le collège des généraux est menacé. Semblançay, moins heureux, va être inquiété : il ne consent à prêter de l'argent au général Morelet [2], pour le paiement des Suisses, que contre remise de 3,813 marcs de vaisselle appartenant au roi et à Madame, et il est accusé d'avoir acheté 80,000 écus

---

ras financiers, cf. *ibid.*, fol. 55 et 69 (Blois, 12 janvier, 11 fév. 1524). La taille est assise le 6 déc. 1523 (B. N., fr. 2702, fol. 87) : une année a été mangée d'avance, comme en 1497.

1. « Mgr et oncle, j'ay receu voz lettres, de Blois, du 3ᵉ de ce moys, qui font mention de la diligence qui se faisoit de nous secourir et des 72,000 l. qu'on nous devoit envoyer. Je vous avertis qu'il n'en est encores arrivé que 30,000 l., aujourduy en doit arriver 28,000 l. et n'est nouvelles des 42,000, sinon qu'on est alé en Auvergne pour les recouvrer. Ce n'est pas à beaucoup près ce qu'il nous fault; le payement des Suisses seul monte pour ce moys de 100 à 120,000 l., nous estimons en avoir 14,000. Je ne sçay plus que en dire, sinon qu'il est à craindre que la faulte des payemens porte grand dommage, sans l'aide de Dieu. *De ce qu'on a dit que aviez escript par deça et à Paris en vous plaignant de ce qu'on vous faisoit, je n'en ay rien veu ne entendu par deça, et ne vous en doit l'en charger.* Vous m'escripvez que la partie des 4,200 l. a esté fournie long temps a, je ne m'en suis point aperceu, Mᵉ Jehan Prévost m'a bien escript qu'il en avoit receu 2,000, et les retient. *On m'a fait de ces tours assés souvent*, mesmement durant le temps que le receveur général de Guyenne a esté à Lyon. Noz ennemys et nous sommes près les ungs des autres, l'affaire ne peult ainsi longuement durer. Ilz ne cerchent que à nous faire repasser le Thésin en nous rompant noz vivres, mais nous y avons pourveu au moins pour quelzques jours. Mgr et oncle, je prie à Dieu vous donner très bonne et longue vie. D'Abiagras, le 17ᵉ jour de février. Vostre très humble serviteur et nepveu. T. Bohier. [Au dos] A Mgr et oncle M. de Samblançay, conseiller et chambellan ordinaire du roy » (Bibl. de l'Inst., port. Godefroy 183, fol. 1).

2. *Bibl. Ec. des Chartes*, 1895, *Interrogatoire de Jean Guérel*, art. 18 : « ung récépissé du général Morelet de la vaisselle du roy et de Madame. »

la seigneurie de Laigle à René de Brosse, gendre de feu du Bouchage, qui a pris la fuite en juillet 1523, deux mois avant le duc de Bourbon [1]. Le 6 mars 1524, le roy, qui a laissé à Blois sa mère, malade de dépit [2], annonce à la municipalité parisienne, réunie pour un emprunt de 100,000 écus, que Bourbon a trahi, et en même temps que Semblançay est auprès de lui, pour rendre ses comptes [3].

1. *Bourgeois de Paris*, p. 176, 195. — Voici ce qu'écrira plus tard, à Louise de Savoie, son agent Louis Martine, du château des Essarts (17 nov. 1525?) : « Il y a encores à visiter et inventorier céans 15 ou 16 armoyres plaines de lectres et 14 ou 15 grans coffres. Et en la fin j'espoyre trouver la vendicion de Laigle faicte à Samblançay, à son filz, à Cothereau ou à leurs adhérans et venir au poinct que je vous ay tousjours dict. Car j'ay trouvé que maistre Hardoyn Pyron, qui a faict les acquisitions de Normandie pour lesdictz de Beaulne et Cothereau, estoit advocat à Tours dudit feu René de Brosse et que, peu avant qu'il partist, il recevoit argent de luy. Et davantaige ung nommé Jacques Nyvart, trésorier de la royne, estoit le principal facteur des affaires dudit de Brosse et a ouy les derreniers comptes de Laigle, et lequel Nyvart estoit lors familier desdictz de Beaulne et Cothereau. Et par ses lectres que j'ay trouvées on voyt bien qu'il y a quelque chose de caché qu'il fault entendre de luy. Toutesfoys je ne suys pas d'advis qu'on l'estonne, car il le fault surprendre en faisant inventaire en sa maison, avant que le prandre prisonnier, ou à l'instant qu'il sera prins. Et feray cela en retournant de Thours et Bloys à Orléans.... » (B. N., Dupuy 486, fol. 116). René de Brosse est tué à Pavie, en février 1525.

2. « Mallade d'une pluresie qui luy estoit survenue de courroux qu'elle avoit eu, à cause de la guerre et des affaires que le roy avoit en son royaume, en la duché de Milan, et ses aultres terres et seigneuries » (*Bourgeois de Paris*, p. 184). Cf. une lettre du Bâtard (Paris, 15 mars 1524, B. N., fr. 2981, fol. 35).

3. Le roi « dist et déclaira publiquement, parlant de Madame, qu'elle n'avoit jamès eu vouloir de thésauriser, mais seullement avoit mys toutes ses affection, vouloir et désir de secourir ledit sieur et son royaume, et que la somme de 300,000 escuz soleil de la pension de Naples, par leur commandement, avoient esté receuz par le sieur de Samblançay, pour, de leur consentement, demeurer en ses mains, qu'il l'avoit mise et employée pour les affaires du royaulme, et qu'il estoit en la ville de Paris, prest pour en rendre bon compte. »

— 207 —

Au cours d'un second voyage, non moins rapide que le précédent [1], le roi ordonne à Semblançay de rendre sa vaisselle et celle de Madame (15 avril) [2]. Semblançay est remplacé par Babou à la tête de la maison de Madame, tandis que Guill. Ruzé a pour successeur Victor Barguin, et que Prévost est destitué de la charge de l' « extraordinaire » au profit de Jean Carré. Semblançay est le représentant des tout-puissants financiers qu'on veut frapper à la tête. Louise de Savoie est excitée par Duprat [3], et elle

1. Arrivée à Paris, venant de Blois, le 7 avril ; retour à Paris, venant de Picardie, 3 mai ; départ de Paris pour regagner Blois, 6 mai (*Bourgeois de Paris*, p. 194).

2. Arch. nat., KK 104 : le roi écrit deux nouvelles lettres au sujet de cette vaisselle, avant de se mettre en route pour l'Italie (1er, 10 août). Voici que le grand maître a mandé à Semblançay : « Mon bon père, le roy envoye devers vous Boully, son vallet de chambre, présent porteur, pour les causes que par luy entendrez, qui est pour ceste benoiste veyscelle. Je luy ay fait tomber à propoz ce que m'avez escript de la couppe, qui est chose qu'il ne peult croire, disant qu'il n'en avoit point eu de nouvelles de Bloys. Je vous prie, mon bon père, vous gouverner sur le tout de sorte que ledit sieur ait cause de se contenter, ainsy que entendrez plus amplement dudit Boully, ensemble du surplus de noz nouvelles. Qui me gardera vous faire plus longue lettre, priant sur ce à Dieu, mon bon père, vous donner ce que désirez. Escript à Coussy, le xve d'avril. Vostre bon filz, LE BASTAR DE SAVOYE. (*Au dos*) A. M. de Samblançay, conseiller et chambellan ordinaire du roy, et gouverneur de Touraine, mon bon père. » Le Bâtard écrit de nouveau le 20 avril (Bibl. de l'Institut, port. Godefroy 284, fol. 1). La vente de la vaisselle produit 31,710 l. 2 s. 9 d. (août-sept. 1524).

3. Comme les petits-fils de Semblançay l'exposeront un jour à Henri III, dans une demande en réhabilitation de la mémoire de leur aïeul, la faveur de celui-ci provoqua la jalousie de Duprat, « au cœur duquel l'avarice, ambition, envie, présomption et émulation seroit entré sy avant qu'il auroit présumé et estimé qu'il n'appartenoit à nul aultre du royaume qu'à luy d'approcher du roy et d'avoir aucun maniement ny intendance de ses affaires, les voullant oster et reculler tous, et principallement ledit sieur de Samblançay » (Cf. *supra*, p. 64). En effet, Duprat va être à la tête de l'administration financière : « Au regard de Madame, elle ne fait rien de soy, mais renvoye tout au Conseil.... *S'il est question du fait des finances, on le*

écrit : « L'an 1515, 1516, 1517, 1518, 1519, 1520, 1521 et 1522, sans y pouvoir donner provision, fusmes continuellement desrobez par gens de finances. » Pour atteindre Semblançay, elle va imaginer un expédient et alléguer la *prétendue donation* que le roi lui aurait faite des 600,000 l. de Naples. C'est donc à titre de *comptable particulier de Madame*, et non point de banquier d'État, qu'il va être interrogé.

II.

LA REDDITION DE COMPTES

Le 11 mars, les commissaires sont nommés : Charles Guillard, Guillaume Tertereau, Jean Salat et Guillaume Badouillier représentent à la fois les Comptes et le Parlement. Guillard est le meilleur des quatre, et il a jadis travaillé aux emprunts avec celui qu'il est chargé d'examiner [1]. Salat est le plus incompétent : après avoir subi deux interrogatoires les 17 et 19 juillet 1520, il a été jugé « n'avoir au fait des finances aucune expérience et avoir peu de sçavoir du droit, et pour ce *incapable* et *insuffisant* pour lors de tenir et exercer l'office de maistre des comptes [2]. » Tertereau est commis à recevoir les

renvoyc au chancellier, qui en a la superintendance » (18 mai 1525, Arch. nat., X¹ᵃ 1528, fol. 467-8). Membres du Conseil : le duc de Vendôme, le cardinal de Bourbon, Lautrec, Asparros, Rance de Cère, Théodore Trivulce, la Clayette, Saint-André, les archevêques de Rouen et d'Aix, l'évêque d'Embrun, Jean de Selve, Jean Brinon, un président de Bordeaux, André Verjus et Jean Prévost, conseillers au Parlement de Paris, « et mess. Florimond Robertet pour faire les dépesches. »

1. En nov. 1521, dit Versoris, l'archevêque d'Aix, Semblançay et lui « ne gaignèrent ne reportèrent aucune louange ne honneur.... » (*loc. cit.*, p. 114-5).
2. Arch. nat., P 2304, p. 483-491.

restes des comptes apurés par la commission de janvier 1523 [1], et Badouillier n'a d'autre titre que sa haine de Semblançay. Le procureur de Madame n'est autre que Lambert Meigret, l'ancien trésorier de l'extraordinaire, qui a voulu sauver sa situation, en se faisant l'exécuteur des volontés de la régente.

Le 29 avril [2], Pierre Chevalier, greffier des Comptes, se rend chez Jean Ruzé, avocat au Parlement, et signifie à Semblançay « qu'il eust à se trouver ledit jour de relevée en la chambre du conseil, à une heure précisément, pour veoir et entendre la teneur de certaines lettres du roy. » Semblançay, après la lecture du document [3], remontre « qu'il scet, long temps a, que ladite commission a été ordonnée, et que luy-mesme l'a poursuyvie. » Toutefois il cherche à temporiser. Le 2 mai, il récuse trois juges sur quatre : Badouillier, son ennemi personnel [4]; Salat, beau-

1. Arch. nat., P 2304. p. 981-4.
2. La procédure de la reddition de comptes se trouve B. N., fr. 2940-1.
3. « Comme par cy-devant et mesmes depuis nostre advènement à la couronne, nostre amé et féal conseiller et chambellan, Jacques de Beaune, chevalier, seigneur de Samblançay, se soit entremys de la recepte, manyement et distribucion tant de noz finances que de celles de nostre très chère et très amée dame et mère, DONT IL N'A ENCORES RENDU AUCUN COMPTE, au moyen de quoy ne se peult veoir la certaineté de l'estat et fons en quoy il peult estre envers nous et nostredite dame et mère, des charges et entremises qu'il a eues, ce qui est très requis faire tant pour le bien de nous, de nostredite dame et mère, comme pour la descharge et seureté d'icelluy de Samblançay, » il faut procéder à « l'audicion, examen et clousture » de ses bordereaux, par inspection d'acquits et de pièces justificatives, production de témoins, interrogatoires (B. N., fr. 2941, fol. 1-2).
4. Guillaume Badouillier dit que lui seul est cause de toutes les inventions dont les Comptes ont souffert : crue des officiers; commission des amortissements, « au détriment et dyminucion des droictz, despens, prouffitz des commissions et rapportz des maistres des comptes »; emprunts et cautions jusqu'à la somme de 100,000 l.; « retranchemens des

père de Philibert Babou [1], et Tertereau, qui a « conféré, poursuy, sollicité » avec Meigret et Thomas Rapouel, comptable de Bordeaux, les deux fondés de pouvoir de Madame. Puis il répète qu' « il a poursuivy la commission pour sa descharge, et ne veult reculler », car il est « empesché, cloué et endebté en plusieurs lieux pour le roy et le royaume », et il offre de présenter « ce qu'il a baillé et mys pour le roi et Madame », avec « les remboursemens qui luy en ont esté faictz », c'est-à-dire de produire l'acquit du 28 février 1522 ; enfin, il demande que Meigret et Rapouel ne puissent assister avec les commissaires, « comme consulz ou accesseurs de droit », aux délibérations secrètes, mais qu'ils soient « tenuz yssir hors de la salle de la chambre du conseil, quant il sera question d'aucune chose déliberer. » On lui répond que « la commission est collective à tous, et n'y a clause que deux ou trois, en l'absence des autres, y puissent procéder », et que l'on en référera au roi ; quant à ses offres, elles sont insuffisantes, car « la commission le charge de rendre compte [2]. » — Il envoie son fils Guillaume exposer qu'il « avoit esté contrainct de prendre médecine » [3], mais le roi lui ordonne d'envoyer à Blois, dedans trois semaines, les états des finances qui sont entre ses mains, « autrement, j'ay commandé que on vous mecte dedans la conciergerye du Palays à Paris »

gaiges et recullemens d'iceux. » Il profère « maintes maulvaises parolles, injurieuses et scandalleuses, en grand déshonneur et diffame » de Semblançay, jusqu'à dire qu'il « voudroit estre son juge et que, s'il ne lui avoit fait son procès en peu de temps, fait pendre et étrangler, qu'il voudroit l'estre lui-même. » Badouillier dit aussi que, « s'il trouvoit à l'endroit » Jean Briçonnet, président au Parlement, neveu de Semblançay, « il lui feroit un mauvais parti. »

1. « Il est tout notoire que mess. Philbert Babou, trésorier de France et de l'espargne, est filz de la femme de vous, Salat. »
2. B. N., fr. 2941, fol. 2 v°-5.
3. *Ibid.*, fol. 7 v°.

(9 mai). Semblançay répond qu'il a déposé sur le bureau les doubles dûment collationnés de ces états, et qu'il est aujourd'hui prêt à remettre les minutes originales, à condition que les doubles lui soient restitués. En même temps, le roi maintient les juges : « Il n'en aura point d'autres que ceulx-là », et il évoque l'instruction aux Montilz-sous-Blois, pour la mieux contrôler. On dit à Semblançay, qui proteste, que « le lieu n'y faisoit rien, et que la justice seroit administrée aux Montilz comme icy » (23 mai).

La séance suivante s'ouvre aux Montilz, le 6 juin [1]. Il y est lu une lettre du roi, qui ordonne de pousser l'affaire : les récusations des commissaires ne sont point admises, car « en ceste matière n'est question que de vision de compte, où ledit de Beaune ne peut alléguer aucun suspect, actendu que nostre dame et mère et nous, se bon nous sembloit, pourrions y estre en personne » ; Meigret et Rapouel « seront présens aux oppinions et décisions » à prendre ; Semblançay sera contraint à présenter ses comptes « par prinse et saisie de tous et chacuns ses biens et détention de sa personne. »

Une dernière fois, Semblançay s'efforce d'éluder l'ordre royal (6 juin). Il maintient ses récusations, et « où il ne les auroit proposées cy devant, les proposeroit à présent », et il ne peut croire que les lettres qui précèdent soient « émanées du mouvement du roy ni de Madame, lesquelz il scet estre si humains et raisonnables qu'ilz ne veullent que raison et justice » ; il « *n'entend estre comptable* », et offre derechef « bailler par estat et escript ce qu'il a mys et receu pour lesdits sieur et dame, et le signer et affermer estre véritable, en la forme et manière que s'il devoit mourir dedans une heure ; » il requiert qu'on lui

---

[1]. B. N., fr. 2941, fol. 11-15.

donne un conseil, « actendu qu'il est venu seul. » On lui repond : que le roi a définitivement rejeté ses récusations, et « n'estoit à eulx à prendre congnoissance des choses ja déterminées et décidées par le roy » ; qu'il doit présenter son compte ou estat dedans le lendemain matin, « considéré qu'il avoit tousjours dit et déclairé qu'il estoit prest icelluy présenter, et en désiroit l'expédition plus que nul autre » ; qu'il peut avoir tel conseil que bon luy semblera [1].

Le lendemain (7 juin), il baille « ce qu'il a mis et employé, par le commandement du roi et de Madame sa mère, pour les grans et urgens affaires dudit sieur et de son royaume », tout en persistant dans ses récusations, « comme justes et raisonnables. » Meigret proteste que « Samblançay autresfois avoit présenté deux comptes, l'un du fait du roy, l'autre du fait de Madame, signez de sa main, et à présent les met ensemble. » A quoi Semblançay répond qu' « il n'entendoit, lorsqu'il les présenta, les bailler pour estatz, mais seullement pour mémoires », et qu'il les met aujourd'hui ensemble, « pour ce qu'il a entendu que *la voulunté et bourse du roy et de Madame n'estoit que ung* [2]. » Meigret répète que Semblançay a tort

---

1. B. N., fr. 2941, fol. 15.
2. « 1° Ung mandement du roy du derrenier jour de février 1521, expédié au nom dudit sieur de Samblançay, montant 1,574,342 l. 17 s. 5 d. t. Sur lequel a esté receu la somme de 672,993 l. 12 s. 9 d. t., laquelle, déduicte et rabatue, en reste 911,349 l. 4 s. 8 d. t. Et sont en icelle somme de 911.349 l. 4 s. 8 d. t. comprises et confuses les parties qui s'ensuivent, c'est assavoir : 600,000 l. que ledit sieur de Samblançay avoit receuz du Roy Catholic par les quictances d'icelluy sieur, et 108,097 l. 8 s. 3 d., faisant partie de 161,097 l. 8 s. 3 d., que Madame avoit fait bailler audit sieur de Samblançay. » Déduction faite de ces 708,097 l. 8 s. 3 d., il reste dû à Semblançay 203,251 l. 16 s. 5 d. t. 2° « Plus a ledit sieur de Samblançay fourny et baillé, depuis l'expédition dudit mandement, *par commandement desdits sieur et dame*, et

d'*accumuler deux comptes*, puisqu'il les a séparés, le 13 oct.
et le 20 déc. 1523, et qu'il doit les présenter en forme, car
il est comptable [1]. — Semblançay réplique que les affaires

pour leurs grans et urgens affaires et du royaume, aux trésoriers de
l'extraordinaire des guerres d'icelluy sieur » : 4,500 l. (15 janv. 1522),
16,000 l. (18 sept. 1523), 22,374 l. (18 oct.), 150,000 l. (26 oct.), 19,000 l.
(31 oct.), 3,852 l. (pour partie des 200,000 l. d'Ecosse), 70,000 l. (pour
Fontarabie), 3,000 l. (pour M. de Vendôme), soit 279,026 l. 3° Les deux
créances montent donc à 482,277 l. 16 s. 5 d. t., « dont ledit sieur de
Samblançay supplie très humblement au roy qu'il luy plaise le faire
appoincter, à ce qu'il se puisse acquicter envers ceulx à qui il est tenu
et obligé. Et en ce non comprins ce qui est deu pour raison des intérestz, pertes de finances et dons, que ledit de Samblançay a soustenuz
et portez, soustient et porte de présent au moyen des sommes dessusditz et plusieurs aultres. » — 4° « Déclaration par le menu » des sommes
qui entrent dans le total des 161,097 l. 8 s. 3 d. de Madame. RECETTE :
30,000 l. prêtées au roi en 1515 par du Tillet, et remboursées en 1517;
22,000 l. des traite et imposition foraine d'Anjou (1515) ; 44,000 l. reçues
de Mlle de Théniers à Amboise, en 1515; 35,601 l. 5 s. 8 d. dues par
du Tillet; 14,500 l. dues encore par lui pour l'achat de la comptablie
de Bordeaux ; 14,996 l. 2 s. 7 d. pour le reste des consignations de Matha, Aulnay et Maulevrier. DÉPENSE : 20,000 l. à Philibert Naturelli,
abbé d'Ainay; 33,000 l. pour l'achat de la baronnie de Semblançay
(B. N., fr. 2941, fol. 18 v°).

1. « Le compte que a présenté ledit sieur de Samblançay n'est rece-
vable et admissible en la forme et manière qu'il le présente, parce que
par ledit compte il tasche à accumuler deux comptes qu'il a à rendre
ausditz sieur et dame en ung mesme compte. Qui ne se doit faire :
car, posé que les deniers desditz sieur et dame soient une mesme
chose et que tout ce que madite dame a soit au roy nostredit seigneur, toutesfoys les manyemens qui s'en font par ung tiers comme a
esté ledit de Samblançay sont différens : tellement que, si ainsi eust
esté que ledit de Samblançay eust esté seullement officier du roy nostredit seigneur, il n'eust pas, par vertu de cela, manyé les deniers de
madite dame sans autre forme ; pareillement, estant officier de madite
dame, il n'eust pas manyé les deniers dudit seigneur sans autre
forme. Et que ce soit deux choses du fait dudit seigneur et de madite
dame à ceulx qui manyent le fait de leurs finances, il est assez notoire,
car les comptes dudit seigneur se rendent à la Chambre des Comptes
à Paris, et ceulx de madite dame se rendent à la Chambre des
Comptes en Angoumoys. D'ailleurs ledit Samblançay piéça de luy

du roi et de Madame sont communes, et qu'il n'a jamais été comptable, « ne tel que les ordonnances faisans mencion des officiers comptables se puissent et doyvent à luy adapter [1]. » Le surlendemain, « garny de maistre Emery

> mesme a présenté ausditz sieur et dame deux estatz signez de sa main. » — Il ne sçauroit nyer qu'il n'ayt esté officier desditz seigneur et dame, AYANT LA SUPERINTENDANCE DE TOUTES LEURS FINANCES, et le serment à eulx de les bien et loyaument servir, et ne s'entend pas ledit serment ès choses seullement de ses offices, mais *etiam* en toutes autres choses qui luy pourroient avoir esté commises, tant par commandement verbal que autrement. Pareillement aussi, par lesditz estatz qu'il a signez, il se trouve qu'il a baillé des quictances signées de luy, et seroit ung gros privilège à luy de bailler ses quictances et par vertu d'icelles recevoir les deniers dudit sieur et de madite dame, et n'estre point tenu d'en compter. Et ne sert de rien ce qu'il dit qu'il n'a eu aucunes commissions par escript desditz seigneur et dame de recevoir ne toucher leurs deniers, et que par ce moyen il n'est pas comptable, car pour estre comptable il ne fault que seullement toucher les deniers sans autre commission.... » (Fol. 23 v°).

1. « Si aucune entremise il a euc desditz seigneur et dame, elle se trouvera distincte et séparée en l'estat par luy présenté, lequel se pourra plus facilement vériffier que par divers estatz, actendu la *connexité* et nature de ladite entremise, qui ne se peult diviser autrement qu'elle est...., parce que les mises contenues en icelluy ont esté faictes par commun commandement desditz seigneur et dame. Et sur ce que ledit Meigret a voulu dire que ledit de Beaune a présenté deux estatz de ladite entremise, respond que ce auroit esté par forme de mémoire et instruction, et non par forme d'estat arresté, comme il est question de présent. *Il n'a eu charge comptable*, ains seullement a fourny, par les commandemens du roy et de madite dame, sa mère, et pour les grans et urgens affaires du royaume, tout ce qu'il a peu, tant de luy, de son crédit, que amys.... Et quant aux quictances que ledit Meigret dit avoir esté baillées par ledit de Beaune, dit que, si aucunes se trouvent, elles auroient esté baillées pour le remboursement de certaines sommes deues audit de Samblançay et non comprises audit estat par luy présenté. Et à ce que aucuns princes, seigneurs, grans personnaiges et autres ayent esté convenuz pour compter des deniers qu'ilz avoient receus par leurs quictances, combien qu'ilz n'eussent aucune commission de ce faire, respond ledit de Beaune qu'il ne le croyt pas, sinon en certains cas desquelz aucuns deniers dudit seigneur leur auroient esté baillés pour employer jouxte l'ordon-

Lopin, son advocat », il revient à la charge : le roi et Madame n'ont que « une mesme bourse, non séparée ne distincte », et il « n'avoit esté que simple mandataire, obéissant à leurs commandemens. » — Meigret conclut à la séparation des deux entremises : « supposé, et *non confessé*, que madite dame luy eust commandé bailler ses deniers pour le roy ou ailleurs, si est il requis de veoir le compte de madite dame à part, pour savoir où sont allez ses deniers, et à qui elle s'en devroit prendre pour son remboursement. »

Une première sentence est rendue, le 18 juin : pour le fait du roy, Semblançay devra nommer les comptables qui ont reçu ses prêts, avec leurs quittances et les mandements du roi, produire l'acquit du 28 février 1522 et donner le détail des remboursements ; pour le fait de Madame, il faut présenter *séparément* et *divisément* son compte *en forme due* [1]. — Semblançay repousse la seconde partie de la sentence, mais « a esté dit que, nonobstant son appel, il falloit qu'il passast oultre. » Il s'incline, sans approuver « que ce feust *compte*, mais seulement *estat*. »

Les deux comptes sont produits séparément, le 23 juin, après avoir reconnu l'authenticité des mémoires du 13 oct. et du 20 déc. 1523, mais toujours « soubz les protestations et remonstrances par luy faictes, récusations proposées et appellations intergectées », et avec cette restriction que, « combien qu'il ne fust officier comptable et n'eust entremise ne administration des finances dudit sieur, ce néantmoins s'est employé faire tout le service à luy possible, tant de sa personne, biens et amys que autrement. » —

---

nance dudit seigneur et par leurs simples quictances: qui est au contraire dudit de Beaune, qui *a tousjours commancé par mise, et, si aucune chose a receu, ce a esté pour remboursement* » (Fol. 30 v°-32).

1. Fol. 33 v°.

De l'acquit du 28 février 1522 [1] sont distraites les 230,000 l. remises à Guill. Ruzé pour Amboise, et l'acquit n'est plus que de 1,344,342 l. 10 s. 5 d. [2]; les remboursements montent à 662,994 l. 30 s. 3 d. [3]; les 600,000 l. de Naples sont « confuses audit acquit » et en sont rabattues. Il n'est plus dû que 81,348 l. 14 s. 2 d. Des prêts faits depuis février 1522, il est déduit 10,000 l., qui ont été reçues sur la décime du clergé pour partie des 70,000 l. de Fontarabie; le total n'est plus que de 269,026 l. En tout, Semblançay est créancier de 360,374 l. 14 s. 2 d., et il supplie le roi d'avoir égard aux frais de recouvrement des 600,000 l. de Naples [4]. — L'état de

1. « C'est l'estat et declaracion des noms des officiers comptables et autres ausquelz Jaques de Beaune, chevalier, sieur de Samblançay, a baillé et délivré les sommes de deniers couchez en ce présent estat pour les affaires du roy et de son royaume, tant par son ordonnance que de celle de Madame sa mère, duchesse d'Anjou, d'Angoumoys et Nemours, comtesse du Mayne et de Gyen, comme est contenu au mandement et acquict du roy, sur ce deuement expédié, dacté du dernier jour de février l'an 1521, que autrement, aussi les remboursemens de partie d'icelle somme contenue audit acquict, *le tout sans autre forme de compte.* »

2. 1° 47,359 l. 12 s. 4 d. à l'argentier Jean Testu (8 août 1520); 2° 20,250 l., 30,000 l., 150,000 l., 200,000 l., 132,601 l. 8 s. 3 d., 213,025 l. 12 s. 4 d., 10,000 l. et 155,748 l. 15 s. 11 d. à Lambert Meigret (15 mars, 25 avril, 21 mai, 20 juin, 5 août, 7-15 nov., 2 déc. 1521); 3° 310,432 l. 1 s. 11 d. à Jean Sapin (20 oct. 1521); 4° 30,375 l. et 44,500 l. au successeur de Meigret, Jean Prévost (9 janv., 9 fév. 1522). Cf. *supra*, p. 167, 172, etc.

3. De Meigret, 107,785 l. (1er mai 1522); de Guill. Preudomme, 80,281 l. (5 sept.); de Meigret, 93,077 l. 6 d. (1er juillet); de Jean Ruzé, 50,000 l. (25 juillet); de Jean Sapin, 120,000 l. (20 mai); de Jean Testu, 49,719 l. (9 juillet); de Ruzé, 13,000 l. (13 févr. 1523); de Jean Prévost, 122,795 l. 12 s. 9 d. (21 avril 1522); de Sapin, 26,336 l. 10 s. (22 déc. 1522). Cf. *supra*, p. 189 et suiv.

4. « Pour lequel a esté envoyé plusieurs courriers en Espaigne, Cathelongne, Allemaigne, Lyon et autres lieux pour solliciter le paiement, avec ce recouvrer lettres de change pour chacune des troys années (1518-20) et en chacun terme. Dont il ne couche rien en des-

Madame [1] est modifié par le virement de la somme des 230,000 l. prêtées pour Amboise. — Ce n'est pas « de son voulloir et gré » que Semblançay a séparé les deux comptes, car « son désir estoit vuyder l'entremise commune qu'il avoit faicte par unye voulonté », par « commun commandement et connexe vouloir du roy et de Madame »; Meigret et Rapouel ont exigé cette « division et section » pour « le mectre en difficulté et confusion » : à l'appui de son dire, il exhibe onze lettres missives de Madame, contresignées de Babou [2].

Meigret trouve que l'état du roi n'est pas assez détaillé, et que celui de Madame est complètement erroné : il faut y porter en recette les 600,000 l. de Naples, « qu'il tasche confondre au faict du roy », quoique, par l'état du 20 déc. 1523, « il confesse ladite somme appartenir à Madame »; il faut rayer de la dépense les 230,000 l., car « il est assez apparent que ladite somme a esté baillée audit Ruzé par commandement dudit sieur, et en a prins de Beaune seureté dudit sieur pour son remboursement. » Il est vrai que si ladite somme a profité à Madame, « ce sera au roy à poursuyvre ladite dame pour en avoir la raison, si bon luy semble, et ne s'en peult plus adresser ledit de Beaune à madite dame. » — Quant aux onze lettres missives de Madame, Meigret ne « scet à quelles fins ledit de Beaune les a produictes. »

La déclaration du roi est « bonne, valable et deuement faicte », répond Semblançay. Les 230,000 l. d'Amboise fi-

---

pence, parce qu'elle se peult saulver sur les 300,000 escuz, d'aultant qu'il en a baillé à 40 s. 6 d. pièce » (Fol. 39-46).

1. Recette : 160,239 l. 16 s. 7 d. (les dettes de du Tillet n'y figurent que pour 34,743 l. 14 s. 2 d., au lieu de 35,601 l. 5 s. 8 d.). Dépense : 283,000 l. au lieu de 53,000 l. (fol. 46 v°-49).

2. Cf. *supra*, p. 170 et suiv.

gurent en l'acquit du 28 février 1522 « par le moyen de la communité des affaires » du roi et de Madame ; or, cette « communité » prend fin par la sentence du 18 juin. « Et dire que « c'est au roy de poursuir Madame de ladite somme, n'y a apparence, parce qu'elle n'est deue audit sieur, ains audit de Beaune, qui l'a baillée et advancée. » Les 600,000 l. de Naples ont été reçues par les quittances du roi, qui démontrent qu'elles « estoient et procédoient du fait du roy, et non des deniers du fait de Madame » ; de plus, dès 1517, le roi a « fait fons en ses finances de ladite somme [1]. C'est « *jussu et mandato* de Madame, qui a fait son propre des affaires dudit sieur et de son royaume, pour la tuition et conservation d'iceulx », que Semblançay a versé 891,375 l. 16 s. 6 d. à Meigret, du 10 avril au 2 déc. 1521 ; Madame lui a fait « plusieurs commandemens de bouche », et « luy absent, luy en fist plusieurs rescriptions qui sont obligatoires. » Le roi et Madame ont plusieurs fois déclaré que « en toutes choses ilz estoient de commun vouloir et n'avoient que une bourse commune [2]. »

Meigret insiste sur la « nullité » de l'état du roi, sans répéter pourquoi : « ne vous seroit que rompement de teste.... Bien peult estre que les 600,000 l. de Naples aient été employées dès 1517 », mais « cela n'a pas peu desroguer que ledit sieur n'ayt peu faire de ladite partie ce qu'il a voulu, et qu'il ne l'ayt peu donner à Madame.... » Semblançay « ne peult ignorer ledit don. » Pour lui enlever tout motif de refus, Meigret dit que Madame est prête à « faire dépescher par le roy telle provision qu'il luy pourra estre nécessaire. » — Semblançay objecte, à propos du mémoire (car ce n'est point un compte régulier) du 10 déc.

---

1. Cf. *supra*, p. 141.
2. Fol. 50 v°.

1523, qu' « *in conclusione*.... y a clause spéciale faisant mention que le contenu.... a esté mis et employé pour les affaires dudit sieur, par le commandement desdits sieur et dame. » Le PRÉTENDU DON allégué par Meigret est une « cause lucrative » qui ne peut être mise en discussion ; d'ailleurs, eût-il « par erreur, estimant ladite somme estre deue à Madame, paié lesdits 300,000 escuz pour ladite dame ou en ses affaires », il aurait toujours contre elle « action pour les reppéter *condictione sine causa* » ; que Meigret lui remette comptant ladite somme, Semblançay la donnera volontiers à Madame, « autrement n'en est tenu. » Quant aux 230,000 l., Madame lui demeure obligée « *actione mandati aut negotiorum gestorum*, qui est personnelle », et il n'a pas cédé ses actions contre Madame en acceptant l'acquit de 1522.

Meigret obtient en partie gain de cause, le 28 juin : Semblançay doit détailler davantage le compte du roi ; mais le jugement est ajourné pour les 230,000 l. et les 600,000 l. de Madame [1]. — Semblançay présente l'état du roi aussi complet que possible [2], mais il ne change rien à l'état de Madame [3].

Les parties répètent à satiété les mêmes arguments pour l'argent de Naples [4] et celui d'Amboise [5]. Semblan-

1. Fol. 69 v°.
2. Fol. 71-2, 57-64, 73-6.
3. B. N., fr. 2940, fol. 10-12.
4. « De Beaune ne se peult honnestement excuser qu'il n'ayt eu vraye et certaine science que la somme de 300,000 escuz n'appartienne à Madame.... Si ladite partie eust été au roy, elle n'eust sceu tomber ès mains dudit de Beaune, qui a tousjours maintenu qu'il n'estoit point comptable. Or, est-il tout notoire que toutes parties dont le roy fait estat doyvent tomber ès mains d'officiers comptables, et non d'autres, et est bien à présumer que, puisque ledit de Beaune a touché ladite partie, que ce n'est pas pour le roy, mais pour Madame » (B. N., fr. 2940, fol. 18 v°).
5. « De Beaune n'en a esté payé ne satisfaict, et y a trop grant différence d'acquict en parchemin à argent comptant. »

çay finit par faire appel à l'honnêteté de son ancienne protectrice [1] : « Toujours fault revenir à la *bonne foy*, qui doit exubérer et estre prefférée en toute rigueur à tous contratz et actes cellébrez.... Et ne dényera Madame les mandemens et bourse commune alléguez par de Beaune, ne pareillement les lettres missives par luy produictes à ceste fin. Et requiert que vous plaise, MM., sur ce conférer et communicquer à Madame. »

Le 6 juillet, Madame a toute satisfaction sur les deux points en discussion [2]; mais elle sera interrogée, et Semblançay aura deux mois pour faire une enquête.

Le roi et Madame protestent que leurs bourses sont séparées, tout en reconnaissant qu'elles sont communes [3]; Madame a bien donné des ordres à Semblançay, mais est-ce « spécifiquement ? » (10 juillet.)

---

1. La procuration de Meigret et de Rapouel n'est produite que le 3 juillet : elle porte la date du 20 mai, mais elle semble être *antidatée*.

2. Fol. 16-18.

3. « Lesditz sieur et dame, parlant audit Guillard d'autres choses incidemment, luy parlèrent séparement. Savoir est ladite dame, que *tout ce qu'elle avoit et avoit jamais eu a tousjours esté au commandement dudit sieur*, pour estre employé par luy en ses affaires, et ne luy sauroit aucune chose refuser, *mais elle a sa recepte, sa bource et revenu à part* et officier particulier pour les recevoir et oyr les comptes, et a à plusieurs foiz dit au dit de Beaune, après qu'il disoit avoir employé de l'argent de luy et de ses amys pour les affaires du roy, qu'il se feist rembourser; ne scet point luy avoir *spécifiquement* commandé qu'il baillast son argent, et, s'il s'en estoit aydé sans commandement, luy a plusieurs foiz dit qu'il s'en feist rembourser. — Et ledit sieur dit que *l'argent de madame sa mère avoit toujours esté à son commandement*, quant il en a eu à faire, et scet que madite dame ne luy eust rien reffusé; *mais avoient bourses separées et diverses*, et *l'argent qu'il donnoit à madite dame, le réputoit appartenir à elle, jaçoit ce qu'il sceust bien qu'il le pouvoit recouvrer d'elle pour ses affaires*. Et quant ledit de Beaune luy demanda son acquict de 1,574,000 et tant de l., luy eust dit que l'argent de madite dame eust esté de ladite somme, madite dame ne luy eust james rien demandé, mais il luy de-

Semblançay inscrit l'argent de Naples à la recette de Madame, mais il l'inscrit également à la dépense. Madame « maintient ladite partie luy devoir revenir bonne », bien qu'il soit notoire qu'elle entendait dépenser pour son fils « tout ce qu'elle avoit et povoit avoir tant du sien que de son crédit et auctorité. » Et « qu'elle eust ce bon voulloir se peult assez inférer par la multiplicité des lettres qu'elle a escriptes audit Samblançay », qui n'entend « estre aucunement comptable ne redevable » à Madame, et réitère l'offre qu'il a faite, dès le 10 déc. 1523, de transporter les 600,000 l. à Madame, qui s'en fera rembourser à sa guise [1].

Il apporte de nouvelles preuves, qui fortifient son argumentation : ce sont les états du 1er juin 1517 et du 6 juin 1521 [2], qui montrent l'argent de Naples prévu régulièrement par le Conseil des finances.

On le force néanmoins à prêter serment : il ne consent à le faire que « comme officier domestique » du roy et de Madame, et non « comme officier comptable. » Cette distinction est non avenue pour Meigret, qui requiert, « s'il se trouve cy après qu'il eust fait obmission de recepte, qu'il soit tenu à la peine du quadruple ou autre peine, *ainsy que ung autre officier comptable.* » Les lettres missives de Madame n'ont point, d'après Meigret, la portée qui leur est attribuée : « icelles bien veues, il ne se trouvera point que Madame ayt fait aucun commandement à de Beaune de soy ayder de ses deniers. » Meigret insinue

---

manda expressément s'il y estoit comprins, et il lui fist responce que non, et que c'estoit de l'argent de luy et de ses amys, et crédit » (Fol. 76).

1. Recette : 760,267 l. 7 s. 7 d. (y compris l'argent de Naples). Dépense : 946,375 l. 16 s. 6 d. (y compris les 891,375 l. 16 s. 6 d. versés à Meigret, du 10 avril au 2 déc. 1521, sur l'ordre de Madame) (Fol. 36-42).

2. Cf. *supra*, p. 173.

même que Semblançay n'a point employé les deniers de Madame. Les deux états de 1517 et de 1521 ne servent à rien, ce sont choses étrangères à Madame [1].

Semblançay retrace rapidement l'histoire fiscale de l'année 1521, et prouve que le roi « n'a rien fait dont Madame n'ayt eu la congnoissance et puissance d'ordonner et commander autant que ledit sieur » ; tout est décidé, « *du sceu et consentement de Madame* » : si les 600,000 l. figurent dans l'acquit de 1522, c'est que le roi a voulu les recouvrer pour refaire son épargne, mais Semblançay n'en a été obligé qu'au roi [2]. Les raisons de Meigret contre les

---

[1]. « Et ne croyt point que ledit de Beaune se soit aydé de ses deniers, car, si ainsi eust esté, il eust prins l'acquict au nom de madite dame pour soy rembourcer, ce qu'il n'a fait, mais, au contraire, il a prins en son nom, donnant à entendre qu'il avait presté les deniers du sien et de celluy de ses amys, sans jamès avoir fait aucune mencion de madite dame. » Et quand les onze lettres eussent été obligatoires, « ne se peult saulver ledit de Beaune que tacitement il n'eust renoncé à l'obligacion en quoy madite dame eust peu estre tenue », en acceptant l'acquit de 1522. Quant à l'état de 1517, il n'a été dressé que par manière d'avis, et n'a point eu d'effct : d'ailleurs la partie de Naples n'y est qu'en marge, car elle n'a été réalisée que longtemps après ; en tout cas, c'est *res inter alias acta*, et Madame n'y a point consenti. De même pour l'état du 6 juin 1521. En conclusion, Madame est « sur son partement » pour aller rejoindre le roi (11 août), et « demande que, si ledit de Beaune a aucuns tesmoings qui soient en sa compaignie, qu'il les face interroguer, si bon luy semble ; autrement proteste contre ledit de Beaune de sa négligence à ce que, ledit terme passé, il soit forclos des délaiz qu'il pourroit demander, et qu'il ne se puisse excuser sur l'absence de Madame, considérant que ceste matière est de la condicion de celles qui doivent estre traictées sommairement » (Fol. 44-5).

[2]. « Ledit acquict fut prins du total de ladite somme des voulloir, consentement, et par commandement de Madame pour rembourser ceux qui avoient presté ladite somme. Au temps dudit acquict ne auparavant, ledit de Samblançay n'estoit obligé à madite dame des 300,000 escuz receus de la pension de Naples, ains en estoit obligé au roy, comme receus par sa quittance, suyvant laquelle obligacion ledit sieur en avoit fait estat pour servir de fons à l'extraordinaire de ses guerres ; selon lequel estat icelluy de Samblançay avoit baillé et fourny

états de 1517 et de 1521, qui prévoient l'emploi de cet argent [1] sont aisément réfutées. Il répète, en terminant, qu' « il n'a eu charge ne entremise pour estre comptable, sinon en fait particulier et privé. »

Le 11 août, on examine en détail les sommes que Semblançay dit avoir versées depuis l'acquit de 1522 [2] : taxé d'irrégularités administratives [3], il répond que le roi l'a

ladite somme, et néantmoins ledit sieur, *par icelluy acquict en voulut derechef faire fons* et estre levée en ses finances : ce qui n'a esté faict pour les empeschemens des guerres qui ont toujours depuis continué. »

1. « Combien que ledit Meigret ayt dit que la partie de 300,000 escuz couchée en l'estat fait à Compiegne, le 1er jour de juin 1517, est en postille, néantmoins appert que c'est article escript en teste, et de celluy qui a escript ledit estat, et que en icelluy ladite somme est tirée hors ligne, et que ce soit article, est deuement vériffié par une autre partie couchée audit estat fait pour l'année commençant 1518 et finissant 1519, dont la teneur s'ensuit : « Plus la partie du Roy Catholic de la 3e année, qui sera le 4e paiement : 200,000 l. » — Quant à l'état de 1521, Meigret joue sur les mots : « Au premier article dudit estat qui fait mencion de ladite partie de 300,000 escuz, il y a ces mots : Samblançay fournira ladite somme *par prest* des 300,000 escuz de la pension de Naples : qui est assez prouver que ledit sieur faisoit estat de soy ayder de ladite partie par prest, qu'elle n'estoit point à luy, mais à madite dame sa mère. » La réfutation est facile : « Le prest dont mencion est faicte audit article estoit *prest fait d'un moys sur autre* pour subvenir audit estat, comme il appert *litteratorie* par ledit estat, faisant mencion que la despence des moys de may et juing se monte la somme de 726,622 l. 10 s., et le fons desdits deux moys est seullement de 636,500 l., et la faulte de fons, montant 89,571 l. 9 s., a esté prinse par prest des 300,000 escuz de la pension de Naples, qui est rembourcée sur ledit moys de juillet, auquel moys ladite faulte de fons est rapportée et comprinse en la somme de 311,072 l. 10 s., dont ledit de Samblançay est couché pour 200,000 l., qui est le remboursement de moys à autre, sans ce que en icelluy estat soit faicte mencion de madite dame » (Fol. 52-4, 58-62).

2. Fol. 64-5.

3. « En tant que touchoit les 2e et 3e parties, elles ne doivent estre allouées audit de Beaune, sinon qu'il feist apparoir de l'ordonnance verballe du roy par laquelle il dit avoir baillé les sommes contenues ès dites parties, ou qu'il eust premier parlé audit seigneur pour en savoir

mis hors des règles communes et qu'il s'est souvent contenté d'ordres verbaux, sans mandements écrits [1].

Pour le fait de Madame, une enquête est ordonnée, le 13 août; mais on n'accorde délai que jusqu'au 6 sept., et Semblançay se plaint, car « il luy failloit examiner tesmoings estans à Lyon et Daulphiné avec le roy [2]. » Il se

la vérité. — Et en tant que touchoit la partie de 150,000 l., ne luy devoit semblablement estre allouée, ce n'est que les mandemens et acquietz par luy produitz feussent scellés, en ensuivant les ordonnances, car il ne savoit ne entendoit la cause pour laquelle lesditz acquietz n'avoient esté scellez. — Et au regard de la partie montant 60,000 l., disoit semblablement ne devoir estre baillée audit de Beaune, ainsi qu'elle estoit couchée, ains la devoit coucher en chappitre de deniers renduz et non receuz, actendu qu'il n'apportoit la quictance de maistre Jehan Prévost, et qu'il ne faisoit apparoir des diligences faictes pour le recouvrement de la somme de 70,000 l., que montent quatre quictances du trésorier Babou, dont mencion est faicte en ladite partie. »

1. « Actendu qu'il faisoit apparoir des quictances des officiers comptables à qui il avoit baillé les deniers contenuz esdites parties et dont ilz se chargeoient en recepte en leurs comptes, joinct qu'il estoit prochain de la personne du roy qui luy commandoit faire bailler lesdites sommes pour ses affaires, et que ainsi *il avoit accoustumé faire ;* mesmes en avoit baillé audit Meigret, qui luy avoit baillé ses quictances de grosses sommes, sans aucunement avoir pour lors ordonnances par escript dudit sieur : lequel Meigret luy en a tenu compte ; aussi qu'*il n'estoit officier comptable* et luy suffisoit d'avoir la quictance de ce qu'il prestoit pour estre remboursé. En tant que touche les mandements et acquietz pour la somme de 150,000 l. non scellez (3 nov. 1523), il ne les feist point sceller, parce que l'ordonnance estoit ja faicte par le roy de porter l'argent au coffre et à l'espargne, et ne luy eussent de rien servy iceulx acquietz scellez, parce que les receveurs généraulx sur lesquelz lesdictz acquietz estoient levez furent contrainctz porter ou envoyer les deniers de leurs charges vers le trésorier de l'espargne. Et quant à la partie de 60,000 l. faisant partie de 70,000 l., dit qu'il ne la pouvoit mectre en deniers renduz et non receuz, parce qu'il ne scet si on en a receu ou recevra cy après aucune somme pour tenir lieu pour son remboursement. »

2. « Requérant, pour la briefveté du délay qui luy estoit octroyé et que les commissaires ordonnez pour faire ladite enqueste besongneroient à Bloys et à Paris en fait d'icelle, ilz voulsissent déléguer commissaires à Lyon, Daulphiné et autres lieux, où il entendoit faire sadite

rend à Paris avec son conseil, Emery Lopin, et y obtient le 27, de Guillart, un compulsoire pour « recouvrer plusieurs lettres, tiltres et enseignemens qui sont ès mains de plusieurs personnes [1]. » Ses témoins sont naturellement suspects [2]. Il les défend, il parle de la « dignité et consi-

---

enqueste, affin que en ung mesme temps elle peust estre parfaicte. — Sur quoy luy fut dit que, actendu la grandeur des personnaiges, la matière et qualité d'icelle, qu'il n'auroit autres commissaires que de ceulx qui estoient ordonnez par le roy congnoistre de ladite matière; mais affin qu'il ne se peust plaindre, s'il vouloit, il auroit commissaires pour besongner à Lyon, Daulphiné et autres lieux au fait de sadite enqueste, Messire Jehan Sallat, chevalier, et Guill. Tertereau, qui pourroient faire ladite enqueste èsditz lieux, pendant que les commissaires ja ordonnez feroient à Bloys et Paris, ou que, si bon lui sembloit, lesditz commissaires ja ordonnez yroient à Lyon, et lesditz Salat et Tertereau à Paris; et par ce moyen dedans le délay pourroit sadite enqueste estre parfaicte. — Lequel de Beaune dist qu'il vouloit estre présent à sadite enqueste pour administrer tesmoings, pour ce que l'affaire luy estoit de grande conséquence, ce qui ne pourroit pas estre, s'il avoit commissaires en divers lieux en ung mesme temps. Requérant lesditz commissaires avoir à commissaire pour faire sadite enqueste l'un des conseillers de Parlement de Grenoble. — A quoy fut respondu que autresfoiz avoit fait pareille requeste que commissaires feussent déléguez estans à Paris pour besongner au fait de sadite enqueste : dont lesditz commissaires avoient adverty le roy et Madame, qui avoient mandé qu'ilz voulloient et entendoient que par les commissaires par eulx ordonnez feust faicte ladite enqueste, et qu'ilz n'entendoient que autres commissaires eussent congnoissance de la matière » (Fol. 55-57).

1. Fol. 100.

2. « En tant que touche les tesmoings que ledit de Beaune fait examiner, dit que MM. les commissaires ne doyvent adjouster foy au dit et depposicion de Mgr l'évesque de Meaulx, messire G^{me} Briçonnet, car il est tout notoire qu'il est nepveu charnel dudit de Beaune, en la maison et présence duquel Briçonnet ledit de Beaune a fait plusieurs assemblées pour estre conseillé comme il avoit à soy conduire et gouverner en l'affaire dont de présent est question.... Quant aux autres tesmoings examinez de la part dudit de Beaune ou qu'il entend faire examiner, qui sont M. l'arcevesque de Sens, messire Anthoine le Viste, maistre Jehan Prévost, Jehan Legendre, maistre Charles Lecocq, François Lopin, René Sizeau, Jehan Barthélemy, Jehan Turquain, Guil-

dération » de l'évêque de Meaux, et dit que les autres sont *« integræ formæ et exceptione majores »*; si Meigret les attaque, c'est qu'il voudrait, contre toute équité, connaître leurs dépositions. Puis il exhibe quatre lettres de Madame au receveur général Jean Ruzé [1] et un arrêt du Parlement, qui prouvent que « Madame a eu COMMANDEMENT COMMUN avec le roy pour secourir ledit seigneur et le royaume en tous affaires. » Enfin il se lance dans une discussion technique, pleine de citations latines, qui n'apprend rien de nouveau sur l'argent de Naples : Meigret « ne fait aucunement apparoir dudit don. »

Madame ne peut se défendre de lui avoir ordonné de dépenser cet argent, et Semblançay dit que « toujours fault revenir à la vérité sans scrupuleuse indagacion de fait [2].... Vous, MM., déciderez cest affaire selon que bonne foy, équité et raison naturelle veulent et requièrent les mandemens, estatz et ordonnances faictes audit de Beaune par le roy et Madame estre entenduz et interprétez. En quoy faisant, ledit de Beaune a parfaitement confidence de son bon droit, actendu que ce qu'il a mis et employé a esté pour la deffense de la chose publicque, dont Madame a tousjours eu si grant soing que chacun scet, et l'a déclairé par ses

---

laume Testu, Denis Legrant, maistre François de la Barrière, le receveur général maistre Jehan Sapin, et maistre Gilles Berthelot, dit ledit Meigret qu'ils sont singuliers en leurs dicts et deppositions, et par lesquels ledit de Beaune ne sçauroit prouver aucune chose de son intencion qui puisse en rien nuyre à madite dame qu'elle n'obtienne ses fins et conclusions » (Fol. 101-3).

1. Cf. *supra*, p. 200.

2. « Omnes enim actus celebrati cum principibus censentur bonæ fidei, ita quod in eis longe magis debet exuberare bona fides quam in actibus privatorum (ut inquit Bab. li. de pac. constan.). In verbo bona fides et pulchre (dicit idem Bab. in Phe. C. collo. III, allegando Senecam in epistola ad Lucilium) que in actibus principum sola ratio naturalis arbiter est et judex.... » (Fol. 103 et suiv.).

lettres missives produictes par devant vous, pour monstrer du bon voulloir de Madame et mandement par elle fait audit de Beaune de ne rien espargner à secourir le roy et chose publicque : qui est mandement suffisant pour avoir par ledit de Beaune employé lesdites sommes ès affaires du roy et de son royaume. »

Les commissaires accordent défaut à Semblançay contre deux témoins, et refusent communication à Meigret des interrogatoires de l'enquête; « mais aura seullement le double du procès-verbal, et les noms et qualités des tesmoings »; en outre, il présentera des procurations en règle du roi et de Madame.

Le 24 septembre, l'enquête est terminée, et l'examen définitif de l'affaire commence. Mais le roi s'impatiente, et, le 20 oct., de la Chartreuse de Pavie, il enjoint aux commissaires de se hâter. Cet ordre leur est transmis le 24 déc. seulement.

Le 4 janvier 1525, Semblançay présente une dernière requête, et, le 24, il est interrogé sur le remboursement qui a pu lui être fait des 70,000 l. de Fontarabie.

Le 27 janvier enfin, le jugement est prononcé. On reconnait tout d'abord la véracité de Semblançay et l'authenticité des pièces par lui produites [1]. Puis on lui donne raison sur tous les points, sauf un : *l'argent de Naples doit*

---

[1] « Les estatz d'icelluy seigneur et les lectres missives desdictz seigneur et dame, produictz par ledict de Beaune, qu'il maintient estre signées de la main desdictz seigneur et dame et de leurs secrettaires soubzsignez, en iceulx desquelz ledict Meigret a recongneu et confessé les signatures, à defaut d'avoir par ledict Meigret fourny de procuracions expresses desdictz seigneur et dame dedans le temps à luy préfix et ordonné pour ce faire, ont esté et sont tenuz pour confessez, et à iceulx ou leur vidimus deuement collationné foy adjoustée comme ilz avoient esté respectivement congneuz par lesdictz seigneur et dame. »

être porté au compte de Madame, qui doit l'en faire acquitter. En somme, l'acquit du 28 février 1522 est irrégulier, puisqu'il ne distingue pas les affaires de Madame de celles du roi, et le coupable, si confusion il y a, c'est le Conseil du roi, qui en a longuement discuté les clauses. A cela près, le roi est reconnu débiteur des restes du remboursement de l'acquit, soit 911,348 l. 5 s. 2 d., en y comprenant les 230,000 l. d'Amboise (ce qui est illogique, cet argent ayant profité à Madame), et des 279,026 l. fournies depuis ledit acquit. Madame est créancière de 107,267 l. 7 s. 7 d. (ce que son ancien général n'a jamais nié), et caution des 600,000 l. de Naples [1].

Cette longue procédure a roulé sur une question de forme, et Semblançay en sort indemne. Madame ne récolte pas ce qu'elle a semé, et son procureur, Meigret, appelle incontinent du jugement.

III.

LA COMMISSION DE 1523

La reddition des comptes de Semblançay s'est terminée par la confirmation de l'acquit du 28 février 1522 et la reconnaissance de ses créances contre le roi, qui n'a point à se louer de ses juges. — Il n'a pas plus lieu d'être satisfait des commissaires nommés en janvier 1523 [2].

Leur tâche est entravée par les querelles des Comptes et des commissaires. Le 2 mars 1525, Jean le Comte, garde

---

1. P. Clément, *op. cit.*, p. 389-393.
2. Sur cette commission, cf. B. N., fr. 26119, 760; fr. 26120, 869, 894; fr. 25720, 245; Dupuy 562, fol. 146. Arch. nat., J 958. Frais de papier, parchemin, plumes et encre : 98 l. 17 s. 6 d. (1er avril 1524-1er janvier 1525), 92 l. 17 s. 5 d. (janvier-avril 1525).

des livres [1], est mandé au bureau : « Ladite Chambre, lui dit-on, est souvent en peine pour les comptes qu'elle ne peult trouver »; la veille, on n'a pu trouver ceux de Jean Ruzé. Le Comte va les chercher dans la chambre du conseil, où siègent les commissaires, et il ajoute que « les auditeurs, pour l'examen d'aucuns comptes ou pour faire extraicts, les transportent aucunes foiz, aussy lesdits commissaires luy commandent souvent faire des extraictz. » — Le lendemain, ce sont les comptes de Brachet (1515) que l'on se dispute ; les commissaires disent à le Comte « qu'ilz besongnoient pour l'affaire desdits comptes, et ne bailleroient jusques à ce qu'ils eussent fait. » Guillaume Tertereau se rend en la chambre du conseil : « Vous ne les aurez point », dit le président Guillard. — « Monsieur, objecte-t-il, vous ne savez que je veulx dire. » — « Vous ne les aurez point », répète Guillard. Tertereau demande acte du refus au greffier des commissaires. — Le 6 mars, nouvelle altercation pour les comptes de Lallemant.

Quelques mois plus tard, la Chambre des Comptes se plaint à Louise de Savoie : elle n'a entériné la nomination des commissaires que « *de mandato expresso et iteratis verbis facto* » du roi, et elle ne leur a pas « donné empeschement pendant quelque temps, espérans, après avoir fait des remonstrances au roy, que ladite commission seroit abolye et abatue. » Mais la commission dure, et au bout de trois ans, « n'y avoit eu aucun fruict, ne ung seul compte cloz ne affiné, et sembloit qu'ilz abusassent Dieu, le roy et le monde [2]. »

En outre, la protection de la reine-mère couvre certains

---

1. Cf., sur l'admission de ce Le Comte, Arch. nat., P 2304, 631-661.
2. Arch. nat., X¹ᵃ 1529, fol. 36 v°. — Cf. une remontrance de Nicolay à Duprat, le 18 janvier 1527 (*Ibid.*, P 2648, fol. 15-16).

comptables, qui échappent ainsi aux commissaires. De ce nombre sont Guillaume Preudomme, ancien receveur général de Normandie, puis général après le décès de Thomas Bohier, et trésorier de l'épargne après Babou [1], et Jean Prévost, ancien trésorier de l'extraordinaire, devenu général de Guyenne, où il remplace Dapestegny, qui est chargé de recevoir les deniers casuels [2]. Le 18 mai 1525, Madame ordonne de surseoir à la prise de corps décrétée un mois auparavant contre Preudomme ; le 27 déc. suivant, elle fait élargir Prévost, qu'un huissier vient d'appréhender sur le perron de la Chambre des Comptes [3].

Ce Prévost n'a pas la conscience nette, et il semble redouter les questions indiscrètes. Thomas Bohier se méfiait déjà de lui [4]. Les enquêteurs doivent lui remontrer qu'ils parlent « par raison, et non par passion », et que « *non excandescat* [5]. » Son ancien patron, Jean Sa-

---

1. Actes des commissaires relatifs à Preudomme, 13 avril, 1er, 3 juillet, 3 août, 3, 16 sept., 30 oct. 1523, 20 janvier 1524, 9 janv. 1525.
2. Fils de Jean Prévost, notaire à Montrichard, et de Marie Sohier, il est neveu de Semblançay, sa tante Françoise ayant épousé Pierre Morin, veuf de Jeanne de Beaune ; clerc de Florimond Robertet (1511), puis de Jean Sapin, trésorier de la croisade (1517), secrétaire du roi (27 juillet 1519), payeur du grand Conseil (20 mars 1520), trésorier de l'extraordinaire (février 1522), greffier du Parlement de Dijon (8 mai 1523) et du bailliage de Touraine.
3. Actes relatifs à Prévost : 24 mars, 30 juin, 29, 31 juillet, 15, 27 sept., 5, 7 oct., 16 nov., 22 déc. 1523 ; 27 avril, 28 mai, 31 déc. 1524 ; 18 janvier, 25, 28 juin, 19, 22, 23, 30 août, 20 nov., 4, 7, 23 déc. 1525. — Le 22 déc. 1523, le roi a déjà ordonné de ne point le molester.
4. Cf. *supra*, p. 205.
5. Le 19 février 1523, il présente aux Aides des lettres patentes qui créent un second président et érigent les offices de conseillers en offices de généraux ; l'entérinement en est urgent, « toutes choses cessans. » Dès le lendemain, il déclare que son maître « ne seroit pas content de la dissimulation » ; on le supplie de prendre patience, « qu'aulcuns des officiers estoient absens pour bonne et raisonnable cause » ; mais, sans rien écouter, il se fait restituer les lettres et va

pin [1], le prend à partie, et Prévost écrit : « MM., ne croiez et ne pensez, s'il vous plaist, qu'il ne tienne à moy et à poursuytte que n'ayez ce que je doys fournir mon faict, combien que le procès de M. le receveur général Sapin ayt esté et soit encores pour moy donner un long empeschement » (25 juin 1525). Le Parlement lui défend d'aliéner ses meubles et offices jusqu'à ce qu'il ait fourni à Sapin ses quittances (14 août) [2]. Quand le receveur de Sens, Jean Boismart, dénonce « la *calumpnie* évidente dudit Prévost, qui présente les comptes par lesquelz luy est deu et recelle ceulx par lesquelz il doibt », et qu'il allègue l'inter-

tenter vainement de les faire vérifier par la Chambre des Comptes.... Enfin, le samedi 7, il revient, au moment où les magistrats vont à la messe : « lors ledit Prévost, très arrogamment et fièrement, dit à haulte voix, publicquement, devant grande multitude de gens qui là estoient assemblez pour ouyr la messe, telles paroles ou semblables : « *Vous voulés désobéir au roy, et semble que vous vous mocqués de luy*, je l'en advertiray, et croyez qu'il y en aura qui s'en pourront bien mal trouver et s'en repentiront » (Arch. nat., Z[la] 172).

1. La comptabilité de Prévost est vicieuse, comme il l'avoue dans son procès contre Jacques Ragueneau, receveur du Poitou : « Après ce que ledit demandeur a sommé et dénoncé audit défendeur la poursuyte faite contre icelluy demandeur par les commissaires de la chambre du conseil des comptes, pour le faict de la reddicion des comptes qu'il a à rendre au roy du fait de l'extraordinaire; ce qu'il ne peult bonnement faire que préalablement les clercs qui ont eu charge soubz luy et administré les deniers dudit extraordinaire n'ayent compté avec luy, pour sçavoir ce qu'ilz ont receu et mis pour employer par ledit demandeur à sesdits comptes; et pour ce que ledit demandeur a eu plusieurs assignacions durant ledit temps sur ledit défendeur et qu'il ne peult sçavoir si icelluy défendeur a baillé et payé toutes lesdites assignacions, au moyen de ce que sesdits clercs n'ont encores compté avec luy, et ne les peult bonnement contraindre, sinon qu'il ayt les récépissez qu'ilz en pevent avoir baillez audit défendeur : à ceste cause somme ledit demandeur audit défendeur qu'il ayt promptement à luy rendre et fournyr tous et chacuns les récépissez et rescriptions qu'il a, tant dudit demandeur que de sesdits clercs » (Arch. nat., Z[la] 51, fol. 261).

2. *Ibid.*, X[la] 1528, fol. 693 v°.

diction précédente, Prévost répond qu' « il administre ses biens et en joyt, et intente ses actions contre toutes personnes et mesmes contre Sapin, contre lequel y a si bien poursuy et conduit ses affaires que ledit Sapin se trouve dès à présent redevable en plus de 50,000 l. [1]. »

Prévost est accusé d'avoir falsifié un blanc-seing, et il insinue que « ceste poursuyte se faict à la faveur de maistre Jehan Sapin pour les *picques* et questions qu'il a à l'encontre du défendeur et mys les procès et différends qu'ilz ont ensemble, et une *poursuyte canyne* faicte sans intérêts, *etiam livore*, de Sappin pour cuider *scandalizer* le défendeur ; mais par l'issue l'on congnoistra que le scandale retombera sur le demandeur et sur ceulx qui font ceste poursuyte [2]. »

Prévost, de son côté, sait poursuivre ses débiteurs : deux sergents, soudoyés par lui, harcèlent Pierre le Maçon dans la rue des Prouvaires, à Paris, une dague à la main ; le malheureux se réfugie chez Claude Sanguin, qui arrête les records par ce mot : « Frapperas-tu ? », et qui se voit accusé de complicité d'évasion. — Un neveu de Semblançay, François Becdelièvre, élu de Tours, doit 2,000 livres à Prévost, qui envahit son hôtel et le fait mener à la conciergerie par « dix-huit ou vingt gallans armez de harnoys et garnis de rondelles [3]. » Mais Sapin veille : il fait opposition sur cette somme [4], et il se plaint

---

1. Arch. nat., Z¹ᵃ 51, fol. 119-122.
2. *Ibid.*, Z¹ᵃ 53, fol. 41. L'ex-trésorier des guerres, René Thizard, dit « qu'il n'a point accoustumé de prendre ne recevoir aucuns autres deniers du roy ne aucunes autres sommes sans en tenir compte, et qu'il ne scet si ceulx qui le dient (Prévost) ont accoustumé de le faire » (*Ibid.*, fol. 208).
3. *Ibid.*, Z¹ᵃ 53, fol. 298, 325 ; Z¹ᵃ 55, fol. 206.
4. « Dès l'an 1525, allègue-t-il, par ordonnance de la court de Parlement, fut faict extrait des debtz d'acquietz et quitances estans sur

que Prévost gâte et dissipe ses biens, malgré l'ordonnance du Parlement. Prévost relève ces « parolles scandalleuses », et il dit que « l'advocat de la partie adverse a toujours la bouche fresche et preste à l'injurier [1]. »

Sapin, à son tour, est examiné de près, en 1526, par les enquêteurs, qui critiquent les anomalies de son compte de 1518 [2]. Le pouvoir de Semblançay leur semble une inno-

la despence du compte présenté et que estoit tenu ledit Prévost rendre audit Sapin, et fut trouvé que ledit Prévost en devoit pour 6,000 livres et plus, luy furent par la court donnez plusieurs délaiz d'en fournir sur plusieurs requestes baillées à cette fin par ledit Prévost, soy excusant que les avoit perduz à la journée de Pavye, et en auroit fourniz aucuns qui auroient esté debatuz et arguez de faulx. Et voyant ledit Sapin que quand tout ce que ledit Prévost avoit fourny seroit véritable, encores en resteroit-il pour plus de 300,000 l., auroit requis à ladite court interdiction d'aliénation estre faicte audit Prévost jusques à ce qu'il en eust fourny.... Depuis avoit esté ladite interdiction publyée à la requeste dudit Sapin ad ce que aucun n'en prétendist ignorance cy après. Et n'a ledit Prévost depuis satisfaict auxdictz debetz, ne faict lever ladite interdiction, qui dure encores. Et est vraysemblable qu'il a consommé les deniers et ne sauroit fournir des quictances qui défaillent sur sondit compte, car ce sont payemens qu'il dit avoir faictz ès années 1517, 18 et 19, dont il ne feust à recepvoir les quictances, s'il avoit payé les parties. A ceste cause ledit Sapin, congnoissant que, nonobstant ladite interdiction, ledit Prévost a vendu secrètement la pluspart de ses meubles et que les immeubles ne tout ce qu'il a ne satisferoit à la moitié près de ce qu'il doibt ja d dits debetz de quictances, sans ce qui est en débat entre eux, ledit Sapin a esté conseillé faire arrester ses debtes. »

1. Arch. nat., Z¹ᵃ 53, fol. 563; Z¹ᵃ 54, fol. 15; Z¹ᵃ 55, fol. 257. Il se fera détester des « juges et praticiens du siège de Tours », qui « lui font chacun jour perdre l'émolument du greffe.... » Il sera contraint de quitter Tours pour venir habiter à Paris, rue Poupée, près Saint-André des Arts (Ibid., Z¹ᵃ 51, fol. 399). Il dépiste ainsi un de ses créanciers : « S'il le veult faire interroger à Paris, il dit qu'il est à Tours, et quand on va à Tours, on luy dit qu'il est aux Rassiers, et quand il est aux Rassiers, on luy dit qu'il est en court » (Ibid., Z¹ᵃ 55, fol. 143).

2. Arch. nat., KK 289 : « Le présent compte rendu à court par devant MM. les commissaires ordonnez par le roy en la Chambre du conseil. » Sapin produit une quittance d'Albisse, du 12 déc. 1525 (fol. 457 v°).

vation regrettable, et ils raient en conséquence des chapitres entiers de dépenses faites en vertu de ce pouvoir [1].

Mais la commission n'a aucun résultat pratique, et les gens de finance continuent à se quereller [2].

---

1. Fol. 391 : « Pro allocatione partium hujus capituli producit presens computabilis quemdam caternum pergameni, manu domini nostri signatum, et postillatum a *Jacobo de Beaune*. Quia tamen non est in forma probante, eo quod non est signatum ab uno secretario financiarum, nec eidem affigitur mandatum debite signatum et sigillatum a generalibus financiarum expeditum, UT MORIS EST, ordinetur.... » — Cf. fol. 279 : « Autres dons et récompenses payées par ordonnance et commandement verbal du roy nostre sire aux personnes et pour les causes déclarées en ung cahier de parchemin signé de la main du roy nostredit sieur et contresigné par mess. Jaques de Beaune, chevalier, sieur de Samblançay, dont les acquitz et mandemens patens n'ont peu estre expédiez à cause des grans et urgens affaires, qui durant les années derrenières passées et présente ont esté en ce royaume. »

2. En voici un exemple : « Ce jour, maistre Jehan Grolier, trésorier des guerres, est venu en la court de céans, qui a dit que le conte de Brienne, lieutenant du roy en Picardie, luy a escript des lettres, par lesquelles il luy mande qu'il luy envoie le paiement de la gendarmerie de Picardie, et que, s'il le tenoit, que sa personne en respondroit, premier qu'il partist. Qu'il a trouvé estrange, attendu la diligence qu'il a faicte de recouvrer deniers, et *n'est sa faulte, ains la faulte de maistre Gaillard Spifame*, receveur général de Normandie, sur lequel il a 190,000 l. d'assignation, et lequel a déclaré dès le 16e de ce mois [mai 1525] que son commis avoit 80,000 l. pour luy bailler, et le 20e déclaira au conseil estant lez Madame, mère du roy, régente en France, présent le duc de Vendosmoys, que sondit commis povoit avoir baillé 120 ou 140,000 l., ainsi que maistre René Tizard, trésorier des guerres, son compaignon, luy a escript. Et néantmoins, quelque diligence qu'il ait sceu faire, il n'a sceu recouvrer du commis dudit Spifame que 7,500 l. » Les gens de Spifame, à Rouen, ne veulent « premier prendre le paiement des receveurs particuliers, pour veoir si sur icelluy il y auroit aucun gaing pour eulx. » Grolier est « si desplaisant que, *par manière de dire, sa vie l'ennuyoit* » (Arch. nat., X1a 1528, fol. 495). — Et le Parlement se demande « si on doibt défendre les bancques et chasser les bancquiers, qui sont la pluspart estrangiers. Qui pourra servir à deux choses : l'une, que l'argent ne sortira point hors du royaume, et l'autre, que les ennemys ne pourront entendre si souvent des nouvelles, comme ilz font par le moien desdits banquiers; et est

IV.

LE PROCÈS CRIMINEL

Cependant Semblançay, laissé sans remboursement [1], est aux prises avec les créanciers du roi, envers lesquels il s'est porté caution. Les Florentins de Lyon lui réclament 230,000 l. (février-sept. 1525) [2], la duchesse de Nemours, 8,611 l. 2 d. (4 mars 1525); La Trémoille veut régler un vieux compte de vaisselle prêtée par Mme de Taillebourg en 1515, et Semblançay, après s'être rendu à Angoulême pour arranger l'affaire, écrit deux fois au duc (Tours, 3 août 1525, 17 janvier 1526) [3].

leur principalle charge que de faire savoir des nouvelles ausdits ennemys, et ne servent d'autre chose que d'espies » (*Ibid.*, X{1a} 1528, fol. 433).

1. Arch. nat., V{5} 1046 (6 oct. 1525, 17 fév., 21 avril, 3 sept. 1526, 30 janvier, 25 juillet 1528). — Cf. *ibid.*, J 958 : Pierre Philippeaux reçoit 210 l. de Guill. de Frain, pour les frais qu'il a eus à Angers et au Mans pour recueillir une partie de l'argent de Fontarabie (23 avril, 15 juillet 1525).

2. B. N., fr. 5779, fol. 60 (12 fév. 1525). Arch. nat., V{5} 1045 (19, 28 sept. 1525).

3. « Mgr, j'ay receu vostre lettre qui vous a pleu m'escripre par le présent porteur pour la vesselle de feu madame de Taillebourg. J'ay monstré le double de l'inventaire que j'ay devers moy, dont je luy en ay fait bailler le double, que vostre plaisir sera veoir, où vous trouverez que j'ay tenu promesse. Pour les 6,000 l. qui furent prestées pour les affaires du roy, ont estez assignez en l'année 1517, sur la recette de Xantonge. Il est resté encores de bon entre les mains des officiers envyron de 1,300 l., et quant vostre plaisir sera envoier ma promesse, je feray bailler ce que j'en ay par devers moy. J'ay monstré et communiqué tout ce que j'ay peu recouvrer de vostre porteur du fait de la vesselle de feu de Madame de Taillebourg (que Dieu perdoint) et ce qui reste, aussi les assignacions qui en ont esté levées. Mgr, vostre maistre d'ostel et trésorier vous portent le double de tout, et pour recouvrer le reste desdites assignacions, je leur ay dit ce qui

Son fils, l'archevêque de Tours, lui abandonne le revenu de son diocèse, et cherche à le consoler [1], pendant

s'en doit faire et aussi pour ce est besoing d'avoir de vous une procuration pour faire contraindre les héritiers de feu François d'Orléans, pour lors grènetier d'Issoudun, et sera bon que vous en ordonnez aux gens de vostre conseil à Paris. Mgr, j'en ay le récépissé et promesse que je bailleré quant y vous plaira. » Cf. P. Marchegay, *Lettres missives du XVIe siècle tirées du Chartrier de Thouars*, n° 41.

[1]. Lettre du 2 mars 1527 (?) : « Mgr, j'ay receu vostre lettre qu'il vous a pleu m'escripre par ung jeune controleur, ensemble une aultre ce matin par M. le prothonotaire de la Tour qui s'en va à Angiers, lequel ay dépesché, pour l'honneur de vous, touchant la closerye dépendant de vostre abbaye de la Coulture. Je entendz bien par voz lettres les affaires que avez de deniers et d'argent. Je y foys de ma part en debvoir et obligation filiale ce que ma puyssance peult à presser et parler à mes gens, scelleurs et fermiers, pour avoir et obtenir votre optat que n'auriez en ce et aultres chouses comme je vouldroys bien. Mesdits fermiers veulent dire que, *quant leur baillastes la ferme de l'arceveché et Grammont*, que leur promistes et tinstes parolle de ne les presser, mais de leur donner v ou vi moys de temps. Le recepveur de la Rochelle, sur lequel les deux aultres ce repousent, et lequel dedans la ferme n'est inséré par obligation ne lyen, n'est yci. Je mectray poyne le plus que me sera possible que parveniez à vostre désir. Au reste, Mgr, d'aultre chouse ne vous supplié, sinon que me faictes cest honneur me commender de m'employer en aulcune chouse en laquelle pancerez que à mon petit pouvoir vous pourray faire service, et me y porterey en tenu vostre et obligé, estimant, soubz correction, que plus toust envers voz serviteurs loyaulx, desquelx moy indigne je me reppute, ainsi vous debvez porter et de eulx user que d'aultres estranges, desquelx, combien qu'ilz soyent beaucoup tenuz à vous et en grand nombre, toutesfoys s'ilz se montre en aultres, et vous le voyez, et je prie à N.-S. que ne le voyez davantaige, lequel espère qu'il vous aydera tousjours, ayant en luy fiance, et ne pouvez faillir de vous consoler et retirer à luy. Du reste de mes affayres, tout va bien, et pouvez vous en asseurer, soyt au service de N.-S., livres, intelligence de revenu spirituel et temporel que aussy de ordre et reigle de ma maison, que va en paix, union, tranquilité et concorde, chacun faisant son office. Je suis retourné de vostre maison de Candé, en ceste ville, et ay fait la révérance à Madame ma mère, et ay veu Madame ma sœur et la compaignie que fait grande chère, et l'ay trouvé consolée. Je me trouve myeulx avoir esté audit Candé, pour le plaisir qui y est du service de Dieu et de l'Esglise et de la beaulté du lieu. Mgr, m'estant très hum-

qu'il fait lui-même des ventes de bois et recouvre de menues créances [1], sans toutefois négliger ses obligations de gouverneur de Touraine [2] ni ses intérêts de propriétaire [3]. Pour ses procès, Jean Guéret le représente au Parlement et aux Requêtes du Palais, du Luc et Arnoul Briant, aux Comptes [4]. Ses comptables particuliers, Ragueneau et Guéret, font des règlements avec lui le 2 oct. 1525 et le 17 sept. 1526 ; Gilles Berthelot lui prête 200 l., et le trésorier

blement recommandé à vostre bonne grace, je prie N.-S. vous avoir en sa saincte garde. De vostre maison archiépiscopalle de Tours, le deuziesme mars. Vostre très humble et obéissant filz, l'ARCEVESQUE DE TOURS. [Au dos :] A Mgr M. de Samblançay. » — La veille, Martin de Beaune a déjà écrit à son père, mais cette première lettre a paru moins intéressante que celle-ci (Bibl. Institut, port. Godefroy 284, fol. 7).

1. 5,543 l., à Semblançay, du 20 mai 1525 au 4 nov. 1526. Cf. diverses cédules (Arch. nat., J 958).

2. Il préside les séances de l'échevinage, les 1er, 6, 26 avril, 2, 11 mai 1525; le 8 nov., il signe la nomination de Guillaume Cottereau comme maire ; le 14 avril 1526, il prend des mesures de défense contre des maraudeurs, et, le 6 juillet, il reçoit la rente à lui due pour le portail de l'hôtel de ville (Arch. Tours, Délib. XVIII, Comptes LXVII, fol. 218-9, 258, 278 v°).

3. Il fait aveu pour la métairie de la Brétèche et acquiert une rente, 26 oct. 1525, 15 janvier 1526 (Arch. Indre-et-Loire, E 46, p. 93, 382-3).

4. Il passe procuration pour le procès de la tutelle de René de Batarnay, à Tours, le 20 juin 1525 (Arch. nat., X1a 1528, fol. 69 v° ; V5 1045, 19 déc. 1525, 31 juillet, 2, 16, 18 août 1526 ; X1a 1529, fol. 397 v°, 6 sept. 1526); Thomas Turquain est condamné, en Châtelet, à lui payer 3,709 l. (22 nov. 1524). Il a une contestation avec les gens de Montrichard, qui veulent user des fours anciens sis près de la porte Peinte et de la porte au Chanvre, alors qu'il en a construit un neuf près du « Guichet Dame Agnès » (5 juin 1524, Arch. Indre-et-Loire, E 46, p. 132-3). — La communauté des « marchands fréquentant la Loire » se plaint du moulin qu'il a construit sur le Cher, à Balan, et dont les pieux gênent la navigation (P. Mantellier, *Hist. de la communauté des marchands fréquentant la rivière de Loire*, II, 451-2). La communauté a fait « balliser et nectoyer » le fleuve, de mai à juillet 1524 (Arch. nat., X1a 1532, fol. 15, 23 v°, 83, 86 v°, 108 v°, 218, 256, 288 v°). Les trésoriers de France ont aussi charge d'assurer la navigation du Rhône (6 juillet 1524).

Cottereau [1] désintéresse, en son nom, un orfèvre parisien, Et. Lange; Guéret va solliciter vainement, à Crèvecœur, de la veuve de Bonnivet, les 17,000 l. que Semblançay a jadis avancées à l'amiral [2]. Semblançay fait l'inventaire de ses biens meubles, et il engage des bijoux à Robert Albisse [3]. — En même temps, il fait dessiner par André Polastron [4], Florentin [5], les cartons de

1. Le 17 déc. 1525, l'archevêque de Rouen veut fieffer son hôtel de Paris à Cottereau et à son gendre Guill. de Beaune (Arch. Seine-Inf\ :sup:`re`, G 2152, fol. 197). Sur les acquisitions de Semblançay et de Cottereau en Normandie, cf. *supra*, p. 206, note 1.

2. Cf. *supra*, p. 196; *Bibl. Ec. des Chartes*, 1895, *Interrogatoire de Jean Guéret*, art. 16, 19, 21, 22, 27.

3. « Nous Françoys, par la grace de Dieu roy de France, certiffions que cejourdhuy Robert Albisse, bourgeois de Lyon, nous.... en forme d'escusson aux armes de Savoye enchassé en ung chaton d'or et ung joyau d'or auquel sont enchassez ung grant rubiz ballay en.... table à losange avec une grosse perle pendant audit joyau. Lesquelles bagues, que feu Jaques de Beaune, s\ :sup:`r` de Samblançay, avoit en son vivant.... la somme de 4,000 escuz d'or soleil sont contenues en l'inventaire que ledit feu de Beaune avoit faict en son vivant de tous ses b[iens]...., nostre amé et féal Guillaume de Beaune, son filz, avec cession et transport qu'il nous a faict de tous les biens contenuz en icelluy [inventaire]...., octroyées à icelluy Guillaume, de Beaune, en le remectant en ses biens et office et luy faisant bailler la terre dudit Samblançay.... ledit deffunct son père et icelles bagues dessus déclairées avons voullu avoir, recouvrer et prandre dudit Albisse, en le faisant par noz lettres ... expédiées appoincter de la somme de 8,200 l. » (Paris, 28 sept. 1529, B. N., fr. 25721, 331 : parch. mutilé).

4. André Polastron figure dans le compte de la vente des meubles de Semblançay, tenu par Jean Putain, et où il est question de ces tapisseries : il touche 100 l. en 1528; de plus, il est colloqué, par le décret d'adjudication du 9 août 1536, pour 400 l. Ce chiffre de 500 l. est considérable pour l'époque, mais se justifie par la beauté du travail.

5. « Quel que soit notre désir, dit M. Palustre, d'accorder à la Touraine le plus de place possible dans le domaine des arts, nous ne pouvons admettre que les cartons des tapisseries de Saint-Saturnin aient été exécutés dans cette province. L'Italie seule, au xvi\ :sup:`e` siècle, a pu produire ces compositions merveilleuses, et pour se convaincre de

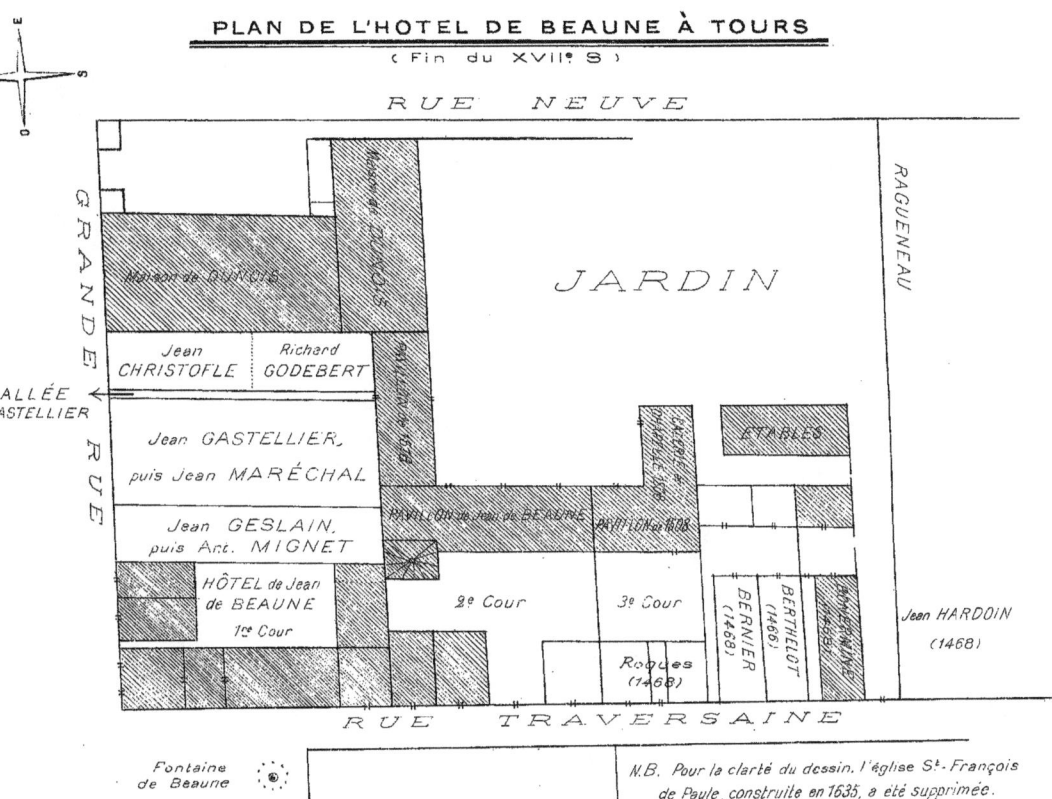

sept ou huit [1] tapisseries représentant la légende de saint Saturnin, et se fait représenter en fresque, sur les murs de la chapelle Notre-Dame de Pitié, avec sa femme et ses enfants, « tous inclinés et dans l'attitude de la douleur [2]. »

Ses immeubles sont considérables. A Tours et aux environs, il possède : 1° les seigneuries de Charentais, de Prinay, de Vaumorin (ou fief Ruzé), de Bezay, du Puy d'Espan, dans les paroisses de Saint-Cyr, Vouvray, Rochecorbon et Joué; 2° 19 arpents de pré au bois de Plante; 5 de vigne dans la paroisse de Saint-Georges; 19 de pré achetés de Jean Quétier à Chastigny; 40 de vigne, prés, terre arable, bois et jardin dans le fief du Puy d'Espan (dépendance de la Grange-Goudeau); un jardin et un vivier d'un arpent à Baron-l'Archevêque; soit, au total, 84 arpents; 3° 118 l. 5 s. 9 d. de rente (dont 94 l. 19 s. 4 d. sur des maisons de Tours [3], le reste sur des pièces de

ce que nous avançons, il suffit d'examiner impartialement et draperies et figures, du plus pur style florentin. L'architecture elle-même vient à notre secours, et nulle part ne se montre un monument français quelconque, tandis que partout se dressent des édifices empruntés aux bords de l'Arno. » Cf. la tapisserie flamande de Pierre Morin (1505), qui se trouve comme celles de Semblançay à Angers.

1. Le chiffre de huit est fourni par Benoît de la Grandière dans son *Hist. manuscrite des maires de Tours;* d'autre part, il est question, dans le compte de Putain, de SEPT balles de tapisserie recélées chez un chanoine d'Orléans et menées à Paris chez Jean Prévost. — 3 de ces tapisseries ont été acquises par la cathédrale d'Angers, en 1860; une 4ᵉ a été découverte par M. Palustre et appartient aujourd'hui à M. Siegfried, de Langeais (*Albums de l'exposition de Tours*, en 1873 et 1890, de M. Palustre; L. de Farcy, *les Tapisseries de la cathédrale d'Angers*, p. 52).

2. D'après Rougeot, archiviste de Tours sous la Révolution, le tombeau en marbre blanc de Thomas Bohier faisait face à la fresque.

3. 10 l. sur la maison de Jean Binet, sise Grande-Rue, en face de la fontaine de Beaune; 20 s. sur celle de Bernard Fortia, attenante à la précédente; 6 l. 11 s. 6 d. sur celle de Victor Barguin, et 7 l. sur

terre des environs); 4° rentes en nature : 2 chapons, 3 poulets, 52 setiers, 6 boisseaux de grains. Il doit aussi la foi et hommages aux seigneurs de la Roche-Behuart, Thoriau, Armillé, du Bouchet et de la Court; il la doit aussi pour les Grandes-Brosses. Les fiefs de Mestre et de Mandoux ne lui appartiennent qu'à réméré (4,000 l.). Il a enfin la vicomté [1] et les Ponts de Tours [2].

A la châtellenie de la Carte et au grand moulin neuf de Balan s'ajoutent : 1° les fiefs de la Bardinière (acquis de Louis de Baugy, chauffe-cire de la chancellerie), de la Chevalerie, de Bois-Héry, du Mortier-Morin; 2° 41 arpents de pré; 3° 8 métairies (Bréaudière, 10 arpents; Basse-Tarignière, 76 arpents; Haute-Tarignière, 43 arpents; Champley, 36 arpents entourés de fossés; la Tasterie, 20 arpents; Grande Maison, 20 arpents; Trézellerie, 9 arpents; Guillonnière, 25 arpents); 4° 13 setiers de grains, une ceinture de taffetas, six douzaines d'aiguillettes de soie, 5 ceintures de soie, 28 l. 2 s. de rente et cens; 5° rentes dues à Montbazon : 7 l. 10 s., une poule et un chapon.

---

deux maisons sises près de la petite porte Ragueneau, entre le jardin de l'aumônerie de Saint-Julien et la maison d'André Just.

1. Dépendances de la vicomté de Tours (1527), près la Tour feu Hugon (la Tour du fief Hugon) : sept arpents de prés joignant le bois de Plante, sur la route de Saint-Martin-le-Beau, et diverses rentes sur les maisons de Guill. Jobert, de J. Saubin (Grande-Rue), de Guill. Vigneau (rue Saint-Liber), la Tour Guespière.

2. Dépendances des Ponts de Tours (1527) : le grand moulin banquier entre lesdits ponts, avec le four banal, la « macellerie » ou « boucherie » avec six étaux, un poids et des caves, des rentes sur des maisons sises sur les Ponts ou entre les Ponts (une partie constitue le fief du Roy), une petite île en face du château de Tours, l'île Lhuissier, en amont des Ponts; l'auditoire des Ponts est derrière la boucherie; la foi et hommage de la terre de Narbonne (paroisse de Joué). Soit 39 l. 4 d. de rente et 1 s. 2 d. de cens. Semblançay doit 10 l. l'an pour l'union de Charentais au fief des Ponts, et 23 s. t. pour l'hommage au château de Tours.

A Montrichard il y a : 1° quatre grands corps de maison et le logis dit le Pressoir, compris entre la rue qui va du Carrouceil à la porte aux Rois et celle qui va au Jeu de Paume ; 2° l'hôtel d'Argy ; 3° une cave et jardin sous le château ; 4° la maison dite les *Fours Neufz*, près du pont ; 5° les moulins banquiers du pont, avec deux braies ; le moulin dit l'Estourneau ; les braies de Boussicane, de Landronnière et des Deffectz ; l'île d'Amour ; 6° les métairies de la Bretèche, de Vanliart, de Landronnière et d'Aigremont [1] ; 7° 100 arpents environ de terre et 100 arpents de bois taillis ; 8° 37 l. 10 s., 2 dîmes et 2 chapons de rente ; 100 l. t. sur le château d'Angé, à une lieue de Montrichard [2]. Il faut y ajouter 64 arpents à Bléré.

Enfin le fief de Semblançay s'est étendu au sud et à l'ouest. Une métairie, dite Duvau, avec 78 arpents de terrain, en marque la limite au sud-est. Un moulin banal s'élève près de la métairie du Plessis-Aleaulme, et il y a auprès un plant d'amandiers, un d'ormeaux, 23 arpents 1/2 de vigne, etc. En somme, la baronnie comprend 150 arpents de terres, et les rentes montent à 165 l. 2 s. 10 d., 20 chapons, 4 gelines, une douzaine d'œufs et 4 setiers, 39 boisseaux de grains. On peut en partie reconstituer (sauf à l'est) le domaine, grâce aux tourelles d'angle et aux portails à mâchicoulis qui subsistent. Les voûtes des orangers se voient encore. La forêt, de 100 arpents, est le long du chemin de Tours à Maillé [3].

1. Aigremont a une contenance de 19 arpents 1/2.
2. Propriété de René du Chesnel, bailli de Touraine, et échue à Antoine Bohier en 1532.
3. Voici un extrait de l'hommage rendu le 18 février 1606, par la petite-fille du financier, Charlotte de Beaune : « Le chastel et place forte de la baronnie de Samblançay, estant édiffié et basty au dedans de l'estang appelé l'estang dudit chasteau, contenant de circuit ung arpent ou environ, joignant et encloz de toutes partz de

Semblançay est donc loin d'être ruiné [1], et Louise de Savoie veut se rembourser sur ses biens. Elle n'a pas donné suite à l'appel interjeté, en janvier 1525, par Meigret [2], elle attend une meilleure occasion de se venger; il lui faut un « instrument [3]. » Jean Prévost, qu'elle a déjà couvert de sa protection, est apte à jouer ce rôle : il est l'un des plus compromis parmi les comptables. Il doit

l'eaue dudit estang. — La basse-court dudit chasteau avecq la chaussée maisons, chappelle, gallerie sur ladite chaussée, escuyeries, tours portaulx et clostures de murailles, contenant ung arpent, ung quartier et demy, joignant de toutes partz à mes dommaines de madite baronnie, fors par ung endroit qui joinct à Claude Renazé et a champ de la foire de madite baronnie. — L'estang dudit chasteau avecq la tenue des pilliers pour y asseoir les pontz pour aller dud chasteau en ladite basse court, icelluy estang à eaue vive, contenan sept arpens et demy quartier, non compris la tenue dudit chastea qui joint de toutes partz à mes autres dommaines, fors par ung en droict qui joinct aux choses du prieur dudit Samblançay. Sur chaussée duquel estang est le moulin banquier de madite baronni qui moud de l'eaue dudit estang, et en l'encloz du pourpris de mond chasteau de Samblançay. *Item* les jardins qui sont au dessoubz de chaussée et bastimens qui sont sur la chaussée dudit estang, compri les hauts jardins, qui sont du costé des voultes et caves où l'on avo apprins à mectre des orangers, contenant le tout trois arpens, dem quartier, tout encloz de murailles et qui joinct de toutes partz à mo dit dommaine.. » (Arch. nat., P 32, fol. 1-43).

1. A Neufvy, Semblançay possède 4 arpents de vigne et les se gneuries de Racain et de Bois-le-Roy, acquises du vidame de Cha tres. Le 7 et le 12 nov. 1526, l'échevinage de Tours délibère au suj de la chambre à sel de Neufvy (Arch. Tours, Délib. XIX, fol. 10).

2. Le 23 sept. 1536, le président au Parlement, Louis Caillau mande au chancelier du Bourg : « Mgr, j'ay cherché tant ès papie qui sont à la Tour Carrée que ès mains des greffiers du Tillet et Ch valier, et *ne s'est rien trouvé des procédures faictes sur l'appel inte jecté par feu Meigret du jugement donné aux Montis sur le faict de f Saint-Blançay* » (Arch. nat., J 966, 132). En 1525, Semblançay reço encore 2,000 l. pour le gouvernement de Touraine (Arch. nat., J 9 n° 55).

3. Louis Martine, qui recherche les preuves de la trahison de Re de Brosse, parle avec joie de quelques « bonnes pièces. »

...ependant quelque reconnaissance à Semblançay, qui s'est démis en sa faveur de ses fonctions d'échevin de Tours, dès le 27 mai 1522 1.

La haine de Duprat, le conseiller favori de Madame 2, va d'ailleurs achever la ruine de Semblançay 3.

1. « Nous sçavons maistre Jehan Prévost estre personnaige pour ayder à garder les droiz et prééminences de la ville à son povoir.... » Prévost crée cependant des ennuis à Tours dès 1524 (Arch. Tours, Délib. XVII, Comptes LXVII, fol. 119 v°).

2. « Le roy est le plus gentil prince du monde, mais qu'il se repose sur son chancellier qui luy a causé ce qu'il a eu de mauvaises fortunes, et à la fin le ruynera, s'il luy dure, tant pour désespérer tout le monde, non estrangers seullement, mais domesticques, que pour mectre toutes choses en longueur, car, quant à Madame, combien qu'elle soit la plus prudent et saige femme du monde, toutesfois, ELLE EST SI AVEUGLÉE DE LUY QU'ELLE NE CROIT EN AUTRE. Quant à vous (Montmorency), vous faictes tout ce que le meilleur et plus advisé serviteur du monde sçauroit faire, mais là où l'autre chante, le crédit vous fault.... M. de Bade a dict en bons lieux estre avenue la perte devant Naples, par ces raisons, pour n'avoir principalement esté pourveu à feu M. de Lautrec d'argent et gens au temps et heures que le roy entendoit, par les faultes et longueurs dudit chancellier, *lequel estant tel et tousjours dormant* ou faisant autres choses qui le laisse derrière, et *voulant nonobstant tout manier*, tous ambassadeurs et autres aians charges d'affaires par delà s'en trouvent désespérez.... Les ambassadeurs des confédérez estans icy tiennent tous telz termes » (Le cardinal du Bellay à Montmorency, Londres, 17 nov. 1528. B. N., fr. 5499, fol. 108).

3. « Le chancelier Duprat, de longtemps malmeu contre ledit sieur de Semblançay, *jaloux* de sa faveur et de l'autorité qu'il avoit sur les finances.... mist le roy en jeu contre ledit sieur de Semblançay et luy bailla juges et commissaires *choisis* pour luy faire son procès » (*Mém. de du Bellay*, éd. Petitot, XVII, 384). Il est toujours jugé sévèrement par ses contemporains. Nic. Versoris l'appelle : « homme fort hay et mal voullu en France, fort ambicieux, et hay du peuple et de Paris » (*loc. cit.*, p. 66). Le *Bourgeois de Paris* dit qu'il était « fort redoubté » (p. 460), et « *le bruit commun* estoit qu'il avoit esté cause de la mort dudit de Beaulne » (p. 311-2). L'ambassadeur florentin écrit : « L'ignoranza, malignità, ingratitudine e perfidia di questo cancelliere è tale che, non solo è causa della lunghezza e tardità di tutte le provisione, ma della ruina di questo regno e di tutti quelli saranno in loro compagnia; e, per essere mal capace della ragione, e per natura inclinato a dispetti

Prévost se charge d'accuser celui-ci avec l'aide de François de Campobasso, sieur de la Pensarde, de Bernard Salviati, et de Bernard Fortia, sieur de la Branchoire et de Paradis. Vers le milieu de l'année 1526, François Becdelièvre avertit Jean Guéret que « maistre Jehan Prévost s'estoit vanté que, si le sieur de Samblançay lui faisoit eschoffer la teste, il monstreroit qu'il le feroit bien marry, et que ledit Samblançay retenoit au roy 100,000 francs ou 100,000 escuz. » Guéret court à Maintenon, chez le trésorier Cottereau, qui loge en ce moment Guillaume de Beaune, son gendre.

Après avoir « faict aucunes dilligences en court ou en ceste ville (Paris) pour se descharger », et correspondu avec Jean Lallemant, l'ancien receveur général de Languedoc [1], Semblançay se rend à Paris, à la fin de 1526 [2]. Aux environs de Noël, il envoie Mathieu Guignet en hâte à Tours, pour parler à l'archevêque Martin; mais quand Guignet revient trois semaines après, il est trop tard :

e a ogni mala azione, si trova proco a fare fargli alcuna buona azione » (Paris, 1er juillet 1527, Desjardins, *op. cit.*, II, 970). — Le caractère du chancelier perce dans ce billet au maréchal de Montmorency : « Mgr, pour ce qu'ay trouvé aux lectres de M. de Bayeux quelque faulte évidente, et que luy ay dict que la falloit réformer, est entré en colère avec moy, disant que luy ay esté tousjours contraire et qu'il s'en plaindroit de sorte que je m'en resentyrey. Je ne luy feiz jamais à luy ne aultre chose que à ma conscience que ne ce deubt fère. Il y avoit beaucop de gens qui ont fort noté sa thémérité. S'il est trouvé que ses lettres soyent bien et que sans cause aye différé les sceller, j'auray tord et compourteré paciemment ce qu'il m'a dict. Mès, où sera trouvé que ne les ay refusées sans cause, et *telles choses sont tollerées, il ne fauldra plus de chancellier*, mais expédier les choses à l'appétit des parties. »

1. *Interrogatoire de Jean Guéret*, loc. cit., art. 23, 26, 31, 33.

2. Le 24 nov. 1526, Nicolas Lallemant est cité en justice pour l'entremise qu'il a eue au camp du Drap d'or (*Cat. des Actes de François Ier*, nos 18845, 19080). Il y a aussi un procès à la Chambre des Aides pour la chambre à sel de Neufvy.

n maître vient d'être arrêté chez Julien Bonacorsi, le
ceveur de Provence, et embastillé (13 janvier 1527) [1].

« En ce mesme temps, dit un contemporain, fut prison-
ier au Louvre maistre Jehan Prévost, mais on disoit que
estoit chose faincte, et qu'il estoit accusateur pour le roy
1vers ledit de Beaulne. » Robert Albisse [2] (autre comé-
ie) est arrêté à Lyon, « parce qu'il estoit de l'alliance et
entendoit avec ledit de Beaulne, et qu'icelluy de Beaulne
i bailloit grosse somme de deniers qu'il prestoit au roy
intérest, et néantmoins c'estoit ledict de Beaulne qui en
renoit les proficlz. » Thomas Gadaigne s'enfuit en Avi-
non, « parce qu'il estoit des alliez et complices dudit de
eaulne. » Les deux Ruzé, neveux de Semblançay, l'un
eceveur général d'Outreseine, l'autre avocat au Parle-
ient, « contrainctz furent suivre le roy, qui party estoit
14e dudit moys (janvier) pour aller à son pays de Picar-
ie et pour visiter Nostre Dame de Liesse, pour à iceulx
orter ennuy. » Guillaume de Frain et Jean Guéret sont
ussi arrêtés.

L'infortune de « M. de Sainct-Blancé, lequel auparavant
voit gouverné le roy, la royne et Madame mère du
oy [3] », inspire une lettre de consolation à une clarisse de
ien : « Si Nostre Seigneur vous a visité en quelque sorte,
oit en maladie ou fortune de biens temporelz, ayés force
e porter en passiense, *ayant mémoire du bon juste
op* [4]. » Martin, l'archevêque de Tours, meurt « d'ennuy

---

1. *Bourgeois de Paris*, p. 303 ; Versoris, *op. cit.*, p. 194 ; Alain Bou-
hart, *Croniques de Bretagne*, fol. 294 v°, col. 1.

2. Le 16 juillet 1529, le roi ordonne d'apurer le compte que Semblançay a passé en 1519 avec Albisse pour Tournay.

3. B. N., fr. 25229, fol. 61 (communiqué par F. Bournon) : chronique
de P. Driart, chambrier de Saint-Victor de Paris.

4. Bibl. Institut, port. Godefroy 284, fol. 41.

et mélancolie [1] », pendant que Jeanne Ruzé et son fils

1. 2 juillet (Versoris, *op. cit.*, p. 200). Il a consacré la chapelle de Sainte-Madeleine d'Amboise (1er mai 1524) et la chapelle d'Estableau, fondée par Marie de Montberon, veuve d'Arthur de Villequier (13 juin 1527); il a refait les fenêtres de l'officialité de Tours, remontant au xiie siècle, ainsi que la tribune extérieure, d'où les sentences étaient proclamées. Ses armes se voient sur la maison canonicale. La lettre suivante, qui est de la même année que celle imprimée ci-dessus (p. 236), montre le respect de Martin pour son père:

« Mgr, je vous ay fait entendre la cause pour laquelle je me suis pour ung xii ou xiii jours retiré en ceste vostre maison de Candé, que, pour derechef la vous répéter, est pour prandre l'air des champs, veu que y a trois moys depuis la Toussainctz que à Tours suis encazané et enfremé que personne (?) plus légitimement que à ceste heure présente n'eusse ousé laisser mon peuple, considéré les folles pronoustications. Je eusse bien esté en voz maisons de Vernon et de Grammont, mais de l'ung que Vernon le lieu est bien baas et rematique ce temps; de Grammont il n'y a logeis compétant et fault que la pluspart de mes gens et train, si peu et petit que j'ay peu mesné au coucher, transpause les lietz de mes religieulx et couchent avecque eulx, que je trouve facheulx. Icy y a bel air, et le service divin fait comme en l'église métropolitaine de Tours, que n'avez à Grammont, sinon monachal services. Pour cesdites causes, soubz vostre correction assez raisonnable, me y suis retiré, joinct que je y ay fait mes ordres, me semble pour se petite mon absence vous ne le debvez, s'il vous plaist, prandre que bien, car j'avoys besoing d'air, le faisant à bonne équité, avecque ce que, interim que je y ay esté si peu de temps, je n'ay riens obmys de mon debvoir en toutes sortes et manières et davantaige fait que n'eusse fait à Tours, despeschant consécrations d'eglises, d'aultiers ordres générales (?), tonsures, confirmations et autres bénédictions archiépiscopales. Aussy de audition de sermon : l'ay eu yci d'un homme de bien y assistant mon peuple, auquel suis aultant tenu de donner exemple que à celuy de Tours. Je n'ay obmis ne obmetz de jour en jour le service divin, ne l'estude, encore cest matinée avons besoigné Monsieur de Sancerre et moy, en chouse qu'il me compète et apartient. Je vous supplie, Mgr, ne vous en donner ennuy, car trou verrez tousjours que en ce et mon debvoir je ne oublie riens, e pour ce n'est ja besoing avoir aultre *magister morum* ne pédagog fort en ce. Mgr, j'espère, aydant Nostre Seigneur, bien toust pou accomplir le debvoir et obéissance filiale envers vous bien toust m retirer à la ville à Tours, aussy pour mes adveux et homaiges qu'i sont assignés à lundi prochain. J'ay escript plusieurs foys à mon secr

uillaume viennent résider à Paris, et reçoivent en secret
es papiers compromettants [1]. Les serviteurs du prison-

ire et commandé la vendition des blés de vostre grande salle et
ulx que doybvent de reste les recepveurs particuliers ; chacune
omme qu'il deslivra à M. le recepveur de Lodun, en prandera rece-
issé dudit recepveur, promectant et se obligant par yceluy vous en
enir et rendre compte. Ledit en a desja quelque peu receu, qui est, à
e que j'enttans, la somme de 600 l. Mon secretaire au demeurant y fera
t donnera la plus grande dilligence que pourra. Mgr, m'estant très
umblement recommandé à vostre bonne grace, je prie Nostre Sei-
neur vous avoir en sa sainte garde. De vostre maison de Candé, le
XIII° febvrier. Vostre très humble et obéissant filz, l'ARCHEVESQUE DE
'OURS » (Bibl. de Tours, ms. 1265, fol. 471-2).
1. « Nous, notaires soubzignez, certiffions à qui il appartiendra que,
e 12° de ce présent moys de may, en ce présent an 1527, à la
equeste de messire Guillaume de Beaune, général de France,
ommes transportez au lieu et maison de la Cousture, où est de
résent son domicile, et illec nous feist déclaracion comme ung
eligieulx de l'ordre des frères Prescheurs à Paris, duquel ne sçavoyt
e nom, avoyt parlé à dame Jehanne Ruzé, sa mere, en l'église des Ja-
:obins, et après à luy et à elle, et audict général, en ladicte maison de la
Cousture, en la présence de ladicte dame, et leur dict en sustance
qu'il avoyt charge rendre et mectre ès mains de ladite dame, en
l'absence de son mary, aucunes lectres, tiltres et enseignemens qui
luy avoient esté baillez par aucune personne qui luy en faisoyt tort,
pour les rendre et en descharger sa conscience, mays qu'il ne voulloyt
poinct que aucune personne fut présente à la délivrance qu'il feroyt
desdits pappiers, affin que, en faisant la charge qui luy auroyt esté
commise, il ne luy en vint aucun ennuy ou inconvénient. Sur quoy
ledit général, de son costé, auroyt remonstré audict religieulx par
deux foix, l'une à l'heure mesme, et l'aultre le mesme jour en sa religion, que les choses pourroyent estre de telle conséquence que le
meilleur seroyt pour tous deulx d'y appeller gens pour estre présens,
tesmoigner et faire foy de ce que s'i trouveroyt, mesmement actendu
la cryé qui avoyt esté faicte. Toutesfoys, voyant ledit religieulx persé-
vérer fermement en son premier propos de ne se déclarer devant personne et de ne bailler lesdits pappiers synon à elle ou audit général
pour elle, pour obvier de esgarer lesdits pappiers et iceulx mectre en
seureté, luy auroyt ledit général, comme il nous dict, accordé son intencion et de recepvoyr par inventaire entre eulx deulx ce qu'il enten-
doyt bailler. Et néantmoins, pour faire entendre en temps et lieu du
temps et de la forme de la délivrance des pièces qu'il bailleroyt, auroyt

nier, Jean Courraye, Jean Guyot, Jacques Riallière, Mathurin Guinel, Jean Legendre, Fr. Charruau, Jean Blandin et Louis Potier [1], essaient, « par pratiques, promesses, paroles, subornations et autrement indeuement », de le faire « évader des prisons [2]. » Grâce à eux, il correspond avec son fils ou avec la veuve de Nicole Chartier, qui demeure

ledit général, comme il nous feist entendre, advisé de nous envoyer quérir, affin que, à l'heure de la venue dudict religieulx, nous fussions en la chambre mesme pour avoir congnoissance dudict religieulx, et de là nous retirerions en une seconde chambre joignant d'icelle, en laquelle ferions résidence jusques au partement dudit religieulx, et incontinant après qu'il deppartiroyt, entrerions en ladite chambre pour veoyr les pièces que ledit religieulx auroyt baillées et icelles récollerions par le menu sur l'inventaire qui en avoyt esté faicte à troys divers jours, scavoyr le 12e, 13e et 14e de cedit présent moys, aux après-disnées. Esquelz jours nous avons veu tousjours entrer et sortir le dict religieulx de la chambre dudit général, et sur l'heure après vacqué à récoller l'inventaire qui avoyt esté faicte desdites pièces. Lequel inventaire, ledit 16e de ce moys, ledit religieulx nous déclara en oultre estre véritable et les pièces par luy apportées entièrement avoyr esté inventoriez, ainsi qu'il appert par ce que en avons seigné dudit inventaire, à la requeste dudit religieulx. Auquel, le 16e jour dudit moys de may 1527, demandasmes son nom et seurnom, à quoy nous dict que avoyt nom frère Guy Furby, religieux de l'ordre des frères Prescheurs et bachelier en théologye; et si nous dict oultre et déclaira qu'il avoyt signé de sa main avec ledit général la certifficacion transcripte en la fin dudit inventaire, et que lesdits pappiers contenuz audit inventaire luy avoyent esté baillez en secret et confession par aucune personne. Dont et desquelles choses ledit général a pryé, demandé et requis ausdits notaires lectres, qui luy ont faict et octroyé les présentes pour servir et valloyr à sadite mère et à luy, en tant qu'il s'en est entremys pour elle, en temps et lieu, ce que de raison. Ce fut ainsi faict, dict, declairé, demandé, requis et octroyé, les an et jours dessusdits. » (Communiqué par E. Coyecque.) — Cet hôtel de la Couture, dont Martin de Beaune, puis Jacques, son neveu, sont abbés commendataires, est l'antépénultième immeuble de la rue Saint-Jacques (côté est), avant la rue du Cimetière Saint-Benoît, sur laquelle il fait retour (*Bull. Soc. Hist. de Paris*, 1894, p. 169, 172-3).

1. *Bibl. Ec. des Chartes*, 1895, *Les serviteurs de Semblançay.*
2. P. Clément, *op. cit.*, p. 400.

Tours. Guillaume envoie des mémoires et des inventaires
de pièces à Etienne Besnier et à Gigon, son serviteur,
qui avoient intelligence à la Bastille », ainsi qu'à « ung
homme d'église qui ordinairement chantoit en ladite Bastille, et à ung archier, qui estoit commis à la garde dudit
Samblançay [1]. » Le courrier se fait « par le moyen de
quelques flascons d'étaing à fons doubles [2] », qui étaient
« subtilement faits par dessous le cul [3]. » Guillaume s'efforce aussi de recéler les papiers « dont l'on eust peu
charger son père, et de lui conserver ses biens » : il lui envoie « certains blancs signets qui estoient pour faire
transport de ses biens », une cédule à antidater, par laquelle « ledit Samblançay ceddoit à Emery Lopin la
chambre à sel à Neufviz », et un acte où il se reconnait
débiteur de 17,000 l. envers son fils [4].

Il ne semble pas y avoir, tout d'abord, de tribunal spécial pour le juger : son cas est dévolu aux enquêteurs de
1523, qui en commencent l'examen, le 22 janvier [5]. Le
mardi 5 mars, un édit du roi est publié sur les degrés du
grand perron du Palais et en tous les carrefours de Paris
par Jean de Savoye, premier huissier du Parlement, et
Vauzy le Nourrissier, sergent à verge du Châtelet, assistés
de Michel Gaultier, trompette : tous recéleurs de deniers,
bagues, joyaux, vaisselle, lettres, cédules, écritures,
obligations et meubles appartenant à l'accusé, devront les

---

1. Cet archer s'appelle Louis Fortier : il sera décapité à Paris, le 18 août 1529 (*Bourgeois de Paris*, p. 396-7).
2. *Les serviteurs de Semblançay*, loc. cit.
3. *Bourgeois de Paris*, p. 396-7.
4. P. Clément, op. cit., p. 399-400. Il semble qu'il y ait eu collusion entre Semblançay et Meigret.
5. Le 21 sept. 1527, le roi taxe 540 l. à Jean Bordel pour avoir servi de greffier en la commission des finances dans le procès de Semblançay, du 22 janvier au 26 août 1527.

révéler dans la quinzaine ; les dénonciateurs auront une prime du vingtième [1]. Puis, le 16 mai, le roi ordonne de saisir les papiers, journaux et registres des marchands et banquiers désignés dans un rôle qui est aux mains du procureur général au Parlement. Et trois jours après, Nic. de la Primaudaye, Humbert Veillet, G. de la Rochebouet, François de Campobasso et Jean de la Saunerie reçoivent commission de faire une enquête sur les biens dissimulés de Semblançay en Touraine, avec pouvoir de faire arrêter et juger ses complices [2].

La détresse de l'accusé [3] n'attendrit pas le roi, qui annule

---

1. P. Clément, *op. cit.*, 394-5.
2. *Catal. des Actes de François I*[er], n°s 19169, 19177.
3. Jeanne Ruzé sollicite une provision alimentaire : « Dame Jehanne Ruzé, femme de messire Jaques de Beaune, chevalier, sieur de Sainct Blancey, et soy disant de luy auctorisée, confesse avoir eu et receu de Jehan Noyeau, Michault Nobileau, Guillaume Robert et Anthoine Noyeau, tous marchans, demourans au pays de Thouraine, par les mains dudit Jehan Noyeau, à ce présent, la somme de 400 livres tournois, qui payez, baillez, comptez et nombrez lui ont esté réaument et de faict, présens lesdits notaires, en or bon et de poix et monnoye blanche, le tout de présent ayant cours, sur et tant moins de ce que les dessusnommez peuvent devoir audit sieur de Semblançay pour le terme de Pasques derrenier passé, à cause de la vendicion de certaine quantité de boys, à eulx faicte par ledit sieur de Semblançay en ladite s[rie], et laquelle somme a esté adjugée par provision donnée par messeigneurs du Conseil, de laquelle provision la teneur ensuict et est telle : Veu la requeste, etc. ; dont etc., quittant etc., promettant, etc. Fait le mercredi 19e juing 1527. Veu la requeste présentée à Madame par Jehanne Ruzé, femme de Jaques de Beaune, s[r] de Semblançay, et renvoyée par ladite dame aux commissaires députez par le roy pour y pourvoir, tendant avoir provision d'une somme de deniers sur les biens dudit seigneur de Semblançay, son mary, saisis et mis en la main du roy, pour subvenir à la nourriture et entretenement de sondit mary et d'elle, et pour rembourser ceulx à qui elle a emprunté, a esté ordonné par lesdits commissaires que ladite Jehanne Ruzé dedans 15 jours prochainement venans, exhibera et meetra ès mains desdits commissaires son traicté de mariaige, pour, icelluy veu, ensemble le procès-verbal du s[r] de Bonnes et autres commissaires députez par le

l'avance, le 15 mai, tout déclinatoire d'incompétence et dit que la commission ne doit s'inquiéter d'aucun privilège. Le 26 mai enfin, des juges sont nommés : Jean de Selve, Jacques Minut, Jean Brinon, premiers présidents des Parlements de Paris, de Toulouse et Rouen; Ambroise de Florence, maître des requêtes; Perrinet Parpaille et Jean Gorier, du Grand Conseil; P. de Saint-André et René Gentil, du Parlement de Paris; Jean Raviel, du Parlement de Dijon; Antoine du Bourg et P. Michon, auditeurs des Comptes [1].

L'enquête préparatoire a disparu, sauf l'interrogatoire de Jean Guéret (9 mars) [2]. — Les articles I à XII parlent de la maison de banque de l'accusé. Le receveur général est Guillaume de Frain (receveur de Loudun); le « maistre clerc » est Michel Chevalier, gendre de Guillaume Audé, le neveu de Semblançay; Chevalier meurt en 1521, et Guéret lui succède. Chevalier est le comptable de dépense : il remet de l'argent à Sapin ou à Meigret, et paie des intérêts aux banquiers Salviati, Spina, Panchati, Gadaigne et Albisse. — Guéret ignore si l'accusé, sa femme ou ses enfants ont caché « aucun or, argent ne autres meubles » (art. XIII). — Depuis un an et demi qu'il est à Paris, il n'a offert aux juges que « des jules, des poires de bon chrestien et des pruneaulx de Tours » (art. XIV); il a aussi donné vingt sous

---

roy pour faire ledit saisissement, estre ordonné sur ladicte requeste, ainsi que faire se debvra par raison ; et cependant lesdits commissaires ont ordonné que ladicte Jehanne Ruzé aura et luy sera baillé la somme de 400 livres tournoys sur lesdits biens saisiz, fruictz et revenuz d'iceulx, pour subvenir à la nourriture dudit de Samblançay, son mary, et d'elle, et ce par manière de provision. Faict à Paris, le 18e jour de juing, l'an 1527. Ainsi signé : Bordel » (communiqué par E. Coyecque).

1. P. Clément, *op. cit.*, p. 194-9. Les commissaires sont réduits à 8, le 30 juin ; leurs gages montent à 4,000 l. t. (Arch. nat, KK 338, fol. 20).
2. *Bibl. Ec. Charles*, 1895, *Interrogatoire de Jean Guéret*.

à un clerc du greffe des Aides pour l'affaire de la chambre à sel de Neufvy (art. XXVIII-XXIX). — Il n'a jamais entendu « que ledit Samblançay ait menacé Meigret que, s'il ne se taisoit, il luy feroit mal des besoingnes » (art. XV). — C'est Émery Lopin, et non Guéret, qui a fait, en 1524, des mémoires et instructions pour Semblançay (art. XXX). — Guéret ajoute que Mathieu Guignet a écrit un avertissement sous la dictée de Semblançay, « pour respondre aux interrogatoyres que on luy pouvoit faire sur les abbuz, désordre des finances faictz par luy. » Quant à lui, il s'est contenté de mettre la minute au net (art. XXXIV-XXXVI). — Les lettres que Semblançay a écrites à Guéret sont en un bahut au domicile de ce dernier, rue Saint-André des Arts, chez un sellier nommé Jeannet Job (art. XXXVIII); il y a un autre bahut chez Bonacorsi, dont Guéret a envoyé la clef à Guignet, quinze jours après sa prise, par un valet d'un archer de la Bastille (art. XXXIX-XI) [1].

L'acte d'accusation comprend 25 articles [2].

On remet en discussion l'acquit du 28 février 1522. Semblançay n'a manié que les 300,000 écus de Naples et « aucuns autres deniers de Madame, qu'il a employez et mis pour les affaires du roy en l'annmée 1521, par le commandement du roy et de Madame. » Il en a été remboursé partiellement. « Si l'on vouloit dire qu'il y ait aucunes parties qui ne fussent de nature d'avance, desquelles n'estoit besoing audit de Beaune s'entremectre, mais en debvoit laisser faire les paiemens aux comptables », il répond qu'il y eut souvent urgence, et que, « sans son crédit, les mandemens fussent demeurez inexécutez, mesmement à cause que la pluspart du temps les assignations des de-

---

1. Guéret écrit aussi à Guignet que « le cuisinier de M. de Samblançay le traictoit mal » (art. XLI).
2. *Bibl. Ec. des Chartes*, 1895, *Acte d'accusation de Semblançay*.

niers du roy ne venoient à propos pour satisfaire aux parties », fournisseurs de vivres et autres marchands (art. 1).
On reproche à Semblançay d'avoir trop souvent remis aux
comptables, Meigret, Sapin et autres, du papier pour de
l'argent comptant [1]; mais les quittances qu'ils lui ont déli-
vrées pour dresser l'acquit de 1522 le déchargent complètement, car ils auraient dû l'aviser en temps utile :
« Si, auparavant l'expédition de son acquit, les comptables
l'eussent adverty, il n'eust pas mis ne employé les quictances en sondit acquit, car il estimoit, au temps de l'expédition d'icelluy acquit, qu'ils eussent receu lesdites
sommes. »

Il est accusé d'avoir touché indûment des intérêts ou
gains sur l'argent qu'il procurait au roi, ou sur les marchés
qu'il concluait en son nom (art. III à XIV, XVI). — N'a-t-il
pas modifié à plusieurs reprises un rôle d'intérêts, d'accord
avec Jean Prévost ? Il signa un premier rôle de 45,000 l.,
« soubz la confidence dudit Prévost » ; mais depuis, ayant
appris que Prévost l'avait « surprins », que 4,000 l. y figu-
raient à tort pour achat d'or et que certains articles s'accor-
daient mal avec les quittances, il fit refaire le rôle de
41,000 l. Dans cette seconde rédaction figurent 3,000 l.
pour achat d'or, que Sapin lui a remboursées. Prévost
prétend, en outre, qu'il lui a été taxé 700 l. : « c'est
une chose supposée » (art. III). — Ce rôle ne contient-
il pas deux sommes d'intérêts, au nom de Bernard Fortia et de Bernard Salviati, « lesquelz ont soubztenu les
quictances estre faulces » ? Ces deux Italiens ont prêté
chacun 15,000 écus de leurs deniers, ou au nom d'un de
leurs clients, « qui ne voulut estre nommé. » C'est une opé-

1. « A l'heure qu'il a fait icelles rescriptions, il tenoit qu'elles
feussent seures et que les deniers en deussent estre fournis comptant. »

ration de banque : « Salviati s'est meslé toute sa vie d'estre banquier, faisant proffiter son argent et celluy d'autruy ; car, s'il ne se fust pas aydé d'autre argent que du sien, il n'eust pas les biens qu'il a, et, quand il vint en France, il estoit un jeune compaignon qui n'avoit pas grand chose. » Salviati est allié de Campobasso, « qui a esté adhérent avec maistre JEHAN PRÉVOST, ACCUSATEUR DUDIT DE BEAUNE », et Fortia a épousé la belle-sœur du même Prévost. D'ailleurs, ils ne doivent pas remettre leurs quictances en question : « si telles négociations de quictances passées pour parties paiées avoient lieu, il n'y auroit personne, et mesmes des comptables, en seureté » (art. IV).

N'a-t-il pas reçu 13,000 écus « venans du cardinal d'Yort », dont il n'a rien révélé au roi ? Il n'a pas reçu cette somme « pour le roy, ne comme deue au roy » ; Guillaume Nazy la lui a prêtée avec d'autres sommes, et elle figure sur l'acquit de 1522 (art. V) [1].

Ne s'est-il pas approprié le prix de l'office d'avocat au Parlement, acheté par son neveu Ruzé en 1521 ? « De ceste matière n'a esté aucunement parlé jusques à ce que ledit de Beaune a esté constitué prisonnier. » Le grand maitre lui écrivit, pendant le voyage de Hainaut, que le roi lui abandonnait le profit des offices de Ruzé, moyennant un prêt de 10,000 l. (art. VI) [2].

N'a-t-il point fait seul le prix des « munitions, halcretz picques et souffres pour Normandie », et de certaines toiles d'argent avec Salviati, qui lui a donné « deux chambres de tapisserie, deux hacquenées, et quinze aulnes de velours violet » ? Il n'a jamais passé un marché de munitions sans avertir le Conseil du roi ou le maître de l'artillerie, quoi

1. Cf. *supra*, p. 172.
2. Cf. *supra*, p. 179, note 2.

que, par le passé, les généraux des finances en eussent le pouvoir : Salviati a remis, non « à cause des pris », mais « de son motif », deux chambres de tapisserie, valant 120 ou 140 l. chacune, à M. de Boisy et à lui ; il n'y a rien de de vrai quant aux haquenées et au velours violet. Pour les toiles d'argent, « M. le trésorier Babou y assista, et eulx deulx en firent les pris par commission expresse » (art. VII).

N'a-t-il pas fait antidater par René Fame une quittance de 10,000 l. d'intérêts pour Robert Albisse, et n'en a-t-il pas fait faire une autre fausse de 17,000 l. par Chevalier ? Fame et Chevalier étaient hommes de bien, et « ne doibt estre creu ledit Albisse contre lesdites quittances, parce qu'il dépose en son fait, car, si lesdits intéréstz se trouvoient avoir esté mal prins, il seroit tenu de les rendre » (art. VIII).

Ne s'est-il pas entendu avec Prévost, en 1523, pour forger un bordereau de prêts ? Il l'a fait, « considérant qu'il n'avoit aucuns deniers pour faire lesdits prestz, et avoit employé tout son crédit, de sorte qu'il estoit demeuré en arrière de grosses sommes », des 70,000 l. de Fontarabie et des 200,000 l. d'Écosse. Mais il ne s'est pas aidé dudit bordereau, « par quoy, s'il y a aucune chose dedans qui ne soyt véritable, ne peut estre préjudicable au roy » (art IX) [1].

N'a-t-il pas fabriqué deux cédules au nom de Millon et de Fortia, montant à 30,300 l. ? Il s'est porté caution de Prévost envers ses deux créanciers, et « en ce ne peult avoir le roy aucun intérest ou dommaige » ; c'est à Prévost d'acquitter les 30,300 l. (art. X).

A-t-il envoyé, en 1521, à Lautrec, 120,000 l. d'Albisse et 100,000 l. du prêt des Florentins ? Par un compte arrêté avec Meigret en décembre 1521, Semblançay a envoyé en

1. Cf. *supra*, p. 201.

trois fois à Jacques Thénart, commis de l'extraordinaire, 320,000 l. En 1522, Meigret a fourni, en remboursement, environ 200,000 l., dont 55,000 l. du prêt des Florentins, 50,000 l. d'Albisse, etc. Les 120,000 l. dont il est question ont été fournies par Albisse à Meigret, en décembre 1521, outre les 320,000 l. qui précèdent, comme il ressort d'un compte du 24 janvier 1522. Dans ce dernier compte figurent 68,000 l. à l'actif de Meigret, mais c'est le parfait d'une quittance de Jean Sapin contenue audit compte, et montant à 200,000 l. Semblançay a donc déduit ces 68,000 l. d'une quittance de Meigret, montant à 223,000 l., qui fut refaite de 155,700 l. (art. XI) [1].

A-t-il donné à Meigret un faux rôle d'intérêts (11,000 écus) payés à des banquiers, « car ladite somme n'a esté payée en sa présence »? Les mots « en sa présence » ont été ajoutés à l'insu de Semblançay, mais les intérêts ont bien été payés (art. XII).

Albisse a-t-il reçu 12,000 écus d'intérêts, versés par Ragueneau? Semblançay a payé Albisse, qui « ne luy en demande aucune chose » (art. XIII).

Semblançay n'a-t-il point reçu de Morelet de Museau, le trésorier des guerres, 3,400 écus d'intérêts au nom de Guillaume Nazy, pour prêt de 50,000 écus, quoique ces 50,000 écus soient compris dans les 120,000 écus qui ont causé les intérêts de l'art XIII? N'a-t-il point reçu du même Morelet 2,200 écus, au nom de Gadaigne, pour prêt de 25,000 écus? Les 75,000 écus de Nazy et de Gadaigne ont été avancés en 1520, et n'ont rien à voir avec les 120,000 écus d'Albisse, de l'art. XIII, qui ont été fournis en 1518 [2].

---

1. Cf. *supra*, p. 177.
2. Cf. *supra*, p. 167.

Et le marché des munitions de Tournay, de 1518? N'a-t-il
as été arrêté à 32,080 l. et porté ensuite à 46,000 l.? Bo-
acorsi avait fourni pour 46,000 l. de munitions. « De
eaune pria très instamment ledit Bonacorsi que sur ledit
roffict il voulust saulver pour le roy une partie de 11,500 l.,
ont Robert Albisse et Gualteroty faisoient querelle et de-
ande audit sieur, pour dons et intérestz d'aucune somme
e deniers qu'ilz avoient empructées et faict tenir prestes
urant quelque temps pour fournir, si le roy fust parvenu
l'Empire. » Bonacorsi y consentit, « à la charge que ledit
e Beaune luy bailleroit lettres adressantes audit Gualte-
oty que le marché ne montoit que 32,080 l., affin qu'il ne
ist chargé envers ses compaignons de la somme totalle,
e qu'il n'eust sceu faire en payant les 11,500 l. audit Al-
isse. » Bonacorsi a reçu 2,420 l. pour ses voyages en Flan-
re et à Anvers. Les commissaires peuvent ainsi « con-
noistre la légalité » de Semblançay, qui a sauvé 11,500 l.
u roi (art. XVII) [1].

Après avoir critiqué les *relations de Semblançay avec les
anquiers italiens*, l'acte d'accusation lui reproche des
rrégularités dans le service de Madame (art. XV, XVII-
IX, XXII). — Tout d'abord il a remanié arbitrairement le
ompte de René Clotet (consignations d'Aulnay, Matha et
aulevrier). A cela il répond qu'il ne fut fait du vivant de
lotet qu'un bordereau, et qu'après sa mort, ce bordereau
ut dressé en forme de compte, mais le bordereau et le
ompte « se trouvèrent semblables » (art. XVI). — « Il a prins
le Sapin 12,544 l. 12 s. 6 d. comme pour vaisselle faicte
epuis le retour d'Ardres (1520) et livrée à Madame, com-
ien que ladite vaisselle ne fut oncques faicte ne deslivrée
a Madame, et la quictance est faulce. » Semblançay a fait

1. Cf. *supra*, p. 161.

fonds de cette partie à Prévost, qui passa la quittance de cette vaisselle à Robin Rousseau, orfèvre, et remit à Semblançay cette quittance, avec sa promesse de « fournir certification de la deslivrance d'icelle vaisselle », pour que Semblançay se fît rembourser par Sapin. Or Prévost n'a jamais fourni cette certification : si les 12,541 l. 12 s. 6 d. sont rayés du compte de Sapin, celui-ci a recours contre Semblançay, qui se retournera vers Prévost. « Quant à la quictance du roy, s'il y a aucune faulte, elle procède dudit Prévost, et non d'aultres » (art. XVII). — Il a fait détruire des sceaux de Madame gravés par Robin Rousseau. C'est sur l'ordre de Madame que les sceaux ont été fondus, après le décès de l'évêque de Senlis (art. XVIII). — Madame nie avoir donné trois sommes de 26,269 l., de 37,000 l. et de 10,000 écus au Bâtard de Savoie. Semblançay s'est déjà expliqué sur les deux premières parties; la 3ᵉ est de 25,000 l., et il renvoie aux comptes faits avec la veuve du Bâtard (art. XIX). — Le receveur des traites et impositions foraines d'Anjou a donné des gages à Antoine Lorgery, serviteur de Semblançay. S'il l'a fait, c'est « sans son ordonnance »; il l'avait même défendu au contrôleur Regnard (art XXII).

On arrive aux *rapports avec le roi*.

Semblançay est accusé de lui avoir fait emprunter de l'argent « à gros intérestz », et il apparaît par les comptes et registres de Guillaume de Frain que celui-ci a manié environ quatre millions de francs, qu'il était débiteur envers son maître de 500,000 l. en 1519, de 600,000 l. en 1521. Frain, « non comptable au roy, » maniait l'argent du fisc. — Sans doute, Frain a manié de grosses sommes, mais c'était en partie du papier (quittances, cédules, décharges et contre-lettres) à lointaines échéances. A mesure que l'argent rentrait, il l'envoyait à son maître ou au lieu que celui-ci lui désignait. Mais l'urgence était souvent telle que Semblançay, ne pouvant attendre le recouvrement des deniers, devait emprunter, et dès lors les deniers ne servaient plus qu'à rembourser. D'autre part, « respond ledit de Beaune qu'il n'a faict manyer à icelluy de Frain aucuns deniers appartenans au roy, mais estoient audit de Beaune », car les décharges et contre-lettres « que ledit de Frain a manyées lui avoient esté baillées par les comptables pour son remboursement des sommes de deniers mises ès mains desdits comptables pour le faict de leurs charges ou pour remboursement des sommes par luy payées pour et en leur acquit. » Ces comptables, avant de bailler les décharges et contre-lettres, avaient reçu les sommes contenues en icelles (art. XX). — Il a fait signer au roi des acquits imaginaires « pour deniers mis en ses coffres [1] ». — Il ne s'est entremis que de l'extraordinaire des plaisirs, et, « estant en liberté de sa personne », il se fait fort de prouver où il a employé ces deniers (art. XXI). — Il « a faict faire plusieurs quictances èz noms de personnaiges qui n'avoient presté et fourny marchandises, et d'icelles quictances s'est aydé. » — Il a fait venir pour le roi et Madame des marchandises de Milan, Gênes et autres lieux lointains ; mais, comme les seings des vendeurs étaient inconnus, ainsi que les signatures des notaires des lieux de la vente, Semblançay, pour obtenir son remboursement, a pu parfois faire passer des quittances « par autres que par ceulx qui ont livré lesdites marchandises. » Mais il est sûr que « iceulx sieur et dame ne voudroient avoir aucune marchandise sans la faire paier ou rembourser à celluy qui l'auroit paiée » (art. XXIII). — Il a célé les sommes qui étaient entre les mains du receveur

---

[1]. Ce reproche lui a déjà été fait en 1505. Cf. *supra*, p. 91.

général de Languedoïl, en 1515, et, quoique remboursé sur ledit fonds du prêt qu'il avait fait à Madame et au roi avant l'avènement de celui-ci, il s'est fait donner par eux 60,000 l. — Brachet, receveur général de Languedoïl, a légué 100 à 120,000 l. d'arriéré à Prunier, son successeur (avril 1516), et celui-ci en a encore laissé pour 30 ou 40,000 l. à Sapin (1517) : cet arriéré provenait des anticipations de l'année 1514 ou des restes des receveurs généraux antérieurs, comme Henri Bohier. Semblançay a prêté au roi et à Madame, avant 1515, « de ses deniers, des deniers de ses parens et amys » ; il a pris de l'argent « à intérestz et rente courant sur luy. » Quant aux dons allégués, il a reçu 30,000 l. du roi par lettre patente dûment expédiée, et 26,700 l. de Madame, en 1516 (art. XXIV) [1]. — Le XXVe et dernier chef d'accusation ramène aux deux premiers, car il a trait à l'acquit de 1522. Semblançay, dit-on, « a pris payement sur les parties couchées en l'estat du roy » contre la forme de cet acquit. Il répond qu'il a reçu 300,000 l. régulièrement inscrites à l'état général de 1522. La lettre de pouvoir du 4 nov. 1521 fut baillée par Madame à Semblançay pour garder son crédit envers plusieurs personnes, qui « ne vouloient point estre nommez, ne pareillement passer quictance des sommes à eulx promises en don. » — Quant à un article faisant mention d'intérêts inséré dans un état général, il a été décidé par le Conseil du roi, en présence de Boisy ; d'ailleurs, il n'a point eu de suite, car il n'a point figuré sur les états particuliers, qui seuls font foi pour les comptables.

En désespoir de cause, Semblançay en appelle à la pitié de ses maîtres : il rappelle les services rendus « durant huict années, à commencer peu après l'advènement du

---

1. Cf. *supra*, p. 118, 124.

LETTRE AUTOGRAPHE DE SEMBLANÇAY A FRANÇOIS Ier
1527

roy à la couronne. » Sa mémoire faiblit : « Si par les depositions par luy faictes il s'y trouvoit quelque variation, il vous plaise de l'excuser, *ayans esgard à son ancien age.* » On l'a dépouillé de ses papiers ; « pendant six mois, on lui a desnyé tout conseil. » Il conclut ainsi : « Si en son affaire se trouvoit aucune erreur ou obmission, il n'est proceddé du dol ne malice dudit de Beaune, mais par inadvertance ou surprise, il vous plaise pareillement ne vouloir prendre en rigueur, mais avoir considération du temps que ledit de Beaune a servy ledit sieur et son royaume, où il a exposé son temps, son bien et celui de ses parens et amys. »

Semblançay avoue ses compromissions, mais son principal tort est d'être créancier du roi [1]. C'est en vain qu'il écrit à celui-ci une lettre suppliante [2], qu'il invoque le privilège de sa tonsure [3], et que, d'accord avec sa femme et son fils Guillaume, il interjette appel de son emprisonnement, de la confiscation de ses biens, des violences commises à son égard par le prévôt de l'hôtel, et des dénis de justice faits par Raviet, Minut et autres, « le tout en faveur, requeste, pourchats et instance de mess. Anthoine Duprat, chancelier de France [4]. »

Il est condamné à mort le 9 août [5], et les juges admettent « la requeste présentée par Madame, mère du roy, tendant à ce que le jugement qui seroit donné sur le pro-

---

1. Par une étrange coïncidence, c'est le 30 juillet 1527 qu'Antoine Bohier, bailli de Cotentin, produit à la Chambre des Comptes des quittances pour démontrer que son défunt père, le général de Normandie, est créancier du roi de 30,342 l. 4 s. 2 d. (Arch. nat., V⁵ 1046).
2. Génin, *Lettres de Marguerite d'Angoulême*, p. 468.
3. Cf. *supra*, p. 64.
4. P. Clément, *op. cit.*, p. 399. Duprat trouve ces paroles « irrévérantes et malsonnantes. »
5. *Ibid.*, p. 396-7.

cez fust sans préjudice de sa debte. » Le jour même, « le lieutenant criminel et les archers, arbalestriers et hacquebutiers estoient revestuz de leurs costes et en fort bon ordre, et le peuple assemblé en nombre innumérable [1].... » Mais il est sursis d'un jour, car on attend la réponse du roi, qui pourrait user du droit de grâce. François Ier est inexorable [2].

L'exécution a lieu le lundi 11 août. « Après qu'il fut défait et devestu de l'ordre de chevallerie », Semblançay quitte la Bastille avec Gilles Maillard [3], lieutenant criminel, le prévôt forain, Degoys, et une escorte de gens armés. Sa barbe blanche flotte sur une saie ou jaquette de velours noir, dont le deuil se marie au « ton obscur enfumé » de sa robe de drap frisé. Trois fois on lui crie ses méfaits, à la porte Baudoyer, au Châtelet, au pied du gibet; les Filles-Dieu lui donnent le pain et le vin et il ôte son bonnet pour recevoir une croix de bois peinte en rouge.

La foule se presse sur le parcours du cortège, dans les rues Saint-Antoine et Saint-Denis; le patient, très calme, « non lyé, saluoit plusieurs gens de sa cognoissance. » — « En grant difficulté, rapporte Versoris, sçavoit l'en pencer le monde qui fut présent, lequel avoit marvileuse pitié et

---

1. Driart rapporte, comme Versoris, que « le vendredy il devoit estre exécuté, *comme on disoit*, et estoit la justice assemblée à la Bastille, où il estoit prisonnier; mais il seurvint quelque empeschement ou quelque appel, *comme on disoit*, parquoy la dite exécution fut différée. » Le chambrier de Saint-Victor rapporte les bruits du dehors, tandis que Versoris, dit : « Auquel exploit de justice *fuz présent* » (*loc. cit.*, p. 198-201).

2. Arch. nat., KK 338, fol. 9-10. Nicolas de Beaucourt, sieur de Saint-Martin, lieutenant du capitaine de la Bastille, reçoit une récompense de 100 l. le 20 mai 1528 (*Ibid.*, KK 96, fol. 58).

3. Ce Maillard, immortalisé par Marot, était prisonnier pour dettes au 10 nov. 1526 (Arch. nat., V⁵ 1045).

compation dudit sieur.... Il fust fort plaint et regretté du peuple, lequel eust bien voullu qu'il eust pleu au roy le sauver [1]. »

Il attendit vainement six heures à Montfaucon, « où, après qu'il eust fait plusieurs oraisons et prières, et prins moult saigement sa mort et fortune en patience, finallement fust pendu et étranglé. »

Il avait « vécu soixante ans en prospérité [2] », et avait été « estimé quasi roy en France, et tout ce qui dit estoit et fait par luy n'estoit contredit, non plus que du roy [3]. »

Son cadavre « fut au gibet quatre ou cinq jours, où plusieurs gens le alloient veoir, et puis fut despendu secrètement [4] » à minuit. A cette nouvelle, Duprat écrit au grand maître Montmorency pour le prier de faire déterrer le corps, l'exposer de nouveau, et punir les auteurs du crime [5]. Le chancelier croit que c'est aux Cordeliers ou aux Augustins que le corps a été porté ; il se trompe. Jean Legendre, serviteur du défunt financier, « entendit que le que le corps d'icelluy Samblançay avoyt esté trayné de-

---

1. « Il fut mené dudict lieu de la Bastille par la grand rue Sainct Anthoine, et estoit monté sur une mulle, son bonnet en sa teste, non lyé, car il saluoit plusieurs gens de sa cognoissance, parmy les rues, et fut faict le premier cry à la porte Baudoyer, et le secont devant le grand Chastellet, et de là mené par la grand rue Sainct Denis jusques audict lieu du gibet, où il fut exécuté » (B. N., fr. 25229, fol. 66 v°-67).

2. J. Bouchet, *Annales d'Aquitaine*, p. 482-3.

3. Versoris, *loc. cit.*, p. 201. On connaît l'épigramme de Marot ; en voici une autre :

        Jacques de Beaulne eut ce hault monument.
        Par ung respons d'Apollo moult subtil :
        Fortune tant l'eslevera, dit-il,
        Que tu vivras et mourras haultement.

(J. Denais, *Les poésies de Germain Colin-Bucher*, Paris, Téchener, 1890, p. 247.)

4. B. N., fr. 25229, fol. 67 ; *Bourgeois de Paris*, p. 309.

5. P. Clément, *op. cit.*, p. 207-8 (Amiens, 27 août).

dans les vignes, dessiré et desmembré par les bestes auprès d'un village nommé Panthin. » Legendre, « meu de pitié et compassion, » y alla avec Guillaume Malartin [1], et ils « trouvèrent aucuns membres et ossemens dudit corps, qu'ilz assemblèrent et misrent dedans ung sac de toille », qui fut apporté à Paris, chez Malartin. Grâce à l'intervention de Gaillard Burdelot, sieur de Montfermeil, la caisse de bois où Legendre mit les os fut reçue à Sainte-Catherine du Val des Ecoliers : « laquelle quesse de boys fut depuys ostée et en lieu d'icelle fut mise une quesse de plomb, et icelle mise soubz un autel de ladite église [2]. »

Pendant que Duprat réclame l'exhumation de sa victime, Louise de Savoie s'approprie ses meubles [3], et François Ier renie le pouvoir qu'il lui avait octroyé en 1518 [4].

1. Un Jean Malartin est clerc de Guillaume de Beaune en 1525 (Arch. Tours, Comptes LXVII, fol. 203).

2. *Les serviteurs de Semblançay*, loc. cit. Ils se sont ainsi dévoués « pour l'amour qu'ils portoient à leur maistre. » — On a aussi prétendu que le corps avait été porté à Saint-Laurent (B. N., Joly de Fleury 2504, fol. 7 v°).

3. « Les meubles que Madame, mère du roy, a fait prendre par maistres Mathurin Longuet, Pierre Forget et Jehan Odeau, ses procureurs quant à ce, se montent 37,932 l. 10 s. 8 d. t. » (Arch. nat., J. 958, compte de Jean Putain). Elle reçoit deux bahuts et deux coffres (22 nov. 1527, 12 oct. 1528). Les meubles sont gardés à Amboise par le concierge du château, Simon Montjoye.

4. Gilles Berthelot sera condamné, en 1528, pour les « clauses et pouvoirs FAUSSEMENT adjoutez en nos estats de 1518 et 9 » (Arch. nat., P 2537, fol. 8 v°). — Brantôme cite un mot de la duchesse d'Uzès, qui, venant d'être appelée « ma fille » par le roi, s'écrie : « J'ay grand peur qu'il ne m'en face autant qu'à M. de Saintblançay, qu'il appelloit tant son père » (Édit. Lalanne, III, 91).

ÉPILOGUE

LA « TOUR CARRÉE »

Jeanne Ruzé, agée de soixante-douze ans, « malade et indisposée de sa personne », se retire au couvent d'Yères [1]; mais, sur l'avis d'Emery Lopin, le conseil de son défunt mari, et de Jean Ruzé, son neveu, avocat au Parlement, elle appelle secrètement de la condamnation de son mari : les deux notaires qui reçoivent son appel sont Pérault et Sénéchal [2]. Elle demande une provision alimentaire de 200 l., le 23 déc. 1528.

Guillaume de Beaune renonce à la succession de son père, et il écrit à la Trémoille : « Le peu de bien qu'il a pleu à Nostre Seigneur me donner n'a rien de commun avec celuy dudit deffunt, ne n'est subgect à ses debtes » [3].

---

1. P. Clément, *op. cit.*, p. 207-8. Elle est à Paris le 5 nov. 1527 (Arch. Loir-et-Cher, E 274 *bis*, fol. 112 v°).
2. *Bourgeois de Paris*, p. 311 et suiv.; P. Clément, *op. cit.*, p. 399.
3. « Mgr, par une lettre que le recepveur Cornu m'a naguières escripte, ay veu que ces jours derniers il vous a présenté mes lettres et parlé de la partie de feu M. de Mésières, suyvant la charge que je luy en avois donnée, pour d'icelle partie par vostre espéré ayde et moyen estre secouru envers *mes créditeurs qui me pressent merveilleusement*. Auquel, Mgr, vous a pleu dire, ainsi qu'il me escript, que cela seroit

Etienne Besnier, qui a épousé une nièce de Semblançay [1], comme avait fait Jean Prévost, [2] dénonce l'appel secret de Jeanne Ruzé, pour se faire pardonner les lettres qu'il avait transmises à son oncle, pendant sa détention, de même que Prévost avait dénoncé celui-ci, pour faire oublier ses malversations. L'appel de Jeanne Ruzé parle du « pourchat de Mess. Anthoine Duprat et autres ses alliez et adhérans », et de leurs « faulx rappors, conjurations et conspirations. » Aussi, « doubtant qu'on en vouloit à luy ou à ses enfans et parens [3] », et furieux d'être « prins à partie », Duprat « suscita le roy et Madame la Régente pour suivre ledit appel », qui était « au grand déshonneur et scandalle du roy et de la justice. »

La commission de 1523, qui n'avait rien produit, est alors remplacée par une autre, qui prend le nom de la Tour Carrée où elle siège (16 nov. 1527) [4]. Elle a une

rabattu sur plus grosse somme deue à feu Mgr de la Trémouille par deffunct mon père, dont Dieu ayt l'âme. Mgr, pour satisfaire à vostre responce, je présumeray de vous advertir, encor qu'il soyt assez notoire ne estre tombé aucuns des biens meubles ne immeubles de feu mondit père en mes mains ne à mon prouffit, *ne que je me soye porté son héritier*, et de ce, Mgr, vous supplie très humblement me croyre, et que le peu de bien qu'il a pleu à N. S. me donner n'a rien commun avec celuy dudit deffunct, ne n'est subgect à ses debtes. Pourquoy, Mgr, congnoissant cela, vous plaira de vostre équité accoustumée et naturelle bonté ordonner me faire secourir de ladite partie, considéré le long temps que j'en ay fait le prest, à faulte de laquelle je pourroys tumber en inconvénient. Dont vous avez tout pouvoir me préserver et de plus en plus seray très obligé à vostre service » (24 mars (?), Chartrier de Thouars).

1. *Bourgeois de Paris*, p. 314.
2. *Ibid.*, p. 308.
3. P. Clément, *op. cit.*, p. 311.
4. Arch. nat., P 2304, 1545-9; P 2536, fol. 124 v°, 133. — Elle est renforcée le 4 oct. 1528. Jean de Selve, Jean Minut, Mat. de Longuejoue (maître des requêtes ordinaire de l'hôtel), Charles de la Mothe, Jean de Bailly (correcteur de la chancellerie), Guy de Breslay et Léonard Gay

double mission : 1° liquider la succession de Semblançay ; 2° frapper les comptables.

Vers le mois de juillet 1528, Guillaume de Beaune s'enfuit à Cologne et à Francfort, avec Jean Courraye et Louis Potier [1] ; il emporte un inventaire signé de son père, où il est question des affaires particulières de celui-ci avec ses deux fils Guillaume et Martin, « dont les papiers et cédules ont esté rompulz et cassez [2]. » Jean Legendre s'évade aussi de Paris, qui lui a été assigné comme arrêt en mars. Jeanne Ruzé, les deux Ruzé et Lopin sont emprisonnés [3], tandis que Prévost, qui a obtenu, dès le 16 août 1527, l'évocation de tous ses procès en la Chambre des Aides, détient tous les papiers de Semblançay [4] et « se dit avoir la commission de la généralité de Languedoïl » [5].

Le 11 février 1529, la sentence capitale de Semblançay est déclarée valable : Jeanne Ruzé est privée de tous

---

(conseillers au Grand Conseil), F. Tavel, F. de Saint-André, Guill. Bourgeois, René Gentil et F. Médulla (conseillers au Parlement), Arnault Luillier (maître des requêtes du palais), Jean Raviet (du parlement de Dijon), Jean Badouillier (maître des Comptes), Ant. du Bourg (président du conseil de Louise de Savoie et lieutenant civil de la prévôté de Paris), Pierre Michon (contrôleur général de l'épargne et auditeur des comptes), *Jean Prévost* (*Ibid.*, KK 338, fol. 12 v°). — Le 23 avril 1529, sont adjoints : Denis Poillot (président au Parlement de Paris), Adrien du Drat, Jean Hennequin, Bonaventure de Saint-Barthélemy, Pierre Brullart, Jacques Bouland et F. le Charron, conseillers au Parlement (*Ibid.*, fol. 18).

1. Le 10 juillet 1528, Guillaume touche encore la rente du portail de l'hôtel de ville de Tours. — En même temps que lui, Gilles Berthelot s'enfuit à Metz, et Michel Menant, ancien trésorier de la marine, à Valenciennes (*Bourgeois de Paris*, p. 309).

2. P. Clément, *op. cit.*, p. 401.

3. *Ibid.*, p. 310.

4. Requête de M. de la Trémoille à la Tour Carrée (1528) pour assigner « les héritiers dudit Semblançay ou Prévost, *qu'on dit avoir ses pappiers* » (Chartrier de Thouars).

5. Arch. nat., Z1a 53, fol. 304 v°, 307-8, 387, 390.

ses biens, meubles et immeubles ; Guillaume de Beaune, reconnu coupable de lèse-majesté [1], est condamné « à estre pendu et estranglé en figure, et trainé sur une claye jusques au gibet », il perd son office, et ses biens sont confisqués ; l'avocat Ruzé est suspendu pour un an, mais son frère, le receveur, est destitué, et il doit assister, « teste nue et à genoulx » (ainsi que les deux notaires Pérault et Sénéchal), à l'amende honorable de Lopin, qui, une torche ardente à la main, doit « crier mercy à Dieu, au roi et à la justice, d'avoir mal conseillé » Jeanne Ruzé. La cérémonie a lieu « au parc civil du Parlement et sur la pierre de marbre » [2]. Tous les inculpés sont, en outre, frappés d'amendes.

Mais le receveur Ruzé et Guillaume de Beaune obtiennent des lettres de rémission. Le premier prête 60,000 l. au roi, et il rentre en possession de sa charge, qu'il vend 10,000 écus à Besnier, lequel en avait été investi par intérim dès le 18 mars 1529. Guillaume est pardonné en avril [4] : il donne 10,000 l. au roi et des bijoux engagés par son père à Robert Albisse [5], et rentre en jouissance

---

1. 37,556 l. 3 s. 4 d. « mal prinses en noz finances » à restituer au roi ; 40,000 l. par. d'amende envers le roi, 2,000 envers Duprat, 300 envers Minut, 200 envers Raviet.
2. *Bourgeois de Paris*, p. 313 ; Versoris, *op. cit.*, p. 212 ; P. Clément, *op. cit.*, p. 401. Versoris remarque, à propos de Guillaume de Beaune, que « la fuitte de luy feust bonne. »
3. Confirmation de Besnier, 20 mars 1530.
4. Il est le plus jeune des généraux, « signant aucunes fois après eulx sans regarder que s'estoit, et adjoutant foy à ce qu'ils avoient signé, non pensant qu'ilz eussent voulu faire chose que n'eust esté de faire. » Le roi a pitié de ses six enfants et se souvient des services qu'il lui a rendus en Allemagne (1519) et en Navarre (1521), « esquelles charges il eust SUPERINTENDANCE de noz finances » (P. Clément, *op. cit.*, p. 400).
5. Cf. *supra*, p. 238. — Guillaume touche la rente de l'hôtel de ville de Tours, le 27 juin 1530 et le 18 août 1531.

de la baronnie de Semblançay ; après quoi il vend sa charge à Antoine Bohier (29 sept. 1529) [1].

Le 11 février 1530, la Tour Carrée rend un arrêt sur la liquidation des biens de son père, qui étaient sous séquestre depuis deux ans et demi [2]. La procédure a duré deux ans et demi.

Le 19 août 1527, le roi a mandé au bailli de Tours ou à ses lieutenants des sièges de Tours, Loches, Chinon, Châtillon-sur-Indre et Montrichard d'assigner les débiteurs et les créanciers de Semblançay, de vendre ses meubles et ses immeubles [3]. Les créanciers sont ajournés : à Tours [4], par Jean Petit, huissier du Grand Conseil (7-13 sept.), à Lyon [5], par Jean Merland, sergent royal ordinaire du bailliage de Lyon et sénéchaussée de Mâcon (26 sept.-

---

1. Bohier, taxé à 6,000 l. sur un rôle d'emprunts en 1531, demandera un rabais, « pour autant que sa généralité n'est entière, pour ce que le général Prévost en tient une partie [la Guyenne] » (Arch. nat., J 964, n° 29).

2. Recettes des domaines confisqués (1527-9) : 1° LA CARTE, 2,458 l. 18 s. 10 d. (Antoine Lorgery, receveur); 2° MONTRICHARD, 2,308 l. 8 s. 11 d. (Jacques Fournier); 3° SEMBLANÇAY, 1,259 l. 7 s. 9 d. (Guichard Baral, puis Pierre la Parque); 4° VICOMTÉ DE TOURS, 1,154 l. 5 s. (Pierre de Frain); 5° NEUFVY, la dîme, 457 l. 10 s. (Geoffroy et René Baral, Pierre Hadde et Guill. Robert, fermiers), la chambre à sel, 1,835 l. (Michel le Grand, grènetier de Tours, commis à la recette). Arch. nat., J 958.

3. B. N., fr. 2965, fol. 23. — Dès le 7 sept., la Carte est adjugée à Charles du Solier de Morette.

4. Charles Mesnager, argentier de la feue reine, Claude-Jean Briant, fournisseur de l'argenterie, et la veuve de Jean Charles, Jean Mareschal, argentier, les enfants de Jean Aubert. Il est question de Mareschal dans une lettre des juges de la Tour Carrée (4 mai 1530, B. N., Dupuy 623, fol. 31).

5. Thomas Gadaigne, Léonard Spina, Ant. Gondi, F. Theobaldi, Pierrevive (receveur ordinaire du Lyonnais), Mathieu Anthenori et Dominique Griffi. Le cri est fait aux deux bouts du pont de Saône. Cf. une lettre de Léonard Spina (Arch. nat., J 968, 13²).

2 oct.), à Paris, par Vauzy le Nourrissier (8 oct.) [1]. Les détenteurs des biens du défunt ne se pressant point d'obéir aux injonctions qui leur ont été faites dès le mois de mars, le roi et Madame font rédiger par Blaise Gaby et René Verdun, notaires en cour d'église, et imprimer par Mathieu Chairsalle (5 oct. 1527), un *significavit* contre les « latiteurs des biens » de Semblançay [2]. Les immeubles sont mis en criées : à Montrichard, par Claude Maillard (18 oct., 15 nov. 1527); à Tours, par Guill. Gaultier (26 oct., 2, 16 nov.); à Montbazon (29 oct., 5, 15 nov.), à Semblançay, (6, 13, 29 nov.), et à Neufvy (11, 18 nov. 2 déc.) par Jean Gizard; à Bléré, par Michel de Laleu (8, 15, 29 nov.) [3]. Les opposants sont nombreux [4], et Emery Lopin soutient que

1. Compte d'une partie des créances de Semblançay, tenu par Antoine Juge, élu de Coutances (Arch. nat., J 958) : recette, 20,974 l. 6 s. 5 d. t. — « De M. le général Bohier, pour et en l'acquiet de dame Bonne Cottereau, vefve du feu général de Beaune : 1,850 l. »

2. « Comme par cy devant, pour nostre remboursement de ce en quoy feu Jacques de Beaune a esté envers nous condempné, et pour nostre très grand interest et de nostre très chère et très amée dame et mère, et de tous les créanciers dudit de Beaune, estoit besoing et très requis savoir et entendre tous ceulx qui avoient administration des biens dudit feu de Beaune et encores avoient à veoir, et entendre quelz comptes ils en avoient renduz, et si d'iceulx ils en avoient payé le reliqua...., plusieurs aussi povoient latiter et cacher plusieurs biens meubles...., lesquelz ils n'avoient déclairez ne consignez, et ne feroient, sans ce qu'ils y feussent contrainctz par fulminations et sentences apostolicques; dont à ceste cause aurions, et nostredite dame et mère impétré ung significavit du légat de N. S. P. le pape ; par lequel par exprès sont admonestez tous ceulx et celles qui savent et ont, tant en garde que aultrement, aucuns biens dudit de Beaune, appartenans audit de Beaune au jour et heure de sa caption et emprisonnement, ilz eussent à le révéler » (5 mars 1528, Arch. nat., KK 338, fol. 3).

3. Pierre de Frain est constitué séquestre à Tours et à Bléré, Ant. Lorgery à Montbazon, Guichard Baral, à Semblançay et à Neufvy. Il ne s'est produit aucune enchère à Montrichard.

4. Parmi eux : Jean Ruzé (le receveur général), Jeanne Ruzé, Guillaume de Beaune (le général), Jean Ruzé (l'avocat au Parlement), Jean Testu, Jean Sapin, Ant. Bohier, Emery Lopin.

le roi se remboursera des 300,000 l. d'amende, et Madame, des 700,000 l. à elle adjugées, sur les 1,200,000 l. dues par le fisc au défunt. Le bailli de Touraine ne peut décider ces querelles et donne des décisions provisoires (8 oct.-7 déc. 1527). Louise de Savoie s'est fait représenter par Jean de Rochebouet. La première séance (8 oct.) a lieu dans la maison même de Semblançay, à Tours, à la garde de laquelle seront commis, quatre ans durant, Jean d'Espagne, puis Simon, son fils. Le procès-verbal général des criées est dressé, le 19 février 1528, par le bailli de Touraine, et la mission de ceux qui ont travaillé, depuis le mois de mai précédent, à compiler l'inventaire des immeubles, se trouvant terminée, le roi nomme Jean Raniet et Antoine du Bourg à leur place (5 mars). Les oppositions sont alors évoquées au Grand Conseil, puis renvoyées à la Tour Carrée (4 nov. 1528)[1], où le procureur général en fait ajourner les auteurs (20 mars 1529). Le 3 déc. 1529, Humbert Veillet est nommé curateur aux biens litigieux, et le 11 février suivant, la Tour Carrée rend son arrêt.

Les donations faites à Semblançay sont maintenues et distraites des criées, qui ne s'appliquent qu'à ses acquêts. La baronnie de Semblançay, la prévôté de Neufvy, le fief des Ponts et la vicomté de Tours, la maison de Dunois, restent donc à Jeanne Ruzé et à Guillaume de Beaune. Quant aux 300,000 livres parisis d'amende du roi, « la somme sera déduicte sur ce que ledit seigneur devoit audit feu de Beaune. » Louise de Savoie est reconnue créancière privi-

---

1. Procès énumérés dans les lettres du 4 nov. 1528 (Arch. nat., Z^{1a} 526) : René Thizard contre Palluau et les héritiers de Longuejoue ; le roi contre Jean Grolier pour 4 récépissés jadis baillés à Semblançay ; les marchands naviguant sur la Loire contre Thomas Turquain, Marchebone, les héritiers de P. de la Chasteigneraye contre Semblançay ; Nicolas Duval, greffier de la chancellerie de Bretagne, contre Séb. de la Grange, pour 1,804 l. dues à Semblançay.

légiée pour les 300,000 écus de Naples, mais elle concourt avec les cocréanciers pour 107,267 l. Bonne Cottereau se voit assigner la rente de son douaire ; mais la veuve de Raoul Hurault est déboutée. René du Bouchage, le petit-fils d'Ymbert de Batarnay, est mis en ordre pour 58,000 l. Bernard Fortia réclame 18,261 l. 10 s. « pour vente et délivrance de soufres et bois d'if pour faire arcs », et Jean Prévost, 30,300 l. L'arrêt passe en revue 92 oppositions.

Mais les opérations ont été menées trop hâtivement, et des immeubles ont été oubliés [1] : une nouvelle adjudication est donc ordonnée, le 31 mai 1532, et Claude Maillard y procède, les 11, 12 et 13 juillet, à Montrichard, à Semblançay et à Angé. Cinquante oppositions nouvelles se produisent, parmi lesquelles celles de Bonne Cottereau, devenue veuve de Guil. de Beaune (4 février 1533), la veuve de Guillaume de Frain, René du Bouchage (21 juin), André Polastron (8 juillet), etc. L'affaire est enlevée à la Tour Carrée et renvoyée à la tierce Chambre des Enquêtes (13 janvier 1535), qui rend son arrêt le 9 août 1536 [2].

Sont distraits : pour Jeanne Ruzé, 1/8 des moulins et pêcheries de Montrichard et 1/6 du fief d'Argy ; pour Bonne Cottereau, le grand et le petit Charentais, Vaumorin, la Terre-Guespière, le fief de Bazoches, plus, à Tours, les maisons de la Croix Verte et de F. Regnard, sans y com-

---

1. En 1534, Michel Blanchart est fermier des biens de Montrichard, et Jean Martin, fermier des acquêts distraits de la succession de Semblançay (Arch. nat., V⁵ 1050, 3 oct., 14 nov. 1534).
2. Tous les détails de cette procédure sont rapportés dans les décrets d'adjudication de la métairie d'Aigremont, 1536-9, à Bonne Cottereau (Arch. Loir-et-Cher, E 274 bis : copie signalée par F. Bournon), des maisons de Tours à Guill. Lainé, 1543 (collection de M. Léon Palustre : orig. conservé dans un rouleau scellé), et des biens de Montrichard (B. N., nouv. acq. lat. 2506 : fragment orig.). Cf. Bibl. de Tours, ms. 1370, fol. 142.

prendre la Carte et la Grange-Godeau qu'elle avait également réclamées [1].

La liquidation des meubles a été très rapide (16 sept. 1527-15 janv. 1528) [2]. Les vivres trouvés en l'hôtel de Tours et aux environs (blés, vins, lards) ont été vendus 2,255 l. 12 s. 5 d. Les meubles vendus à l'encan ont produit 4,095 l. 11 s., sans compter ceux pris par Madame [3] (37,932 l. 10 s. 8 d.). Les toiles et linges trouvés en l'hôtel de Tours sont appréciés par Catherine Prévost et Tiphaine Mascherelle ; les tapisseries, par Jacques Belot, Jean Droyn, Jean Diau, Mathurin Gaby, Noël Poullain et Guill. Habert, et elles sont ensuite « accoutrées » par Raoulin Godebille et René Geffrault [4]. Une « grosse trompe de mer » est envoyée au roi ; une tonne pleine de papiers de Semblançay est expédiée à Paris, le 1er mars 1528, puis deux balles de tapisserie (27 sept.). Les meubles de la Carte ont été transportés en l'hôtel de Tours pour y être vendus [5]. Prévost

---

1. « Respectu oppositionis magistri André Polastron, quod ipse de summa 400 l. t. cum debitis personalibus solveretur absque expensis et ex causa. »

2. Cependant Saint-Saturnin ne rentre en possession des tapisseries que le 5 oct. 1534, quoique le bailli de Touraine les lui ait adjugées dès le 6 avril 1528. Jean de Malerippe et Guill. d'Espavel sont envoyés pour cette affaire de Paris à Fontainebleau, le 28 oct. 1528.

3. L'inventaire des meubles de Madame, fort de 217 feuillets, a été rédigé par P. Porthais et J. le Conte, notaires royaux, et porté à Prévost le 11 février 1530.

4. En même temps, une tapisserie faite pour Madame est appréciée à Blois par six ouvriers brodeurs de Tours (6 février 1528). — André Polastron touche 8 l. 17 s. 10 d., le 27 janv., et 82 l. 12 s., le 22 mai 1528.

5. Il y a quelques obscurités : « Le comptable (Putain), interrogé que sont devenus les coffres mentionnés ès rolles renduz sur ledit article, dict que ce sont meubles lors envoyez à feue Madame, depuys renvoyez à Tours et venduz comme les autres. » D'autre part, F. Langlois « mène d'Orléans à Paris et descharge au logis de Prévost *sept balles de tapisserie qui furent à de Beaune*...., ladite tapisserie estoit

joue un rôle prépondérant dans cette vente de meubles, et touche 4,684 l. 15 s. 4 d. de salaire.

En 1536, la liquidation est terminée, et Louis Caillaud est commis, le 15 mai de cette année, à ouïr les comptes de Jean Putain et d'Antoine Juge, qui s'en sont entremis. On dit au premier qu' « il faisoit par ledit estat recepte telle que bon luy sembloit », et au second, que « sa recepte estoit faicte à plaisir, sans la vériffier ne par inventaire, récépissez ne autrement. »

La seconde mission de la Tour Carrée, la recherche des financiers, a été menée de front avec la première, et, comme elle, a duré dix ans (1527-1536).

Généraux et comptables sont également poursuivis [1]. Le premier arrêt est rendu contre Guillaume de Beaune, (20 nov. 1527) [2], pour le sommer de comparoir, sous peine de détention de sa personne et de confiscation de ses biens. Puis c'est au tour de Gilles Berthelot (2 déc.) [3] : 16,000 l. de restitution, 13,399 l. 12 s. 6 d. de dommages-intérêts, 20,000 l. par. d'amende. Le neveu de Semblan-

---

laissée en la maison d'un chanoine à Orléans, et fut depuys menée à Paris, mais ne scet où elle fut mise. »

1. « Pendant le temps qu'il (Guillaume de Beaune) a tenu et exercé l'estat de général de nos finances, tant par luy que par son père et autres généraulx de nos finances, dont il estoit le plus jeune, plusieurs charges leur estoient imposées de larrecins péculiaires, argent receu pour nous à emprunt à perte de finances, induement administrée ou recellée » (P. Clément, *op. cit.*, p. 400).

2. B. N., dom Housseau XXXI, 28 : mandement du bailli de Touraine. Cf. une lettre de Louis Caillaud, mars 1537 (B. N., Dupuy 623, fol. 18).

3. Arch. nat., P 2537, fol. 81. Sont ajournés : Robert Albisse, Jean Prunier (receveur de Forez), Jean Grolier, Jean Prévost, Ambroise le Moyne (contrôleur de l'artillerie), Pierre Faure (receveur général de Picardie), Lambert Meigret, les héritiers de Guill. Briçonnet, René Thizard, Et. Martineau (trésorier de l'artillerie), Berthelot, André le Roy et F. Briçonnet (*Ibid.*, J 958, n° 12).

— 275 —

çay, Guillaume, voit confisquer ses propriétés de Normandie, la Charmoye, Peray, Sarquainville, la Turaille, Septueille, et Antoine Gastinel, maître des forges de Lorris, est commis à leur régie [1]. Raoul Hurault [2], le gendre de Semblançay, qui vient de mourir en Italie, pendant la campagne de Naples, est aussi inquiété : sa veuve, Marie de Beaune, est condamnée à une amende de 100,000 l. [3]. Thomas Bohier, neveu de Semblançay, quoique mort depuis quatre ans, n'échappe pas au zèle des réformateurs et à la haine de Jean Prévost [4] : son fils, Antoine, est condamné à 190,000 l. d'amende (27 sept. 1531) [5], et Henri Bohier, l'ancien général de Languedoc, doit faire

---

1. Arch. nat., KK 338. Cf. B. N., Dupuy 623, fol. 13, 24, 25.
2. Remplacé comme général des finances de Blois par Jean Breton, le 18 sept. 1528. Cf. B. N., Pièces orig. 1551, dos. 35438, 39.
3. Quittance du roi (10 mars 1538).
4. « Neuf ou dix mois, peu auparavant la sepmaine de Pasques flories (1530), Michel de Balan se trouva en la compaignie dudit Prévost et de maistre Hardouyn Pyron (avocat de Tours), ung peu auparavant le disner. Et veyt qu'il survint ung des clercs dudit Prévost (lequel il n'a sceu nommer), qu'il dist audit Prévost, son maistre, en la présence dudit qui parle et dudit Pyron, que maistre Antoine Bohier avoit eu la généralité de France. Après lesquelles paroles ledit Prévost dist telles parolles ou semblables : « *Mort Dieu! Sang Dieu!* (en parlant dudit Bohier) *il a entreprins sur moy, mais je le feroy si pauvre devant qu'il soit ung an que luy et les siens n'auront de quoy eulx grater.* » Et adressant ses parolles audit Pyron, lui dist telles parolles : « Qu'il vous en souviengne, maistre Hardouyn (parlant audit Piron dudit Bohier), et vous verrez qu'il sera vray. » Et monstrant sa manche, disoit : « Je le tiens, luy et les siens, ils sont en ceste manche, ilz sont à moy et ne s'en sçauront saulver. » Ledit Prévost est réputé et tout notoirement et publiquement en la ville de Tours ennemy capital des enffans et héritiers de feu messire Thomas Bohier, en son vivant général de Normandye.... Disoient que icelluy Prévost, leur maistre, feroit déterrer les os du corps dudit feu messire Thomas Bohier pour les faire pendre au gibet. »
5. C. Chevalier, *les Archives de Chenonceaux, pièces historiques*, p. 91.

amende honorable au prétoire civil du Palais et sur la Pierre de Marbre (3 avril 1530) [1].

Jean de Poncher, qui avait acheté la charge de ce dernier, est le plus maltraité : 250,000 l. à restituer au roi, plus 55,000 l. pour les soi-disant prêts de Geoffroy Ferrier et de Jean Grolier, trésorier de Milan (en 1521, alors que Poncher était encore trésorier des guerres), 8,000 l. d'amende (10 sept. 1535). L'ordinaire et l'extraordinaire des guerres motivent de nombreuses condamnations, outre celle de Poncher : Lambert Meigret, 15,000 l. d'amende (1528), Morelet de Museau (mort en 1529), 382,663 l. 18 s. 6 d. (31 août 1535) [2], Gaillard Spifame, 500,000 écus d'or (26 mars 1535) [3], Jean Grolier [4].

Les anciens receveurs généraux ne sont point épargnés : Jean Sapin a pris la fuite, parce qu'il ne pouvait payer le quartier juillet-sept. 1531 de ses assignations de Languedoïl, montant à 290,890 l. 4 s. 10 dt., et « ses femme et enfans, parens et amys, ne sçachent où il est, ne en quel lieu, pays ou endroit, soit de nostre royaume ou dehors, il s'en est allé. » Il en est quitte pour 150,853 l. de restitution, et il échappe à la Tour Carrée (22 février 1532) [5]. Jean Ruzé et Jean Lallemant ne s'en tirent pas à si bon compte : le premier a 66,201 l. 7 s. 6 d. à restituer, 40,000 l. de dommages-intérêts, 20,000 l. d'amende (12 avril 1536) [6], et le second doit

1. *Bourgeois de Paris*, p. 409.
2. Sur ce procès : B. N., Pièces orig. 2056, dos. 46819, 19; Arch. nat., J 958, 6-9, Z¹ᵘ 526.
3. *Bourgeois de Paris*, p. 453-4 : il meurt dans sa cellule, après cinq années de prison. Cf. Arch. nat., J 962, n° 4.
4. Voir sa requête : Arch. nat., J 967, 19³.
5. Arch. nat., JJ 246, fol. 52 ; U 665, 261.
6. Arch. nat., J 967, 111 : « Les moyens de me faire sortir de ceste misérable prison despendent de vostre auctorité » (écrit-il au chancelier du Bourg). — L'arrêt est cruel : « Ledit Ruzé sera mené de la conciergerie du pallays nudz piedz et neue teste, et dessaint, tenant

payer, de ces trois chefs, 15,000, 25,000 et 20,000 l. (12 mai 1535) [1].

Ruzé et Lallemant sont les plus gravement atteints, avec Poncher, le seul qui subit la peine capitale. Quant aux autres [2], le fisc trouve plus ingénieux de composer avec eux ou leurs héritiers : la Tour Carrée prend fin en 1536, et Louis Caillaud, un des présidents au Parlement, est chargé de faire vendre les biens des principaux condamnés et de négocier avec leurs familles [3]. Ce sont des marchandages : ainsi « les Ruzé ont vollu entrer en composition, mays leur offre est trop petite » (20 fév. 1537); les Lallemant s'arrangent à 28,049 l. (5 oct. 1537); Antoine Bohier reçoit quittance générale, le 27 janvier 1539 [4].

en ses mains une torche ardente du poix de quatre livres sur le perron de marbre, au bas des grandz degrez du Pallays, et de là en la Chambre des Comptes, et en chacun desdits lieulx fera admende honnorable, en disant qu'il a commis les crimes dessusdictz, et en requerra pardon à Dieu, au roy et à la justice. »

1. B. N., Dupuy 38, fol. 227; Joly de Fleury 2504, fol. 71. — Même arrêt : amende honorable et trois tours de pilori.
2. Citons, pour mémoire : Philibert Thizard et J. Parajan (général et receveur général de Bretagne), René Thizard (trésorier des guerres), Michel Menant et Georges d'Auvray (trésorier et contrôleur de la marine), Jean Carré (ancien trésorier de l'extraordinaire), les fermiers de l'imposition foraine de Champagne (le Bonnier, la Coupelle, Boucher et Dinocheau), etc.
3. Arch. nat., J 958; B. N., Dupuy 623, lettres de 1536-7 : estimation des biens de Ruzé, Spifame, Morelet, Poncher, Lallemant, Grolier. — Voici un extrait relatif à Ruzé : « La grand maison dudit Ruzé, où il faisoit sa demeure, scituée à Paris, rue Neufve Saint-Merry, consiste en deux grands corps d'hostels, l'ung à pignon sur ladite rue, l'autre derrière une grand court, en laquelle a ung puy, et entre deux, contenant, chascun desditz corps d'hostelz, caves, celliers, cuisines, salles, chambres, garderobbes, comptouers hault et bas, chappelle, galleries sur ladite court, estables à 14 ou 15 chevaulx, jardin derrière ledit hostel. Et joignant icelluy belle yssue par une grand allée en une ruelle vers Saint-Merry.... »
4. Accord du 20 mai 1535.

Il faut croire que les amendes de la Tour Carrée, dont le produit est estimé deux millions en 1533 (état du 23 août 1533) et 1,700,000 l. (état du 14 mars 1535) [1], n'ont presque rien produit de pratique, pour que le fisc en soit réduit à ces expédients.

En somme, une seconde fois, la commission financière a été stérile, et, par dérision, son oraison funèbre est prononcée par Jean Prévost, qui, après avoir joué un rôle dans la recherche des financiers [2], comme dans la liquidation des biens de Semblançay, est condamné lui-même à 12,000 l. d'amende envers Sapin [3]; ses meubles de Tours sont vendus pour 6,000 l.; son greffe de Tours, 3,080 l.; sa maison de la rue Poupée, à Paris, est estimée 6,000 l. [4]. Et il crie misère : « Je n'ay nulz gaiges, pension ne biensfaiz, et à grant peyne pour vivre, ma femme, et neuf petiz enffans, et moy, sans les serviteurs et servantes » [5]. Il lui reste la vengeance. Chargé de commencer les poursuites contre René Gentil, le président de la Tour Carrée, il écrit: « Craignans qu'on voye comment ilz ont vescu et en quelle marchandise ilz se sont faictz riches et oppullans, ilz se in-

---

1. G. Jacqueton, *le Trésor de l'Épargne*, p. 61.
2. En 1528, il court à la suite de Bernard Allevite et J. Serpollet, clercs de Robert Albisse, partis avec les pièces du procès de leur maître. En avril et mai 1529, il sollicite à Blois l'acquit d'une amende de 7,500 l., prononcée contre Émery Lopin, l'avocat de Semblançay, et la nomination de Poillot au lieu et place de Minut; il se rend à Mussy-l'Évêque et à Dijon (janv.-fév. 1530). Le 4 mars suivant, Louise de Savoie lui mande de lui apporter « aucuns meubles de feu Samblançay. » Puis il s'occupe de l'affaire des Bohier, ses ennemis, à Blois (9 mars-4 juin 1530), à Fontainebleau (18-21 juillet 1531), et de celle des héritiers de Raoul Hurault, à Compiègne (27 oct.-10 nov. 1531). Arch. nat., KK 338, fol. 76-83.
3. B. N., Dupuy 623, fol. 23 v°.
4. Arch. nat., J 966, 138.
5. *Ibid.*, J 967, 97 : « Il vous plaira ne me mectre ne mes pauvres affaires en oubly » (*Ibid.*, J 968, 22-23).

gèrent d'y entrer pour tout brouiller et garder qu'on ne face leur procès comme à leur cappitaine (Gentil) et sçavoir tout le secret pour gaster tout. Vous sçavez, Mgr, que je vous dicts comme le roy m'avoit dict que nous prinsions bien garde à tout, et que, sy nous le faisions, nous trouverions aultant coupables les aultres comme ledit Gentilz, et qu'ilz avoient faict leur prouffict et s'estoient faictz riches et oppullans des procès et affaires de la Tour Carrée aultant que ledit Gentilz, et il m'en nomma à ceste fin deux que je vous nommay. »

Ainsi donc, de l'aveu même du roi, les juges qui ont condamné Semblançay et ses alliés, et tous ceux qui ont été en rapports administratifs avec lui avant 1523, sont tarés et suspects. Il entre, il est vrai, dans ce dépit beaucoup de déception financière, la recherche n'ayant enrichi que les juges : les biens des condamnés sont mis en adjudication, mais d'innombrables oppositions compromettent le succès de la vente.

Les créanciers de Semblançay sont aussi déçus que le roi. En 1552, René de Batarnay en est encore à réclamer son dû et il rappelle, avec exagération peut-être, que François Ier s'est appliqué les meubles du feu financier (60,000 l.), ses cédules (180,000 l.), ses immeubles (150,000 l.), le revenu de ces immeubles pendant dix ans (500,000 l.), etc. Et à ce sujet on remet en question la culpabilité du défunt [1].

1. B. N., fr. 2941, fol. 107-154.

CONCLUSION

Semblançay s'est peint lui-même, quand il a dit qu'il n'était point « incompatible [1]. » A l'inverse de Duprat, le chancelier obstiné et opiniâtre [2], il sait se plier aux circonstances, prendre parti pour [3] ou contre [4] la centralisation, suivant le conseil de son intérêt personnel, se concilier à la fois les bonnes grâces de deux ennemies, Anne de Bretagne et Louise de Savoie [5]. Cette habileté favorise sa fortune, qui excite la jalousie des siens [6] ou de l'amiral Graville [7], et la haine de Duprat [8], avide de le supplanter. Il est affable, « gratieulx aux gentilzhommes et au peuple qui avoit affaire à luy [9] », et ne se connaît « guères de demandeurs » ni d' « ennemiz [10]. » Quand Duprat, « fort redoubté [11] », « fort hay et mal voullu en France [12] »,

1. P. 101.
2. P. 139, note 3; p. 158, note 2.
3. Affaire des gabelles de Languedoc, p. 57 et suiv.
4. Affaire des monnaies de Dauphiné, p. 49.
5. P. 95, note 6.
6. P. 112 à 115 : « Ce procès est quasi *de picque.* »
7. P. 91.
8. P. 243.
9. Versoris.
10. P. 93.
11. *Bourgeois de Paris.*
12. Versoris.

aura « aveuglé » Louise de Savoie au point qu' « elle ne croie plus en autre [1] », Semblançay sera « plaint et regretté [2]. » Le dévouement de sa femme et de son fils Guillaume [3], la mort de son fils Martin [4], le courage de ses serviteurs [5], plaident en sa faveur, et effacent les taches de sa vie publique.

Investi de la confiance de François Ier et de sa mère, « ministre des finances sans portefeuille », sans aucune des attributions régulières d'un surintendant [6], telles qu'on les a entendues plus tard, il a pu profiter de l'absence de contrôle pour prélever des « commissions » illégales sur ses opérations avec les banquiers italiens de Lyon [7]; mais aucun acte de malversation sérieux n'a été relevé contre lui, et cependant il signait pour le roi, il disposait des sommes à lui confiées sur un simple « commandement verbal [8]. »

Il a été surtout frappé parce que, après la disparition de Thomas Bohier, il était le représentant le plus en vue de la « ploutocratie » bourgeoise, arrivée au pouvoir avec Jacques Cœur. Duprat a renié ses origines pour mettre sa rancune personnelle au service des passions de la noblesse d'épée; mais les financiers formaient une si puissante corporation qu'il a fallu quinze ans d'efforts pour la tuer. Les « larrecins péculiaires » n'ont été que le prétexte de la gigantesque recherche, dont Semblançay a été la plus notable victime (1523-1536), et le démembrement des

1. Cardinal du Bellay, p. 243, note 2.
2. Versoris.
3. P. 246, 249, 265, 266.
4. P. 245.
5. P. 247, 264.
6. P. 129 à 134.
7. P. 253 et suiv.
8. P. 224, note 1.

quatre généralités a couronné ces innombrables procès.

Semblançay, toutefois, n'a pas été sacrifié uniquement pour sauvegarder le principe d'autorité, et Louise de Savoie a bien eu un grief personnel contre lui : elle ne pouvait lui pardonner d'avoir dépensé, en 1521, son épargne particulière, et l'argent de la pension de Naples, qu'elle prétendait lui appartenir contre toute vraisemblance, car jamais elle n'a pu en produire la preuve [1]. C'est la seule avarice qui a converti en cruel abandon l'intérêt affectueux qu'elle avait, pendant huit ans, témoigné à son favori [2], et François 1er, en fils soumis, a laissé faire.

1. P. 217 à 223.
2. Dons de la baronnie de Semblançay, des Ponts de Tours, de Neufvy, de la maison de Dunois; charge de ses finances.

Vu et lu :

En Sorbonne, le 1er septembre 1894,

Par le doyen de la Faculté des lettres de Paris,

A. HIMLY.

Vu et permis d'imprimer :

Le vice-recteur de l'Académie de Paris,

Pour le vice-recteur, l'Inspecteur de l'Académie,

L. JOUBIN.

APPENDICE

TABLEAUX GÉNÉALOGIQUES

I. Beaune, de Tours (d'après le partage de 1487, cf. *supra*, p. 12).

II. Briçonnet, de Tours (d'après Guy Bretonneau, *Hist. généalogique de la maison des Briçonnets*, qui a utilisé un partage de 1510).

III. Berthelot, de Tours.

IV. Le Roy et Lallemant, de Bourges.

V. Duprat et Bohier, d'Issoire.

Armoiries de Jacques de Beaune et de Jeanne Ruzé, sa femme.

APPENDICE

TABLEAUX GÉNÉALOGIQUES

I. Beaune, de Tours (d'après le partage de 1487, cf. *supra*, p. 12).

II. Briçonnet, de Tours (d'après Guy Bretonneau, *Hist. généalogique de la maison des Briçonnets*, qui a utilisé un partage de 1510).

III. Berthelot, de Tours.

IV. Le Roy et Lallemant, de Bourges.

V. Duprat et Bohier, d'Issoire.

Armoiries de Jacques de Beaune et de Jeanne Ruzé, sa femme.

I.

Jean de Beaune
ép. Jeanne ***.
- Guillaume de Beaune ép. Catherine Ruzé.
  - Guillaume [cf. p. 82, note 2].
  - René [cf. ibid.].
- Jacques, év. de Vannes.
- JACQUES DE BEAUNE ép. Jeanne Ruzé.
  - Guillaume, général de Languedoïl, ép. Bonne Cottereau.
    - Jacques, baron de Semblançay, ép. Gabrielle de Sade.
      - Jean.
      - Marie.
      - Claude
      - Charlo
    - Jean, sr de la Tour d'Argy.
    - Renaud, archev. de Bourges.
    - Martin, év. du Puy.
    - Claude.
  - Martin, archev. de Tours.
  - Marie ép. *Raoul Hurault*, général d'Outrescine.
  - N. ép. René du Chesnel, sr d'Angé [d'après le P. Anselme, VIII, 286 et suiv.].
- Marie de Beaune ép. Jean Quétier [cf. p. 13, note 1].
- Raoulette de Beaune ép. Guill. Briçonnet [cf. le tableau suivant].
- Catherine de Beaune ép. Jean Briçonnet, oncle de Guillaume [cf. le tableau suivant].
- Colette de Beaune ép. Jean Bernard.
- Guillonne de Beaune ép. Charles Beedelièvre [cf. p. 113].
- Jeanne de Beaune ép. *Pierre Morin*, trésorier de France.
- N. (qualifié de religieux en 1487).

II.

Jean Briçonnet l'aîné, sʳ de Varennes, la Kaérie, le Portau, recev. gén. de Languedoïl, 1466-1475, († 30 oct. 1493) ép. Jeanne Berthelot († 1510)

- **Guillaume Briçonnet**, sʳ de la Kaérie, conseiller au Parlement († 29 juin 1477), ép. Jeanne Brinon († 10 mars 1526)
  - Jean, abbé de Blanche-Couronne, sʳ de la Kaérie et du Portau († 1538).
  - Guillaume, sʳ de Glatigny, recev. du Maine, trésorier des 100 gentilshommes de Louis XII († 1534).
  - Jean, trésorier de Frédéric, roi de Naples (vit en 1510).
  - Michel, évêque de Nîmes et de Lodève († vers 1574).
  - Pernelle ép. *Olivier Barraud*, trésorier de Bretagne.
  - *Regnauld*, argentier de Charles VIII et recev. de Touraine (mort en 1510).

- **Guillaume Briçonnet**, général de Languedoc († 14 déc. 1514) ép. Raoulette de Beaune.
  - *Jean*, général de Dauphiné et Provence, président des Comptes.
  - Guillaume, évêque de Lodève et de Meaux († 24 janv. 1534).
  - Nicolas, contrôleur de Bretagne, beau-père de Jean *Grolier*.
  - Catherine († 3 nov. 1526), ép. *Thomas Bohier* († 24 mars 1524), général de Normandie (9 enfants).
  - Denis, évêque de Toulouse, Lodève et Saint-Malo († 14 déc. 1535).

- Jean Briçonnet, secrét. de Louis XI et recev. de Touraine († 26 août 1477).
- Martin Briçonnet, chanoine de Saint-Martin et Saint-Gatien († 5 sept. 1502).
- Robert Briçonnet, archev. de Reims, chancelier († 30 juin 1497).

- **Pierre Briçonnet**, général de Languedoïl († avril 1509), ép. Anne Compaing.
  - François, maître de la chambre aux deniers de Louis XII, sa fille ép. Claude, fils de *Florimond Robertet*.
  - Charlotte ép. *Pierre Legendre*, trésorier de France.
  - Marie ép. *Morelet de Museau*, général d'Outreseine.
  - Anne.
  - Pierre.
  - Girarde.
  - Madeleine.

Jean Briçonnet (– 3 juillet 1447) ép. Jeanne Belleteau († 15 fév. 1447)

Bertrand Briçonnet, secrét. de Charles VII, ép. Marguerite de Carmonne.

Pierre Briçonnet, chanoine de Saint-Martin.

Jean Briçonnet le jeune, recev. général de Languedoïl, 1485-1493, ép. Catherine de Beaune.
- François Briçonnet, rec. gén. de Languedoïl.
- Jean Briçonnet, chanoine de Saint-Martin.
- Adam Briçonnet, qui lui succède.
- Marie Briçonnet ép. *Jacques le Roy*, contrôleur général de Languedoïl.
- Jeanne ép. Macé Binet.
- Catherine ép. Jean Georget.
- Perrine ép. Jean de Poncher. { Jean de Poncher, trésor. des guerres et gén. de Languedoc.
- Catherine Briçonnet ép. Guillaume Ruzé, conseiller au Parlement. { Jean Ruzé, avocat au Parlement. / *Guill. Ruzé*, recev. de Touraine.

André Briçonnet, secrét. de Charles VII, ép. Nicole Bonard.
- Jeanne Briçonnet ép. Jean Galocheau.
- Jeanne Briçonnet ép. Michel Brocet, comptable de Bordeaux. { Marie Brocet ép. *Jean Sapin*, recev. général de Languedoïl. / Catherine Brocet ép. *Guill. de Beaune*, recev. de Poitou.
- Anne Briçonnet.

Perrine Briçonnet ép. Jacques Cyrolde.

Jeanne Briçonnet ép. Jacques Bouhaille. { d'où *Jean Prunier*, recev. gén. de Languedoïl.

Marie Briçonnet ép. Geoffroy Travers.

III.

Jean Berthelot, maître
de la chambre aux deniers
de Charles VII
(† 21 sept. 1471),
ép. Pernelle Thoreau
(† 2 juin 1471).
[Sa sœur
ép. Pierre Morin,
le père du trésorier
de France.]

- Jean Berthelot, chanoine de Saint-Martin de Tours.
- Girard Berthelot, avocat au Parlement.
- Martin Berthelot, maître de la chambre aux deniers de Louis XI, ép. Françoise Bernard, puis Phil. Laurens.
  - Gilles Berthelot, président des Comptes.
- Jeanne Berthelot ép. Jean Briçonnet l'aîné.
- Marie Berthelot ép. Pierre Fumée.
  - Adam Fumée, garde des sceaux.
- Guillonne Berthelot ép. Jean Ruzé.
  - Arnoul, général de Bourbonnais.
  - Martin, président au Parlement.
  - Guillaume, conseiller au Parlement, ép. Catherine, fille d'André Briçonnet.
  - Jeanne ép. JACQUES DE BEAUNE.
  - Thomine (teste le 29 sept. 1494), ép. Jean Burdelot, puis Adam Fumée († nov. 1494).
  - Pernelle ép. Mathurin Gaillard.
- Catherine Berthelot ép. Jean Maidon.
- Philippe Berthelot ép. Jean Dreux.
- Andrée Berthelot ép. Jean Callipeau.
- Jaquette Berthelot ép. *Michel Gaillard*, général d'Outreseine.
  - Michelle Gaillard ép. *Florimond Robertet*, trésorier de France.
  - Pernelle Gaillard ép. Louis Ruzé, neveu de Jean Ruzé (mort en 1505).
    - Jaquette Ruzé ép. *Jean Spifame*, trésorier de l'extraordinaire des guerres en 1500.
    - Jean Ruzé, recev. gén. d'Outreseine (1506-1530).
- Jeanne Berthelot ép. Jean Quétier.

IV.

Jacques II le Roy, de Bourges (vit en 1438).

Martin le Roy, recev. gén. d'Outreseine (1481-8) († 10 déc. 1491), ép. Bienvenue Lallemant.	Godefroy.
Jacques le Roy, recev. gén. d'Outreseine (1488-1504), ép. *Marie Briçonnet*.	Jacques le Roy, contrôl. gén. de Languedoïl, ép. Françoise, fille de *Jean Lallemant*, recev. gén. de Languedoc († 2 avril 1526).

V.

Antoine Duprat
ép. Jacqueline Bohier.

Astremoine Bohier, frère de Jacqueline,
ép. Béraude Duprat.

| Antoine Duprat, chancelier (né 1468). | Thomas Bohier, gén. de Normandie, ép. en premières noces Madeleine, fille d'*Ant. Bayart*, recev. gén. de Languedoc. | Henri Bohier, gén. de Languedoc. | Antoine Bohier, card. de Bourges. |

ARMOIRIES DE JACQUES DE BEAUNE-SEMBLANÇAY

ET DE JEANNE RUZÉ, SA FEMME

Parti au 1er de gueules au chevron d'argent, accompagné de trois besants d'or, qui est de Beaune de Semblançay ; au 2e de gueules au chevron fascé-ondé d'argent et d'azur de six pièces, accompagné de trois lions d'or, qui est de Ruzé (voir p. 112, note 3).

ERRATA

Page 9, ligne 8, supprimer les mots : *les frères*.
Page 12, ligne 22, au lieu de : *frère*, lire : *oncle*.
Page 12, ligne 34, au lieu de : *oncle*, lire : *frère*.
Page 34, ligne 8, supprimer les mots : *le duc de Nemours*.

LISTE DES PLANCHES

Frontispice. — Portraits de Jacques de Beaune et de Jeanne Ruzé, sa femme (par G. Dennery).
Page 10. — Restes de l'hôtel de Jean de Beaune (par G. Dennery).
Page 37. — Jeton de Jacques de Beaune, général de Dauphiné, son sceau ; sceau de son fils Jacques, évêque de Vannes ; jeton de son neveu Guillaume, maître des Comptes de Bretagne (d'après les collections de la B. N. et l'ouvrage de M. de la Nicollière-Teijeiro : *le Livre d'or de l'hôtel de ville de Nantes*).
Page 105. — Garde-robe et chapelle de 1508 (d'après une photographie de M. Palustre).
Page 107. — Détails du pavillon de 1508 (*id*).
Page 109. — Donjon de la Carte (d'après un bois de M. Palustre).
Page 111. — Fenêtre du pavillon de 1508 (d'après une photographie de M. Palustre).
Page 124. — Plan du domaine de Semblançay (d'après le cadastre).
Page 134. — Fenêtres hautes du pavillon de 1508, refaites sous François Ier (d'après une photographie de M. Palustre).
Page 146. — Restes de la maison de Dunois (par G. Dennery).
Page 148. — Chapelle de Semblançay (d'après une photographie de M. Palustre).
Page 162. — Chapiteaux du pavillon de 1518 (par G. Dennery).
Page 239. — Plan du fief de Beaune (d'après les Arch. d'Indre-et-Loire).
Page 261. — Lettre autographe de Semblançay au roi (d'après les collections de la B. N.).

TABLE ALPHABÉTIQUE

Abbeville, 118.
Acquit de Jacques de Beaune (28 février 1522), 182, 183, 212, 215, 216, 220, 222, 227, 252, 253, 260.
Acquits du roi, 29, 259.
Agde, 42, 60.
Agnadel (bataille d'), 64, 65, 68, 74.
Aides, impôts de consommation, 26, 27, 28, 29, 30, 203.
— Imposition foraine, droit de la reine en Languedoc, 83 à 85.
Aides (Chambres des). Voir Cours souveraines.
Aigremont (métairie), 111, 241.
Aigues-Mortes, 3, 4, 6, 39, 42, 81.
Aiguesvives (abbaye d'), 112.
Aix-en-Provence, 43, 45.
Aix (Pierre Filleul, archev. d'), 208.
Alais (François d'), médecin de François 1er, 117, 146.
Albany (Jean Stuart, duc d'), régent d'Écosse, 190, 195, 196, 197.
Albi (Louis d'Amboise, év. d'), 61, 82.
Albisse (Rob.), banquier, 72, 137, 139, 142, 158, 159, 161, 177, 185, 186, 189, 200, 202, 238, 245, 251, 255, 256, 257, 268, 274, 278.
Albisse d'Elbène, banquier, 185.
Albret (d'), Alain, 17, 18.
— Amanieu, cardinal, 79.

Albret (d'), Charlotte, 34.
— Jean. Voir Navarre.
Alençon (Charles, duc d'), 124, 127, 128, 142.
— Marguerite, duchesse, 150, 156, 165, 172, 173, 175, 203.
Alexandre VI, 92.
Alexandrie, 35.
Alexandrie d'Égypte, 4.
Aliénations de domaine, aides et gabelle, 30, 46, 71, 73, 140, 173, 175, 184, 192, 195.
Allemagne, 39, 160, 169, 216.
Allemands, à Lyon, 122.
Allemant (Nic.), sr du Chastellet, 165, 244.
Ambassades, 31, 66, 118, 133, 141, 155, 191.
Amboise, 9, 15, 22, 67, 76, 88, 91, 95, 105, 119, 123, 128, 134, 135, 137, 138, 144, 145, 151, 156, 157, 162, 179, 190, 200, 201, 213, 216, 217, 219, 228.
— Chapelle de Sainte-Madeleine, 246.
Amboise (cardinal d'), 34, 35, 68, 69, 86, 92, 94.
Amendes, 278.
Amiens, 33.
Amiral. Voir Graville.

Amortissements. Voir *Clergé.*
Ancenis, 151, 153, 156.
Ancézune (Guill. d'), visiteur des gabelles de Languedoc, 57 à 62.
Angé, 241, 272.
Angers, 7, 9, 151, 153, 200, 235, 236.
— Saint-Florent-le-Vieil, 167.
Angleterre, 3, 5, 26, 35, 69, 73, 105, 116, 121, 135, 137, 140, 143, 151, 158, 159, 190.
— Pensions, 73, 116, 141.
Anglure (René d'), 102.
Angoulême, 235.
Angoulême (maison d'), 2, 3, 16.
Angoulême (Jean, cte d'), 30.
Angoumois, 27, 152, 156, 163.
Anjorrant (Denis), général des monnaies, 14.
Anjou, 98, 123, 145, 152, 153, 163, 213, 258.
Anne de Bretagne, 19 à 24, 43, 69, 71, 73, 74, 75, 76, 77, 104, 105, 107, 116, 129.
— Dépenses de sa maison, 17 à 24, 75, 76, 78, 85.
— Désaccord avec Louis XII, 87, 88, 92.
— Douaire, 80 à 85.
— Funérailles, 100, 118.
Anoblissements, 173.
Anthenori (Mat.), banquier, 269.
Anthon (Françoise de Maillé, dame d'), belle-fille de du Bouchage, 139.
Anvers, 5, 40, 142, 158, 159, 165, 257.
Apanages, 65, 150.
Appels de Jacques de Beaune et de sa veuve, 261, 265, 266, 267, 268.
Aragon, 7.
Ardres, 164, 165, 168, 185, 257.
Argentan, 142, 143, 144.
Argilly, 174.
Argy (la tour d'), 15, 109, 110, 241, 272.

Armagnac (Pierre, bâtard d'), 102.
Armée, 32, 57.
— Étapes en Languedoc, 56, 57.
— Extraordinaire de la guerre ou paiement des gens de pied et des frais de campagne, 33, 70, 71, 72, 74, 89, 90 (fraudes de Naples en 1503), 119, 120, 127, 141, 161, 171, 172, 173, 177, 178, 184.
— Ordinaire de la guerre ou paiement des gens d'armes ou lances, 33, 70, 71, 136, 141. Voir *Lansquenets, Suisses.*
Armillé. Voir *Armilly.*
Armilly (sr d'), Indre-et-Loire, com. de Neuillé-Pont-Pierre, 240.
Arnoul (Nicolas), banquier, 4.
Arona, 186.
Artillerie, 70, 74, 121, 141, 156, 158, 171, 172, 173, 178, 184, 254.
Asparros (André de Foix, sr d'), 170, 171, 172, 208.
Assemblées diocésaines en Languedoc, 53.
Asti, 23, 24, 87.
Ateliers monétaires. Voir *Monnaies.*
Attigny, 172, 174, 175.
Aubigny (Robert Stuart, sr d'), 89.
Aude (Pierre), secrétaire de Louis XI, 16.
— Guillaume, argentier d'Anne de Bretagne, 89, 251.
Aulnay, 15, 98, 125, 213, 257.
Aumont (Françoise de Maillé, dame d'), gouvernante des enfants de France, 126.
Aunay. Voir *Aulnay.*
Autriche, 35.
Autriche (Marg. d'), fiancée à Charles VIII, 15, 19.
Autun, 175.
Auvergne, 27, 153, 205.
Avignon, 41, 45, 60, 62.

Ayala (Pedro de), ambassadeur d'Espagne près Maximilien, 97.

Babou (Philibert), trésorier de l'extraordinaire des guerres, contrôleur de Louise de Savoie, trésorier de France, 74, 85, 119, 124, 136, 146, 150, 161, 180, 199, 201, 207, 210, 217, 230, 255.

Bachot (Ant.), 145.

Badoer (Giov.), ambassadeur vénitien, 135.

Badouillier (Guill.), 208, 209, 267.

Bailly (Jean de), 266.

Balan. Voir Ballan.

Baléares (îles), 38.

Ballan, 108, 109, 240.
— Moulin, 237, 240.

Balue (cardinal), 5, 6.

Banquets, 151, 164.

Banquiers, 6, 30, 52, 92, 102, 122, 126, 137, 140, 157, 164, 165, 166, 173, 174, 185, 186, 189, 202, 234, 235, 250, 251, 253, 254, 255, 256, 267, 269.

Baptême du dauphin, 150.

Bar (Charlotte de), 13.

Barbaresques (pays), 38, 136.

Barbier (Et.). Voir Serviteurs de Jacques de Beaune.

Barbier (Nicole), 156.

Barguin (Victor), trésorier de Louise de Savoie, 207, 239.

Baron l'Archevêque, 239.

Bardinière (la), Indre-et-Loire, com. de Ballan, 240.

Baronnat (Geoffroy), 185.
— Léonard, 60.

Barthélemy (Jean), 225.

Bartholin (Zanoby), banquier, 185.

Bastille, 158, 245, 249, 261.

Bâtard de Bresse. V. Bâtard de Savoie.

Bâtard de Savoie (René), 17, 123,
127, 134, 137, 140, 156, 160, 165, 167, 181, 182, 185, 187, 207, 258.
— Achète le comté de Beaufort, 161.
— Grand maître, 162, 254.
— Rôle financier, 141, 144, 145, 151, 152, 154, 155, 161, 171, 175, 176, 190, 194, 195, 197, 204.

Batarnay (de), François, 139, 163.
— René, 162, 237, 272, 279.
— Voir du Bouchage.

Baugé, 72.

Baugé (de), Louis, chauffe-cire, 240.
— Mathurin, 21.

Bayard (Antoine), receveur général de Languedoc, 27, 30, 43.
— Michel, 56.

Bayard (Pierre du Terrail, sr de), 177.

Bayeux (René de Prie, évêque de), 94, 95. Voir Canossa.

Bayonne, 31, 165.

Bazoches (fief), Indre-et-Loire, com. de Mettray, 272.

Bazoges (Baudoin de Champagne, sr de), ambassadeur en Allemagne, 160.

Beaucaire, 50.
— Sénéchaussée, 3.

Beaucourt (Nic. de), 262.

Beaufort (Cte de), 161, 163.

Beaujeu (Anne de), 13, 45, 126.

Beaujolais, 37, 50.

Beaumont (Gervais de), président de Provence, 125.

Beaune en Bourgogne, 1.

Beaune (de), Antoine, 11.
— Catherine, 9, 12, 13.
— Charlotte, 241.
— Claude, 109.
— Colas, 1.
— Colette, 9, 12.
— Guillonne, 9, 12.

Beaune (de), Jean, 1, 3.
— Jeanne (femme de Jean de Beaune), 8, 11, 13.
— Jeanne (sa fille), 9, 13, 230.
— Marie (sa fille), 9.
— Marie (sa petite-fille), 79, 275. Voir *Hurault* (Raoul).
— Pierre, 1.
— Raoulette, 9.
— Renaud, 109.
— René, 82, 89.

Beaune (Guillaume de), fils aîné de Jean de Beaune, 7, 9, 11, 12, 13.
— Commissaire pour un emprunt, 103.
— Dirige des travaux à Châtillon-sur-Indre, 22.
— Général des monnaies, 13, 14.
— Maire de Tours, 77.
— Maître des comptes de Bretagne, 18, 82.
— Meurt, 82.

Beaune (Guill. de), fils du précédent, receveur de Touraine et de Poitou, 82, 83, 128, 129, 156, 275.

Beaune (Guillaume de), deuxième fils de Jacques de Beaune, 78, 85, 100, 120, 134, 137, 138, 140, 144, 147, 149, 151, 152, 159, 160, 175, 177, 181, 186, 193, 194, 206, 210, 238, 244, 246, 247, 248, 249, 261.
— Fuite et condamnation, 267, 268.
— Général de Languedoïl, 128.
— Lettre à la Trémoille, 265, 266.
— Maire de Tours, 146.
— Voyage d'Allemagne, 160, 268.
— Voyage de Navarre, 171, 268.

Beaune (Jacques de), 9, 11, 12, 15.
— Attentat d'un lansquenet, 164.
— Banquier, 17, 101, 102.
— Baronnie de Semblançay, 124, 128.

Beaune (Jacques de). Camp du Drap d'or, 165, 166, 168.
— Chevalier, 63.
— Déplacements, 43, 44.
— Dévouement des siens et de ses serviteurs, 245 à 249.
— Disgrâce, 207.
— Embarras d'argent, 235 à 238, 247, 250, 261.
— Entrée au Conseil, 127, 142, 152.
— Extraordinaire de la guerre en 1515, 120, 121.
— Général de Languedoc, 25; de Dauphiné et Provence, 37; de Languedoïl, 63.
— Général des finances de Louise de Savoie, 123.
— Général résident, 128 à 133.
— Hôtel à Tours, 106, 107, 185.
— Hôtel de Dunois, 146.
— Marchand, 16.
— Mécontentement du roi, 196, 197.
— « Ménage », 138.
— Rapports avec la Provence, 45; le Dauphiné, 45 à 51, 57; Lyon, 52; le Languedoc, 56 à 62, 81 à 85.
— Rapports avec le Bâtard de Savoie, 162, 163, 183.
— Rapports avec Tours, 102 à 105, 123, 237.
— Rôle dans l'affaire de Gyé, 88 à 96.
— Services rendus à François Ier encore dauphin, 118.
— Signes de faveur en 1522-3, 188, 193, 195 à 197, 206.
— Supercherie, 201.
— Travaux publics, 67; artillerie et marine, 71, 72, 121, 156, 158, 178, 184, 197.
— Trésorier d'Anne de Bretagne, 18.

Beaune (Jacques de). Voir *Louise de Savoie, du Bouchage, Duprat, Surintendance.*
Beaune (Jacques II), fils aîné de Jacques de Beaune, trésorier de la reine Anne, 24, 75, 76, 77, 80, 129.
— Évêque de Vannes, 78, 79, 149.
Beaune (Jean de), marchand, 2, 3, 4, 8.
— Argentier du fils de Louis XI, 8.
— Banquier, 6, 7.
— Biens, 10.
— Consignataire des marchandises destinées aux galéasses de France, 4.
— Famille, 9, 13.
— Fondations pieuses, 10, 11.
— Fournit des marchandises à l'Angleterre, 5.
— Hôtel, 9, 10, 106, 107, 147.
— Maire de Tours, 8.
— Rapports avec la Bretagne, 7, 8.
Beaune (Martin de), troisième fils de Jacques de Beaune, 79, 149, 248, 267.
— Archev. de Tours, 167, 168, 184, 196, 200, 244.
— Lettres à son père, 236, 246.
— Mort, 245.
Beedelièvre, Charles, 9, 12, 13, 113.
— François, 232, 244.
— Jeanne, 113.
Bérard (François), bailli de Meaux, s^r de Chissé, 110.
Bernard (Jean), contrôleur d'Anne de Bretagne, 9, 12, 13, 81, 104.
Berne, 187.
Bernier (de Tours), Jean, 10.
— Robert, 106.
Berre, 45.
Berry, 150.
Berthelot, Gilles, 134, 145, 163, 199, 226, 237, 264, 267, 274.

Berthelot, Pierre, 10.
Besay. Voir *Bezay*.
Besnier (Et.), 249, 266, 268.
Besnouard, Denis, 109.
— Guillaume, architecte, 106, 112.
Bessey (Ant.), bailli de Dijon, 89.
Beyrouth, 4.
Bezay (fief s'étendant sur 95 maisons des paroisses Saint-Cyr et Saint-Symphorien), 163, 239.
Béziers, 41.
Bibiena (cardinal), 156, 157, 158.
Bidant. Voir *Bidaut*.
Bidaut (Denis de), général de Languedoïl, président des Comptes, 12, 19, 25, 65, 67.
Bidoux (de), Pierre, dit Lartigue, neveu de Prégent, vice-amiral de Bretagne, 194.
— Prégent, amiral du Levant, 70, 71, 136.
Bijoux envoyés à la marquise de Brandebourg, 160.
Binet, Étienne, 103.
— Jean, 239.
— Macé, 16.
Blanchet (Pierre), aumônier d'Anne de Bretagne, 76.
Blanque. Voir *Double*.
Bléré, 110, 138, 241, 270.
Blés, 37, 38, 42, 43.
Blois, 28, 35, 69, 84, 87, 119, 156, 157, 162, 163, 164, 172, 189, 190, 191, 201, 202, 204, 206, 224.
Blondelet (Victor), 17.
Bohier, Antoine, fils de Thomas, 133, 159, 241, 261, 269, 270, 275, 277.
— Henri, frère de Thomas, receveur, puis général de Languedoc, 25, 51, 65, 71, 73, 90, 103, 117, 120, 125, 138, 140, 143, 145, 146, 160, 175, 184, 190, 203, 260, 275.

Bohier, Thomas, général de Normandie, s' de Chenonceaux (mort le 24 mars 1524), 60, 64, 90, 102, 103, 109, 116, 117, 120, 127, 135, 137, 138, 143, 145, 146, 151, 160, 161, 175, 184, 186, 191, 194, 203, 205, 230, 239, 275.

Bois-Héry (fief de), Indre-et-Loire, com. de Joué, 147, 240.

Bois-le-Roy (s'ie de), Indre-et-Loire, com. de Nouzilly, 242.

Boismart (Jean), receveur de Sens, 231.

Bois-Rayer (prieuré de), Indre-et-Loire, com. de Saint-Avertin, 78, 79, 167.

Boisy (Artus Gouffier, s' de), grand-maître, 99, 118, 125, 134, 135, 139, 142, 144, 152, 153, 159, 163, 172, 200, 255, 260.
— Maladie, 153, 154.
— Mort, 162.

Boîtes. Voir Monnaies.

Bonacorsi (Julien), trésorier de Provence, 159, 160, 245, 252, 257.

Bondelmont (Bart.), banquier, 122.

Bonermine (Jean), 9.

Bonjan (Fr.), contrôleur de Louise de Savoie, 124, 128, 156.

Bonne foi (appel de Jacques de Beaune à la), 219, 226.

Bonnes (s' de). Voir La Martonnie.

Bonney (Et. de), receveur général d'Outreseine, 66.

Bonnivet (Guill. Gouffier, s' de), amiral, 125, 126, 134, 139, 142, 156, 160, 161, 165, 167, 174, 175, 176, 178, 183, 187, 189, 190, 191, 193, 198, 200, 201, 204, 238.

Bons-Hommes du Plessis (chapelle des), 146.

Bonvixi, banquiers, 174, 185.

Bordeaux, 36, 42, 174, 176, 210, 213.

Bordel (Jean), greffier des juges de Jacques de Beaune, 249.

Borgia (César), 34.

Bornes (Charles de), échanson d'Anne de Bretagne, 100.

Boucal (Charles de Refuge, dit), capitaine de gens de pied, 172.

Bouchet (le), Indre-et-Loire, com. de Vouvray, 10, 240.

Boully (Jean de), s' de la Chesnaye, 164, 207.

Boulogne (Madeleine de), 156.

Boulogne-sur-Mer, 121, 126.

Bourbon (de), Charles, connétable, 73, 127, 144, 153, 175, 188, 206.
— Louis, amiral, 46.
— Louis, cardinal, 208.

Bourbonnais, 54.

Bourg-en-Bresse, 102.

Bourgeois (Guill.), 267.

Bourges, 20, 21, 24, 39, 41, 102, 119, 126, 200.

Bourges (Ant. Bohier, cardinal de), 143, 153.

Bourgogne, 31, 49, 119, 142, 154, 177, 190, 195.

Bourré, Charles, fils et successeur de Jean, 76.
— Jean, trésorier de France, 17.

Brachet (Jean), receveur général de Languedoïl, 119, 229, 260.

Brandebourg, 160.

Braque, banquiers, 122.

Bréaudière (métairie), Indre-et-Loire, comte de Montbazon, 240.

Breslay (Guy de), un des juges de la Tour Carrée, 266.

Bresse, 50.

Brest, 156.

Bretagne, 7, 18, 20, 22, 31, 76, 77, 78, 84, 87, 100, 137, 141, 151, 154, 195, 196.
— Sel, 54, 67.
— Voir *Cardonne*.

Bretèche (métairie), 179, 237, 241.
Brèves. Voir *Monnaies*.
Briand, Arnoul, 237.
— Maurice, 11.
Briant. Voir *Briand*.
Briçonnet, François, receveur de Languedoïl, 16, 65, 123.
— Guillaume, 9, 12, 13, 19, 34, 37, 57, 78, 83, 90, 92, 93, 97, 117.
— Jean, gendre de Jean de Beaune, 5, 7, 9, 11 à 13.
— Jean, fils aîné de Guillaume, général de Dauphiné et Provence, président des Comptes, 37, 210
— Pierre, général de Languedoc, puis de Languedoïl, 25, 26, 64, 65, 67.
— Regnaut, argentier de Charles VIII, 16.
Brignoles, 35, 63.
Brillac (Christophe de), archevêque de Tours, 157, 167.
Brinon (Jean), auditeur des Comptes, 145, 192, 198, 208, 251.
Brocet (Catherine), 82.
Brosse-Penthièvre (René de), 139, 167, 206, 242.
Bruges, 4, 5, 165, 175.
Brunswick (duc de), 170.
Bruxelles, 86.
Bucy (Simon de), général des monnaies, 14.
Burdelot, Gaillard, 264.
— Jean, 115.
Burgo (Adrien de), ambassadeur de Flandre, 69.
Bussy (Jean d'Amboise, sr de), 123.

Caillaud (Louis), président au Parlement, 242, 277.
Caire (le), 40.
Calabre, 34.
Calais, 135, 174, 176, 181.

Calicut. Voir *Indes*.
Cambrai, 137, 139.
— Ligue de, 34, 68.
Cambrai (Jean de), banquier, 4.
Campobasso (Fr. de), 244, 250, 254.
Candé, Indre-et-Loire, com. de Monts, 16, 236, 246.
Canossa (Louis de), évêque de Bayeux et de Tricarica, 136, 244.
Cappel (Barth.), fermier des greniers de Provence, 42, 45
Capponi, banquiers, Alexandre, 102.
— François, 6.
— Julien, 102.
— Néri, 122.
Carcassonne, 40.
Cardonne (J. Fr. de), général de Bretagne, 100, 154.
Carlier (Jean), greffier du parlement de Toulouse, 62.
Carpi (Alb. Pio, cte de), ambassadeur à Rome, 158.
Carré (Jean), trésorier de l'extraordinaire des guerres, 207, 277.
Carreto (Charles del), archevêque de Tours, 79.
Carroy de Beaune. Voir *Tours*.
Carte (la), domaine de Jacques de Beaune, 107, 108, 109, 138, 139, 147, 148, 151, 240, 269, 273.
Cas inopinés. Voir *Extraordinaire de la guerre*.
Casabella (srie de), 196.
Casuels et inopinés (Deniers), 130, 199.
Castille, 87, 96, 172.
Castro (Diego de), Castillan, 100.
Catalogne, 3, 34, 40, 41, 42, 169, 216.
Cavalari, banquiers, 165.
Cavalcanti (Jean), banquier, 165.
Cavalerie. Voir *Gens d'armes*.
Centralisation, 43, 45, 46, 53, 56, 57, 67, 131, 132, 204.
Cerdagne, 40.

Cerises (Jean), 102.
Chabannes (Jacques de), s^r de la Palisse, maréchal, 127, 152, 187.
Chairsalle (Mat.), imprimeur, 270.
Chambres des Aides, des Comptes, des Monnaies. Voir *Cours souveraines.*
Champagne, 175.
Champaignac (Pierre), clerc des offices de la reine Anne, 24.
Champdenier (Fr. de Rochechouart, s^r de), 90, 127.
Champlay (métairie), Indre-et-Loire, com. de Ballan, 240.
Champley. Voir *Champlay.*
Chancelier. Voir *Rochefort.*
Chapelle de Notre-Dame de Pitié, 10, 11, 78, 239.
Chapponay (Jean de), procureur des États de Dauphiné, 57.
Charentais (fief de), Indre-et-Loire, com. de Saint-Cyr, 146, 197, 239, 240, 272.
Charles V, 1, 66.
Charles VI, 1.
Charles VII, 1, 3, 10, 26, 31, 53, 132, 199, 204.
Charles VIII, 8, 15, 12, 16, 19, 22, 23, 24, 40, 41, 56, 58, 75, 81, 90 à 92, 97, 103, 112, 113, 114, 129.
— Dépenses de sa maison, 16, 17, 31.
— Funérailles, 31, 100.
Charles Orland, Dauphin, 23.
Charles, duc de Guyenne, 65.
Charles-Quint (d'abord Charles de Luxembourg), 86, 99, 118, 127, 135, 136, 141, 143, 152, 159, 160, 162, 165, 169, 174, 175, 181.
Charles le Téméraire, 5.
Charlotte de France, 129, 135, 138, 141, 156.
Charlotte de Savoie, femme de Louis XI, 21, 80, 81.

Chartier (Nicole), 248.
Chartres, 157.
Chartres (vidame de), 242.
Chastigny, Indre-et-Loire, com. de Fondettes, 239.
Châteauneuf-sur-Loire, 1.
Château-Renaud, Indre-et-Loire, chef-lieu de cant., 10.
Châtelet, 83.
Châtillon (Gaspard de Coligny, s^r de), maréchal, 159, 164, 174, 175.
Châtillon-sur-Indre, 22, 269.
Chaumont, 77, 138.
Chenonceaux, 109. Voir *Bohier* (Thomas).
Cher, 112.
Chevalerie (fief de), Indre-et-Loire, com. de Ballan, 147, 240.
Chevalier (Nicole), procureur général des Aides, 67.
— Pierre, greffier des Comptes, 209.
Chevauchées des généraux et du visiteur des gabelles de Languedoc, 43, 49, 57, 62, 132.
Chinon, 80, 157, 162, 269.
Chio, 4.
Chissé, 10.
Chotard (J. B.), prieur de Semblançay, 148, 149.
Cibo (cardinal Laurent), 79.
Claude de France, 40, 77, 85, 86, 87, 95, 96, 129, 135, 144.
Cleberger (Jean), banquier, 186.
Clerbourg (Jean), général des monnaies, 14.
Clergé, 131.
— Amortissements, 30, 167, 192.
— Croisades, 136, 141.
— Décimes, 6, 30, 34, 68, 136, 141, 151, 157, 158, 216.
— Dons volontaires, 69, 70, 71, 193.
Clérieu (Guill. de Poitiers, s^r de) gouverneur de Paris, 38, 76.

èves (maison de), 107.
os-les-Amboise (le), 124, 128.
otet (René), 257.
xur (Jacques), 3, 60.
ognac, 156.
ollier de l'ordre de Saint-Michel, 152.
ollioure, 6.
ologne, 267.
olombe (Michel), sculpteur, 104, 107.
olonna, Marc-Antoine, 201.
— Prospero, 126.
ombes (Jean de), fermier du tirage du sel par le Rhône, 50.
ommissions extraordinaires, 92, 130.
ommunauté des affaires de François 1er et de Louise de Savoie, 171, 203, 212, 213, 214, 215, 217, 218, 220.
ommynes (Philippe de), 5, 6, 88, 95.
ompaing, Guillaume, maître de la chambre aux deniers de Louis XII, 89.
— Pierre, 113.
Compiègne, 141, 181, 185, 223.
Compositions d'Artois et de Rethelois, 141.
Comptables (recherche des), 89, 90 (1503), 141, 144, 145 (1517), 198, 199, 228, 229, 274 à 278 (1523-1536). Voir *Tour Carrée*.
Comtat-Venaissin, 45, 50, 57, 62.
Concile. Voir *Gallicanisme*.
Confession de Jacques de Beaune, 260, 261.
Confignon (de), agent de la Savoie, 100, 161.
Conflans (Ant. de), capitaine des bateaux du roi, 155.
Confrérie de Saint-Gatien, 11, 78.
Conseil des finances, 28, 36, 129.
Conseil privé, 127, 129, 131, 133, 141, 152, 182, 183, 204, 208.

Contrôleurs généraux, 29, 131, 203.
— municipaux, 120.
Corbeil, 71.
Cordelière (la), nef d'Anne de Bretagne, 21, 36.
Cordes (Tarn), 39, 43, 59.
Cornillon (Dauphiné), 46.
Corsaire, 165.
Corsi (Pierre), banquier, 166, 168.
Côte Saint-André (Dauphiné), 46.
Cottereau, Bonne, fille de Jean, 85, 272.
— Guillaume, fils de Jean, 237.
— Jean, trésorier de France, 85, 206, 238, 244.
Couches de la reine Claude, 126, 135, 144, 150, 167.
Coucy, 87.
Cour (la), Indre-et-Loire, com. de Vouvray, 240.
Cours souveraines, 29, 34, 43, 72, 131, 141, 170.
— Chambre des Aides, 28, 62, 150, 171, 230, 231.
— Chambre des Comptes, 20, 25, 76, 91, 209, 213, 228, 229.
— Chambre des Monnaies, 14, 47.
— Parlement, 120, 134.
— Angoumois, 213.
— Bourgogne, 49.
— Bretagne, 18, 76, 77, 97.
— Dauphiné, 45, 46, 51, 52.
— Languedoc, 41, 55, 58, 60.
— Provence, 44, 45, 49.
Courteville (Jean de), ambassadeur de Flandre, 97.
Courtin (François). Voir *Serviteurs de Jacques de Beaune*.
Coutumes (Rédaction des), 105.
Crème (Italie), 122.
Crémieu (Dauphiné), 46, 47, 50.
Cristofle (Jean), 147.
Crousillière. Voir *Crouzillère*.

Crouzillère, Indre-et-Loire, com. de Joué, 163.
Crues de taille. Voir *Taille*.
Crussol (Jacques, s^r de), 46.
Cuisines de François Ier, 144, 150.
Cuisinier (le) de Jacques de Beaune à la Bastille, 252.
Culant (Marg. de), 17.
Cumont (Élie de), 99.

Dandolo (Marc), ambassadeur vénitien, 73.
Danemark, 162.
Dapestegny (Pierre), général de Guyenne, 230.
Dauphiné, 12, 23, 31, 37, 38, 40, 48, 49, 50, 51, 57, 65, 74, 141, 145, 154, 177, 195, 224, 225.
— Divisions administratives, 37.
— Droits perçus par le roi, 44, 49.
Décharges levées sur les receveurs particuliers, 29, 131, 203, 253.
Décimes sur les biens du clergé. Voir *Clergé*.
Déficit, 32, 33, 34, 70, 74, 136, 140, 141, 195.
Denis (Michel), receveur de Poitou, 101.
Dieppe, 36, 143, 191.
Dijon, 1, 172, 173.
Domaine, finances ordinaires, 26, 27, 30, 31, 74, 203.
Donation (prétendue) de la pension de Naples à Louise de Savoie, 208, 218, 219, 222.
Dons, 66, 133, 141.
Double, impôt sur le sel en Languedoc. Voir *Sel*.
Doulcet (François), trésorier de l'extraordinaire des guerres en 1502-1503, maître de la Chambre aux deniers de Louis XII, 89.
Dourdan, 71.

Drap d'Or (camp du), 164, 165, 166, 173, 244.
Draps, 40, 41.
— Draps de soie, 3, 14, 122, 146, 164, 165.
Du Bellay (cardinal), 243.
Du Bois (Jean), trésorier des menus plaisirs de Charles VIII, 35, 90, 92, 97.
Du Bouchage (Ymbert de Batarnay, s^r), 89, 101, 117, 126, 128, 138, 139, 156, 162, 163, 167, 170, 201, 206, 272.
— Sa mort, 196.
Du Bourg (Antoine), 242, 252, 267, 271.
Ducats d'Italie. Voir *Monnaies*.
Du Chesnel (René), bailli de Touraine, gendre de Jacques de Beaune, 111, 241.
Du Chillou (Guyon le Roy, s^r), vice-amiral de France, 197.
Du Drat (Adrien), 267.
Du Fou (Lancelot), év. de Luçon, 121.
Du Luc, 237.
Dunois (maison de), 9, 106, 146, 147, 271.
Du Plessis (Jean), contrôleur des guerres, 89.
Du Pont (Ant.), procureur de Lyon, 52.
Duprat (Ant.), chancelier, 64, 125, 126, 139, 140, 158, 165, 174, 183, 193.
— Animosité contre Jacques de Beaune, 157, 207, 243, 261, 263, 264, 266.
Durance, 45.
Duras (Jean de Durfort, s^r de), 122, 127.
Du Refuge (Pierre), 60.
Du Tillet (Élie et Séraphin), receveurs généraux de François de Valois, 124, 125, 145, 213, 217.

Duval (Étiennette), 106.
Duvau (métairie), 241.
Du Verger (Jean), président des Aides, 18.

Échelles du Levant, 3.
Écosse, 71, 117, 190, 193, 194, 195, 196, 197, 200, 202, 213, 255.
Écrous délivrés par les contrôleurs généraux, 29, 203.
Écus soleil et couronne. Voir *Monnaies*.
Édouard IV, roi d'Angleterre, 5.
Égypte, 38, 39, 40.
Élus, chargés de la taille et des aides, 27, 53, 151, 184.
Embrun (François de Tournon, archevêque d'), 208.
Émeraude achetée pour Charlotte de France, 156.
Empire, rive gauche du Rhône. Voir *Sel*.
Empire (rivalité pour l'), 159 à 161, 163, 166.
Emprunts, 30, 32, 33, 34, 69, 70, 71, 91, 92, 103, 126, 127, 136, 140, 141, 145, 166, 167, 173, 177, 178, 179, 180, 187, 190, 258, 259.
Enfants de France (maison des), 126, 163, 167. Voir *Charlotte, François, Louise, Madeleine*.
Enquête pour le compte de Jacques de Beaune avec Louise de Savoie, 224 à 227.
Épargne, essais, 35, 130, 131, 163, 169 à 173, 222.
— Trésorier de l'épargne, 198, 199, 200, 203, 204.
Épernay, 123.
Épices du Levant, 3, 39, 40.
Épinay, 154, 155.
Équivalent aux aides, 54, 55, 56.
Eschallier (Jean de l'), dit le Miste, peintre, 104.

Eschanetz (Gaucher de Dinteville, s^r d'), 123, 127.
Espagne, 35, 37, 38, 40, 41, 69, 70, 99, 105, 143, 152, 159, 216.
Essarts (Phil. des), 62.
Establcau (chapelle d'), 246.
Étampes, 38.
Étapes, 204. Voir *Armée*.
États des finances, 28, 129, 130, 132, 137, 138, 142, 152, 154, 166, 170, 173, 191, 192, 195, 196, 202, 210, 218, 221, 222, 223.
États généraux du royaume, 340.
États provinciaux, 131.
— Auvergne, 53.
— Bretagne, 18, 76.
— Dauphiné, 43, 48, 57.
— Guyenne, 53, 65.
— Languedoc, 26, 33, 36, 39, 41, 43, 52, 53, 55, 56, 58, 62, 63, 66, 82 à 85.
— Normandie, 45, 53.
— Provence, 38, 43.
Évreux, 144.
Extraordinaire de la guerre. Voir *Armée*.

Fame (Martin), 16, 146.
Ferdinand le Catholique, 33, 34, 40, 41, 69, 87, 94, 96, 118, 126.
Fernand, deuxième fils de Philippe le Beau, 99.
Ferrare, 128.
Ferrier, Geoffroy, fils et successeur de Sébastien, 177, 196, 276.
— Sébastien, général de Milan, 74.
Feu, unité de répartition de la taille, 53.
Finances, administration, 26 à 29, 129 à 133, 141, 198, 199, 203, 204.
— Rendement des impôts, 30 (en 1497), 74 (en 1514), 141 (en 1517), 195 (en 1523).

Financiers, méfiances de Louise de Savoie et du roi, 178 à 180, 196, 197, 199, 204, 207, 208.
Fitzwilliam (William), ambassadeur d'Angleterre en France, 170.
Flamands, 5, 7.
Flandre, 9, 257.
Flans. Voir *Monnaies*.
Fléart (Hénart), auditeur des comptes du Dauphiné, 119.
Florence, 3, 35, 43, 47, 68, 90, 91, 165.
Florence (Ambroise de), 251.
Florentins, 4.
Florins de Dauphiné et de Provence. Voir *Monnaies*.
Foires de Lyon. Voir *Lyon*.
Foix (Germaine de), femme de Ferdinand le Catholique, 43, 96, 100.
Fontaine de Beaune. Voir *Tours*.
Fontainebleau, 200.
Fontarabie, 181, 194, 196, 197, 200, 202, 204, 213, 216, 227, 235, 255.
Forez, 37, 50.
Fornoue (bataille de), 16.
Fortia (Bernard), s^r de la Branchoire), 239, 244, 253, 254, 255, 272.
Fortier (Louis), archer de la Bastille, 249.
Fouages, tailles de Provence et de Bretagne, 154.
Fournier (Jean), 1.
Frain (Guill. de). Voir *Serviteurs* de Jacques de Beaune.
Francfort, 39, 267.
Francs-archers, 32, 184.
Francs-fiefs et nouveaux acquêts, 30, 70, 141.
François Ier, dauphin, 40, 87, 95, 96, 98, 99, 100, 117.
— 17, 64, 66, 107, 117, 131, 135, 140, 144, 159, 165, 166, 168, 169, 170, 172, 174, 175, 177, 180, 184, 201, 261, 264.

François (dauphin), 150, 157.
— Fiancé à la fille de Henri VIII, 161.
François II, duc de Bretagne, 7, 77.
François (Martin et Bastien), sculpteurs, 104, 107.
Frédéric, roi de Naples, 102.
Frégose (Octavien), gouverneur de Gênes, 140.
Fréjus, 35.
Frescobaldi (les), banquiers, 165, 166.
Fresque de Jacques de Beaune, 239.
Fugger (les), banquiers, 165.
Fumée (famille), 82, 99, 112 à 115.
Furby (Guy), des Frères prêcheurs, 248.
Furstenberg (Cte de), 170.

Gabelle, impôt du sel, 26, 27, 28, 30, 53, 57 à 61, 145, 152, 153, 203.
— Adjudication des greniers pour dix ans, 120.
Gaburon (Barth.), banquier, 185.
Gadagne (Thomas), banquier, 145, 167, 177, 185, 186, 202, 245, 251, 256, 269.
Gaëte, 4.
Gaillard (Michel), général d'Outreseine, 4, 24, 60.
Gaillon (château de), 104.
Galéasses de France, 3.
Galères de France, 36, 201.
— de Venise, 3.
Galiot de Genouillac (Jacques), grand maître de l'artillerie, 164.
Gallant (Jeanne), 106.
Galle (Jean), brodeur d'Anne de Bretagne, 107, 146.
Galles (prince de), 5.
Gallicanisme, 69, 78, 158.
Galocheau (Jean), 9, 110.
Gand, 5.
Garances, 42.

Garantie de François Ier accordée à Jacques de Beaune, 180.
Gascogne, 65.
Gastellier (Denis Troupeau, dit), de Tours, 9, 10.
Gaudin (Victor), argentier de la reine Anne, 17, 19.
Gaultier (Macé), abbé de Marmoutier, 149.
Gay (Léonard), 266.
Gedoyn (Rob.), secrétaire des finances, 154, 155.
Génas (François de), général de Languedoc, 60.
Généraux des finances, 27, 28, 29, 30, 36 à 39, 129 à 132, 137, 138, 151, 161, 164, 178, 183, 198 à 200, 203 à 205, 255, 268, 274.
— Attaqués par l'amiral Graville, 90 à 92, 97.
— Voir *Financiers*.
Généraux des monnaies et des aides. Voir *Cours souveraines*.
Généraux (obligation des). Voir *Obligation*.
Gênes, 12, 36, 38, 42, 43, 44, 47, 63, 64, 71, 73, 84, 87, 92, 104, 136, 137, 140, 141, 160, 259.
Genevois, 50.
Genly (Adrien de Hangest, s^r de), 118.
Gens de pied entretenus par les villes et le clergé, 184, 193, 194. Voir *Armée*.
Gentil (René), 251, 267, 278, 279.
Geslain (Jean), 9.
Gié. Voir *Gyé*.
Gien, 200.
— Lettre d'une clarisse, 245.
Giroust (Guill.), 106.
Giustiniani (Séb.), ambassadeur vénitien à Londres, 121.
Godebert (veuve), 147.
Godefa (château de), à Gênes, 73.
Gondi (Ant.), banquier, 269.

Gontard (Bertrand), 145.
Gorier (Jean), 251.
Gouffier. Voir *Boisy*, *Bonnivet*.
Graisses, 42.
Grand Conseil, 42, 49, 50, 52, 60, 63, 96, 271.
Grande Maison, métairie, 240.
Grange Godeau, 239, 273.
Grantmont (ordre de), 78, 236, 246.
Graville (Louis Malet, s^r de), amiral, 71, 88, 89, 91, 92, 93, 94, 95, 97.
Grefin (fief dépendant de la Carte), 148.
Greniers à sel. Voir *Gabelle*.
Grenoble, 22, 43, 47, 50, 51, 84, 120.
Griffi (Dominique), banquier, 269.
Grille de Saint-Martin de Tours, 190.
Grimaldi (Lazare), banquier, 122.
Grolier, Etienne, trésorier du Milanais, 35, 64, 68.
— Jean, trésorier du Milanais, puis trésorier des guerres, 234, 274, 276, 277.
Grossier (Jean), receveur de la croisade, 136.
Grudi (Dominique), banquier, 189.
Gualterotti (les), banquiers, 142, 158, 159, 161, 257.
Gueldre, 35, 69, 96.
Guérande, 54.
Guéret (Jean). Voir *Serviteurs* de Jacques de Beaune.
Guérin (Jean), orfèvre, 104.
Guillard (Charles), président au Parlement, 198, 208, 229.
Guillon (Noël), chapelain, 11.
Guillonnière (la), métairie, 240.
Guines, 164.
Guyenne, 14, 27, 28, 30, 33, 63, 69, 70, 83, 172, 173, 175, 204.
— Divisions administratives, 65, 66.
— Hugues Malras, receveur général, 205.

Gyé (Pierre de Rohan, sʳ de), maréchal, 13, 34, 72, 86, 87, 88, 89, 92, 93, 96, 97, 106.
— Rapports avec Anne de Bretagne, 89.

Hainaut, 181.
Haraucourt (Guill. de), évêque de Verdun, 6.
Hardoin (Jean), trésorier de France, 10.
Havre de Grâce (le), 140, 166, 184.
Hennequin (Jean), 267.
Henri VI, roi d'Angleterre, 5.
Henri VII, roi d'Angleterre, 35, 87, 90.
Henri VIII, 69, 70, 73, 121, 126, 135, 136, 151, 156, 163, 164, 165, 166, 172, 173, 181.
Herbert (Jean), général de Languedoc, 60.
Hercules (d'), capitaine de gens de pied, 172.
Hervoet (Jean), trésorier du Milanais, puis trésorier de France, 33, 89.
Hurault (Jacques), général d'Outreseine, 64, 74, 79, 116, 117, 150.
— Raoul, gendre de Jacques de Beaune, 79, 80, 85, 117, 120, 129, 134, 138, 142, 151, 153, 159, 160, 162, 168, 172, 175, 186, 190, 191, 272, 275, 278.
Hutel (Ferry), fondeur, 104.

Imposition foraine. Voir *Aides*.
Indes (route des), 39.
Infanterie. Voir *Armée*.
Ingrande, 67.
Inspruck, 142.
Interrogatoire de François Iᵉʳ et de Louise de Savoie, 220.
Issoudun, 236.

Italie, 38, 43, 44, 64, 68, 70, 73, 116, 135, 174, 175, 177, 178.

Jacques IV, roi d'Écosse, 117.
Jaffa, 4.
Jeanne de France, 87.
Jérusalem, 4.
Jobert (Guill.), de Tours, 240.
Joyes (Ant. de), trafiquant de sel, 57.
Jubilés, 34.
Juge (Ant.), comptable des créances de Jacques de Beaune, 270, 274.
Jules II, 31, 43, 69, 70.
Juste (les), sculpteurs, 104.

Kaérie (fief de la), 2.
La Barrière (François de), 226.
La Bastye (Olivier de la Vernade, sʳ de), ambassadeur en Angleterre, 164, 165.
La Baulme (de), procureur du Dauphiné, 48.
La Blandinière (Jean de), 78.
La Clayette, 208.
La Colombière (Aymar de), trésorier de Dauphiné, 145.
La Croix (Guill. de), trésorier des guerres, 13.
La Fayette (de), gouverneur de Boulogne-sur-Mer, 121, 126, 164.
La Guiche (Pierre de), ambassadeur en Angleterre, 143.
Laigle, 206.
Lallemant (Jean), receveur général de Languedoc, 27, 229, 244, 276, 277.
La Loère (Jean de), 13.
La Marck (Rob. de), 170, 171, 172, 174.
Lambert (Jacques), brunisseur, 104.
La Martonnie (Rob. de), sʳ de Bonnes, 204, 250.
Lamée (Jean), 61.
Lamet (de), ambassadeur en Suisse, 173, 178.

La Mothe (Charles de), 266.
Lancastre (maison de), 5.
Lances. Voir *Armée*.
Landois (Pierre), trésorier de Bretagne, 7, 154.
Landreville (terre de), 113.
Landronnière, métairie, 241.
Lange (Et.), orfèvre, 238.
Languedoc, 3, 4, 12, 24, 27, 28, 30, 31, 35, 37 à 43, 50, 51, 52, 65, 66, 67, 69, 74, 80, 81, 177, 189, 204.
— Divisions administratives, 37.
— Impôts, 52, 53, 54.
Languedoïl, 12, 27, 28, 30, 37, 63, 66, 67, 69, 74, 80, 134, 189, 260.
— Compte de 1518, 152.
— Divisions administratives, 65.
Lannion, 89.
Lansquenets, 69, 70, 71, 73, 119, 121, 127, 171, 172, 173.
Laon, 190.
Laon (Guill. de Champeaux, évêque de), général de Languedoc, 60.
La Primaudaye (Nic. de), 250.
Larcevesque (Jean), s^r de Soubise, 58.
La Roche Aymon (Jean de), lieutenant du gouverneur de Languedoc, 56.
La Rochebeaucourt (de), ambassadeur en Espagne, 152, 155, 159, 160, 169, 197.
La Rochefoucauld (Françoise de), 107, 147.
La Rochepot. Voir *Montmorency* (Anne de).
La Romayière (Charles de), agent d'Alain d'Albret, 18.
La Sauneric (Jean de), 250.
La Trémoille (de), Louis II, 16, 33, 36, 71, 101, 127, 134, 162, 195.
— François, 235, 265, 267.
— Antoinette, 107.
Laubespin (Aymé de), 60, 119.

Lautrec (Odet de Foix, s^r de), 127, 142, 174, 175, 176, 177, 178, 181, 186, 187, 188, 208, 243, 255.
Laye (Gabriel de), procureur des États de Languedoc, 41, 58.
Laval (Guy XV, c^{te} de), 102, 142.
La Villate (de), 146, 163.
Le Comte (Jean), 228, 229.
— Nicolas, 189.
Le Coq (Charles), 225.
Le Cyvrier (Geoffroy), banquier, 4.
Le Doux (Michel), argentier d'Anne de Bretagne, 19.
Leduc (Pierre), auditeur des Comptes, 198.
Legendre (Pierre), trésorier de France, 161.
Le Grant (Denis), 226.
Le Maçon, Germain, 14.
— Pierre, 232.
Lemaistre (Pierre), fermier du tirage du sel par le Rhône, 50.
Léon X, 157, 158, 173.
Le Roy, André, chargé de missions en Égypte et en Suisse, 40, 140, 274.
— Jacques, contrôleur général de Languedoïl, 145.
— Jacques, receveur général d'Outreseine, 97.
— Martin, 13.
— Pierre, garde de la monnaie de Paris, 14.
Lescun (Thomas de Foix, s^r de), 170.
Lespervier (Artus de), 83.
Lespinasse (Poncet de), 88.
Lespinay (Jean de), receveur de Bretagne, 78.
Letonnelier, marchand, 7.
Levant. Voir *Échelles*, *Épices*.
Levées de la Loire, 67.
Le Viste (Ant.), 225.
Lieutenants du visiteur des gabelles de Languedoc, 59.

Limousin, 27.
Livre sterling, 168.
Locarno, 187.
Loches, 269.
Lodève (Denis Briçonnet, évêque de), 158.
Loire, 54, 67, 128, 167, 237.
Londres, 137.
Longuejoue (Mat. de), 266.
Longuetouche, en Vendômois, appartient à Jean de Beaune, puis à Thomas Bohier, par sa femme Catherine Briçonnet, 10.
Longueville (de), 72, 73, 122, 146.
Lopin, Charles, 225.
— Émery, avocat de Jacques de Beaune, 215, 225, 249, 265, 267, 268, 270, 278.
Lorges (Charles de Montgomery, sʳ de), capitaine de gens de pied, 172.
Loudun, 9, 10, 80.
— Receveur de Loudun. Voir *Frain*.
Louis XI, 2 à 9, 65, 87, 124.
Louis XII, 17, 31 à 36, 38, 40, 42, 43, 50, 52, 56, 58, 63, 64, 66, 68, 69, 72, 73, 74, 75, 76, 86, 87, 90, 93, 95, 104, 117, 131.
— Divorce, 122.
— Funérailles, 118.
— Santé, 86, 98.
Louise de France, 126, 129, 135, 141, 143, 153, 156.
Lucerne, 186.
Lucques, 3, 68.
Lucquois, 4.
Luillier (Eustache), 198.
Luxembourg (cardinal de), 72.
Lyon, 4, 6, 21 à 24, 25 à 39, 41, 50, 62 à 65, 69, 74, 76, 103, 113, 114, 119, 120, 122, 123, 142, 143, 165, 173, 178, 182, 189, 191, 200, 216, 224, 225.
— Foires, 38.

Lyon. Pont du Rhône, 51, 52.
— Voir *Banquiers*.
Lyonnais, 37, 40, 48, 50, 184.

Mâcon, 34.
Mâconnais, 50.
Madeleine de France, 167.
Madon, 138.
Maguelonne, 54.
Maillard (Gilles), 262.
Maillé, 241.
Maillé (Mˡˡᵉ de), 163.
Maine, 123, 145.
Maintenon, 244.
Malines, 5.
Malartin (Guill. et Jean), 264.
Manche (la), 70.
Mandoux (fief de). Voir *Maudoux*.
Mans (le), abbaye de la Couture, 167, 200, 235, 236.
Mantoue, 35.
Marche, 27, 153.
Marchy (Nic. de), maître de la Chambre aux deniers de la reine Anne, 19.
Marcau (Séb. de), maître de la chambre aux deniers de François Iᵉʳ, 151.
Maréchal (Jean et Martine), de Tours, 106, 147.
Maréchaussée (prévôts de la), 145.
Margelle (la), 174.
Marie d'Anjou, femme de Charles VII, 21, 80, 83.
Marie Tudor, femme de Louis XII, 73, 116, 118, 119, 141.
Marignan, 119.
Marine, 3, 4, 35, 36, 38, 70, 71, 137, 141, 151, 156, 162, 166, 172, 184. Voir *Bidoux*, *Havre* (le), *Navarre* (Pierre).
Marle (Germain de), général des monnaies, 14.
Marot (Clément), 194, 262, 263.

Jarques et représailles, 3, 41, 42.
Jarseille, 4, 7, 35, 38, 45.
Martigue, 45.
Martine (Louis), 206, 242.
Matha, 98, 125, 213, 257.
Maudoux (fief de), Indre-et-Loire, com. de Saint-Cyr, 197, 240.
Maugeron (Pirault de), capitaine de gens de pied, 172.
Maulevrier, 98, 125, 213, 257.
Maximilien, 33, 34, 68, 69, 70, 97, 100, 122, 126, 127, 135, 136, 137, 140, 141, 142, 160, 165.
— Sa mort, 159.
Mayaud. Voir *Mayault*.
Mayault (François), fermier du tirage du sel pour le Rhône, 42, 50.
Mazy (Néry), banquier, 158.
Meaux, 177, 180.
Meaux (Guill. Briçonnet, évêque de), 225, 226.
Médicis, banquiers, 6, 101, 122.
— cardinal, 156.
Medulla (Fr.), 267.
Mehun-sur-Yèvre, 22.
Meigret (Lambert), trésorier de l'extraordinaire des guerres, 124, 134, 136, 140, 142, 145, 161, 163, 171, 173, 176, 177, 181, 182, 189, 201, 202, 209, 210, 211, 212, 216, 217, 218, 219, 220, 221, 222, 226, 227, 228, 242, 249, 251, 252, 253, 256, 274, 276.
Melun, 71.
Menant (Michel), trésorier de la marine, 267, 277.
Messincourt, 172.
Messine, 4.
Mestre. Voir *Mettray*.
Mettray (fief), Indre-et-Loire, canton de Tours-nord, 240.
Mézières, 176, 177, 181.
Michon (Pierre), auditeur des Comptes, 251, 267.

Mignet (Ant.), 147.
Milan (Jacqueline de), 101.
Milanais, 32, 33, 42, 68, 70, 71, 72, 73, 87, 99, 119, 122, 126, 137, 141, 142, 144, 173, 175, 178, 181, 185, 186, 187, 188, 201, 259.
Millon. Voir *Miron*.
Mines. Voir *Monnaies*.
Minut (Jacques), président de Toulouse, 188, 251, 261, 266, 268, 278.
Minutelli (les), banquiers, 174, 185.
Miron (François), médecin du roi, épouse Élisabeth Alexandre, beau-père de Bernard Fortia et de Jean Prévost, 254.
Mocy (Jeanne de), 17.
Moliherne, Indre-et-Loire, com. de Saint-Cyr, 72.
Monnaies (fabrication des), 17, 47, 48.
— Valeur, 47 (note 1), 168 (note 3).
Montaigu, 17.
Montargis, 1.
Montbazon, 148, 240, 271.
Montberon (les), 15, 98, 125, 246.
Montélimar, 48, 50.
Montfaucon, 263.
Montferrat, 35.
Montfort-l'Amaury, 22.
Montils-sous-Blois, 211.
Montmoreau (baron de), capitaine de gens de pied, 172.
Montmorency, Guillaume, 123, 127, 152, 165, 204.
— Anne, 187, 192, 199, 201, 204, 243, 244, 263.
Montmorillon, 17.
Montpellier, 3, 4, 7, 25, 26, 27, 40, 41, 43, 55, 80, 159, 162.
Montrésor, 196, 201.
Montreuil-sur-Mer, 142, 164.
Montrichard, 2, 10, 15, 18, 96, 137, 143, 144, 197, 269, 270, 272.
— Domaines de Jacques de Beaune, 109 à 112, 240.

Montrichard, Procès au sujet du four banal, 110, 237.
Montrichart. Voir *Montrichard.*
Morderet (Guy), 106.
Morelet de Museau, trésorier de l'extraordinaire, puis de l'ordinaire des guerres, 68, 72, 74, 167, 189.
— Général d'Outrescine, 190, 205, 256, 276, 277.
Morin, Jean, 204.
— Pierre, trésorier de France, 9, 12, 16, 24, 75, 76, 113, 230, 239.
Morlaix, 151, 153, 190.
Mortes-payes (garnisons des places fortes), 141.
Mortier-Morin (fief du), 240.
Motdis (Jean), argentier de M. de la Trémoille, 16.
Moulins, 21, 22, 23, 24, 76, 123, 128, 144.
Mourilly (Michel de), banquier, 185.
Mouy (Charles de la Meilleraye, sr de), capitaine de gens de pied, 172.
Mouzon, 172, 176, 177.

Nantes, 17, 76, 77, 100, 153.
Nantes (Guill. Guéguen, év. de), 82, 94.
Nanteuil, 2.
Naples, 4, 16, 23, 30, 33, 34, 42, 51, 74, 89, 91, 102, 126, 127, 135, 243, 275.
— Pension de Naples, 68, 122, 143, 152, 160, 169, 170, 171, 174, 182, 183, 197, 200, 202, 206, 212, 216, 217, 218, 219, 221, 222, 223, 226, 227, 252, 271.
Narbonne, 36, 39, 40, 42, 43, 56, 58, 60, 80.
Narbonne (paroisse de Joué), 240.
Narbonne (cardinal de), 40.

Nassau (cte de), 172, 176, 177.
Naturelli (Philibert), ambassadeur de Flandre, 140, 153, 160, 213.
Navarre, 127, 160, 170, 171, 172, 174.
Navarre (Pierre), 122, 136.
Navarre (Catherine de), 18.
Nazy (Barth, François et Guill.), banquiers, 122, 167, 172, 177, 185, 186, 200, 202, 254, 256.
Nemours (duc de). Voir *Gyé* (maréchal de).
Nemours (Philiberte de Savoie, duchesse de), 187, 235.
Neufbourg (Jean de), 13.
Neufvy, Indre-et-Loire, ch.-l. de canton, 124, 128, 242, 269, 270.
— Chambre à sel, 244, 249, 252.
Nève (de), Étienne, 56.
— Guillaume, receveur général de Languedoc, 13.
Nice, 4.
Nicolas (Guillaume), 3.
Nîmes, 43, 63.
Niort, 14.
Normandie, 27, 28, 30, 31, 66, 69, 74, 117, 134, 140, 151, 189, 254.
Notaires du roi, 193.
Novare, 30.
Noyon (paix de), 127, 135, 143.
Nuremberg, 165.
Nyelle (Jean), 142.

Obligation des généraux, 165, 166, 168, 172, 189, 190, 254.
Octrois annuels de Bourgogne et de Dauphiné, 154.
Offices (créations d'), 174, 184, 195.
Olivier (Thomas), fermier des greniers de Provence, 45.
Orange (prince d'), 23.
Oranges envoyées à Louise de Savoie, 145.
Ordinaire de la guerre. Voir *Armée.*

Orgemont (Charles d'), trésorier de France, 24.
Orléans, 36, 64.
Orléans (maison d'), 3, 11, 16, 28, 30, 38.
Orléans (Jean d'), archev. de Toulouse, 146.
Orléans (François d'), grènetier d'Issoudun, 236.
Orval (Jean d'Albret, sr d'), 126, 127, 141, 152, 160.
Outreseine (généralité d'), 27, 28, 30, 31, 66, 69, 74, 90, 134, 146, 152, 189, 190.
Oyron, 151, 162.

Pacy (Guill.), banquier, 6, 122.
Palerme, 4.
Panchati, banquier, 68, 169, 251.
Pandolfini (Fr.), agent florentin, 90, 92.
Paneterie de François 1er, 150.
Pantin, 263.
Papiers de Jacques de Beaune, 247 à 249.
Parajan (Jean), trésorier de Bretagne, 18, 277.
Paris, 4, 21, 24, 27, 28, 31, 43, 89, 103, 118, 119, 134, 137, 138, 140, 142, 156, 164, 170, 174, 177, 224, 225.
Paris (év. de). Voir *Poncher* (Étienne de).
Parlements. Voir *Cours souveraines*.
Parme, 176.
Parpaille (Perrinet), 251.
Pasquet (Jean), procureur des États de Languedoc, 58.
Pavie, 206, 227.
Peccais (Salins de), 50, 57.
Péguineau (Martin), maître de la chambre aux deniers d'Anne de Bretagne, 78.

Penigault (Jean), receveur de Tours, 103.
Pensions, 196.
Pérageau. Voir *Parajan*.
Pérault, notaire, 265, 268.
Petit, Étienne, receveur général de Languedoc, 66.
— Étienne, audiencier de la chancellerie, 85.
Petit-Puits, Loir-et-Cher, com. de Montrichard, 111.
Petit-Puy. Voir *Petit-Puits*.
Perpignan, 7, 34, 41.
Peyriac, 54.
Pézenas, 80, 81.
Philippe le Beau, roi de Castille, 87, 94, 97.
Picardie, 27, 28, 31, 59, 69, 74, 137, 140, 151, 154, 187, 188, 190, 207.
Picot (Louis), président des Aides, 117.
Pierrevive, receveur de Lyonnais, 189, 269.
Piles. Voir *Monnaies*.
Pilli (Bernard de), banquier, 165.
Piron (Hardouin), avocat de Tours, 206, 275.
Pise, 69, 91.
Plante (bois de), 239, 240.
Plat (Jean), banquier, 4.
Plessis-lez-Tours, 8, 76, 77, 135, 138, 146.
Plessis-Aleaulme, métairie, 241.
Plessis-Berthélemy, en Vendômois, 10. Voir *Longuetouche*.
Ploret (Roland de), 97.
Poillot (Denis), 204, 267, 278.
Poires de bon chrétien, 251.
Poitevin (André), lieutenant de Guill. d'Ancézune, 61, 62.
Poitiers, 33, 119, 136.
Poitiers (Annibal de), écuyer d'Anne de Bretagne, 83.
Poitou, 14, 27, 80.

Poivre. Voir *Épices.*
Polastron (André), peintre, 238, 272, 273.
Polignac (Élie, sr de), 121.
Poncher (de), Étienne, év. de Paris, arch. de Sens, 123, 152, 157, 225.
— Jean, trésorier des guerres, puis général de Languedoc, 16, 190, 276, 277.
— Louis, trésorier de France, 71, 157, 192.
Pontlevoy, 110, 190.
Pont-Saint-Esprit, 50.
Ponts-de-Cé, 7, 67, 142.
Porhoët (archidiaconé de), 79.
Portugal, 39, 40.
Potier, Nicolas, général des monnaies, 14.
— Pierre, receveur du diocèse de Toulouse, 68.
Poulain (Jacques), orfèvre, 160.
Prévigny, 162.
Prency (fief), Indre-et-Loire, com. de Saint-Cyr, 197, 239.
Présents à Jacques de Beaune, 26, 63, 67.
Preudomme (Guill.), receveur, puis général de Normandie, trésorier de l'épargne, 200, 216, 230.
Prêts de Jacques de Beaune à la couronne.
— (Charles VIII), 17.
— (Louis XII), 34, 70, 71.
— (François Ier), 137. Voir *Banquiers.*
Prévost (Jean), trésorier de l'extraordinaire des guerres, beau-frère de Bernard Fortia, 189, 190, 199, 200, 201, 202, 205, 207, 216, 224, 225, 239, 242, 243, 244, 245, 253, 254, 255, 258, 266, 267, 272, 273, 274, 278, 279.
— Démêlés avec Jean Sapin, 230 à 233.

Prévost. Haine contre les Bohier, 275.
Prévost (Jean), conseiller au Parlement, 208.
Prinay. Voir *Preney.*
Procureurs des provinces ou des villes en cour. Voir *du Pont, la Baulme, Laye, Pasquet, Vaux.*
Provence, 12, 14, 31, 35, 36, 37, 38, 40, 42, 44, 45, 47, 48, 49, 51, 63, 65, 123, 141, 154, 167, 171, 177, 195.
— Divisions administratives, 37.
— Droits perçus par le roi, 44.
Provision alimentaire pour Jeanne Ruzé, 250.
Pruneaux de Tours, 251.
Prunier, Jean, receveur général de Languedoïl, 119, 129, 260.
— Jean, receveur de Forez, 189, 201, 274.
Putain (Jean), 238, 239, 273, 274.
Puy (le), 33, 43, 61, 62.
Puy d'Espan (le), Indre-et-Loire, com. de Joué, 163, 239.

Quart de Sel. Voir *Sel.*
Quêtier (Jean), 9, 12, 13, 239.
Quirini (Vincenzo), ambassadeur vénitien en Flandre, 40.

Racain. Voir *Racan.*
Racan (srie de), Indre-et-Loire, canton de Neufvy, 242.
Ragueneau, Étienne, 147.
— Jacques, receveur des amortissements, puis receveur de Poitou, 193, 230, 237.
Rance de Cère, 208.
Rapouel (Thomas), comptable de Bordeaux, 210, 211, 220.
Ratte (maison de), 1.
Raviet (Jean), 251, 261, 267, 268, 271.
Receveurs généraux, 29, 131, 203.
Récusations de juges et de témoins, 209, 210, 211, 212, 215, 225, 226

Regnard (Fr.), 272.
Reims, 31, 33, 86, 117, 118, 190.
Remboursements de Jacques de Beaune, 189, 193, 196, 197, 200, 201, 202, 212, 216, 219, 228, 235, 252, 256, 260.
Renée de France, 85, 99, 100, 141.
Rennes, 93, 153.
Renouart (Pierre), fermier du tirage du sel par le Rhône, 50, 185.
Rentes sur l'hôtel de ville de Paris, 192.
Retable offert par Jacques de Beaune à Saint-Maximin, 125.
Rhodes, 4, 136.
Rhône, 45, 237.
— Tirage du sel. Voir Lyon, Sel.
Rigaud d'Aureilhe, 56.
Riou (Thomas de), comptable de l'écurie de la reine Anne, 19.
Roanne, 128.
Robert (Ant.), greffier criminel du Parlement, 179.
Robertet (Florimond), trésorier de France, 35, 51, 52, 73, 127, 131, 139, 160, 161, 176, 178, 180, 230.
Robin (Claude), général des monnaies, 49.
Robineau (Jean), secrétaire de Charles VIII, 22.
Roche-Behuart. Voir Roche-Buard.
Rochebouet (Jean de), 271.
Roche-Buard (moulin), Indre-et-Loire, com. de Charentilly, 240.
Rochefort (Guy de), chancelier, 52.
Rochelle (la), 80, 81, 153, 236.
Rodof (Fr.), banquier, 185.
Rohan (Jean, c^{te} de), 18, 22, 77. Voir Gyé.
Romans, 47, 50.
Rome, 6.
Romorantin, 33, 67, 123, 170.
Ronzen (Ant.), peintre, 125.
Roques (Jean), 10, 106.

Roquette (Bernard), 41.
Rouen, 27, 36, 41, 103, 142, 184, 191.
— Archevêque, 208.
Rouergue, 54, 65, 204.
Rousseau (Robin), orfèvre, 258.
Roussellet (Jean), receveur général de Languedoc, 27.
Roussillon, 6, 12, 37, 40, 56.
Royaume, rive droite du Rhône. Voir Sel.
Ruzé, Arnoul, 11,
— Guillaume, trésorier de Louise de Savoie, 124, 176, 179, 182, 207, 216, 217.
— Jean, beau-père de Jacques de Beaune, 15, 110.
— Jean, receveur général d'Outre-seine, 97, 193, 200, 216, 226, 229, 245, 267, 268, 276, 277.
— Jean, avocat au Parlement, 179, 209, 245, 254, 265, 267, 268.
— Jeanne, femme de Jacques de Beaune, 15, 78, 107, 113, 114, 115, 149, 246 à 250, 261, 265, 266, 268, 271, 272.
— Martin, oncle de Jacques de Beaune, 98, 99.
— Thomine, belle-sœur de Jacques de Beaune, 113, 114.

Sacres de rois, 31, 118.
Saint-André (Guichard d'Albon, s^r de), 208.
— (Pierre de), 251, 267.
Saint-Barthélemy (Bonav. de), 267.
Saint-Blancard (Bertrand d'Ornezan, s^r de), amiral du Levant, 197, 201.
Saint-Brieuc, 156.
Saint-Denis (chapitre de), 100.
Saint-Gelais (Merlin de), 204.
Saint-Germain-en-Laye, 158, 166, 190, 192, 200.

Saint-Malo, 153.
Saint-Malo (Guillaume Briçonnet, évêque de), 158.
Saint-Martin le Beau, 240.
Saint-Maximin, 125.
Saint-Pierre (Nic. de), 62.
Saint-Pierre-le-Moutier, 1.
Saint-Séverin (Galéas de), grand écuyer, 118.
Sainte Baume, 125.
Sainte Catherine du Mont Sion, 4.
Sainte-Mesme (Mme de), 21.
Saintes, 98, 99.
Saintonge, 14, 27, 65, 80, 98, 235.
Salat (Jean), 208, 209, 225.
Salins. Voir *Sel*.
Saluces, 12, 42, 50.
Salviati, banquiers, Barthélemy, 166, 172.
— Bernard, 121, 244, 251, 252, 253.
— Jacques, 136, 158.
Sancerre, 170.
Sapin (Jean), receveur général de Languedoïl, 146, 152, 167, 179, 182, 193, 201, 216, 226, 230, 231, 232, 233, 251, 253, 256, 276.
Sarte (André del), peintre, 148.
Saubin (Jean), 240.
Sauli, banquiers, 24, 92.
Saubonne (Mlle de), demoiselle d'honneur d'Anne de Bretagne, 88, 93, 96, 98.
Savoie (duc de), 100, 161, 178.
Savoie (Louise de).
— Compte avec de Beaune, 202, 203, 213, 215, 217, 221, 224, 227, 228. Voir *Naples* (pension de).
— Exige que la condamnation à mort de Jacques de Beaune soit sans préjudice de sa dette, 261.
— Fait accorder une provision alimentaire à Jeanne Ruzé, 250.

Savoie (Louise de). Faveur de Jacques de Beaune, 123, 124, 146.
— Fortune personnelle, 98, 99, 123 à 125, 164, 171, 174, 193, 196, 202, 213.
— Influence sur son fils, 171 (note 1), 222, 226.
— Méfiance à l'égard de Jacques de Beaune, 178 à 180.
— Partialité pour Duprat, 243.
— Prend les meubles de Semblançay, 264, 273.
— Rapports avec Anne de Bretagne, 80, 86, 87, 95 à 100.
— Rapports avec les financiers, 171, 170, 171, 217, 222.
— Santé, 135, 194, 206.
— Travaux à Amboise, 145.
— Voir *Beaune* (Jacques de).
Savone, 4, 35.
Sceaux de Louise de Savoie, 258.
Seigne (G^{me} de), trésorier de l'artillerie, 164, 184.
Seine, 54.
Sel.
— Double, impôt sur le sel (Languedoc), 81, 82, 85.
— Exportation, 42.
— Quart du sel (Poitou), 27, 80, 81.
— Salins, 50.
— Tirage du sel par le Rhône, 46, 50, 51, 52.
Selve (abbaye de la), 79.
Selve (Jean de), 208, 251, 266.
Semblançay. Voir *Beaune* (Jacques de).
Semblançay (baronnie de), 124, 128, 148, 149, 213, 241, 242, 270, 271, 272.
— Église, 149.
Sénéchal, notaire, 265, 268.
Senlis (Jean Caluau, évêque de), 123, 145, 156, 188, 258.
Sens (archev. de). Voir *Ponche* (Étienne de).

Sérignan, 42.
Serviteurs de Jacques de Beaune, Barbier (Ét.), 18.
— Blandin (Jean), 248.
— Charruau (Fr.), 248.
— Chevalier (Michel), 101, 123, 251, 255.
— Courraye (Jean), 248, 267.
— Courtin (Fr.), 61.
— Fame (René), 255.
— Frain (Guill. de), 146, 200, 235, 245, 251, 258, 259, 272.
— Guéret (Jean), 237, 238, 244, 251, 252.
— Guignet (Mathieu), 244, 251.
— Guyot (Jean), 248.
— Legendre (Jean), 225, 248, 263, 267.
— Lorgery (Ant.), 258.
— Potier (Louis), 267, 248.
— Riallière (Jacques), 248.
Sextre (Alex.), argentier de Louis XI, 13.
Seyssel (Claude de), 34, 35, 89, 98.
Sforza, Ludovic, 33.
— Maximilien, 121, 122, 141.
Sicile, 42.
Siennois, 4.
Sion (Mathias Schinner, cardinal de), 122, 135.
Sizeau (René), 225.
Sohier (Marie), 230.
Soieries. Voir Draps.
Somme, 54.
Spifame (Gaillard), receveur gén. de Normandie, 200, 234, 276, 277.
Spina, banquiers, Léonard, 202, 251, 269.
— Pierre, 155, 158.
Squazella (André), peintre, 148.
Strossi, banquiers, 185.
Suède, 162.
Suffolk (Charles Brandon, duc de), 118, 143, 164.

Suffolk (la Pole, duc de), 195.
Suisses, 33, 35, 69, 71, 90, 121, 122, 127, 135, 136, 137, 140, 141, 142, 165, 166, 171, 172, 173, 174, 176, 178, 181, 182, 185, 186, 187, 196, 205.
Surintendance, 129, 133, 134, 141, 144, 152, 155, 203 (note 2), 207 (note 3), 202, 210, 211, 214 (note), 222, 233, 234, 264. Voir *Bâtard de Savoie*, *Duprat*.

Taille, impôt de répartition, 26, 27, 28, 29, 53, 203.
— Anticipations, 30, 32, 33, 34, 152, 177, 196, 205.
— Crues, 32, 34, 36, 68, 70, 71, 126, 141, 161, 169, 184, 192.
— Rabais, 32, 34.
— Répartition, 69, 153, 162, 166, 174, 196, 205.
Taillebourg, 36.
Taillebourg (Louise de Coëtivy, c^{sse} de), 235.
Tain, 51.
Tapisseries de Jacques de Beaune, 238, 239, 273, 274.
Tarascon, 43, 50.
Tarente (Charlotte d'Aragon, princesse de), 102.
Tarignière (Haute et Basse), métairies. Voir *Tarinières*.
Tarinières, Indre-et-Loire, com. de Joué, 240.
Tasterie (la), métairie, 240.
Tavel (François), 267.
Tentes du camp du Drap d'or, 164, 165, 176.
Tertereau (Guill.), 208, 210, 225, 229.
Tessin (le), 205.
Testu, Guillaume, 226.
— Jean, argentier de François 1er, puis recev. général de Languedoc, 167, 179, 216.

Thénart (Jacques), commis de Meigret, 177, 256.
Théniers (Mlle de), 213.
Théobaldi (François), banquier, 269.
Thérouenne, 72, 166.
Thizard, Philibert, général de Bretagne, 277.
— René, trésorier des guerres, 232, 234, 271, 277.
Thoriau (s^r de), 240.
Thouars, 153.
Tiercelin (Georges), 22.
Tilhart (Nicole), général de Guyenne, 65.
Tirage du sel par le Rhône. Voir Sel.
Tonsure de Jacques de Beaune, 64, 261.
Toulouse, 41, 89, 146, 174.
Touraine (bailliage de), 129, 146, 193.
Tour Carrée, 242, 266, 272, 277. Voir Comptables.
Tournai, 72, 73, 135, 137, 143, 156, 158, 159, 161, 176, 177, 181, 245, 257.
Tournois, 31, 150.
Tournon, 39, 43, 51, 68.
Tournon (Mme de), gouvernante de Claude de France, 77, 95.
Tours, 1, 4, 8, 9, 20, 22, 23, 25, 27, 40, 67, 73, 77, 102, 103, 104, 105, 128, 134, 136, 137, 138, 152, 153, 156, 184, 200, 204, 249, 269, 270.
— Artillerie, 105.
— Augustins, 101, 105.
— Carroy de Beaune, 9, 106.
— Château, 165, 240.
— Fontaine de Beaune, 104, 105, 239.
— Grande-Rue, 9, 146, 147, 239.
— Hôtel de ville, 146.
— Hôtel du Cerf, 105.
— Ile l'Huissier, 240.

Tours, Jacobins, 103.
— Maison de la Croix-Verte, 272.
— Petite porte Ragueneau, 240.
— Ponts (fief des), 124, 240, 270.
— Rue Neuve, 146, 147.
— Rue Saint-Liber, 240.
— Rue Traversaine, 9, 106, 107, 146, 147.
— Saint-Gatien, 78, 107, 167, 246.
— Saint-Julien, 9, 147, 185, 240.
— Saint-Martin, 78, 88, 107, 167, 190.
— Saint-Saturnin, 9, 10, 17, 239, 273.
— Tour feu Hugon, 240.
— Tour Guespière, 240.
— Vicomté, 163, 197, 240, 269, 271.
— Voirie, 103.
Toustain (Raoulet), marchand, 7
Toutin (Macé), 62.
Trésorier de l'épargne. Voir Épargne.
Trésoriers de France, 27 à 30.
— des guerres, 204.
Trésors des églises, 190.
Treviglio, 64.
Trézellerie, métairie, 240.
Trivulce (Théodore), 208.
Trompe de mer envoyée à François Ier, 273.
Trousseaux. Voir Monnaies.
Troyes, 39, 136, 171, 176.
Troyes (Ant. de), 145.
Turcs, 40, 136.
Turquain, Jean, 225.
— Thomas, 237.

Urbin (duc d'), 151, 152, 15[?] 185.
Urfé (Pierre d'), grand écuye[r] 100.
Uzès, 54.
Uzès (duchesse d'), 264.

Vaisselle de François Iᵉʳ et de Louise de Savoie, 205, 207, 257.
Valence, 51, 69.
Valence (Pierre de), hydraulicien, 104.
Valenciennes, 177, 181.
Valentinois (Louise de), 121.
Valtan (P. L. de), évêque de Rieux, 41, 68.
Vanliart, métairie, 241.
Vannes, 18, 78, 79, 153, 155.
Varennes (prévôté de), 78.
Varye (Guill. de), général de Languedoc, 13, 60.
Vatan (Pierre du Puy, sʳ de), 173.
Vaumorin (fief), Indre-et-Loire, com. de Montlouis, 239, 272.
Vaux (de), Bernard, 3.
— Jean, procureur des États de Languedoc, 39, 81.
Veillet (Humbert), 250, 271.
Vendôme, 157.
Vendôme (Charles de Bourbon, duc de), 124, 127, 176, 177, 199, 208, 213, 234.
Vendômois, 10.
Venise, coalition contre Venise, 34, 70.
— Commerce, 3, 9, 40.
— Ducats, 47.
— Galères, 3.
Vérard (Barth.), libraire, 155.
Verceil, 23, 30.
Verger (le), 152.
Verjus (André), 208.
Vernon, 246.
Vérone, 127.

Vidal, Antoine, général des monnaies, 48, 49.
— Raymond, 158.
Vienne, 22, 51.
Vigneau (Guill.), 240.
Vigny (Pierre), banquier, 185.
Villages (Jean de), capitaine général des galéasses de France, 3.
Villandraut, 7.
Villeneuve-Trans (Louis de), 36.
Villequier (Arthur de), 246.
Villeromain (sire de), 10.
Villeroy (Nic. de Neufville, sʳ de), 127, 129, 162, 175, 183.
Villochère, 154, 156.
Villinger (Jacques), trésorier de Maximilien, 143.
Vins de Languedoc, 42.
Visiteur des gabelles, 55, 57 à 63.
Vivaldi (Stephano), agent génois, 42, 43.
Vizille, 46.
Voyages, 66, 133, 141, 191.

Warwick (comte de), 5.
Wingfield (Richard), ambassadeur d'Angleterre en Flandre, 195.
Wolsey (cardinal), 164, 165, 166, 168, 172, 175, 254.
Wurtemberg, 69, 170, 172.

Xaincoins (Jean de), receveur général de Languedoïl, 66.

York (maison d'), 5.

Zélande, 5.

TABLE DES MATIÈRES

Préface v
Chapitre Iᵉʳ. — Premières années (?-1495).
    Origine des Beaune 1
  I. *Jean de Beaune* . . . . 2 à 11
    Politique économique de Louis XI 3
    La maison du dauphin Charles 8
    Vie privée de Jean de Beaune. 9
  II. *Guillaume et Jacques de Beaune* . . . . 11 à 18
    Héritage de Jean de Beaune 11
    Guillaume de Beaune 13
    La bourgeoisie tourangelle. 15
    Débuts de Jacques de Beaune. 16
  III. *La maison d'Anne de Bretagne.* . . . . 18 à 24

Chapitre II. — Admininistration financière (1496-1515).
  I. *Importance de la charge de général des finances* . . . 26 à 36
    Régime financier 26
    Histoire fiscale (1496-1509). 30
  II. *La généralité de Languedoc-Dauphiné-Provence.* . . . 36 à 63
    Rapports des provinces entre elles 37
    Leurs rapports avec la couronne 43
      (Provence, 44, Dauphiné, 45, Languedoc, 50; les monnaies, 47, la centralisation, 56, la gabelle du sel, 57.)
  III. *La généralité de Languedoïl-Guyenne* . . . . . . 63 à 74
    La grand'charge 66
    Histoire fiscale (1509-1514). 68

Chapitre III. — Anne de Bretagne et Louise de Savoie. — Vie privée (1496-1515).
  I. *Le douaire d'Anne de Bretagne* . . . . 75 à 85
    Crédit de Beaune auprès de la reine 75
    Le douaire en Languedoc 80

II. *Anne de Bretagne et Louise de Savoie* . . . . . . 85 à 100
    L'affaire du mariage de Claude de France (rôle actif de l'amiral Graville) 86
    Rapports de Jacques de Beaune avec Louise de Savoie. . . 98
III. *Vie privée* . . . . 101 à 115
    Banque. 101
    A Tours (fontaine de Beaune, 104 ; hôtel, 106). 102
    A la Carte 107
    A Montrichard 109
    Procès de famille 112

CHAPITRE IV. — ANNÉES DE PROSPÉRITÉ (1515-1523).
  I. *La conquête du Milanais* . . . . 117 à 129
    Frais de la campagne 117
    Les banquiers de Lyon 122
    Jacques de Beaune administrateur des finances et favori de Louise de Savoie (don de Semblançay) 123
    Le retable de Saint-Maximin 125
    Paix de Noyon 126
  II. *Le pouvoir de 1518* . . . . 129 à 168
    Jacques de Beaune général privilégié 129
    Défauts du régime financier 129
    Rôle du Bâtard de Savoie 134
    Paix avec le Roi Catholique, l'Empereur et la Suisse . . 135
    Jacques de Beaune et du Bouchage 138
    État des finances en 1517 140
    Voyage de Picardie et Normandie 143
    Travaux d'Amboise 145
    Don de l'hôtel de Dunois 146
    Le fief de Semblançay 148
    Semblançay et les fêtes de la cour 150
    Voyage de Bretagne, état des finances en 1518 151
    Paix avec l'Angleterre 156
    Animosité de Duprat 157
    Ravitaillement de Tournay 158
    Mort de l'empereur Maximilien, sa succession 159
    Le Bâtard de Savoie, Semblançay et du Bouchage . . . 162
    Le camp du Drap d'or 164
    L'obligation des généraux 165
  III. *La campagne de 1521* . . . . 169 à 183
    Les 300,000 écus de Naples 169
    Commandements de Louise de Savoie à Semblançay . . . 170
    Dépenses militaires (avril) 171
    L'obligation des généraux 172

Dépenses militaires (juin) 173
Conférences de Calais 174
Échecs militaires 175
Voyage du roi en Hainaut 176
Semblançay commis aux emprunts (sept.-nov.) 177
Dépenses d'Italie 177
Premiers signes de méfiance chez Louise de Savoie 178
Le roi accorde une garantie 179
Affaires militaires. 181
Semblançay arrête ses comptes pour se faire rembourser; difficulté pour les 300,000 écus de Naples. 182

IV. *La guerre générale* . . . . 184 à 197
    Rupture avec l'Angleterre 184
    Martin, archevêque de Tours 184
    Perte du Milanais 185
    Lautrec, Louise de Savoie et Semblançay 188
    Premiers remboursements de Semblançay 189
    Expédition d'Écosse 190
    Mention de Clément Marot 194
    État des finances en 1523 195
    Signes de méfiance chez le roi 196

CHAPITRE V. — DERNIÈRES ANNÉES (1523-1527).

I. *La disgrâce* . . . . 198 à 208
    Le trésorier de l'épargne empiète sur les attributions des financiers 198
    Remboursements de Semblançay suspendus, nouveaux prêts 200
    Supercherie, de connivence avec Jean Prévost 201
    Compte de Louise de Savoie 202
    Extension des pouvoirs du trésorier de l'épargne 203
    Discrédit des financiers 204
    Semblançay inquiété 205
    Louise de Savoie, malade, et excitée par Duprat, veut rentrer en possession des 300,000 écus de Naples, qu'elle prétend lui avoir été donnés par François Ier 206

II. *La reddition des comptes* . . . . 208 à 228
    Les commissaires 208
    Récusations 209
    Compte commun du roi et de Madame 212
    Division ordonnée 215
    Production des lettres de Madame (1521) 217
    Discussion sur le compte de Madame, les travaux d'Amboise et l'argent de Naples 217

Production de deux états des finances (1517-1521), où l'argent de Naples est employé. 221
Enquête ordonnée. 224
Appel à la bonne foi. 226
Jugement du 27 janvier 1525 227
III. *La commission de 1523* . . . . 228 à 234
    Querelles des Comptes et des commissaires. 228
    Guillaume Preudomme. 230
    Jean Prévost, ses démêlés avec Jean Sapin 221
    Critique du pouvoir de 1518 234
IV. *Le procès criminel* . . . . 235 à 264
    Détresse de Semblançay. 235
    Tapisseries de Saint-Saturnin. 238
    Immeubles de Semblançay. 239
    Jean Prévost sert les passions de Louise de Savoie et de Duprat. 242
    Arrestation de Semblançay 245
    Dévouement des siens et de ses serviteurs 246
    Instruction du procès 249
    Interrogatoire de Jean Guéret. 251
    Réponse de Semblançay aux chefs d'accusation 252
    Ses aveux et son appel à la pitié de ses maîtres . . . 260
    Condamnation à mort et exécution 261

ÉPILOGUE. — LA « TOUR CARRÉE ».
    Jeanne Ruzé et Guillaume de Beaune. 265
    Liquidation de la succession de Semblançay (1528-1536) . . 268
    Les meubles. 273
    Recherche des comptables 274
    Pas de résultat pratique. 278

CONCLUSION.

APPENDICE.

ERRATA.

LISTE DES PLANCHES.

TABLE DES MATIÈRES.

www.ingramcontent.com/pod-product-compliance
Lightning Source LLC
Chambersburg PA
CBHW050301170426
43202CB00011B/1777